UM ESCRITOR
NA GUERRA

UM ESCRITOR NA GUERRA
VASSILI GROSSMAN COM O EXÉRCITO VERMELHO 1941-1945
JORNALISMO DE GUERRA

EDITADO E TRADUZIDO DO RUSSO PARA O INGLÊS POR
Antony Beevor e Luba Vinogradova

Tradução
Bruno Casotti

1ª reimpressão

Copyright dos textos originais © 2005 Ekaterina Vassilyevna Korotkova e Elena Fedorovna Kozhichkina

Copyright da introdução, notas, tradução para o inglês e edição © 2005 Antony Beevor e Luba Vinogradova

Grafia atualizada segundo o Acordo Ortográfico da Língua Portuguesa
de 1990, que entrou em vigor no Brasil em 2009.

Título original
A Writer at War – Vasily Grossman with the Red Army, 1941-1945

Projeto de capa da coleção
warrakloureiro

Coordenação editorial
Isa Pessôa

Imagem de capa
Vassili Grossman em território alemão, Schwerin, 2 de fevereiro 1945, cortesia coleção família Grossman

Mapas
Paul Simmon

Preparação de originais
Beatriz de Freitas Moreira e Alberto Gonzales

Revisão
Raquel Correa
Marcelo Magalhães
Rodrigo Rosa de Azevedo

Editoração eletrônica
Abreu's System

CIP-BRASIL. CATALOGAÇÃO-NA-FONTE
SINDICATO NACIONAL DOS EDITORES DE LIVROS, RJ

G921e

> Grossman, Vasily Semenovich
>   Um escritor na guerra : Vassili Grossman com o exército vermelho, 1941-1945 /
> editado e traduzido do russo para o inglês por Antony Beevor e Luba Vinogradova ;
> tradução Bruno Casotti. - Rio de Janeiro : Objetiva, 2008.
>
>   (Jornalismo de guerra)
>   Tradução de: *A writer at War : Vasily Grossman with the Red Army, 1941-1945*
>   ISBN: 978-85-7302-889-8
>
>   1. Guerra Mundial, 1939-1945 - União Soviética. 2. Guerra Mundial, 1939-
> -1945 - Narrativas pessoais soviéticas. 3. Grossman, Vasily Semenovich. 4. Guerra
> Mundial, 1939-1945 - Destruição e pilhagem - União Soviética. I. Beevor, Antony,
> 1946-. II. Vinogradova, Luba. III. Título. IV. Série.

08-2533.

CDD: 940.54217092
CDU: 94(100)"1939/1945"

[2022]
Todos os direitos desta edição reservados à
EDITORA SCHWARCZ S.A.
Praça Floriano, 19, sala 3001 — Cinelândia
20031-050 — Rio de Janeiro — RJ
Telefone: (21) 3993-7510
www.companhiadasletras.com.br
www.blogdacompanhia.com.br
facebook.com/editoraobjetiva
instagram.com/editora_objetiva
twitter.com/edobjetiva

SUMÁRIO

Introdução	7
Nota dos Tradutores para o Inglês	21
Glossário	22

PARTE UM
O Choque da Invasão — 1941

1. Batismo de Fogo *agosto de 1941* 27
2. O Terrível Recuo *agosto a setembro de 1941* 46
3. No Front de Bryansk *setembro de 1941* 57
4. Com o 50º Exército *setembro de 1941* 62
5. De Volta à Ucrânia *setembro de 1941* 68
6. A Captura Alemã de Orel *outubro de 1941* 79
7. A Retirada diante de Moscou *outubro de 1941* 88

PARTE DOIS
O Ano de Stalingrado — 1942

8. No Sul *janeiro de 1942* 107
9. A Guerra Aérea no Sul *janeiro de 1942* 123
10. No Donets com a Divisão Negra
    janeiro e fevereiro de 1942 130
11. Com a Brigada de Tanques de Khasin *fevereiro de 1942* 142
12. "A Cruel Verdade da Guerra" *março a julho de 1942* 161
13. A Estrada para Stalingrado *agosto de 1942* 168
14. As Batalhas de Setembro 188

15. A Academia Stalingrado *outono de 1942* 215
16. As Batalhas de Outubro 235
17. A Maré Virou *novembro de 1942* 259

PARTE TRÊS

Recuperando os Territórios Ocupados — 1943

18. Depois da Batalha *janeiro de 1943* 277
19. Recuperando a Pátria *início da primavera de 1943* 289
20. A Batalha de Kursk *julho de 1943* 304

PARTE QUATRO

Do Dnepr ao Vístula — 1944

21. O Campo da Morte de Berdichev *janeiro de 1944* 331
22. Cruzando a Ucrânia até Odessa *março e abril de 1944* 349
23. Operação Bagration *junho e julho de 1944* 359
24. Treblinka *julho de 1944* 372

PARTE CINCO

Em Meio às Ruínas do Mundo Nazista — 1945

25. Varsóvia e Lodz *janeiro de 1945* 409
26. No Covil da Besta Fascista *janeiro de 1945* 425
27. A Batalha por Berlim *abril e maio de 1945* 437

EPÍLOGO

As Mentiras da Vitória 454
Agradecimentos 463
Bibliografia 464
Notas de Referência 467
Índice Remissivo 481

MAPAS

Gomel e o Front Central, agosto de 1941 35
No Donbass, janeiro a março de 1942 106
Stalingrado, outono e inverno de 1942 184
A Batalha de Kursk, julho de 1943 306

INTRODUÇÃO

O lugar de Vassili Grossman na história da literatura mundial está assegurado por sua obra-prima *Vida e destino*, um dos maiores romances russos do século XX. Alguns críticos chegam a considerá-lo mais importante que *Doutor Jivago*, de Pasternak, ou que os romances de Soljenitsin.

Este volume tem por base as anotações que ele fez em tempo de guerra e alguns ensaios que estão no Arquivo do Estado Russo para Literatura e Artes (RGALI). Também incluímos algumas cartas guardadas por sua filha e seu enteado. As anotações revelam boa parte do material bruto que ele acumulou para seus romances, bem como para seus artigos. Enviado especial do jornal do Exército Vermelho, *Krasnaya Zvezda*, ou *Estrela Vermelha*, Grossman provou ser a testemunha mais observadora e honesta das linhas de frente soviéticas entre 1941 e 1945. Passou mais de mil dias na frente de batalha — quase três dos quatro anos de guerra. A acuidade de sua observação e o caráter humano de sua compreensão representam uma lição inestimável a qualquer escritor e historiador.

Vassili Grossman nasceu na cidade ucraniana de Berdichev, em 12 de dezembro de 1905. Berdichev tinha uma das maiores populações judias da Europa Central, e os Grossman faziam parte da elite instruída.

Vassili recebeu o nome de Iosif mas, como muitas famílias assimiladas, os Grossman converteram seus nomes para o russo. Seu pai, nascido Solomon Iosifovich, mudou o seu para Semyon Osipovich.

Os pais de Grossman se separaram, e ele, quando menino, morou na Suíça durante dois anos, com sua mãe, antes da Primeira Guerra Mundial. Em 1918, logo depois da revolução, estava de volta a Berdichev. A Ucrânia e sua rica agricultura haviam sido destruídas primeiramente pela ocupação alemã do marechal-de-campo Von Eichhorn, que devastou a área rural.[1] Então em novembro, com a retirada das forças alemãs por conta da revolução que explodia na Alemanha, a guerra civil russa começava com força nos combates entre os exércitos Branco e Vermelho, enquanto os nacionalistas e os anarquistas ucranianos resistiam dos dois lados. Brancos e nacionalistas, e, em alguns casos, Guardas Vermelhos, manifestaram seu ódio cego em massacres na Ucrânia. Alguns dizem que cerca de 150 mil judeus — aproximadamente um terço da população judia — foram assassinados durante a guerra civil. Em seguida veio a fome, entre 1920 e 1922, com centenas de milhares de mortes somente na Ucrânia.

Em 1923 Grossman foi para a Universidade de Moscou, onde estudou química. Mesmo naquele estágio inicial, o Grossman desmilitarizado demonstrava fascinação pelo exército. "À primeira vista, meu pai era completamente um civil", disse sua única filha, Ekaterina Korotkova-Grossman. "Podia-se ver isso imediatamente pelo modo como andava curvado e como usava seus óculos. E suas mãos eram desajeitadas. [Mas] ele mostrou interesse pelo exército pela primeira vez quando ainda era estudante. Escreveu em uma carta que, se não fosse convocado, seria voluntário."

Em 1928, quando tinha apenas 23 anos e ainda era estudante, casou-se em Kiev com sua namorada, Anna Petrovna Matsuk, conhecida como Galya. Dessa relação nasceu uma filha, em janeiro de 1930. Eles a chamaram de Ekaterina, ou Katya, por causa da mãe de Grossman. Em 1932, dez anos depois da guerra civil, uma fome ainda pior, provocada

---

[1] Marechal-de-campo Hermann von Eichhorn (1848-1918). Seguindo os duros termos impostos pelos alemães no Tratado de Brest-Litovsk, a tarefa de Eichhorn em 1918 era supervisionar a devastação da Ucrânia para alimentar cidades alemãs assoladas pela fome devido ao bloqueio britânico. Naturalmente, sua política era odiada pelos ucranianos e Eichhorn foi assassinado em julho.

pela campanha de Stalin contra os *kulaks*[2] e pela coletivização forçada da agricultura, matou mais de 7 milhões de pessoas.[3] Pais enlouquecidos pela fome comeram seus próprios filhos. Foi um epítome do que Osip Mandelstam descreveria em um poema memorável como "o século da perseguição".[4] Se Grossman não testemunhou os piores horrores da fome, certamente ouviu falar deles ou viu os resultados, quando figuras esqueléticas mendigavam junto a trilhos de trem, na esperança de que algum viajante generoso lhes atirasse uma migalha. Ele descreveu essa fome ucraniana em seu último romance, *Fluindo para sempre*, inclusive a execução de uma mulher acusada de comer seus dois filhos.

A conseqüência do tratamento cruel de Stalin à região, como o próprio Grossman descobriria, foi a ampla receptividade que os ucranianos manifestaram diante das forças alemãs invasoras uma década depois. Dizem que os agentes stalinistas espalharam rumores de que os judeus eram responsáveis pela fome. Isto pode também ter sido um fator determinante, mais tarde, pela entusiasmada ajuda dos ucranianos aos alemães no massacre de judeus.

O casamento de Grossman, com freqüência interrompido por sua ausência em Moscou, não durou muito tempo. Galya havia deixado sua filha com a mãe dele, porque Kiev era o epicentro da fome e a criança teria uma chance muito maior de sobrevivência em Berdichev. Durante os anos seguintes, Katya voltou muitas vezes para ficar com a mãe de Grossman.

Grossman começou a ter muito mais interesse em escrever do que por seus estudos científicos, mas precisava de um emprego. Quando finalmente se formou, em 1930, foi para Stalino (hoje Donetsk), no leste da Ucrânia, trabalhar como engenheiro em uma mina. O Donbass, a área cercada pela curva acentuada do Baixo Don e pelo Donets, era uma região que ele iria visitar novamente durante a guerra, como mostram suas anotações. Em 1932, por um diagnóstico equivocado de que ele sofria de tuberculose crônica, Grossman decidiu deixar Stalino e voltar

---

[2] Prósperos camponeses russos, proprietários de terras. (N. do T.)
[3] As últimas estimativas de vítimas da fome entre 1930 e 1933 variam de 7,2 milhões a 10,8 milhões.
[4] No original, *wolfhound century*, sendo *wolfhound* um cão de caça. (N. do T.)

para Moscou. Ali publicou seu primeiro romance, *Boa sorte!*, passado em uma mina de carvão. Seguiu-se *Stepan Kolchugin*. Embora os dois romances tenham sido lançados depois dos ditames stalinistas da época, os personagens eram inteiramente convincentes. Um conto, "Na cidade de Berdichev", publicado em abril de 1934, recebeu elogios de Mikhail Bulgakov.[5] Maksim Górki, o venerado homem das letras soviéticas, embora suspeitando de que Grossman não conseguira abordar o realismo socialista, apoiou o trabalho do jovem escritor.[6] Grossman, cujos heróis da literatura eram Tchekhov e Tolstoi, nunca poderia se aproximar do stalinismo, embora inicialmente tivesse se convencido de que apenas o comunismo soviético poderia fazer frente à ameaça do fascismo e do anti-semitismo.

Em março de 1933, Nadezhda Almaz, prima de Grossman e aliada leal, foi presa por trotskismo. Grossman foi interrogado pela polícia secreta OGPU (que se tornaria NKVD no ano seguinte). Tanto Almaz como Grossman haviam mantido contato com o escritor Victor Serge,[7] que logo seria exilado, em 1936, e se tornaria em Paris um dos maiores críticos de Stalin. Os primos tiveram sorte extrema. Nadya Almaz foi exilada e depois recebeu uma sentença pequena de trabalho no campo que a manteve fora do caminho durante o Grande Terror ao fim da década. Grossman permaneceu intocado. O destino dos dois teria sido diferente se os interrogatórios tivessem ocorrido três ou quatro anos depois.

---

[5] Bulgakov, Mikhail Afanasievich (1891-1940), autor do romance *O guarda branco* (1924), que ele adaptou para o Teatro de Arte de Moscou como *O dia das turbinas* (1926). De maneira bastante improvável, esse retrato humano dos oficiais e intelectuais czaristas se tornou a peça favorita de Stalin. Sua obra-prima, *O Mestre e Margarida*, foi editada, mas não chegou a ser publicada antes de sua morte.

[6] Górki, Maksim, pseudônimo de Aleksei Maksimovich Peshkov (1868-1936), autor de teatro e romancista, apoiara a revolução e fora amigo de Lenin, mas a postura ditatorial dos bolcheviques o deixou horrorizado e ele partiu para a Europa Ocidental em 1921. Usando métodos secretos para agradá-lo, Stalin o convenceu a voltar em 1928 para a União Soviética, onde foi recebido com festa. A cidade de Nizhni Novgorod foi rebatizada de Górki em sua homenagem. Depois de voltar, Górki se tornou um instrumento do regime, apoiando a doutrina do realismo socialista em outubro de 1932. Foi o venerado homem da literatura soviética até sua morte.

[7] Serge, Victor (1890-1947), codinome de Viktor Kibalchich. Nascido na Bélgica, era filho de um oficial das Guardas Imperiais que se tornou revolucionário e de uma belga. Anarquista na França, Serge era um socialista libertário que foi para a Rússia em 1918 para participar da revolução, mas ficou horrorizado com o autoritarismo bolchevique. É mais conhecido por sua excelente autobiografia, *Memórias de um revolucionário* (1945), e pelos romances *Homem na prisão, Nascimento de nosso poder* e *O caso do camarada Tulayev*.

A vida para um escritor — especialmente alguém honesto e politicamente ingênuo como Grossman — não foi fácil durante os anos seguintes. Foi um milagre que ele tenha sobrevivido aos expurgos, que Iliya Ehrenburg mais tarde descreveria como uma loteria.[8] Ehrenburg era bem consciente da natureza *gauche* e ingênua de Grossman. "Ele era um amigo extremamente gentil e dedicado", escreveu, "mas às vezes era capaz de dizer, rindo, para uma mulher de 50 anos: 'Você envelheceu um bocado em um mês.' Eu sabia dessa característica dele e não fiquei ofendido quando ele de repente observou: 'Por algum motivo você começou a escrever muito mal.'"

Em 1935, quando seu casamento com Galya já havia acabado havia vários anos, Grossman iniciou um relacionamento com Olga Mikhailovna Guber, uma mulher grande, cinco anos mais velha que ele. Assim como Galya, Lyusya, como ele a chamava, era ucraniana. Boris Guber, seu marido e também escritor, percebeu que sua mulher adorava Grossman e não tentou lutar contra os acontecimentos. Russo de origem alemã, de família ilustre, Guber foi preso e executado durante a loucura dos *yezhovshchina*, como eram chamados os expurgos.[9]

Naquele ano, Grossman tornou-se membro do Sindicato dos Escritores, uma marca de aprovação oficial que garantia muitos benefícios. Mas, em fevereiro de 1938, Olga Mikhailovna foi presa, simplesmente por ter sido mulher de Guber. Grossman agiu rapidamente para convencer as autoridades de que ela agora era sua mulher, embora mantivesse o sobrenome Guber. Ele também adotou os dois filhos de Guber, para impedir que fossem enviados a um campo de órfãos dos "inimigos do povo". O próprio Grossman foi interrogado na Lubyanka[10] em 25

---

[8] Ehrenburg, Iliya Grigorievich (1891-1967), escritor, poeta e figura pública, escreveu para o *Krasnaya Zvezda* durante a guerra. Mais tarde, trabalhou com Grossman no Comitê Antifascista Judaico e no *Livro Negro* sobre atrocidades contra os judeus, que autoridades stalinistas proibiram logo depois da guerra. Ehrenburg teve um faro muito bom para sobreviver aos perigos da política stalinista.

[9] Esse nome vem do chefe da NKVD na época, Nikolai Ivanovich Yezhov (1895-1939), conhecido como "Anão", porque era baixo e tinha uma perna aleijada. Por ordem de Stalin, Yezhov tomou o comando da NKVD de Genrikh Yagoda (1891-1938) em setembro de 1936. Foi substituído por Lavrenty Beria em dezembro de 1938, e levou a culpa pelos excessos longe de Stalin. Assim como seu predecessor, Yagoda foi acusado de traição e executado.

[10] Prisão e sede da polícia secreta em Moscou. (N. do T.)

de fevereiro de 1938. Mesmo sendo politicamente ingênuo, mostrou ser extremamente habilidoso para se distanciar de Guber sem trair ninguém. Assumiu grande risco ao escrever para Nikolai Yezhov, chefe da NKVD, corajosamente citando Stalin fora do contexto como motivo para sua mulher não compartilhar a culpa atribuída ao ex-marido. Olga Mikhailovna também foi salva pela bravura do próprio Guber, que não a envolveu, embora seja quase certo que tenha sido exortado a fazê-lo durante brutais sessões de interrogatório.

Aquela foi uma época de profunda humilhação moral. Grossman estava indefeso, assim como o resto da população. Quando se viu diante de uma declaração de apoio aos julgamentos-espetáculo de bolcheviques e outros acusados de traição "trotskista-fascista", ele teve poucas alternativas além de assiná-la. Mas nunca esqueceu os horrores da época, e os recriou com efeitos poderosos em inúmeras passagens importantes de *Vida e destino*.

O pior do terror parecia terminado quando Stalin fez seu pacto com Hitler, em 1939. Grossman conseguira passar o verão no mar Negro com sua mulher e os enteados, na colônia de férias do Sindicato dos Escritores. Eles tiveram férias semelhantes em maio de 1941, mas ele voltou para Moscou um mês depois e ali estava quando a Wehrmacht[11] invadiu a União Soviética, em 22 de junho. Como a maioria dos escritores, imediatamente se apresentou como voluntário ao Exército Vermelho, mas, embora tivesse 35 anos, era completamente inapto para a guerra.

As semanas seguintes foram traumáticas para Grossman, não apenas por causa das esmagadoras vitórias alemãs, mas por motivos pessoais. Ele estava morando em Moscou com sua segunda mulher em um pequeno apartamento e, por motivo de espaço, ela não o incentivou a pedir que sua mãe deixasse Berdichev e buscasse refúgio com eles em Moscou. Uma semana depois, quando ele percebeu a extensão do perigo, estava ficando tarde demais para sua mãe escapar. De qualquer modo, ela se recusava a deixar para trás uma sobrinha incapacitada. Grossman não conseguiu embarcar em um trem para trazê-la, e pelo resto da vida se culparia por isso. Em *Vida e destino*, o físico Viktor Shtrum, moralmente torturado, é considerado culpado exatamente por isso.

---

[11] Exército alemão. (N. do T.)

As anotações começam em 5 de agosto de 1941, quando Grossman foi enviado para a frente de batalha pelo general David Ortenberg, editor do *Krasnaya Zvezda*. Embora este fosse o jornal oficial do Exército Vermelho, civis o liam ainda mais avidamente durante a guerra que o *Izvestia*. Stalin insistia em checar cada página antes que ele fosse impresso, o que levava Ehrenburg, colega de Grossman, a brincar privadamente afirmando que o ditador soviético era seu leitor mais fiel.

Preocupado com que Grossman não sobrevivesse aos rigores da frente de batalha, Ortenberg encontrou para ele companhias mais jovens e com experiência militar. Grossman brincava com sua própria inaptidão e falta de treinamento militar, mas não demorou muito — para absoluta surpresa deles — para que o escritor de óculos perdesse um bocado de peso, ficasse mais forte e vencesse seus companheiros na prática de tiro de pistola.

"Vou lhe contar sobre mim", escreveu ele a seu pai em fevereiro de 1942. "Tenho me locomovido quase que constantemente nos últimos dois meses. Há dias em que se vê mais do que em dez anos de paz. Agora fiquei magro. Pesei-me na *banya* e descobri que estou com apenas 74 quilos. Meu coração está muito melhor [...]. Tornei-me um experiente *frontovik*: posso dizer imediatamente pelo som o que está acontecendo e onde."

Grossman estudou tudo do universo militar: táticas, equipamentos, armamentos — e as gírias militares, que o fascinavam especialmente. Trabalhava tão duro em suas anotações e artigos que tinha pouco tempo para qualquer outra coisa. "Durante toda a guerra", escreveu ele mais tarde, "o único livro que li foi *Guerra e paz*, duas vezes." Acima de tudo, ele demonstrava uma extraordinária coragem bem na frente de batalha, enquanto a maioria dos correspondentes de guerra ficava em postos de comando próximos. Grossman, que era tão obviamente um membro judeu da elite intelectual de Moscou, conseguiu ganhar a confiança e a admiração de soldados comuns do Exército Vermelho. Foi um feito notável. Em Stalingrado ele conheceu Tchekhov, o principal franco-atirador do 62º Exército, e teve permissão para acompanhá-lo até o esconderijo de onde ele atirava e vê-lo matar um alemão após outro.

Diferentemente da maioria dos jornalistas soviéticos, ávidos para citar clichês politicamente corretos, Grossman era excepcionalmente paciente em sua técnica de entrevistar. Baseava-se, como explicaria mais

A mãe de Vassili Grossman em foto de passaporte.

tarde, nas "conversas com soldados que se retiravam para um breve descanso. O soldado lhe fala tudo o que vem à mente. Nem é preciso fazer perguntas". Mais que qualquer outra pessoa, soldados podem rapidamente identificar aqueles que agem em causa própria, os enganadores e os falsos. Grossman era honesto diante de uma falha, muitas vezes honesto demais para seu próprio bem, e os soldados respeitavam isso. "Gosto de gente", escreveu ele. "Gosto de estudar a vida. Às vezes um soldado me faz andar na linha. Agora conheço toda a vida militar. No começo foi muito difícil."

Grossman não era um observador imparcial. O poder de sua escrita veio de suas próprias respostas emocionais aos desastres de 1941. Mais tarde, ele escreveu sobre "o mau pressentimento penetrante e agudo de perdas iminentes, e a trágica percepção de que os destinos de uma mãe, uma esposa e um filho se tornaram inseparáveis do destino dos regimentos cercados e das tropas que recuam. Como pode alguém esquecer a frente de batalha nesses dias — Gomel e Chernigov ardendo em chamas, Kiev condenada, carroças se retirando e foguetes verdes venenosos sobre as florestas e rios silenciosos?". Grossman, ao lado de seus companheiros, presenciou a destruição de Gomel. Depois eles tiveram de fugir para o sul, enquanto o 2º Grupamento Panzer[12] do general Guderian se movia para a ampla operação do cerco a Kiev. As tropas alemãs capturaram mais de 600 mil prisioneiros na mais esmagadora vitória já vista.

No início daquele mês de outubro, Grossman juntou-se ao quartel do 50º Exército do general Petrov. As descrições que fez desse general — que dava murros em subordinados e assinava sentenças de morte enquanto bebia chá e comia geléia de framboesa — parecem uma sátira terrível do Exército Vermelho, mas são devastadoramente precisas. A desconfortável honestidade de Grossman era perigosa. Se a polícia secreta NKVD tivesse lido essas anotações, ele teria desaparecido em um *gulag*. Grossman não era membro do Partido Comunista, e isso tornava sua posição ainda menos segura.

Grossman estava mais uma vez quase cercado pelos Panzers de Guderian quando estes correram para a cidade de Orel e em seguida rodearam o Front de Bryansk. Sua descrição da luta é o mais emocionante relato dos acontecimentos a que sobreviveu. Ele e seus companheiros voltaram para Moscou exaustos, com seu carro "Emka" baleado como prova do perigo que haviam enfrentado, mas Ortenberg ordenou que voltassem imediatamente para a frente de batalha. Naquela noite, procurando por um posto de comando do Exército, eles quase foram parar diretamente nos braços dos alemães. Por ser judeu, o destino de Grossman teria sido incerto.

Naquele inverno de 1941, depois de os alemães serem contidos nos arredores de Moscou, Grossman cobriu os combates mais ao sul, na fron-

---

[12] Blindado alemão. (N. do T.)

teira oriental da Ucrânia e perto do Donbass, que ele conhecera nos anos pré-guerra. Começava a preparar seu grande romance sobre o primeiro ano da guerra, publicado em série no *Krasnaya Zvezda,* no início do verão de 1942. Este foi considerado o único relato verdadeiro dos *frontoviki,* como eram conhecidos os soldados da linha de frente do Exército Vermelho, e a fama de Grossman se espalhou na União Soviética, indo muito além do respeito que ele conquistara nos círculos literários.

Em agosto, quando o 6º Exército Alemão avançava para Stalingrado, Grossman recebeu ordem para ir até a cidade ameaçada. Ele seria o jornalista que ficaria mais tempo em serviço na cidade em guerra. Ortenberg, com o qual tinha uma relação difícil, reconheceu o talento extraordinário de Grossman. "Todos os correspondentes no Front de Stalingrado ficaram impressionados com a maneira como Grossman havia feito o comandante de divisão, general Gurtiev, um siberiano silencioso e reservado, falar com ele durante seis horas sem parar, dizendo tudo o que ele queria saber, em um dos momentos mais difíceis [da batalha]. Sei que o fato de nunca escrever qualquer coisa durante as entrevistas ajudava Grossman a ganhar a confiança das pessoas. Ele escrevia tudo mais tarde, depois de voltar a um centro de comando ou à *izba* dos correspondentes. Todos iam para a cama, mas Grossman, cansado, escrevia tudo meticulosamente em seu bloco de anotações. Eu sabia disso e havia visto suas anotações quando fora a Stalingrado. Tive até de lembrá-lo da estrita proibição de manter diários e lhe disse para nunca escrever ali qualquer informação considerada secreta. Mas só depois de sua morte tive a chance de ler o conteúdo. Essas anotações são extremamente concisas. Aspectos característicos da vida na guerra são vistos em apenas uma frase, como em uma fotografia quando a foto é revelada. Em suas anotações, encontra-se a verdade pura, sem retoques." Foi em Stalingrado que Grossman aprimorou seu poder de descrição: "o cheiro habitual da linha de frente — uma mistura de necrotério com serralheria".

Para Grossman, a Batalha de Stalingrado foi sem dúvida uma das experiências mais importantes de sua vida. Em *Vida e destino,* o Volga é mais que um fio simbólico para o livro: é a principal artéria da Rússia bombeando sangue para o sacrifício em Stalingrado. Grossman, assim como muitos de seus companheiros idealistas, acreditava passionalmente que o heroísmo do Exército Vermelho em Stalingrado não apenas venceria a guerra, mas mudaria a sociedade soviética para sempre. Uma vez que a vitória sobre os nazistas fora obtida por um povo fortemente unido, eles acreditavam que a NKVD, os expurgos, os julgamentos-espetáculo e os *gulags* poderiam ser consignados à História. Oficiais e soldados na frente de batalha, com a liberdade do condenado para dizer o que quisessem, criticavam abertamente a desastrosa coletivização das fazendas, a arrogância da *nomenklatura*[13] e a flagrante desonestidade da propaganda soviética. Grossman mais tarde descreveu isso em *Vida e destino* por meio da reação de Krymov, um oficial comunista. "Desde que chegara a Stalingrado, Krymov vinha tendo um sentimento estranho. Às vezes, era como se estivesse em um reino onde o Partido já não existia; às vezes ele se sentia como se estivesse respirando o ar dos primeiros dias da revolução." Algumas dessas idéias e aspirações otimistas parecem ter sido incentivadas em uma campanha de rumores instigada por autoridades soviéticas, mas, logo que o fim da guerra se tornou visível, Stalin começou novamente a apertar os parafusos.

O ditador soviético, que tinha especial interesse por literatura, parece não ter gostado de Grossman. Ilya Ehrenburg achou que ele suspeitava de que Grossman admirava demais o internacionalismo de Lenin (uma falha próxima do crime do trotskismo). Mas é bem mais provável que o ressentimento do líder soviético se baseasse no fato de Grossman nunca ter se curvado ao culto à personalidade do tirano. Stalin estava claramente ausente no jornalismo de Grossman, e sua única aparição na ficção, escrita depois de sua morte, consiste em um telefonema tarde da noite para Viktor Shtrum em *Vida e destino*. Uma das passagens mais sinistras e memoráveis de qualquer romance, é uma cena que pode ter sido inspirada em um telefonema semelhante do mestre do Kremlin para Ehrenburg, em abril de 1941.

Em janeiro de 1943, Grossman recebeu ordem para deixar Stalingrado. Ortenberg havia chamado Konstantin Simonov para cobrir o dramático fim da batalha no lugar dele. Jovem e de boa aparência, Simo-

---

[13] Elite da sociedade soviética. (N. do T.)

nov era um grande herói aos olhos do Exército Vermelho e quase venerado por ser autor do poema "Espere por mim".[14] Este poema fora escrito em 1941, logo depois de a guerra explodir, quando ele teve de deixar seu grande amor, a atriz Valentina Serova. O poema e sua versão cantada se tornaram sagrados para muitos soldados do Exército Vermelho, com sua idéia central de que apenas o amor de uma noiva ou esposa fiel poderia manter um soldado vivo. Vários deles guardavam uma cópia do poema escrita à mão, dobrada no bolso junto ao peito, como um talismã.

Grossman, que estivera em Stalingrado por muito mais tempo que qualquer outro correspondente, sentiu-se traído com aquela decisão. Ortenberg o mandou percorrer quase 300 quilômetros ao sul de Stalingrado até Kalmykia, que acabara se ser libertada da ocupação alemã. Isso na verdade deu a Grossman a oportunidade de estudar a região antes de os batalhões da polícia de segurança NKVD, de Lavrenty Beria, chegarem para se vingar com maciças deportações da população menos leal. Suas anotações sobre a ocupação alemã e sobre os níveis de colaboração com o inimigo constituem uma revelação mordaz e brilhante dos compromissos e das tentações que enfrentaram os civis apanhados em uma guerra civil internacional.

Mais tarde, naquele ano, ele estava presente na Batalha de Kursk, a maior mobilização de tanques da história, que pôs fim à capacidade da Wehrmacht de lançar outra grande ofensiva até as Ardennes em dezembro de 1944. Em janeiro de 1945, quando estava com o Exército Vermelho enquanto este avançava para o oeste através da Ucrânia, Grossman finalmente chegou a Berdichev. Ali, todos os temores em relação à sua mãe e outros parentes se confirmaram. Eles haviam sido brutalmente assassinados em um dos primeiros grandes massacres de judeus, o principal deles pouco antes das execuções em massa na ravina de Babi Yar, nos arredores de Kiev. O massacre de judeus na cidade onde ele crescera o levou a se culpar ainda mais por não salvar sua mãe em 1941. E um choque adicional foi descobrir o papel desempenhado por seus vizinhos

---

[14] Simonov, Konstantin (Kyrill Mikhailovich) (1915-1979), poeta, autor de teatro, romancista e correspondente do *Krasnaya Zvezda*. Simonov escreveu mais tarde seu próprio romance no estilo de Hemingway sobre a Batalha de Stalingrado, intitulado *Dias e noites*, publicado em 1944. Embora fisicamente corajoso, faltava a Simonov, como refletiria Grossman mais tarde, coragem moral no relacionamento com o regime soviético.

ucranianos na perseguição. Grossman estava determinado a descobrir o máximo que pudesse sobre o Holocausto, um assunto que autoridades soviéticas tentavam suprimir. A linha stalinista era de que os judeus nunca deveriam ser vistos como vítimas especiais. Os crimes cometidos contra eles deveriam ser vistos inteiramente como crimes cometidos contra a União Soviética.

Logo depois de o Exército Vermelho chegar ao território polonês, Grossman foi um dos primeiros correspondentes a entrar no campo da morte de Majdanek, perto de Lublin. Ele visitou em seguida o campo de extermínio de Treblinka, a nordeste de Varsóvia. Seu ensaio "O inferno chamado Treblinka" é uma das mais importantes obras literárias sobre o Holocausto e foi citada no tribunal de Nuremberg.

Para o avanço sobre Berlim em 1945, Grossman conseguiu se juntar ao 8º Exército dos Guardas — o antigo 62º Exército que ganhara fama em Stalingrado — e novamente passou algum tempo na companhia do comandante, o general Chuikov. A espantosa honestidade de Grossman assegurou que ele registrasse os crimes do Exército Vermelho tanto quanto seu heroísmo, acima de tudo os estupros em massa de mulheres alemãs. Sua descrição do saque a Schwerin é um dos relatos testemunhais mais fortes e comoventes. De maneira semelhante, suas anotações em Berlim, onde ele estava para cobrir a luta na cidade e a vitória final, merecem o maior público possível. O fato de Grossman ter visto mais da guerra no Leste que quase qualquer outra pessoa é de valor inestimável. "Acho que aqueles que nunca viveram toda a amargura do verão de 1941", escreveu ele, "nunca serão capazes de compreender completamente a alegria de nossa vitória". Ele não estava se gabando. Era a pura verdade.

Essas páginas de suas anotações, junto com alguns artigos e trechos de cartas, não mostram apenas o material bruto de um grande escritor. Representam, principalmente, o melhor relato testemunhal do terrível Front Oriental, talvez a melhor descrição do que o próprio Grossman chamou de "a cruel verdade da guerra".

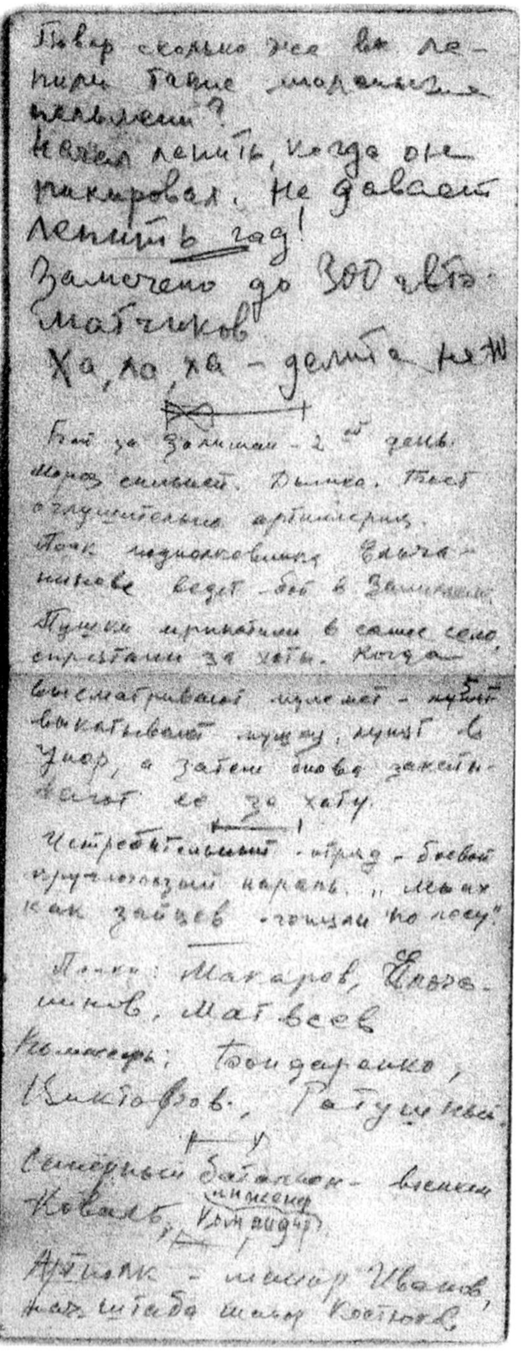

Uma página de um dos muitos blocos de anotações de Grossman.

NOTA DOS TRADUTORES PARA O INGLÊS

Qualquer tradução do russo que seja lida em inglês exige uma leve compreensão do original, por meio da supressão de palavras supérfluas e repetições. Isso é especialmente verdadeiro nas solenidades burocráticas das forças militares russas, mas nos casos em que o próprio Grossman foi claramente envolvido pela formulação original, nós nos rendemos a uma tradução virtualmente literal para conservar seu sabor. As palavras, as iniciais e os acrônimos russos mantidos sem tradução estão listados no glossário.

O Exército Vermelho, quando falava do inimigo, costumava dizer "ele", e não "eles". Como isso pode ser altamente confuso em algumas passagens, evitamos a tradução literal e substituímos "eles" por "os alemães".

Fornecemos detalhes sobre a maioria dos personagens mencionados no texto, mas não foi possível obter informações sobre colegas de Grossman no *Krasnaya Zvezda*, cujos arquivos pessoais permanecem fechados já que o jornal é ainda uma unidade militar.

É extremamente difícil — principalmente quando se lida com algumas das notas fragmentadas — chegar ao equilíbrio correto entre intervenção em benefício da compreensão geral e respeito às anotações originais. Nós nos esforçamos para manter todas as explicações nos trechos entre as anotações, e nas notas de rodapé, mas ocasionalmente palavras foram acrescentadas em colchetes para facilitar a compreensão.

GLOSSÁRIO

Departamentos Especiais da NKVD foram incorporados a formações do Exército Vermelho com uma função de contra-inteligência, o que em termos stalinistas significava procurar tanto traidores dentro quanto espiões fora da organização. Seu papel era também investigar casos de covardia, bem como "acontecimentos extraordinários" — tudo o que fosse considerado anti-soviético —, e fornecer esquadrões de execução quando necessário. Os Departamentos Especiais foram substituídos na primavera de 1943 por SMERSh, acrônimo de Stalin para *smert shpionam*, ou "morte aos espiões".

Estrela de Ouro, um termo popular para a medalha de Herói da União Soviética.

Front, quando escrito com letra maiúscula, refere-se ao equivalente soviético a um grupamento do exército, por exemplo, Front Central, Front Ocidental ou Front de Stalingrado. Um Front era comandado por um coronel-general e, mais tarde na guerra, por um marechal. Geralmente era formado por quatro a seis unidades militares.

Frontoviki é um termo do Exército Vermelho para soldados com experiência em combates na frente de batalha.

GLAVPUR (*Glavnoye politicheskoye upravleniye*) era o principal departamento político do Exército Vermelho, chefiado durante a maior parte da Grande Guerra Patriótica por Aleksandr Shcherbakov. Era uma organização do Partido Comunista, controlando oficiais políticos e departamentos políticos — o sistema de comissários instituído primeiramente durante a guerra civil russa para vigiar comandantes, muitos dos quais haviam sido oficiais czaristas, e para assegurar que eles não se associassem secretamente aos Brancos. Os comissários, ou oficiais e instrutores políticos, não faziam parte da NKVD, mas trabalhavam com ela em casos de suspeita de deslealdade.

Herói da União Soviética, o mais alto prêmio da União Soviética para uma atuação de destaque, consistia em uma pequena barra de ouro com uma fita vermelha da qual pendia uma estrela de ouro.

Izba é casa de camponeses ou uma cabana de madeira, geralmente com um ou dois cômodos. A estrutura das janelas geralmente era decorada com entalhes ornamentais.

Komsomol, acrônimo do movimento Juventude Comunista. Seus membros podiam ter no máximo 20 anos, e portanto havia muitas células do Komsomol no interior do Exército Vermelho. As crianças integravam o movimento Jovens Pioneiros.

Mujique, arquétipo de camponês russo.

NKVD (Narodnyi Komissariat Vnutrennikh Del — comissariado do povo para assuntos internos), descendente direto da Cheka e da polícia secreta do OGPU.

OBKOM, acrônimo de Comitê Oblast (ou Regional) do Partido.

Oficiais políticos, *politruks*, ou instrutores políticos — veja GLAVPUR.

RAIKOM, acrônimo de Comitê do Partido local.

Stavka, o comando geral, nome que Stalin ressuscitou do comando czarista na Primeira Guerra Mundial. Ele, é claro, era o comandante-em-chefe.

Ushanka, um típico chapéu de pele russo, com abas amarradas sobre a copa.

Valenki, grandes botas de feltro para neve.

O escritor na guerra.

PARTE UM

O Choque da Invasão — 1941

1.
BATISMO DE FOGO

A invasão da União Soviética por Hitler começou nas primeiras horas de 22 de junho de 1941. Stalin, recusando-se a acreditar que poderia ser enganado, havia ignorado mais de oitenta advertências. Embora o ditador soviético só tenha tido um colapso mais tarde, ficou tão desorientado ao descobrir a verdade que o anúncio foi feito por seu ministro do Exterior, Vyacheslav Molotov, em uma voz inflexível. O povo da União Soviética provou ser mais forte que seus líderes. Pessoas fizeram fila para se apresentar como voluntárias para a frente de batalha.

Vassili Grossman, de óculos, acima do peso e inclinado sobre uma bengala, ficou deprimido quando o posto de recrutamento o recusou. Não deveria ter ficado surpreso, considerando seu estado físico inexpressivo. Grossman tinha apenas trinta e poucos anos, mas as meninas do apartamento vizinho o chamavam de "tio".

Durante as semanas seguintes, ele tentou conseguir qualquer tipo de emprego que pudesse estar ligado à guerra. Enquanto isso, as autoridades soviéticas davam poucas informações precisas sobre o que estava acontecendo na frente de batalha. Nada se falava sobre as forças alemãs que, com mais de 3 milhões de integrantes, dividiram o Exército Vermelho com ataques de blindados, para em seguida capturarem centenas de milhares de prisioneiros em cercos. Apenas os nomes das cidades mencionados em boletins oficiais revelavam a rapidez do avanço do inimigo.

Cidadãos soviéticos ouvem o anúncio de Molotov sobre a invasão alemã, em 22 de junho de 1941.

Grossman havia deixado de exortar sua mãe a abandonar a cidade de Berdichev, na Ucrânia. Sua segunda mulher, Olga Mikhailovna Guber, convencera-o de que eles não tinham um quarto para ela. Então, antes de Grossman perceber completamente o que estava acontecendo, o 6º Exército Alemão ocupou Berdichev em 7 de julho. O inimigo avançara 350 quilômetros em apenas duas semanas. O fracasso de não salvar sua mãe foi um fardo que Grossman carregou pelo resto de sua vida, mesmo depois de descobrir que ela se recusara a partir porque não havia ninguém além dela que pudesse cuidar de uma sobrinha. Grossman estava também extremamente preocupado com o destino de Ekaterina, ou Katya, a filha que tivera com sua primeira mulher. Ele não sabia que ela fora enviada para fora de Berdichev durante o verão.

Desesperado para participar de alguma forma do esforço de guerra, Grossman fez lobby junto ao Departamento Político Principal do Exército Vermelho, conhecido pela sigla GLAVPUR, embora não fosse membro do Partido Comunista. Seu futuro editor, David Ortenberg, um comissário com patente de general, contou mais tarde como ele começou a trabalhar para o *Krasnaya Zvezda*, o jornal das forças armadas soviéticas que durante a guerra foi lido com muito mais atenção que os outros jornais.[1]

Lembro-me da primeira vez que Grossman apareceu no escritório da redação. Foi no final de julho. Eu chegara ao Departamento Político Principal e ouvira falar que Vassili Grossman andava pedindo a eles para que fosse enviado à frente de batalha. Tudo o que eu sabia sobre aquele escritor era que ele havia escrito o romance *Stepan Kolchugin*, sobre o Donbass.

— Vassili Grossman? — perguntei. — Nunca o vi, mas conheço *Stepan Kolchugin*. Mande-o, por favor, para o *Krasnaya Zvezda*.

— Sim, mas ele nunca serviu no exército. Não sabe nada sobre isso. Seria adequado para o *Krasnaya Zvezda*?

— Não tem problema — respondi, tentando convencê-los. — Ele conhece a alma das pessoas.

Não os deixei em paz até que o Comissário do Povo assinasse a ordem para alistar Grossman no Exército Vermelho e até contratá-lo para o nosso jornal. Havia um problema. Ele recebeu a patente de soldado raso, ou, como Ilya Ehrenburg gostava de brincar se referindo tanto a ele próprio quanto a

---

[1] Ortenberg, David I. (adotou o nome não-judeu de Vadimov no *Krasnaya Zvezda*).

Grossman, de "soldado raso sem treinamento". Era impossível dar a ele uma patente de oficial ou de comissário porque ele não era membro do Partido. Era igualmente impossível fazê-lo vestir um uniforme de soldado raso, como se tivesse passado metade da vida saudando seus superiores. Tudo o que podíamos fazer era lhe dar a patente de intendente. Alguns de nossos escritores, tais como Lev Slavin, Boris Lapin e até mesmo, por algum tempo, Konstantin Simonov, estavam na mesma situação. Suas insígnias verdes costumam lhes causar muitos problemas, uma vez que a mesma insígnia era usada por médicos, com os quais eram sempre confundidos. De qualquer modo, em 28 de julho de 1941 assinei a ordem: "O intendente de segundo nível Vassili Grossman é nomeado enviado especial do *Krasnaya Zvezda* com um salário de 1.200 rublos por mês."

No dia seguinte Grossman se apresentou ao escritório da redação. Disse-me que, embora sua nomeação fosse inesperada, estava feliz com ela. Voltou poucos dias depois, totalmente equipado e com um uniforme de oficial. [Seu casaco estava todo amassado, os óculos ficavam caindo de seu nariz e a pistola estava pendurada em um cinto frouxo, como se fosse um machado.]

— Estou pronto para partir para a frente de batalha hoje — disse ele.

— Hoje? Mas você consegue atirar com isso? — perguntei, apontando para a pistola que pendia de sua cintura.

— Não.

— E com um fuzil?

— Não, também não.

— Então como posso permitir que você vá para a frente de batalha? Pode acontecer alguma coisa com você. Não, você terá de ficar na redação algumas semanas.

O coronel Ivan Khitrov, nosso especialista em tática e ex-oficial do exército, tornou-se o treinador de Grossman. Levava-o para um dos campos de tiro da guarnição de Moscou e o ensinava a atirar.

Em 5 de agosto, Ortenberg permitiu que Grossman partisse para a frente de batalha. Conseguiu que ele fosse acompanhado de Pavel Troyanovsky, um correspondente de grande experiência, e Oleg Knorring, fotógrafo. Grossman descreveu sua partida com alguns detalhes.

Estamos partindo para o Front Central. O Oficial do Departamento Político Troyanovsky, o repórter fotográfico Knorring e eu estamos indo para Gomel. Troyanovsky, com seu rosto fino e escuro e seu nariz grande, recebeu a medalha "Por Realizações em Batalha". Ele já viu muita coisa, embora não seja velho. Na verdade, é mais ou menos dez anos mais novo que eu. Pensei de início que Troyanovsky era um soldado de verdade, um guerreiro nato, mas ele começou sua carreira no jornalismo, não muito tempo atrás, como correspondente do *Pionerskaya Pravda* [jornal do Movimento Juventude Comunista]. Disseram-me que Knorring é um bom fotojornalista. Ele é alto, um ano mais novo que eu. Sou mais velho que os dois, mas perto deles sou apenas um bebê em assuntos de guerra. Eles têm um prazer perfeitamente justificável de brincar comigo sobre os horrores que estão por vir.

Partiremos amanhã, de trem. Viajaremos num vagão "suave" durante todo o caminho até Bryansk, e lá tomaremos qualquer meio de transporte que Deus puser em nosso caminho. Recebemos informações antes de partir do Comissário de Brigada Ortenberg. Ele me disse que está para acontecer um avanço. Nosso primeiro encontro foi no GLAVPUR. Ortenberg teve uma conversa comigo e acabou me dizendo que achava que eu fosse um autor de livros infantis. Quando estávamos nos despedindo, eu disse a ele: "Adeus, camarada Boev." Ele começou a rir. "Não sou Boev, sou Ortenberg." Bem, eu dei o troco. Eu o havia confundido com o chefe do departamento de publicações do GLAVPUR.

Bebi o dia inteiro, exatamente como um recruta deve fazer. Papai apareceu, assim como Kugel, Vadya, Zhenya e Veronichka. Veronichka estava me olhando nos olhos, como se eu fosse Gastello.[2] Fiquei muito comovido. Toda a família entoou canções e teve conversas tristes. A atmosfera era melancólica e densa. Deitei-me sozinho naquela noite, pensando. Eu tinha muitas coisas, bem como pessoas, para pensar.

O dia de nossa partida é adorável. Está quente e chuvoso. O brilho do sol e a chuva se alternam repentinamente. Pavimentos e calçadas estão molhados. Às vezes brilham e às vezes são cinza como ardósia. O ar está cheio de uma umidade quente e sufocante. Uma bela menina, Marusya, veio ver Troyanovsky partir. Ela trabalha na redação [do *Krasnaya Zvezda*], mas aparentemente o está encontrando por iniciativa própria, e não a pedido do diretor. Knorring e eu somos educados. Evitamos olhar na direção deles.

Então, nós três [seguimos para a plataforma]. Tenho tantas lembranças da estação de trem de Bryansk. É a estação a que cheguei quando vim pela primeira vez a Moscou. Talvez minha partida desta estação hoje seja a última. Bebemos limonada e comemos bolos nojentos na cafeteria.

Nosso trem parte da estação. Todos os nomes das estações ao longo da linha são familiares. Passei por eles muitas vezes quando era estudante, voltando para Mamãe, para Berdichev, para minhas férias. Pela primeira vez em muito tempo consigo pegar no sono nessa cabine "suave", depois de todos os ataques aéreos em Moscou.

[Depois de chegar a Bryansk] passamos a noite na estação de trem. Cada canto está cheio de soldados do Exército Vermelho. Muitos deles estão mal-vestidos, em trapos. Já estiveram

---

[2] Capitão Gastello, famoso herói que lutou como piloto na Guerra Civil Espanhola, foi comandante de um esquadrão do 207º Regimento da 42ª Divisão de Aviação. Um tiro de artilharia antiaérea alemã danificou o tanque de combustível de seu avião em 26 de junho de 1941 na região de Molodechno. O avião começou a se incendiar e Gastello dirigiu a aeronave em chamas até uma coluna de veículos alemães na estrada. A explosão e o fogo que se seguiram teriam destruído dezenas de veículos, soldados e tanques do inimigo. Gastello se tornou Herói da União Soviética postumamente.

"lá". Os *abkhaz* são os que parecem em pior estado. Muitos deles estão descalços.

Temos de ficar acordados a noite inteira. Surgem aviões alemães sobre a estação, o céu está rugindo, há holofotes em toda parte. Todos nós corremos para um lugar descampado o mais longe possível da estação. Por sorte, os alemães não nos bombardeiam, apenas nos assustam. De manhã, ouvimos uma transmissão de rádio de Moscou. É uma entrevista coletiva de Lozovsky [chefe do Bureau de Informação Soviético]. O som estava ruim, ouvíamos avidamente. Ele usou muitos provérbios, como sempre, mas estes não fizeram nossos corações sentirem qualquer alívio.

Vamos para a estação de cargas à procura de um trem. Somos postos num trem-hospital para Unecha [meio do caminho entre Bryansk e Gomel]. Embarcamos no trem, mas de repente há pânico. Todos começam a correr e a atirar. Descobre-se que um avião alemão está disparando tiros de metralhadora contra a estação de trem. Eu próprio fui apanhado por essa comoção considerável.

Depois de Unecha, viajamos em um vagão de carga. O tempo estava maravilhoso, e percebi isso sozinho, pois meus companheiros de viagem disseram que estava ruim, e percebi isso sozinho. Havia buracos negros e crateras causados por bombas em toda parte ao longo da ferrovia. Podiam-se ver árvores partidas por explosões. Nos campos havia milhares de camponeses, homens e mulheres, cavando valas antitanque.

Observamos o céu nervosamente e decidimos saltar do trem se o ruim se tornasse pior. O trem se movia bem lentamente. No momento em que chegamos a Novozybkov, havia um ataque aéreo. Uma bomba caiu junto ao pátio da estação. O trem não iria mais a lugar algum. Deitamos sobre a grama verde, esperando e aproveitando o calor e a grama ao nosso redor, mas ainda fitávamos o céu. E se um [avião] alemão aparecesse de repente?

No meio da noite, saímos em disparada. Há um trem-hospital indo para Gomel. Seguramos no balaústre quando o trem já está em movimento. Nós nos penduramos nos degraus, batemos na porta, implorando para que nos deixassem ficar pelo menos na plataforma do vagão de carga. De repente, uma mulher olha para fora e grita: "Pulem para fora neste minuto! É proibido viajar em trens-hospital!" A mulher é uma médica cuja missão é aliviar o sofrimento das pessoas. "Desculpe-nos, mas o trem está se movendo em velocidade total. Como podemos saltar?" Somos cinco segurando no balaústre, todos oficiais, e tudo o que estamos pedindo é que nos deixem ficar na plataforma coberta. Ela começa a nos chutar com suas botas grandes, silenciosamente e com uma força extraordinária. Com o punho, bate em nossas mãos, tentando nos fazer soltar o balaústre. A coisa está ficando difícil: se alguém se solta, é o fim. Por sorte, nos damos conta de que não estamos em um bonde em Moscou, e passamos da defesa para o ataque. Poucos segundos depois, a plataforma coberta é nossa, e a cadela com status de médica está gritando como se estivesse assustada e desaparece muito rapidamente. É a primeira vez que sentimos o gosto da luta.

Chegamos a Gomel. O trem pára muito longe da estação, e então fazemos uma dura caminhada ao longo dos trilhos, no escuro. Precisamos passar sob os vagões para atravessar a ferrovia. Bato minha testa e tropeço. Minha maldita mala é extremamente pesada.

Finalmente chegamos ao prédio da estação. Está completamente destruído. Dizemos "Ahs" e "Ohs" olhando as ruínas. Um ferroviário que está passando nos conforta afirmando que a estação fora demolida antes da invasão, para que fosse construída outra, maior e melhor.

Gomel! Que tristeza existe nessa quieta cidade verde, nesses agradáveis jardins públicos, em seus idosos sentados nos bancos, em graciosas meninas caminhando pelas ruas. Crianças estão brincando em montes de areia colocados ali para apagar bombas incendiárias [...]. A qualquer momento uma enorme

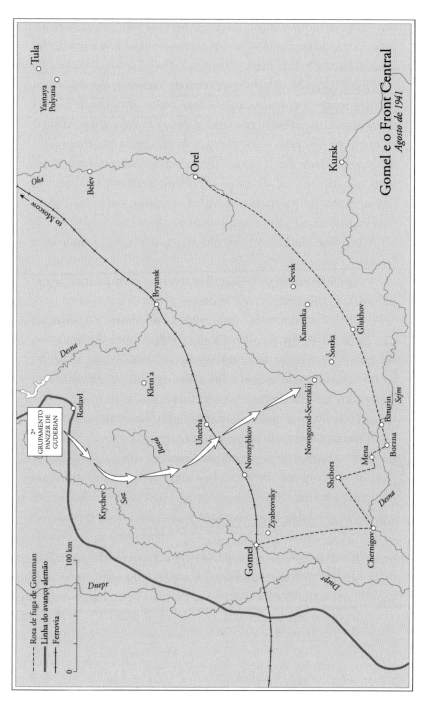

Gomel e o Front Central, agosto de 1941.

nuvem pode cobrir o sol, uma tempestade pode trazer areia e poeira e levá-las para longe. Os alemães estão a menos de 50 quilômetros de distância.

Gomel nos recebe com um aviso de ataque aéreo. Moradores dizem que o costume aqui é soar o alarme quando não há qualquer avião alemão por perto e, pelo contrário, soar o sinal de que o perigo passou logo que os bombardeios começam.

Bombardeio em Gomel. Uma vaca, bombas zunindo, fogo, mulheres [...]. O forte cheiro de perfume — de uma farmácia atingida pelo bombardeio — bloqueou o mau cheiro dos incêndios, só por um instante.

A imagem de Gomel em chamas nos olhos de uma vaca ferida.

As cores de fumaça. Tipógrafos tiveram de imprimir o jornal sob a luz de prédios em chamas.

Passamos a noite com um jornalista iniciante. Seus artigos não farão parte do Tesouro Dourado da Literatura. Eu os vi no jornal do Front. São um verdadeiro lixo, com histórias como "Ivan Pupkin matou cinco alemães com uma colher".

Fomos nos encontrar com o editor, o comissário de regimento Nosov, que nos deixou esperando umas boas duas horas. Tivemos de nos sentar em um corredor escuro, e quando finalmente vimos essa pessoa que parecia um czar e falamos com ela por alguns minutos, percebemos que esse camarada não era, para dizer em termos suaves, especialmente brilhante e que sua conversa não valia nem dois minutos de espera.

O quartel do Front Central foi o primeiro porto de chamada para Grossman, Troyanovsky e Knorring. Comandado pelo general Andrei Yeremenko, o Front Central fora estabelecido apressadamente depois da destruição do Front Ocidental, no fim de junho.[3] O desafortunado

---

[3] O general A. I. Yeremenko (1892-1970) participou da partilha da Polônia em 1939. Depois de lutar nos arredores de Gomel, em agosto de 1941, assumiu o comando do Front de Bryansk e naquele outono foi gravemente ferido na perna e quase capturado quando os Panzers de Guderian flanquearam suas forças. Mais tarde foi comandante-em-chefe do Front de Stalingrado, onde Grossman o entrevistou.

comandante do Front Ocidental, general D. G. Pavlov, transformou-se no bode expiatório principal para a recusa de Stalin de se preparar para a guerra. À característica moda stalinista, Pavlov, comandante das forças de tanque soviéticas durante a Guerra Civil Espanhola, foi acusado de traição e executado.

> O quartel foi instalado no Palácio Paskevich. Há um parque maravilhoso e um lago com cisnes. Muitas trincheiras estreitas foram cavadas em toda parte. O chefe do departamento político do Front, comissário de brigada Kozlov, nos recebe. Ele nos diz que o Conselho Militar está muito alarmado com as notícias que chegaram ontem. Os alemães tomaram Roslavl e reuniram uma grande força de tanques lá.[4] O comandante deles é Guderian, autor do livro *Achtung! Panzer!*[5]
>
> Folheamos uma série de exemplares do jornal do Front. Passei pela seguinte frase de um dos artigos principais: "O inimigo bastante atingido continuou seu avanço covardemente."
>
> Dormimos no chão da biblioteca do clube "Komintern"[6], mantendo nossas botas nos pés e usando máscaras de gás e bolsas de campo como travesseiros. Jantamos na cantina do quartel. Fica no parque, em um pavilhão alegremente multicolorido. Eles nos alimentam bem, como se estivéssemos em uma *dom otdykha* [casa de descanso soviética] antes da guerra. Há creme de leite, coalhada e até sorvete de sobremesa.

Grossman ficou cada vez mais horrorizado e desiludido à medida que descobria a falta de preparação do Exército Vermelho. Começou a sus-

---

[4] Roslavl estava cerca de 200 quilômetros a noroeste de onde eles estavam, portanto, a área em torno de Gomel estava perigosamente exposta. Logo ficaria conhecida como a "Gomel Saliente".

[5] O general Heinz Guderian (1888-1953) era o comandante do 2º Grupamento Panzer (mais tarde 2º Exército Panzer). Grossman quase foi capturado por suas forças em duas ocasiões.

[6] Komintern ou Comintern, a Terceira Internacional: organização internacional fundada em Moscou para unir grupos comunistas do mundo todo. (N. do T.)

peitar — apesar do silêncio oficial sobre o assunto — de que o maior responsável pela catástrofe era o próprio Stalin.

> Quando a guerra explodiu, muitos altos-comandantes e generais estavam de férias em Sochi. Muitas unidades blindadas estavam recebendo novos motores em seus tanques, muitas unidades de artilharia não tinham munição alguma, muitos regimentos de aviação não tinham combustível nenhum. Quando telefonemas começaram a chegar da fronteira para os postos de comando mais importantes, com relatos de que a guerra começara, alguns deles tiveram a seguinte resposta: "Não se rendam a provocações." Isso provocou surpresa, no sentido mais assustador e sério da palavra.

O desastre bem adiante da frente de batalha, do mar Negro ao Báltico, foi de grande importância para Grossman, como revela uma carta dele para seu pai em 8 de agosto.

> Meu querido [pai], cheguei ao meu destino no dia 7 [de agosto] [...]. Lamento tanto não ter trazido um cobertor comigo. Não é nada bom dormir sob uma capa de chuva. Estou constantemente preocupado com o destino de Mamãe. Onde ela está? O que aconteceu com ela? Por favor, me informe imediatamente se tiver notícias dela.

Grossman fez visitas a linhas de frente e anotou essas observações.

> Contaram-me como, depois que Minsk começou a arder, homens cegos do lar de inválidos caminharam pela estrada em uma longa fila, amarrados uns aos outros com toalhas.

> Um fotógrafo observa: "Vi refugiados muito bons ontem."

> Um soldado do Exército Vermelho está deitado na grama depois de uma batalha, dizendo para si mesmo: "Animais e

plantas lutam por sua existência. Seres humanos lutam por supremacia."

A dialética da guerra — a capacidade de se esconder, de salvar sua vida, e a capacidade de lutar, de dar a vida.

Histórias sobre ser isolado. Todos que escaparam e voltaram não conseguem parar de contar histórias sobre ser cercado, e todas as histórias são assustadoras.

Um piloto escapou através das linhas inimigas e voltou vestindo apenas sua roupa de baixo, mas segurava seu revólver.

Cães especialmente treinados com coquetéis Molotov amarrados a eles são enviados para atacar tanques e explodem em chamas.[7]

Bombas estão explodindo. O comandante do batalhão está deitado na grama e não quer ir para o abrigo. Um camarada grita para ele: "Você se tornou um preguiçoso completo. Por que não vai e busca abrigo pelo menos nesses pequenos arbustos?"

Um posto de comando na floresta. Aviões estão sobrevoando o abrigo. [Oficiais] tiram seus quepes porque a parte de cima deles brilha, e escondem papéis. De manhã, máquinas de escrever fazem barulho em toda parte. Quando aviões aparecem, soldados põem casacos verdes sobre as datilógrafas, porque elas usam vestidos coloridos. Escondidas em arbustos, as assistentes continuam sua briga com os arquivos.

---

[7] Esses cães eram treinados com base no princípio pavloviano. Recebiam sua comida sempre sob um tanque para que corressem para baixo de veículos blindados logo que vissem um deles. O explosivo era amarrado em sua traseira com um longo braço de gatilho, que detonava a carga assim que este tocava a parte de baixo de um veículo-alvo.

Uma galinha que faz parte da equipe do quartel está dando uma caminhada entre abrigos na terra, com tinta em suas asas.

Há muitos cogumelos *Boletus* na floresta — é triste olhar para eles.[8]

Instrutores [políticos] receberam ordem de ir para a frente de batalha. Os que querem ir e os que não querem podem ser identificados facilmente. Alguns simplesmente obedecem à ordem, outros se esquivam. Todos estão sentados por perto e todos podem ver tudo isso, e aqueles que se esquivam sabem que todos conseguem ver seus truques.

Uma longa estrada. Carruagens, pedestres, filas de carroças. Uma nuvem de poeira amarela sobre a estrada. Rostos de homens e de mulheres idosos. O condutor Ivan Kuptsov estava sentado sobre seu cavalo a 100 metros de sua posição. Quando teve início um recuo e só restava um canhão, as baterias alemãs lançaram uma chuva de balas contra eles mas, em vez de galopar para a retaguarda, ele correu até o canhão de campo e o retirou de um pântano. Quando o Oficial do Departamento Político perguntou como ele tivera coragem para aquele ato de bravura diante da morte, ele respondeu: "Eu tenho uma alma simples, tão simples quanto uma balalaica. Ela não tem medo da morte. Aqueles que têm almas preciosas é que temem a morte."

Um motorista de trator embarcou todos os homens feridos em seu veículo e os levou para a retaguarda. Mesmo os homens gravemente feridos ficaram com suas armas.

---

[8] Essa referência presumivelmente inspirou uma passagem em seu romance *O povo imortal*: "Bogaryov viu uma família de cogumelos *Boletus* na grama. Eles estavam ali com seus gordos caules brancos, e ele se lembrou com que paixão ele e sua mulher haviam colhido cogumelos no ano anterior. Teriam ficado loucos de alegria se tivessem encontrado tantos *Boletus*. Mas ele nunca tinha tanta sorte em tempo de paz."

[De acordo com] o tenente Yakovlev, comandante de um batalhão, os alemães que o atacaram estavam completamente bêbados. Aqueles que eles capturaram fediam a álcool, com os olhos injetados de sangue. Todos os ataques tiveram reação. Soldados queriam carregar Yakovlev, que estava seriamente ferido, para a retaguarda, sobre um pedaço de lona de chão. Ele gritou: "Ainda tenho minha voz e consigo dar ordens. Sou um comunista e não posso deixar o campo de batalha."

Manhã quente. Ar calmo. A vila está cheia de paz — bela e calma vida de vila —, com crianças brincando e homens e mulheres idosos sentados em bancos. Mal havíamos chegado quando três Junkers apareceram. Bombas explodiram. Gritos. Chamas vermelhas com fumaça branca e também preta. Passamos pela mesma vila novamente à noite. As pessoas estão em pânico e esgotadas. As mulheres estão carregando pertences. Altas chaminés se destacam em meio às ruínas. E flores — centáureas e peônias — exibem-se muito pacificamente.

Nos vimos sob fogo perto do cemitério. Nos escondemos embaixo de uma árvore. Um caminhão permanecia ali, e nele havia um fuzileiro radioperador com seu fuzil, morto, coberto com uma lona. Soldados do Exército Vermelho estavam cavando uma sepultura para ele ali por perto. Quando acontece um ataque de Messers, os soldados tentam se esconder em trincheiras. O tenente grita: "Continuem cavando, do contrário não vamos terminar antes do anoitecer." Korol se esconde na nova sepultura, enquanto todos correm em direções diferentes. Apenas o radioperador morto continua completamente deitado, e metralhadoras trepidam sobre ele.

Grossman e Knorring visitaram o 103º Regimento de Aviação de Caça do Exército Vermelho posicionado perto de Gomel. Grossman logo descobriu que o Exército Vermelho em terra tinha sentimentos confusos em relação à sua própria força aérea, que rapidamente adquiriu uma reputação de atacar qualquer coisa que se mexia, fosse amigo ou inimigo. "Nossos, nossos?", dizia uma piada conhecida de todos. "Então onde está meu capacete?"

Fui com Knorring para o campo de pouso de Zyabrovsky, perto de Gomel. O comissário Chikurin, da Aviação do Exército Vermelho, um companheiro grande e vagaroso, havia nos emprestado o ZIS, carro da companhia. Ele estava reclamando dos [pilotos de caça] alemães: "Eles perseguem veículos, caminhões particulares, carros. Isso é vandalismo, um absurdo!"

No mesmo regimento, há dois camaradas que foram condecorados. Certa vez eles derrubaram um dos nossos aviões e foram punidos. Depois de receberem suas sentenças, começaram a trabalhar melhor. Foi proposto que eles fossem absolvidos.

Grossman faz seu primeiro vôo no campo de pouso de Zyabrovsky, perto de Gomel, agosto de 1941.

Notas de uma entrevista com um piloto:

"Camarada tenente-coronel, derrubei um Junkers-88 pela pátria soviética."

Sobre os alemães:

"Há pilotos que não são maus, mas a maioria é uma porcaria. Eles evitam lutar. Eles não lutam até o amargo fim."

"Não há qualquer ansiedade, raiva, fúria. E quando você vê que ele está com raiva, sua alma se ilumina."

"Quem vai se desviar? Ele ou eu? Eu não vou. Eu me tornei uma coisa só com o avião e já não sinto nada."

Um jovem soldado do Exército Vermelho disparou um foguete contra o posto de comando [do campo de pouso] e atingiu o chefe do comando na retaguarda.

O posto de comando fica em um prédio que era palácio dos Jovens Pioneiros. Um piloto enorme, adornado com bolsas, uma pistola etc., surge de uma porta em que está escrito "Apenas para meninas".

Prédios no campo de pouso foram destruídos por bombardeios, o campo foi arado por explosões. Aviões Ilyushin e MiG estão escondidos sob redes de camuflagem. Veículos circulam pelo campo de pouso distribuindo combustível aos aviões. Também há um caminhão com bolos e um caminhão carregando frascos térmicos de comida. Meninas de macacão branco servem o jantar a pilotos. Os pilotos comem de forma arbitrária, relutantemente. As meninas estão convencendo-os a comer. Alguns aviões estão escondidos na floresta.

Foi especialmente interessante quando Nemtsevich [comandante do regimento de aviação] nos contou sobre a primeira noite da guerra, sobre o terrível e rápido recuo. Dia e noite ele dirigiu um caminhão recolhendo esposas e filhos de oficiais. Em uma casa, encontrou oficiais que haviam sido mortos, esfaqueados. Aparentemente, haviam sido assassinados por sabotadores quando dormiam. Isso aconteceu perto da fronteira. Ele disse que naquela noite da invasão alemã tivera de dar um telefonema por conta de algum negócio importante e as comunicações não estavam funcionando [...]. Ele ficou irritado, mas não deu muita atenção a isso.

Nemtsevich me disse que aviões alemães não apareceram sobre seu campo de pouso durante dez dias. Foi categórico em sua conclusão: os alemães estão sem combustível, estão sem aviões, foram todos derrubados a tiros. Nunca ouvi um discurso como aquele — que otimismo! Esse traço de caráter é ao mesmo tempo tanto bom quanto prejudicial, mas de qualquer modo nunca fará um estrategista.

Almoçamos em uma cantina pequena e aconchegante. Havia uma bela garçonete e Nemtsevich suspirou com desejo quando olhou para ela. Falou com ela em uma voz afetuosa, tímida, suplicante. Ela foi ironicamente indulgente. Foi um breve triunfo de uma mulher sobre um homem nos dias, talvez horas, que precederam a "rendição" de seu coração. É estranho ver um belo e másculo comandante de um regimento de caça em sua tímida submissão ao poder de uma mulher. Evidentemente, ele é um grande perseguidor de rabos-de-saia.

Passamos a noite em um prédio enorme, com muitos andares. Estava deserto, assustador e triste. Centenas de mulheres e crianças estavam vivendo ali pouco tempo antes. Eram famílias de pilotos. Durante a noite fomos acordados por um zunido baixo e assustador e saímos para a rua. Esquadrões de bombardeiros alemães estavam voando em direção ao leste, sobre nossas cabeças. Evidentemente eram aqueles sobre os quais Nemtsevich falara durante o dia, aqueles que segundo ele não tinham combustível e haviam sido destruídos.

Ouviu-se o ruído de motores começando a funcionar, poeira e vento — aquele vento especial dos aviões, pressionado contra o chão. Aviões subiram ao céu um após o outro, voaram em círculos e foram embora. E imediatamente o campo de pouso ficou vazio e silencioso, como uma sala de aula quando os alunos se vão. É como pôquer: o comandante do regimento arriscou toda a sua sorte no ar. A mesa está vazia. Ele está ali em pé sozinho, olhando para o céu, e o céu sobre ele está vazio. Ou ele vai ficar sem nada ou receberá tudo de volta com interesse. É um jogo em que as apostas são vida e morte, vitória ou derrota. Sinto-me como se estivesse eternamente em uma tela de cinema, e não apenas assistindo ao filme. Grandes acontecimentos chegam em quantidade e rapidamente.

Finalmente, depois de um ataque bem-sucedido a uma coluna alemã, os caças voltaram e aterrissaram. O avião de comando tinha carne humana presa no radiador. Isso porque um avião de apoio havia atingido um caminhão com munição que explodiu exatamente no momento em que o avião de comando estava passando sobre ele. Poppe, o líder, está retirando a carne com uma pasta de arquivo. Eles consultam um médico, que examina a massa de sangue atentamente e declara que é "carne ariana!" Todos riem. Sim, um tempo sem piedade — um tempo de ferro — chegou!

2.
O TERRÍVEL RECUO

A impressão geral dos primeiros meses da guerra nazi-soviética é de constante movimento, de rápidos avanços e de grandes cercos de panzers. Mas no lado soviético também houve muitos breves períodos de inação, para não falar em confusão, rumores e esperas, quando ordens não chegaram a ser cumpridas ou foram canceladas. Grossman, Troyanovsky e Knorring foram levados de volta à frente de batalha. Grossman mais uma vez anotou tudo que seus olhos ou sua imaginação captaram, usando um de seus minúsculos blocos de anotações, com páginas quadriculadas, semelhantes a cadernos infantis de matemática.

Chegando à frente de batalha. O zunido da artilharia está se tornando cada vez mais alto. A ansiedade e a tensão estão crescendo. Artilharia, munição e carroças puxadas por cavalos estão se movendo em uma estrada larga, branca, arenosa, na poeira dourada do pôr do sol, entre pinheiros vermelhos. A infantaria está em marcha. Um jovem oficial coberto de poeira e suor, com uma enorme dália amarela iluminada pelo sol que se põe. Eles estão seguindo para oeste.

Na frente de batalha, quando há guerra de trincheira, os alemães gritam toda manhã: "Zhuchkov, renda-se." Zhuchkov responde morosamente: "Foda-se."

Um soldado do Exército Vermelho de barba. Oficial: "Por que você não se barbeia?" Soldado: "Eu não tenho barbeador." Oficial: "Muito bem, você irá em uma missão de reconhecimento, com sua barba." Soldado: "Vou me barbear hoje, camarada comandante."

Ganakovich — um homem maravilhoso — dando baforadas em seu cachimbo, formando nuvens de tranqüilidade e senso comum. Às vezes ele fica triste e gosta de se sentar sozinho. Ele se senta e fica pensando durante um longo, longo tempo. Usa uma linguagem pitoresca: "Bem, eu me lembro da cavalaria de 1914. Eles roubam galinhas e trepam com mulheres mesmo estando a mais de 200 quilômetros da frente de batalha."

Batalha à noite. Fogo de artilharia. Canhões de campanha fazem barulho, balas zunem, primeiro em um tom agudo, depois sussurrando como o vento. O barulho das minas. Muito fogo, rápido, branco. O sapateado das metralhadoras e dos fuzis é o que mais perturba. Foguetes alemães verdes e brancos. Sua luz é cruel, desonesta, não é como a luz do dia. Uma onda de tiros. Não se vêem nem se ouvem pessoas. É como uma rebelião de máquinas.

Manhã. Um campo de batalha. Crateras formadas por bombas, planas como discos, com terra derramada no entorno. Máscaras de gás. Frascos. Pequenos buracos cavados por soldados durante o ataque, para servirem de ninhos de metralhadoras e morteiros. Eles não fizeram bem algum a si próprios quando cavaram os buracos tão próximos uns dos outros. Pode-se ver como eles se uniram, dois buracos

— dois amigos, cinco buracos —, camaradas soldados da mesma região. Sangue. Um homem assassinado atrás de um monte de feno, seu punho torcido, deitado de costas, como uma escultura assustadora — *Morte no campo de batalha*. Há um pequeno saco com *makhorka* [tabaco preto] e uma caixa de fósforos.

O fundo de uma trincheira alemã está forrado de palha. A palha conserva a forma de corpos humanos. Perto das trincheiras há latas vazias, casca de limão, garrafas de vinho e de conhaque, jornais, revistas. Não há traço algum de sangue nos ninhos de metralhadoras, apenas um bocado de pontas de cigarro e embalagens de cigarro multicoloridas. Dá vontade de lavar as mãos cuidadosamente quando se toca qualquer coisa alemã — jornais, fotografias, cartas.

O comandante da divisão, o alto e amargurado coronel Meleshko, usava um casaco acolchoado de soldado. Diante da observação açucarada de um correspondente sobre como são alegres e animadas as faces de soldados feridos quando eles voltam da batalha, ele observou, com um sorriso cínico: "Principalmente aqueles que foram feridos na mão esquerda."

Com freqüência, soldados atiravam em si próprios na mão esquerda, em uma tentativa ingênua de escapar da batalha. Na verdade, esse ferimento, qualquer que fossem as circunstâncias, era automaticamente considerado auto-infligido e, portanto, uma tentativa de escapar da batalha. O soldado enfrentava execução sumária nas mãos dos Departamentos Especiais da NKVD (mais tarde contra-inteligência SMERSh). Poucos cirurgiões do Exército Vermelho ousavam salvar a vida de um menino amputando a mão inteiramente antes de o Departamento Especial checar os ferimentos de cada paciente novo.

Um prisioneiro de guerra alemão à beira de uma floresta — um menino miserável, de cabelo castanho-escuro. Ele está usando um lenço branco e vermelho no pescoço. Está sendo procurado. O principal sentimento dos soldados diante dele é de surpresa, por ele ser um estranho, totalmente estranho a esses álamos, pinheiros e tristes campos cultivados.

O sempre mutável senso de perigo. Um lugar parece assustador de início, mas depois você se lembra dele como sendo tão seguro quanto seu apartamento em Moscou.

Um cemitério. A luta está sendo travada lá embaixo, no vale, a vila foi incendiada. Doze bombardeiros alemães estão mergulhando na vila envolvida em fumaça. Estão voando horizontalmente, e nosso motorista Petlyura diz com um sorriso aberto: "Vou trazer alguns ovos para vocês em um segundo." Nesse exato momento, um Messerschmitt[1] ataca com um rugido altíssimo e Petlyura corre para um vão entre sepulturas, esquecendo os ovos.

Grossman soube então que Utkin, um famoso poeta, havia sido ferido ali perto.[2]

Manhã. Fomos ao hospital de campanha para ver Utkin, cujos dedos haviam sido despedaçados por estilhaços. O dia estava nublado e chuvoso. Havia cerca de novecentos homens feridos em uma pequena clareira entre jovens álamos. Havia panos ensangüentados, pedaços de carne, gemidos, gritos contidos, centenas de olhos tristes e sofridos. A jovem "doutora" de cabelo ruivo havia perdido sua voz — ela passara a noite inteira operando. Sua face estava pálida — como se fosse desmaiar a qualquer momento. Utkin já havia sido levado em um carro do comando. Ela sorriu. "Quando eu estava fazendo

---

[1] Caça alemão. (N. do T.)
[2] Utkin, Iosif Pavlovich (1903-1944), poeta que foi voluntário do Exército Vermelho em junho de 1941 e saiu ferido. Depois de se curar dos ferimentos, voltou à frente de batalha como correspondente militar. Muitos de seus poemas em tempo de guerra foram usados em canções. Morreu em um acidente de avião em 1944, quando voltava da frente de batalha para Moscou.

incisões, ele recitou poesia para mim." Sua voz mal podia ser ouvida. Para ajudar a si própria a falar, ela fazia gestos. Homens feridos continuavam chegando, todos eles encharcados de sangue e chuva.

Como todos os russos, Grossman ficou comovido com as histórias dos órfãos de guerra, os incontáveis inocentes cujas vidas haviam sido destruídas.

Quando o tenente-coronel estava saindo de Volkovysk caminhando, encontrou um menino de três anos na floresta. Ele carregou o menino em seus braços por centenas de quilômetros, cruzando pântanos e florestas. Eu os vi no posto de comando. O menino louro estava dormindo abraçado ao pescoço do tenente-coronel. O tenente-coronel tinha cabelo ruivo e suas roupas estavam em farrapos.[3]

Uma piada sobre como capturar um alemão. Basta amarrar um ganso à perna e um alemão vai aparecer querendo pegá-lo. Vida real: soldados do Exército Vermelho amarraram galinhas pela perna e deixaram que elas fossem até uma clareira na floresta, enquanto se escondiam em arbustos. E os alemães realmente apareceram quando ouviram as galinhas cacarejando. Caíram direitinho na armadilha.

Na terceira semana de agosto, parte do 2º Grupamento Panzer, do general Heinz Guderian, seguiu para o sul para flanquear as forças soviéticas da Gomel saliente. O avanço alemão obrigou o Exército Vermelho a abandonar a cidade, e logo a última parte do território da Bielo-Rússia caiu nas mãos do inimigo. Grossman encontrou os líderes do Partido Comunista Bielo-russo em uma reunião ao ar livre do Comitê Central

---

[3] Grossman usou esse episódio em seu romance *O povo imortal*, quando o filho do comissário é resgatado de maneira semelhante.

do Partido com altos oficiais militares.[4] Grossman desenvolveu a cena em seu romance no ano seguinte.

> Quem pode descrever a austeridade dessa sessão realizada na última área livre da floresta bielo-russa? O vento vindo da Bielo-Rússia soava melancólico e sereno, e parecia que milhões de vozes estavam sussurrando nas folhas dos carvalhos. Comissários do Povo [ministros do governo] e membros do Comitê Central, homens de roupas militares com rostos bronzeados e cansados, eram breves no que diziam [...]. Anoiteceu. A artilharia abriu fogo. Longos relâmpagos iluminaram o céu escuro no oeste.

No bloco de anotações original ele escreveu:

> Sessão do Comitê Central do Partido Comunista Bielo-russo — no último pedaço do solo bielo-russo [...]. Assuntos sérios estão sendo resolvidos, nem uma única palavra desnecessária é dita [...]. Ponomarenko, falando ao comandante do Exército Vermelho: "Você não pode usar uma linguagem obscena para falar de um membro do Comitê Central." O general estava assustado: "Eu não o xinguei. Eu estava xingando o general."[5]

> A ordem recebida durante a noite era a de bombardear Novo-Belitsa e Gomel. O céu estava queimando. Uma conversa em voz baixa na cabana do comandante. Voz do comandante:

---

[4] Ortenberg escreveu mais tarde: "No dia seguinte [21 de setembro], conseguimos oferecer mais aos nossos leitores: Vassili Grossman e Pavel Troyanovsky haviam enviado de Gomel uma seleção de vários materiais. Incluía uma entrevista com o secretário do Partido Comunista Bielo-russo sobre os temores dos partidários."

[5] Ponomarenko, Panteleimon Kondratyevich (1902-1984), primeiro secretário do Partido Comunista Bielo-russo, 1938-1947, em exílio em Moscou durante a ocupação alemã de 1941-1944, onde ele supervisionou a organização da resistência do Partido. Partidário do stalinismo, Ponomarenko foi um improvável fã de jazz que criou a Orquestra Nacional de Jazz Bielo-russa em Minsk, em 1940. Depois da guerra, serviu como embaixador soviético em vários postos e esteve intimamente ligado à KGB.

"Se você se lembrar, em *Viagem para Arzrum*."[6] Outra voz: "*Karaims* não são judeus, descendem de *khazars*."[7]

Cachorros correm pela ponte, saindo da cidade de Gomel, que se incendeia, ao lado de carros.

Durante o bombardeio, um velho saiu da trincheira para recuperar seu chapéu e sua cabeça foi arrancada junto com todo o pescoço.

Notícias sobre o crescente desastre militar se espalharam no meio da população civil. Grossman, Troyanovsk e Knorring participaram do vôo para o sul para evitar as colunas de Panzers de Guderian. Isso os levou à ponta do nordeste da Ucrânia. Os companheiros escaparam ao sul, ao longo da principal estrada para Kiev até Chernigov, e depois para leste até Mena. Nos dois lugares, oficiais do Exército Vermelho não levaram o perigo a sério, como descobriu Grossman.

No Kremlin, Stalin também se recusou a enfrentar a realidade da ameaça. Os Panzers de Guderian, atacando ao sul de Gomel, conseguiram cortar a capital ucraniana, Kiev, a partir do norte, mas na hora em que o líder soviético reconheceu o perigo era tarde demais. Esta seria a maior derrota militar isolada da história soviética. Na "concentração de Kiev", o Exército Vermelho perdeu mais de meio milhão de homens capturados e mortos. Grossman e seus companheiros escaparam da armadilha quando a 3ª, a 4ª e a 17ª Divisões Panzer se dirigiram para o sul a partir de Gomel, entrando no leste da Ucrânia. A 3ª Divisão Panzer capturou a mais importante ponte sobre o rio Desna, perto de Novgorod-Seversky, em 25 de agosto.

---

[6] Dois jornalistas militares e um fotojornalista estavam sentados no tronco de uma árvore caída perto do barraco feitos de galhos onde o Conselho Militar estava acomodado. Eles ouviram a voz do comandante vindo do barraco: "Se você se lembrar, em *Viagem para Arzrum*..." *Viagem para Arzrum* é uma paródia de relatos sobre viagens escrita por Pushkin em 1836, um ano antes de sua morte em um duelo.

[7] *Karaim* é literalmente a seita *karaite* do judaísmo, mas se refere também à comunidade *karaite*, de língua turca, da Europa Oriental. *Khazars* são membros de tribos de língua turca que no fim do século VI estabeleceram um império comercial em área hoje pertencente à Rússia. (N. do T.)

Troyanovsky descreveu a rota deles. "Estávamos seguindo, seguindo, passando por ruínas que ardiam. As ruínas de Chernigov, Borzna e Baturin estavam ardendo [...]. Quando havia um ataque aéreo, P. I. Kolomeitsev organizava pequenos disparos contra aviões fascistas. Até mesmo esses homens extremamente civis como Oleg Knorring e Vassili Grossman disparavam contra os aviões com seus fuzis." Grossman, entretanto, estava igualmente preocupado com a tragédia humana deles.

Civis. Eles estão chorando. Estejam escondidos em algum lugar ou em pé junto a suas cercas, eles começam a chorar assim que começam a falar, e sente-se um desejo involuntário de chorar também. Há tanta tristeza!

Uma casa vazia. A família se mudou no dia anterior, o dono está partindo também. O vizinho, um homem idoso, veio vê-lo partir:

— E o cãozinho vai ficar?

— Ele não queria ir.

E a casa permanece onde sempre esteve. Tomates verdes estão amadurecendo no terraço, flores se divertem no jardim. Na sala há pequenas xícaras e jarros, mudas de figueira em vasos de plantas, de limoeiro e de uma palmeira. Em todo lugar, em tudo, pode-se sentir as mãos do dono.

Poeira. Poeira branca, amarela, vermelha. Ela é espalhada pelas patas de carneiros, porcos, cavalos, vacas e pelas carroças de refugiados, soldados do Exército Vermelho, caminhões, carros de oficiais, tanques, canhões e tratores de artilharia. A poeira está pairando, girando, dando voltas sobre a Ucrânia.

Heinkels e Junkers estão voando à noite. Espalham-se entre as estrelas como parasitas. A escuridão do espaço é coberta por seus zunidos. Bombas estão caindo. Vilas estão se incendiando em toda parte. O céu negro de agosto se torna mais leve. Quando uma estrela cai ou quando há um trovão durante o

Nos terríveis recuos de 1941, soldados do Exército Vermelho caminhavam centenas de quilômetros.

dia, todos ficam assustados, mas em seguida riem: "Isso vem do céu, do verdadeiro céu."

Uma mulher idosa achou que poderia ver seu filho na coluna que seguia com dificuldade no meio da poeira. Ela ficou lá até o anoitecer e então veio até nós. "Soldados, peguem alguns pepinos, comam, vocês são bem-vindos." "Soldados, bebam esse leite." "Soldados, maçãs." "Soldados, coalhada." "Soldados, por favor, peguem isso." E elas choram [essas mulheres], choram, olhando os homens que passam por elas.

A menina Orinka na vila de Dugovaya — a própria tristeza, a poesia das pessoas atingida. Pernas negras, vestido rasgado.

Oferecemos a ela maçãs do jardim de sua fazenda coletiva. Bem, o jardim é dela. O velho guardião do pomar observa em silêncio enquanto apanhamos as maçãs.

Um canhão maciço está se movendo ao longo da estrada, na nuvem de poeira preta e amarela. Dois soldados do Exército Vermelho estão sentados sobre seus canhões, suas faces negras de poeira. Estão bebendo água em um capacete.

Ao deixar a Ucrânia apenas um passo à frente dos Panzers de Guderian, Grossman sem dúvida estava pensando em sua mãe, encurralada em Berdichev, quase 500 quilômetros atrás dele, a sudoeste. De Shchors (assim chamada devido a um herói bolchevique da guerra civil), Grossman, Troyanovsky e Knorring viajaram para Glukhov e então tomaram a principal estrada do norte para o leste, na direção de Orel.

Pensar nas cidades agora ocupadas que se visitaram antes é como lembrar de amigos que morreram. É infinitamente triste. Elas parecem terrivelmente remotas e próximas ao mesmo tempo, e a vida nelas parece o "outro mundo".

Conversas na vila. De todos os tipos: zangadas, sinceras. Hoje, uma jovem de voz alta gritou: "Como podemos simplesmente aceitar ordens de alemães? Como podemos permitir que uma desgraça dessas aconteça?"

Pepinos. Quatro homens da loja de frutas e vegetais descarregam pepinos na estação durante um bombardeio. Estão chorando de medo. Ficam bêbados e durante as noites contam, com humor ucraniano, como estavam assustados, e riem uns dos outros, comendo mel, *salo* [banha de porco], alho e tomates. Um deles imita maravilhosamente bem o ruído e a explosão de uma bomba.

B. Korol está ensinando a eles como usar uma granada de mão. Acha que eles se tornarão aliados sob a ocupação alemã, enquanto eu sinto pela conversa deles que estão prontos para trabalhar para os alemães. Um deles, que quer ser agrônomo naquela região, olha para Korol como se ele fosse um imbecil.

Face e alma das pessoas. Em três dias passamos pela Bielo-Rússia, Ucrânia e chegamos à região de Orel. Tempos difíceis revelam o melhor lado das pessoas. Elas são gentis e nobres. Há traços semelhantes nas três nações, e alguns aspectos profundamente diferentes. Os russos são os mais fortes e resistentes. A face dos ucranianos é triste e gentil, eles são astutos e um pouco desleais. A tristeza dos bielo-russos é silenciosa e negra.

Orel. Dirigindo no escuro. Os freios do nosso veículo não estão funcionando. Paramos com dificuldade em frente a um grupo de refugiados. Uma mulher grita. Refugiados judeus.

Chegada a Orel. A cidade está às escuras. Antes da guerra, podia-se ver o brilho opaco da cidade, mesmo sendo do interior remoto do país. Agora ela está escura. Hotel. Cama! Dormimos sem nossas botas e roupas pela primeira vez nesta viagem. Uma conversa ao telefone com Moscou. A capacidade de me comunicar livremente com a cidade dos meus amigos, da minha família e do meu trabalho deixa um gosto de melancolia.

3.
NO FRONT DE BRYANSK

Ortenberg não permitiu a Grossman e Troyanovsky qualquer tempo para descansar em Orel depois de eles escaparem. Eles foram mandados de volta ao Front de Bryansk, que logo sofreria com a força da Operação Tufão, em que o Centro de Grupamento do Exército, do general Von Bock, lançou sua ofensiva contra Moscou.

Passeio à frente de batalha. Dois soldados do Exército Vermelho em um exuberante jardim vazio. Uma manhã silenciosa e clara. Eles estão sozinhos, são radioperadores. "Camaradas oficiais, vou derrubar algumas maçãs da árvore para vocês agora mesmo." Suave barulho pesado das maçãs caindo. No chão, no silencioso jardim abandonado. A desolada casa branca do proprietário, ela está abandonada de novo, e seu segundo dono se foi também. Logo estará aqui um novo senhor. Mas o rosto do soldado está alegre e sujo. Ele está segurando nas mãos um monte de maçãs.

Uma mulher idosa diz: "Quem sabe se Deus existe ou não. Eu rezo para Ele. Não é uma tarefa difícil. Você o cumprimenta com a cabeça duas ou três vezes e quem sabe talvez Ele o aceite."

57

Em *izbas* vazias. Levaram tudo, exceto as imagens. É tão diferente dos camponeses de Nekrasov, que primeiramente salvariam todas as imagens quando houvesse um incêndio, deixando que outras peças da propriedade queimassem.[1]

Um menino fica chorando a noite inteira. Ele tem um abscesso em sua perna. Sua mãe fica sussurrando para ele tranqüilamente, acalmando-o: "Querido, querido." E uma batalha noturna está trovejando do lado de fora da janela deles.

Tempo ruim — escuridão, chuva, neblina —, todos estão molhados e frios, mas todos estão felizes. Não há qualquer aviação alemã. Todo mundo diz com prazer: "O dia está bonito."

A aproximação dos alemães levou os camponeses mais intuitivos a transformar seu gado em presuntos e salsichas, mais fáceis de esconder.

Matança de porcos. Gritos terríveis fazem o cabelo arrepiar.

O interrogatório de um traidor em uma pequena campina sob um dia outonal silencioso e claro, com um sol gentil e prazeroso. Ele tem uma barba comprida e está usando um casaco de *russet* marrom rasgado, um grande chapéu de camponês. Seus pés estão sujos e expostos, suas pernas nuas até a panturrilha. É um jovem camponês de olhos azuis brilhantes. Uma mão está inchada, a outra é pequena — parece mão de mulher, com unhas limpas. Ele fala, esticando as palavras suavemente em ucraniano. Ele é de Chernigov. Desertou vários dias atrás e foi capturado na noite passada na linha de frente, quando tentava voltar para a nossa retaguarda vestindo uma roupa quase teatral de camponês. Por acaso foi capturado por seus camaradas, soldados de sua própria companhia, que o reconheceram, e lá está ele agora

---

[1] Nekrasov, Nikolai Alekseevich (1821-1878), poeta. Sua mãe polonesa o ensinou sobre a luta dos camponeses, principal tema de seu trabalho, especialmente "Na estrada", "Pátria" e *Geada de nariz-vermelho*.

na frente de batalha com eles. Os alemães o haviam comprado por cem marcos. Ele estava voltando à procura de postos de comando e campos de pouso. "Mas foram apenas cem marcos", diz ele, prolongando as palavras. Ele acha que, como a quantia é modesta, poderão perdoá-lo. "Mas isso me deixa desconfortável também, eu sei, eu sei." Ele já não é um ser humano, todos os seus movimentos, sua risada, seus olhares, sua respiração barulhenta e forte — tudo isso vem de uma criatura que sente a morte próxima e iminente. Ele tem problemas de memória.

— E qual é o nome de sua mulher?

— Nome de mulher. Eu me lembro. Gorpyna.

— E de seu filho?

— Eu me lembro de seu nome também. Pyotr. — Ele reflete por um momento e acrescenta: — Dmitrievich. Cinco anos de idade. — Ele continua: — Eu gostaria de me barbear. Os homens estão olhando para mim, e eu fico envergonhado. — Ele acaricia sua barba com a mão. Apanha grama, terra e gravetos em movimentos rápidos e nervosos, como se estivesse fazendo algum trabalho para se salvar. Quando olha os soldados e seus fuzis, há um medo animal em seus olhos.

Então o coronel bate em sua face, gritando e chorando ao mesmo tempo:

— Você percebe o que fez?

Em seguida, o guarda, um soldado do Exército Vermelho, grita com ele:

— Você desgraçou a vida de seu filho! Ele não vai conseguir viver com essa vergonha!

— Vocês acham que eu não sei o que fiz, camaradas? — diz o traidor, dirigindo-se tanto ao coronel quanto ao guarda, como se eles pudessem simpatizar com ele e seus problemas. Foi executado em frente à companhia da qual fora soldado pouco tempo antes.

O major Garan recebeu uma carta de sua mulher. Como estava ocupado com trabalho naquele momento, rispidamente pôs a carta fechada de lado. Ele a leu mais tarde e então disse com um sorriso: "Eu não sabia se minha mulher e meu filho estavam vivos ou mortos; eu os deixei em Dvinsk. E agora meu filho me escreveu: 'Subi no telhado durante um ataque aéreo e atirei nos aviões com um revólver.' Ele tem um revólver de madeira."

Grossman escreveu para seu pai ainda desesperadamente preocupado com sua mãe e sua filha Katya. Não sabia que, na verdade, Katya fora enviada para um acampamento dos Jovens Pioneiros no leste e que estava bem.

Minha saúde é boa, estou me sentindo bem e meu ânimo é elevado. Só estou preocupado dia e noite com Mamãe e Katyusha, e portanto quero ver todos os meus queridos. Provavelmente terei permissão para passar alguns dias em Moscou dentro de mais ou menos três semanas. Então tomarei um bom banho e dormirei sem botas — agora, esta é a idéia que tenho de um supremo conforto.

Grossman também escreveu para sua mulher pouco depois. Esta carta, datada de 16 de setembro, como a de qualquer soldado na linha de frente, fornece pouca informação, exceto a tranqüilização de que o remetente ainda estava vivo quando foi enviada.

Querida Lyusenka,

Estou vendo muitas coisas interessantes. Continuo me mudando de um lugar para outro o tempo todo, a vida é assim na frente de batalha. Você está escrevendo para mim? Uma gota de piche caiu da viga sobre o cartão, no *bunker*, enquanto eu estava escrevendo.

Dê uma olhada no *Krasnaya Zvezda*. Dois ou três artigos meus são publicados ali todo mês. Eles seriam um alô adicional de mim para você.

Seu, Vasya.

Dois dias antes, o *Krasnaya Zvezda* publicara seu artigo mais recente. Intitulava-se "No *bunker* do inimigo — No Eixo Ocidental".

Cidadãos soviéticos ficavam desesperados para obter notícias da guerra, mas os jornais davam poucas notícias confiáveis em 1941.

Trincheiras alemãs, fortalezas, *bunkers* de oficiais e de soldados. O inimigo esteve aqui. Há vinhos franceses e conhaque; azeitonas gregas, limões, cuidadosamente espremidos, de seu "aliado", a submissa e obediente Itália; um jarro de geléia com um rótulo polonês, uma lata de peixe em conserva — imposto da Noruega; um balde de mel da Tchecoslováquia. E fragmentos de munição soviética estão no meio do banquete fascista.

Os *bunkers* dos soldados são uma visão diferente: aqui não se verão caixas de chocolate vazias e restos de sardinhas. Há apenas latas de ervilha e pedaços de pão tão duro quanto ferro fundido. Pesando na palma de suas mãos, esses pães são semelhantes a asfalto tanto na cor como na densidade. Soldados do Exército Vermelho riem e dizem: "Bem, irmão, este é pão de verdade!"

4.
COM O 50º EXÉRCITO

Durante aquele mês de setembro no Front de Bryansk, Grossman visitou o posto de comando do 50º Exército. Este consistia em sete divisões de fuzileiros e era comandado pelo major-general Mikhail Petrov.[1] O posto de comando estava instalado em uma *izba*.

Na *izba* estão o membro do Conselho Militar [isto é, comissário] Shlyapin e o comandante-em-chefe Petrov. Petrov é baixo e tem um nariz largo. Usa uma roupa de general suja com a Estrela Vermelha [de Herói da União Soviética] que recebeu por serviços na campanha espanhola [Guerra Civil]. Ele está explicando longamente ao cozinheiro como fazer um bolo fofo, como fazer a massa crescer e tudo sobre a diferença entre pão de trigo e pão de centeio. Petrov é muito cruel e muito corajoso. Ele nos contou como escapou de um cerco a pé, de uniforme com medalhas e a Estrela de Ouro [porque] não queria vestir roupa de civil. Marchou sozinho, em ritmo acelerado de desfile, com um porrete para manter afastados os cachorros da vila. Ele me disse: "Sempre sonhei em ir para

---

[1] Major-general Mikhail P. Petrov (1898-1941).

a África, abrir caminho no meio da floresta tropical, sozinho, com um machado e um fuzil." Ele adora gatos, principalmente quando são pequenos, e brinca com eles.

Comandante do 50º Exército, Petrov falou com uma mulher em uma vila tomada de volta dos alemães. "Então, o que você acha dos alemães?"

"Eles não são pessoas más" [respondeu ela]. O general a xingou.

Havia um oficial que comia muito pouco. Uma mulher comentou: "Ele é tão mimado..."

O cozinheiro do general, que trabalhou em um restaurante antes da guerra, fica na *izba*. Ele critica a comida na vila. As mulheres da vila estão irritadas com ele. Elas o chamam de Timka, em vez de Timofei. Sua presença impõe respeito.

Timka: "Quando eu estava trabalhando na linha de frente, eu dirigia lá, virava um copo de 'desnaturado' [álcool industrial] e não me importava com mais nada. Obuses e balas zuniam em volta de mim e eu cantava e dava comida aos soldados. Ah, eles me adoravam, como os soldados me adoravam." Timka demonstra com movimentos de balé como ele servia porções, e canta. Parece que ele virou seu copo hoje também.

Os ajudantes: o ajudante de Shlyapin é o alto e belo [tenente] Klenovkin. O ajudante de Petrov é baixo como um adolescente, com ombros e peito monstruosamente largos. Este "adolescente" poderia derrubar uma *izba* empurrando-a com os ombros. Está carregado de todo tipo de pistola, uma submetralhadora e granadas. Em seus bolsos há doces roubados da mesa do general e centenas de cartuchos para proteger sua vida.

Petrov observou seu ajudante comendo rapidamente, usando seus dedos em vez de um garfo. "Se você não aprender a ter um pouco de educação", gritou o general, "vou mandá-lo para a linha de frente. Você deve comer com um garfo, não com os dedos!"

Os ajudantes do general e do comissário estão arrumando a roupa de baixo de seus chefes, tentando se apropriar de uma peça extra — o ajudante do comissário está querendo pegá-la do ajudante do general e vice-versa. Ao cruzarem um riacho, o general pula sobre a água e o comissário entra e lava suas botas. Então, o ajudante do general pula o riacho, mas o ajudante do comissário entra e lava suas botas.

Noite à luz de velas. O discurso de Petrov é brusco. Ele responde ao pedido do comandante da divisão para adiar o ataque devido à perda de homens: "Diga a ele que vou adiar quando ele for o único que restar." Em seguida, jogamos dominó durante um longo tempo — Petrov, Shlyapin, uma enfermeira de bochechas gordas chamada Valya e eu. O comandante do exército põe suas peças sobre uma mesa com uma pancada e sua mão sobre elas, como um verdadeiro jogador. De tempos em tempos um major chega do departamento de operações trazendo notícias.

Manhã. Café-da-manhã. Petrov não está com fome. Tem um copo [de vodca]. "Foi permitido pelo ministro", diz ele com um sorriso. [Uma ração de cem gramas de vodca por dia havia sido autorizada.]

Antes de ir para a divisão avançada, o general brinca com os gatos. Vamos primeiro para o posto de comando da divisão e então para um dos regimentos. Deixamos o carro e caminhamos em um campo enlameado. Nossos pés ficam presos na lama. Petrov grita palavras em espanhol que soam deslocadas aqui, sob esse céu outonal, sobre esse chão molhado.[2] O regimento está em combate. Não consegue tomar a vila. Há barulho de tiros de submetralhadoras e metralhadoras, zunido de balas. O comandante do exército reprime severamente o comandante

---

[2] O general Petrov fora um dos "assessores" soviéticos que participara da "*Operatsii X*" do Exército Republicano durante a Guerra Civil Espanhola.

do regimento: "Se você não conseguir capturar a vila em uma hora, terá de desistir de seu regimento e participar do ataque como um soldado raso." O comandante do regimento responde: "Sim, camarada comandante do exército." Suas mãos estão tremendo. Não há um único homem andando ereto. Os homens estão correndo de um buraco para outro, curvados ou de quatro. Estão com medo de balas, e não há bala alguma. Estão todos cobertos de lama e molhados. Shlyapin está andando por perto como se estivesse passeando em um campo e grita com os soldados: "Curvem-se mais, covardes, curvem-se mais!"

Quando chegamos ao segundo regimento, seu posto de comando está vazio. Há três gatos limpos na casa vazia e muitas armas e imagens.

Depois do jantar, o promotor militar chega do posto de comando do 50º Exército [de retaguarda]. Estamos todos tomando chá com geléia de framboesa enquanto o promotor relata casos pendentes: covardes, desertores — entre eles Pochepa, um velho major — [e também] casos de camponeses acusados de [divulgar] propaganda alemã. Petrov tira seus óculos. No canto do documento ele aprova a sentença de morte em letras maiúsculas vermelhas, escritas com sua pequena mão infantil.

O promotor relata outro caso: uma mulher que exortou os camponeses a receber os alemães com pão e sal.

— E quem é ela? — pergunta Petrov.

— Uma velha empregada — ri o promotor.

Petrov também ri.

— Bem, como ela é uma velha empregada, vou mudar para dez anos. — E ele escreve a nova sentença. Em seguida eles bebem mais chá. O promotor se despede. — Lembre a eles de me mandarem meu samovar do posto de comando — diz Petrov a ele. — Estou acostumado a tê-lo por perto.

Grossman claramente tinha muito mais respeito pelo comissário de brigada Nikolai Alekseevich Shlyapin do que por Petrov.

Shlyapin é inteligente, forte, calmo, grande e lento. As pessoas sentem seu poder interno sobre elas.

A visita ao posto de comando do 50º Exército provou mais tarde ser importante para o trabalho de Grossman. Durante suas longas conversas, Shlyapin contou a Grossman a história de suas experiências na 94ª Divisão de Fuzileiros durante o terrível verão da invasão nazista. Um mês depois de a guerra explodir, sua divisão havia sido parte do Front Ocidental esmagado, comandado pelo general Pavlov. O que restou da divisão tentava escapar do cerco na Bielo-Rússia e recuar na direção leste, para Vitebsk, quando foi atacado pela 20ª Divisão Panzer, no fim de julho. Tiveram de recuar até a floresta e depois lutar para encontrar o caminho para sair dali. O relato de Shlyapin foi inevitavelmente enfeitado pela fórmula soviética da época e pelas imagens exageradas da força e das perdas do inimigo, mas os fatos básicos e o heroísmo da liderança de Shlyapin certamente foram quase precisos. Grossman usou as anotações sobre essas conversas no ano seguinte em *O povo imortal*. A morte de Shlyapin, um mês depois da visita, tornou-o ainda mais determinado a honrar sua memória.

Shlyapin me disse tudo isso quando estávamos descansando sobre o feno em um galpão. Havia trovões ao redor. Depois, no mesmo galpão, a menina Valya[3] deu corda no gramofone e ouvimos "O pequeno xale azul".[4] Finos álamos balançavam com as explosões, e os projéteis traçantes[5] cruzavam o céu.

---

[3] Valya era provavelmente a "esposa de campanha" do general Petrov. Grossman mais tarde critica duramente a prática, disseminada entre altos oficiais, de selecionar amantes em seus quartéis e entre os membros da equipe médica dessa maneira.

[4] "O pequeno xale azul" era uma famosa canção sobre a promessa da namorada de um soldado de esquecê-lo quando ele partisse para a frente de batalha. Ela usava um modesto xale azul enquanto acenava na despedida. A música era de G. Peterburgsky e a letra de Yakov Galitsky. É interessante — considerando o subseqüente ataque de Stalin aos judeus, reputados "cosmopolitas" — que a maior parte das canções patrióticas populares da União Soviética durante a guerra tenham sido escritas por judeus.

[5] Munição que desprende pó luminoso em seu trajeto, deixando um rastro visível a distância. (N. do T.)

No fim do mês, Grossman soube por seu pai que pelo menos sua filha Katya estava a salvo.

> Meu querido [pai], recebi vários cartões-postais de uma vez, e dois deles eram seus. Foram as primeiras notícias que tive em dois meses. Estou muito feliz por Katyusha estar bem, mas minha tristeza por Mamãe agora dobrou [...]. Anseio por vê-lo, mas isso está fora de questão até que os chefes me chamem de volta.

5.
DE VOLTA À UCRÂNIA

Em 20 de setembro, Grossman e Troyanovsky partiram para o sul novamente, seguindo para Glukhov, no extremo nordeste da Ucrânia, por onde haviam passado fugindo de Gomel.

A recusa de Stalin de enfrentar o perigo do cerco a Kiev significava que o 2º Grupamento Panzer, de Guderian, havia se ligado ao 1º Grupamento Panzer, de Kleist, perto de Lokhvitsa. O Front do Sudoeste, do general Kirponos, formado pelos 5º, 21º, 26º e 37º Exércitos, foi eliminado. Velho amigo de Stalin, o marechal Budenny fugiu, assim como Nikita Kruschev e o general Timoshenko. Cerca de 150 mil soldados conseguiram passar pelo cordão alemão, mas os restantes 500 mil foram condenados a um terrível destino de fome, doenças e abandono nos campos de prisão da Wehrmacht.

Apesar da situação militar, a maioria dos civis ucranianos relutava em ser removida para a região do Volga, a leste. O próprio Grossman, embora nascido e criado na cidade ucraniana de Berdichev, viu esses camponeses ucranianos quase como estrangeiros, uma vez que nunca tivera qualquer contato com a vida rural.

Os ucranianos haviam sofrido com a guerra civil, que havia se alastrado por suas terras, e com a terrível fome causada pela política de Stalin de reprimir os camponeses, ou *kulaks*, e forçar a coletivização das fazendas. Conseqüentemente, muitos ucranianos estavam preparados para receber os soldados alemães como libertadores. Mais tarde, Grossman descobriria que a polícia voluntária ucraniana havia tido até mesmo um papel significativo na prisão de judeus em Berdichev, incluindo sua mãe e seus amigos, e havia assistido ao massacre de judeus.

Fora, nos campos. Vento, vento, vento. Frio. A natureza está esperando pela neve. Mulheres, frio, roupas de saco. Elas estão se rebelando. Elas não querem deixar esse lugar e ir para a República Alemã do Volga com seus filhos pequenos. Algumas têm cinco ou seis filhos.

Elas erguem suas foices. As foices brilham fracamente na luz cinza do outono. Seus olhos estão chorando. Momentos depois, as mulheres riem e fazem juramentos, mas então a raiva e a tristeza delas voltam. Elas gritam: "Um homem velho, com dois filhos, tenentes. Ele se enforcou ontem. Ele não queria ir para a República Alemã do Volga. Os alemães vão nos pegar lá também. Vão nos pegar em qualquer lugar. Não vamos partir, preferimos morrer aqui. Se alguma cobra imunda vier para nos forçar a sair de casa, vamos recebê-la com foices."

Em seguida, alguém diz: "Quando você não pega um homem, pode pegar um gato e rosnar com ele a noite inteira."

"Olhe para o céu. As aves estão voando para o sul. E nós? Para onde vamos? Camaradas, por favor, ajudem-nos."

Ah, mulheres! Esses olhos de mulheres em perigo — vivos, excitados, zangados, infantis, e pode-se ver assassinato neles. Mulheres levaram roscas para seus homens em Kursk, que fica a 200 quilômetros.

O secretário do RAIKOM (Comitê do Partido no distrito): "Venham e me visitem, meus amigos. Eu tenho bebida e mulheres não muito velhas."

Segunda noite. Um telefone tocou. Por um momento, achei que era para mim. Os alemães estavam batendo em retirada.

Acendemos fogo no fogão. A mágoa pungente do fogão de uma outra pessoa. Uma doce menina pequena, com olhos inteligentes e escuros, afirma suavemente: "Você está sentado no lugar do papai." Meninas. Elas estão amaldiçoando Hitler, que levou seus namorados, sua música, suas danças e suas cantorias.

Soldados estão se movendo no escuro. Uma menina corre para vê-los: "Para procurar meu irmão." Ela parece uma boneca, com um rosto redondo, olhos azuis e lábios de boneca. Esses lábios dizem o seguinte sobre uma menina de um ano que está chorando: "Vai ficar tudo bem se ela morrer. Uma boca a menos."

Um soldado ferido foi trazido na noite passada. Estava respirando com dificuldade e chorava. Duas mulheres choraram junto com ele a noite toda e cortaram suas ataduras, que estavam cheias de sangue. Ele começou a se sentir melhor. Os homens tiveram medo de levá-lo para o hospital durante a noite. Ele ficou ali estendido até o amanhecer.

Edinolochniks [fazendeiros camponeses individuais] estão caiando suas *khatas* [casas ucranianas simples]. Eles nos olham com um desafio em seus olhos: "É Páscoa."

O sentido por trás dessa estranha observação no outono era a indicação de que eles estavam celebrando a chegada do momento de maior alegria do ano. Alguns historiadores sugeriram que os alemães, com cruzes negras em seus veículos, foram vistos como se estivessem trazendo a libertação cristã a uma população oprimida pelo ateísmo soviético. Muitos ucranianos realmente receberam os alemães com pão e sal, e muitas meninas ucranianas fizeram companhia alegremente aos soldados alemães. É difícil avaliar a proporção desse fenômeno em termos estatísticos, mas é significativo que o *Abwehr*, o departamento de inteligência do Exército alemão, tenha recomendado que um exército de um milhão de ucranianos se erguesse para lutar contra o Exército Vermelho. Isso foi firmemente rejeitado por Hitler, que ficou horrorizado com a sugestão de que eslavos lutassem com o uniforme da Wehrmacht.

A vila de Kamenka. Uma casa de propriedade de três mulheres. Elas falam uma mistura de ucraniano e russo. Foram ver os alemães capturados. Uma delas, de óculos, é pintora. Outra é estudante. Ela acordava, distraía o bebê um pouco e deitava novamente. Uma mulher idosa perguntava constantemente: "É verdade que os alemães acreditam em Deus?" Aparentemente, há muitos rumores sobre [a ocupação] alemã circulando na vila. "*Starostas* estão cortando faixas de terra", e daí por diante.[1]

Passamos a noite toda explicando a elas o que os alemães realmente são. Elas ouviram, suspiraram, trocaram olhares, mas claramente não expressaram seus pensamentos secretos. A mulher idosa disse baixinho: "Vimos o que houve, veremos o que virá."

A cabeça de um motorista de um tanque pesado foi arrancada por um obus, e o tanque voltou sozinho porque o motorista morto estava pressionando o acelerador. O tanque seguiu pela floresta, quebrando árvores, e chegou à nossa vila. O motorista sem cabeça ainda estava nele.

Durante seu período perto de Glukhov, Grossman soube que o 395º Regimento de Fuzileiros, comandado pelo major Babadzhanyan, lutou desesperadamente em um pedaço minúsculo de terra na margem oeste do rio Kleven. "Grossman decidiu escrever sobre esse heróico regimento", escreveu Ortenberg, "e queria atravessar o rio para se unir a Babadzhanyan. O departamento político não permitiu, apesar dos protestos de Grossman. Quando Grossman mais tarde perguntou sobre o destino do 395º Regimento, disseram a ele que o regimento havia cumprido sua missão com bravura, mas sofrera grandes perdas e seu comandante, o major Babadzhanyan, estava entre os mortos. Grossman descreveu isso em *O povo imortal*, sem mudar o nome do comandante".

---

[1] Nos tempos czaristas, havia *starostas* ligados à Igreja e *starostas* da vila, geralmente os mais ricos, e portanto os mais influentes, camponeses. Os alemães reintroduziram o sistema para usá-los como prefeitos locais. "Cortar faixas de terra" significava dividir as odiadas fazendas coletivas e fazer os campos voltarem ao cultivo privado por famílias, individualmente.

Mulheres ucranianas levam para casa os corpos de seus homens.

Grossman também escreveu sobre esses acontecimentos logo depois da guerra, porque para ele o major Babadzhanyan se tornou um símbolo da capacidade do Exército Vermelho de superar um desastre tão terrível.

A primeira vez que nós, correspondentes militares, ouvimos falar em Babadzhanyan foi na Ucrânia, durante os dias difíceis de setembro de 1941, perto da cidade de Glukhov. Havia trigo excessivamente maduro, pesado, nos campos. Frutas caíam das árvores, tomates apodreciam nos pomares, pepinos e repolhos suculentos murchavam, espigas de milho não colhidas secavam em hastes altas. Clareiras na floresta estavam cobertas de um tapete uniforme, cogumelos *Boletus* brotavam sob árvores e na grama.

A vida era terrível para as pessoas naquele generoso outono ucraniano. À noite, o céu ficava vermelho pelas dezenas de disparos distantes, e uma tela cinza de fumaça se erguia no horizonte durante o dia. Mulheres com crianças em seus braços, homens idosos, rebanhos de carneiros, vacas e cavalos de fazendas coletivas mergulhados na poeira se moviam para o leste nas estradas do país, em carroças e a pé. Motoristas de tratores dirigiam suas máquinas, que faziam um barulho ensurdecedor. Trens com equipamentos para fábricas, motores e caldeiras seguiam para o leste dia e noite.

Milhares de aviões alemães zumbiam no céu continuamente. A terra gemia sob os tratores de aço dos alemães perseguidos. Esses tratores de aço se espalhavam por pântanos e rios, torturavam a terra e esmagavam corpos humanos. Oficiais alemães que haviam estudado em academias levavam seus batalhões e regimentos fascistas para o leste, em meio a fumaça e poeira.

Babadzhanyan viu pela primeira vez a infantaria alemã no verão de 1941, quando nossos soldados renderam Smolensk. Um oficial [alemão] de bochechas vermelhas, um dândi, que queria escapar da poeira levantada por milhares de botas e rodas, saiu da estrada. Ninguém ouviu o tiro abafado por causa do barulho das rodas, do relinchar dos cavalos e do chiado forte dos motores dos veículos. O oficial caiu de encontro a alguns arbustos. Poucos minutos depois, Babadzhanyan estava segurando em suas mãos os documentos do homem morto. Entre eles havia um bloco de anotações com capa de couro. Na primeira página, frases em alemão e suas traduções para o russo: "Você é um prisioneiro"; "Mãos para cima"; "Qual é o nome dessa vila?"; "Quantos quilômetros até Moscou?"

Babadzhanyan olhou os rostos cinzentos e cansados de seus homens de reconhecimento, olhou as casas cinzentas da vila, tão indefesas e pequenas, olhou o fluxo incessante de soldados alemães e, de repente, tomado pela dor, pela raiva e pela ansiedade, pegou um pedaço de lápis vermelho em seu bolso e escreveu em letras grandes em uma página do bloco de notas: "Você nunca verá Moscou! Virá o dia em que vamos perguntar a você: 'Quantos quilômetros até Berlim?'"

A situação naqueles dias era tão desesperadora que todos, inclusive Grossman, estavam felizes por acreditar em quase todos os rumores sobre os problemas e o moral baixo dos alemães. A maior parte dessas histórias — particularmente qualquer coisa sobre a SS e a Gestapo forçando os soldados alemães a lutar — era otimista, para dizer o mínimo.

Os alemães capturados pelo 159º Batalhão de reserva dizem que o sentimento de todos é de rendição. Quase todos os corpos de soldados [alemães] e de muitos oficiais jovens foram encontrados com nossos folhetos e jornais. Cinco jornais soviéticos foram encontrados com um *unteroffizier*, o primeiro deles datado de 27 de julho. Foram encontrados jornais com um resumo dos resultados do período de dois meses, jornais alemães e nossos. Os números estavam sublinhados com lápis vermelho, para comparação.

Um batalhão substituto foi formado para responder com força total aos soldados da Gestapo e da SS. Eles estão distribuídos em unidades de reserva.

Durante alguns disparos de morteiros em Novaya, alemães se atiraram no lago. Dezenas de homens morreram afogados, inclusive um oficial. Homens de reconhecimento relatam que gritos terríveis foram ouvidos.

Até 1.500 baixas fatais [alemãs] registradas, todos os outros foram levados por alemães. Relatos sobre grandes hospitais de campanha na região de Kletnya, hospitais com até 4 mil feridos alemães. Alemães não os levam, há uma enxurrada deles.

Missão de reconhecimento do 11º. Seis homens liderados pelo sargento Nikolaev e pelo soldado Dedyulya do Exército Vermelho — para conseguir um "língua".[2] Nikolaev soube por um morador de um movimento de veículos. Eles atiraram granadas contra os três últimos motociclistas. Dedyulya ma-

---

[2] "Língua" era uma gíria do Exército Vermelho que significava um soldado inimigo, geralmente uma sentinela ou um transportador de ração, capturado por uma patrulha para ser interrogado.

tou dois motociclistas e capturou [um soldado alemão chamado] Alvin Gunt.

Grossman ouviu uma piada sobre um veículo blindado alemão abandonado à beira de uma estrada. Um menino "com um cubo" [isto é, um segundo-tenente] estava dentro dele.

— Você vai levar um tiro aí — [o tenente é advertido].

— Mas de quem? — [responde ele]. — Os alemães vão pensar que esse veículo é deles, nossos homens vão ver e vão fugir. — Humor triste.

O céu se tornou alemão. Não vemos nenhum dos nossos aviões há semanas.

Esta nota estava dentro de um medalhão improvisado do tenente Miroshnikov, que foi morto: "Se alguém é corajoso o suficiente para remover o conteúdo desse medalhão, por favor envie-o para o seguinte endereço [...]. 'Meus filhos, estou agora em outro mundo. Juntem-se a mim, mas antes vocês têm de se vingar do inimigo por meu sangue. Avante para a vitória, e vocês, amigos, também, por nossa Pátria, pelos feitos do glorioso Stalin.'"

A história do comissário de brigada:

Um oficial de mantimentos de segundo nível, que recentemente escapara de ficar isolado atrás das linhas inimigas, de repente atirou no comissário e no comandante de seu regimento de fuzileiros, dos quais suspeitava de espionagem. Pegou os pertences e dinheiro deles e enterrou seus corpos em um galpão. Esse oficial de mantimentos foi morto a tiros em frente aos oficiais da divisão. Foi morto pelo homem mais velho, um coronel.

Grossman não resistia a detalhes locais de interesse humano, mesmo que eles nada tivessem a ver com a guerra.

Uma mulher idosa. Ela tem três filhos mudos. Todos os três são cabeleireiros. "O mais velho tem meio século de idade [disse ela]. Eles brigam muito e se enfrentam como cavalos, apanham facas e voam um em cima do outro o tempo todo."

Quando estão zangados com um empregador, pintores de parede e construtores fecham os tijolos de uma parede com um ovo ou com uma caixa com baratas (com alguns farelos para alimentá-las). O ovo fede e as baratas fazem barulho. Isso atormenta os proprietários.

Na última semana de setembro, Grossman presenciou o interrogatório farsesco e inepto de um motociclista austríaco capturado. O oficial da inteligência não conseguiu agir adequadamente com o prisioneiro, que se gabava de que havia centenas de tanques alemães na região. Só mais tarde Grossman percebeu que os tanques com certeza integravam o 2º Grupamento Panzer, de Guderian, que se deslocava novamente, depois do cerco a Kiev, para seu próximo ataque. Por pura sorte, Grossman e Troyanovsky conseguiram se manter à frente dos tanques de Guderian durante as semanas seguintes, evitando ser capturados em várias ocasiões. O fato de Grossman ser correspondente de guerra não o teria salvado. Quase que certamente ele seria tratado como um "comissário judeu" e executado.

No grupo de Ermakov. Vila de Pustogorod.[3] Departamento político. Uma menina — uma beleza judia que conseguiu escapar dos alemães — tem olhos claros, absolutamente insanos.

Um motociclista [da Wehrmacht] está sendo interrogado à noite na casa onde o departamento político está instalado. Ele é austríaco, alto, de boa aparência. Todos admiram seu casaco de couro comprido, macio, cor de aço. Todos o estão

---

[3] Pustogorod, em Oblast de Sumy, fica a cerca de 50 quilômetros de Glukhov, a norte-nordeste.

tocando, balançando a cabeça. Isto significa: como diabos se pode lutar com pessoas que usam um casaco desses? Os aviões deles devem ser tão bons quanto seus casacos de couro. O intérprete é um judeu que mal sabe ler. Ele está falando em iídiche. O austríaco está resmungando em sua língua. Os dois estão suando para entender um ao outro, mas suor parece ser o único resultado. O interrogatório prossegue com dificuldade. O austríaco, que a toda hora se vira para olhar a porta, está batendo no peito e contando novamente que viu uma grande concentração de tanques de Guderian naquela região, um número enorme:

— Quinhentos! Aqui, aqui, bem perto de vocês. — Ele mostra com a mão o quanto os tanques estão próximos.

— O que ele disse? — pergunta impacientemente o oficial da inteligência. O intérprete encolhe os ombros, constrangido. — Ele viu alguns tanques, mais de quinhentos.

— Ah, aos diabos com ele. Ele precisa dizer os nomes dos povoados por onde sua unidade passou, vindo da Alemanha para a frente de batalha — diz esse oficial da inteligência grandalhão, estudando seu questionário. Ah, essas pessoas altamente qualificadas![4]

Noite em uma casa de professores. Um apartamento de intelectuais: há livros que eu costumava ler, e que trazem muitas lembranças. Os livros de minha infância. E há objetos de minha infância também: cinzeiros feitos de conchas do mar, castiçais, álbuns, relógios de parede. Uma palmeira em um balde [...]. Durante a noite, Kolomeitsev e eu fomos repentinamente tomados por uma ansiedade insana. Acordamos como se tivéssemos recebido ordem para acordar, nos vestimos e saímos para o jardim. Ficamos escutando o silêncio durante um

---

[4] Estabelecer o caminho exato das unidades alemãs a partir da fronteira soviética era uma das maiores prioridades dos interrogatórios de prisioneiros soviéticos. O objetivo era saber quais as unidades do Wehrmacht que estavam ligadas a massacres. As informações obtidas tiveram grande importância nos julgamentos de generais alemães depois da guerra.

longo tempo. O oeste estava silencioso. Os alemães estão a 15 quilômetros de distância daqui.

Grossman em seguida retornou, via Sevsk (120 quilômetros ao sul de Bryansk), para Orel.

Sevsk. Disseram-nos que um veículo blindado alemão esteve aqui ontem. Dois oficiais saltaram, olharam em volta e em seguida foram embora. E este lugar supostamente é bem longe da linha de frente.

Grossman e Troyanovsky ainda não estavam completamente conscientes do perigo. Seguiram para o norte em direção a Orel. Cada vez que paravam, ainda que só por alguns instantes, civis pediam notícias.

Um homem idoso pergunta: "De onde vocês estão recuando?"

6.
A CAPTURA ALEMÃ DE OREL

Quando Grossman e Troyanovsky voltaram, Orel estava em perigo. A Operação Tufão — a ida da Wehrmacht para Moscou — começou em 30 de setembro, com um ataque de Guderian ao Front de Bryansk, comandado pelo general Yeremenko. O 50º Exército, do general Petrov, que Grossman visitara muito recentemente, foi eliminado pelo 2º Exército alemão. Orel estava ameaçada pelo 24º Grupamento Panzer, de Guderian.

O relato de Grossman, a partir de 2 de outubro, contradiz parcialmente a versão comum sobre a captura de Orel. Esta diz que os tanques alemães chegaram totalmente de surpresa à cidade no fim da tarde de 3 de outubro, atacando bondes nas ruas. Embora autoridades militares tenham sido espantosamente complacentes, suas descrições indicam que um grande número de civis estava bem consciente do perigo e tentou fugir antes que as tropas alemãs de panzers chegassem.

> Orel, Orel de novo. Há aviões sobrevoando. Caminhões. As pessoas carregam crianças nos braços. Crianças sentadas sobre trouxas. [Há um constante] barulho de batidas durante a noite: a cidade está de mudança. Estamos em um hotel mais uma vez. É um hotel provincial normal, mas agora parece extremamente bom, depois de toda a viagem, por ser tão comum, tão pacífico.

Há um mapa escolar da Europa. Decidimos olhá-lo. Ficamos horrorizados com o quanto recuamos. Sou abordado no corredor por um fotojornalista chamado Redkin, que eu encontrara no posto de comando do Front. Ele parece alarmado. "Os alemães estão correndo diretamente para Orel. Há centenas de tanques. Eu escapei sob fogo por pouco. Temos de partir imediatamente, do contrário eles vão nos pegar aqui." E ele nos conta que estava sentado na silenciosa retaguarda de um posto de comando, jantando, quando de repente ouviu um barulho. Olharam pela janela e viram um homem da NKVD passar correndo. Estava coberto de farinha. Ele estava dirigindo seu caminhão a alguns quilômetros dali, sem saber que os alemães estavam tão perto, quando subitamente um tanque virou seu cano e disparou, atingindo o caminhão em que ele carregava sacos de farinha. "Os tanques estão em todo lugar!" Redkin entrou em um carro e veio correndo para Orel. Os tanques alemães estavam avançando ao longo da mesma estrada, e não havia resistência alguma. Redkin nos conta essa história em um sussurro assustado.

Vou até um quarto onde sei que estão dois oficiais que conheço: um major de barba e um capitão do departamento de operações. Pergunto se eles sabem alguma coisa sobre o avanço alemão. Eles me olham, com os olhos cheios de uma estupidez irracional e autoconfiante. "Isto não faz sentido", dizem, e continuam bebendo.

A cidade está barulhenta a noite toda, veículos e carroças passam sem parar. De manhã, a cidade está tomada por horror e agonia, quase como tifo. Há choro e comoção em nosso hotel. Tento pagar pelo meu quarto. Ninguém quer receber o dinheiro, mas forço uma mulher que trabalha ali a receber sete rublos, não sei por quê. Pessoas com sacos e malas passam na rua, algumas carregando crianças. O major, "o grande estrategista", e o capitão passam correndo por mim, com vergonha em seus rostos. Vamos para o quartel do distrito militar, mas não nos deixam entrar sem passes. Atendentes e oficiais de patentes inferiores estão totalmente calmos. Somos informados de que os passes só podem ser obtidos depois das dez da manhã. Ah, como eu conheço essa calma inabalável que tem origem na ignorância e que pode a qualquer momento se transformar em medo histérico e pânico. Já vi tudo isso antes — em Gomel, Bezhitsk, Shchors, Mena, Chernigov, Glukhov.

Encontramos um coronel que conhecemos.

— É possível chegar ao posto de comando do Front pela auto-estrada de Bryansk?

— Talvez — diz ele —, mas é mais provável que os tanques alemães já tenham chegado a essa área.

Depois disso visitamos a *banya* [para uma sauna] e em seguida partimos pela auto-estrada de Bryansk. Nunca desista! Uma médica militar de origem georgiana vem conosco. Ela também precisa chegar ao escalão de trás do posto de comando do Front. Ela canta canções de amor durante todo o caminho, com uma voz extremamente artificial. Chegou recentemente das áreas de retaguarda e não tem a menor idéia do perigo que corremos. Nós todos, seu público, estamos o tempo todo nos virando, olhando para a esquerda. A estrada está vazia, não há um único veículo, nem um único pedestre, nenhuma carroça de camponeses, tudo está morto! Há uma atmosfera apavorante nessas estradas desertas ao longo das quais nossas últimas unidades acabaram de passar e onde as primeiras unidades inimigas podem aparecer a qualquer momento. A estrada vazia é como uma terra de ninguém abandonada entre nossas linhas e os alemães.

Chegamos em segurança [à] floresta de Bryansk, que nos parece quase uma casa de família. Tanques alemães estavam nos acompanhando na mesma auto-estrada apenas duas horas atrás. Os alemães entraram em Orel às seis da tarde pela estrada de Kromy [vindos do sul]. Talvez tenham se lavado na mesma *banya* que havia sido aquecida para nós naquela manhã.

Em nossa *izba*, à noite, eu me lembro de repente do interrogatório, à luz de uma lâmpada pendurada por um fio, do austríaco com seu luxuoso casaco de couro. Eram os mesmos tanques sobre os quais ele falara!

Naquela noite de 3 de outubro de 1941, Grossman ainda não sabia que uma das colunas de Panzers de Guderian estava isolando o Front de Bryansk, do general Yeremenko, a partir da retaguarda, e que eles estavam longe de estar seguros na floresta. Em dois dias, o Front de Bryansk foi praticamente destruído. Yeremenko passou a maior parte da noite de 5 de outubro esperando um telefonema de Stalin, autorizando uma "defesa móvel" maior — um eufemismo para retirada. Nas primeiras horas de 6 de outubro, seu próprio posto de comando percebeu que também estava sob ameaça. Os alemães haviam quase selado a última rota de fuga.

> O comissário da equipe nos chamou e disse: "Às quatro da manhã, precisamente, vocês precisam iniciar a rota seguinte." Ele não se deu o trabalho de nos dar explicação alguma, mas de qualquer modo não era preciso. Estava tudo claro, principalmente depois de olharmos o mapa. Nosso posto de comando havia sido capturado em um saque. Os alemães estavam avançando pela direita para Sukhinichi e pela esquerda para Bolkhov, vindo de Orel, e nós estávamos em uma floresta perto de Bryansk. Voltamos ao nosso alojamento e começamos a fazer as malas: colchões, cadeiras, lâmpadas, sacos. Thrifty Petlyura chegou a pegar um suprimento de amoras no sótão. Pusemos tudo no caminhão que nos fora dado pelo general Yeremenko e partimos precisamente às quatro da manhã, sob um céu claro e frio, à luz das estrelas do outono. Estávamos em uma corrida. Ou saíamos do saco primeiro ou os alemães amarrariam o saco enquanto ainda estivéssemos dentro ele.

O 50º Exército, com o qual Grossman estivera antes, lutou para sair da floresta de Bryansk. O comissário de brigada Shlyapin, assim como o general Petrov, foram apanhados no cerco. Petrov morreu de gangrena em uma cabana de lenhador no fundo da floresta, perto de Belev. A maneira como Shlyapin morreu permanece obscura, e sem dúvida foi por isso que Grossman quis incluí-lo em *O povo imortal*. Em 4 de outubro, Grossman e seus companheiros se viram longe de estar sozinhos em sua determinação para escapar.

> Eu achava que já havia visto uma retirada, mas nunca tinha visto qualquer coisa parecida com o que estou vendo agora, e nunca poderia imaginar alguma coisa desse tipo. Êxodo! Êxodo bíblico! Veículos estão se movendo em oito pistas, há o rugido violento de dezenas de caminhões tentando arrancar suas rodas da lama ao mesmo tempo. Enormes rebanhos de carneiros e vacas são conduzidos pelos campos. Eles são acompanhados por trens e carroças puxadas por cavalos, há milhares de carroças cobertas com pano de saco colorido, verniz, latas. Nelas há refugiados da Ucrânia. Também há multidões de pedestres com sacos, trouxas, malas.
>
> Isso não é uma enchente, não é um rio, isso é o lento movimento de um oceano fluindo, fluxo de centenas de metros de extensão. Cabeças de crianças, claras e escuras, despontam de tendas improvisadas que cobrem as carroças, bem como as bíblicas barbas de judeus idosos, os xales das camponesas, os chapéus dos tios ucranianos e as cabeças de cabelos negros das meninas e das mulheres judias. Que silêncio em seus olhos, que ampla tristeza, que sensação de destruição, de uma catástrofe universal!
>
> Ao entardecer, o sol surge entre nuvens de múltiplas camadas azuis, negras e cinza. Seus raios são longos, esticando-se do céu até o chão, como em pinturas de Doré que retratam essas cenas bíblicas assustadoras quando as forças celestiais atingem a Terra. Esse movimento de idosos, de mulheres carregando bebês em seus braços, de rebanhos de carneiros e carroças, parece, em meio a esses amplos raios amarelos de sol, tão majestoso e tão trágico. Há momentos em que sinto com total vivacidade como se tivéssemos sido transportados de volta no tempo até a era das catástrofes bíblicas.

Todos ficam olhando para o céu, mas não porque estejam esperando o Messias. Estão atentos aos bombardeiros alemães. De repente há gritos: "Aí estão eles! Estão chegando, estão vindo diretamente para nós!"

Dezenas de barcos aéreos estão deslizando no céu, lenta e suavemente, em colunas triangulares. Estão se movendo em nossa direção. Dezenas, centenas de pessoas sobem nas laterais dos caminhões, pulam para fora das cabines, correm em direção à floresta. Todos estão tomados pelo pânico, a multidão em correria está aumentando a cada minuto. E então todos ouvem a voz estridente de uma mulher: "Covardes, covardes, são apenas aves voando!" Confusão.

Passamos a noite em Komarichi. Algumas das pessoas da equipe chegaram. O coronel nos aconselha a não dormir e a visitá-lo a cada hora. Ele próprio não sabe absolutamente nada, não tem meio algum de se comunicar e, de qualquer modo, se tivesse, ele se comunicaria? Troyanovsky disse que ficaria visitando o coronel, mas de repente desaparece, estamos furiosos e em seguida alarmados: o rapaz desapareceu e não há qualquer sinal dele. Lysov e eu fazemos turnos para ir ver o coronel, e nos intervalos ficamos olhando pela janela e desenvolvemos dezenas de hipóteses sobre o desaparecimento de Troyanovsky. Vou até o jardim e de repente ouço barulhos abafados vindo do nosso automóvel Emka. Abro a porta. Nosso jovem desaparecido está lá aproveitando a companhia da sobrinha da dona da casa. Eu os deixei envergonhados e eles me deixaram envergonhado. Tirei Troyanovsky do carro e, já na casa, ele recebeu de nós uma severa repreensão. "Você percebe o tipo de situação em que todos nós estamos, seu jovem tolo, como você ousa!"

Sim, ele entende tudo e concorda com tudo. Ele sente muito. Há uma expressão doce e pacífica em seu rosto. Ele está bocejando, espreguiçando-se. Provavelmente é isso que nos deixa tão irritados. Não tivemos nem metade do tempo bom que ele teve. A sobrinha volta para a *izba*. Oh, há calma e paz em seu rosto. Alguém poderia pintar [um quadro com o título] "Inocência", "Pureza", "Manhã". Isso nos deixa furiosos. Temos de partir novamente ao amanhecer.

A corrida continua: quem é mais rápido? Os alemães ou nós? Damos uma carona em nosso caminhão a membros da equipe médica de um hospital regional. Os médicos não estão acostumados a caminhar. Estão completamente exaustos. Damos a eles uma carona até Belev. O médico idoso agradece, comovido, com frases exageradas como: "Vocês salvaram nossas vidas." As velhas boas maneiras da nobreza. As "doutoras" nem sequer dizem adeus. Pegam suas trouxas e correm para a plataforma da estação de trem.

Belev — em uma volta de carro pela cidade, lama terrível, ruas estreitas e outras não tão estreitas — é incapaz de receber toda a massa de gente que está chegando pelas estradas da vila. Estão circulando muitos rumores loucos, ridículos e aparentemente surgidos do pânico. De repente, há uma louca tempestade de tiros. Descobre-se que alguém ligou as luzes das ruas, e soldados e oficiais abriram fogo de fuzis e pistolas contra as lâmpadas, para apagá-las. Aqueles que não sabem o motivo dos tiros fogem em todas as direções. Acham que os alemães invadiram a cidade. O que mais poderia ser?

Dormimos em um quarto extremamente pobre. Essa pobreza terrível e sombria só é possível em uma cidade, em um bairro pobre. A anfitriã, um mastodonte real, com voz rouca, bate, xinga e reclama de crianças e objetos. Eu pensei — todos nós pensamos — que ela fosse uma fúria, uma cria do inferno, mas depois vemos que ela é amável, generosa, bondosa. Com que ansiedade ela nos faz camas de panos sobre o chão, e como ela nos trata com a comida!

À noite, no escuro, ouço alguém chorando. "Quem é?" A proprietária responde com um sussurro rouco: "Sou eu. Tenho sete filhos. Estou lamentando por eles." Essa pobreza, essa pobreza urbana, é de alguma maneira pior que a da vila. É mais profunda e mais sombria, uma pobreza que envolve tudo, privada até mesmo de ar e de luz.

Em uma *izba*, há jornais de antes da guerra colados nas paredes em vez do papel de parede. Nós os olhamos e dissemos: "Olhem, isso tudo é sobre o tempo de paz." Ontem vimos uma casa com jornais do tempo da guerra em lugar de papel de parede. Se essa casa sobreviver, as pessoas dirão um dia: "Olhem, jornais do tempo da guerra!"

Passamos a noite perto de Belev, na casa de uma jovem professora. Ela é muito bonita e muito tola, absolutamente ingênua. Uma amiga dela também fica para passar a noite. Também é muito jovem, mas não tão bonita. Elas falam durante a noite, sussurrando, discutindo intensamente. De manhã, ficamos sabendo que nossa professora vai abandonar a casa e seguir para o leste, enquanto sua amiga decide ir para o oeste para se unir a parentes que estão morando do outro lado de Belev. Isso significa voltar para o território ocupado [pelo inimigo].

Nossa professora nos pede carona. Concordamos. Eu chamo nosso caminhão de uma tonelada e meia de Arca de Noé. Ele já salvou muitas dezenas de pessoas do dilúvio que veio do oeste. Os olhos das duas amigas estão vermelhos de manhã, do choro que derramaram a noite inteira. Nesses dias, todos choram à noite e ficam calmos, indiferentes e pacientes durante o dia. Arrumamos nossas coisas e nossa anfitriã vem até o caminhão com uma trouxa minúscula. Ela não quer levar seu espelho, suas cortinas, seus perfumes, nem mesmo seus vestidos. "Eu não preciso de nada", diz ela. Acho que subestimei a sabedoria espiritual dessa jovem de 18 anos.

Tentamos convencer sua amiga a ir conosco. Seu rosto está sem vida, ela aperta seus lábios com força, nada diz, e não olha para nós. As duas amigas se despedem friamente, nem sequer apertam as mãos.

"Ligue o motor, vamos!" Sim, os problemas que essas meninas de 18 anos têm de resolver agora não são brincadeira. No último minuto vamos até o doce e pequeno quarto da menina que já está sentada no caminhão. Agora é um quarto de ninguém. Polimos nossas botas usando golas brancas com creme para o rosto. Acho que fazemos isso para enfatizar para nós mesmos que a vida foi arruinada.

7.
A RETIRADA DIANTE DE MOSCOU

Stalin só reagiu ao crescente desastre no Front de Bryansk em 5 de outubro. Foi o dia em que uma patrulha de caças da aviação do Exército Vermelho localizou uma coluna militar alemã com cerca de 19 quilômetros de extensão, avançando para Yukhno. O Stavka, quartel-general do Exército Vermelho em Moscou, recusou-se a aceitar esse relato e confirmações subseqüentes. Beria quis até prender o oficial da força aérea responsável e acusá-lo de espalhar o derrotismo, mas Stalin finalmente acordou para a ameaça à capital.

Somente uma coisa poderia retardar o avanço alemão para Moscou àquela altura, e era a *rasputitsa*, a estação da lama antes de o inverno chegar para ficar. Depois de uma pequena geada e neve, em 6 de outubro, rapidamente sobreveio o derretimento na manhã seguinte. Grossman descreveu o efeito.

Acho que ninguém nunca viu uma lama tão terrível. Há chuva, neve, granizo, um líquido, um pântano sem fundo, uma massa negra misturada por milhares e milhares de botas, rodas, tratores. E todos estão felizes novamente. Os alemães precisam ficar atolados em nosso outono infernal, tanto no céu quanto na terra. De qualquer modo, conseguimos escapar. Amanhã vamos tomar a auto-estrada de Tula.

Uma vila perto de Tula. Casas de tijolos. Noite. Neve e chuva. Todos estão congelados, principalmente aqueles que estão sentados na Arca de Noé: o comissário de regimento Konstantinov, uma professora e Baru, correspondente do *Stalinsky sokol*.[1] Lysov, Troyanovsky e eu estamos mais aquecidos: estamos viajando no Emka. Os veículos param no meio de uma rua escura da vila. Petlyura, que é um verdadeiro mágico quando o assunto é procurar leite e maçãs ou cavar trincheiras, desaparece na noite. Uma única vez ele falha. Entramos em uma *izba* que está fria e escura como uma sepultura. Na *izba*, uma mulher de 70 anos está sentada no frio e na escuridão. Está entoando canções. Ela nos saúda alegre e avidamente, como uma pessoa jovem, sem resmungar ou se lamentar, embora, aparentemente, tenha todos os motivos para reclamar de seu destino.

Sua filha, operária em uma fábrica, trouxe-a para essa vila para ela ficar com seu filho e voltou para Moscou. O filho, que é o presidente da fazenda coletiva aqui, não pôde permitir que ela ficasse em sua casa porque sua mulher não deixou. Essa esposa também proibiu o marido de ajudar a mãe, e a velha mulher está vivendo do que as pessoas caridosas dão a ela. Às vezes seu filho lhe traz secretamente um pouco de milho ou batatas. O filho mais novo, Vanya, trabalhara em uma fábrica em Tula. Era voluntário. Estava lutando perto de Smolensk, [mas] ela não recebia cartas dele há um mês. Vanya é seu filho favorito.

Ela nos conta toda a história com uma voz gentil, calma, sem qualquer amargura, dor ou reprovação. Com uma generosidade de czarina, ela dá tudo o que tem à nossa multidão congelada: uma dúzia de pedaços de lenha, que para ela durariam uma semana, um punhado de sal — sem que restasse algum para ela —, e metade de um balde de batatas. Ela guarda apenas uma dúzia, junto com seu travesseiro, um saco cheio de palha e seu

---

[1] *Falcão de Stalin*, um jornal da Aviação do Exército Vermelho.

cobertor rasgado. Ela traz uma lamparina de querosene. Quando nossos motoristas tentam pôr um pouco de gasolina nele, ela não permite que o façam. "Vocês vão precisar dessa gasolina." E ela traz uma minúscula garrafa na qual mantém sua sagrada reserva de querosene e derrama um pouco na lamparina.

Depois de nos agradar com calor, comida, luz e camas macias, ela se retira para a parte fria da *izba*. Senta-se ali e começa a cantar.

Aproximei-me dela e disse:

— *Babuchka*,[2] você vai dormir aqui no escuro, no frio, sobre madeira descoberta? — Ela simplesmente me afastou movimentando a mão. — Como você vive aqui sozinha? Você dorme aqui no frio e no escuro toda noite?

— Ah, bem, eu me sento no escuro, canto canções ou conto histórias para mim mesma.

Ela cozinhou batatas em um pote de ferro; comemos e fomos dormir, e ela começou a cantar para nós com uma voz rouca, como a de um homem velho.

— Ah, eu costumava ser tão saudável, como um garanhão — disse-me ela. — O Demônio veio me ver na noite passada e segurou a palma da minha mão com suas unhas. Eu comecei a rezar: "Que Deus venha novamente e afaste Seus inimigos." E o Demônio não prestou a menor atenção. Então eu comecei a xingá-lo e a amaldiçoá-lo, e ele foi embora imediatamente. Meu Vanya veio me ver na noite passada. Ele se sentou em uma cadeira e olhou pela janela. Eu disse a ele: "Vanya, Vanya!", mas ele não respondeu.

Se vencermos essa guerra terrível e cruel, será porque há esses corações tão nobres em nossa nação, essas pessoas tão corretas, almas de imensa generosidade, essas mulheres idosas, mães de filhos que, com sua nobre simplicidade, estão agora perdendo suas vidas pelo bem de sua nação com a mesma generosidade com que essa mulher idosa de Tula nos deu tudo o

---

[2] Em russo, mulher idosa, ou vovó. (N. do T.)

que tinha. Há apenas um punhado deles em nossa terra, mas eles vencerão.

A nobre generosidade dessa pobre mulher abalou todos nós. De manhã, deixamos para ela todos os nossos suprimentos. Nossos motoristas, em um frenesi de bondade, saquearam toda a área e lhe trouxeram tanta lenha e tantas batatas que ela as terá para consumir até a primavera. "Que mulher", diz Petlyura quando partimos, balançando a cabeça.

Logo depois de alcançar a estrada Orel-Tula, Grossman viu uma placa indicando Yasnaya Polyana, a propriedade de Tolstoi, cerca de 20 quilômetros ao sul de Tula. Convenceu seus companheiros de que eles deveriam ir até lá. Como se veria depois, o visitante seguinte, depois deles, foi o general Guderian, que decidiu transformar a casa do escritor em seu posto de comando para o ataque a Moscou.

Yasnaya Polyana. Sugeri que déssemos uma olhada lá. O Emka saiu da auto-estrada atacada pelo pânico e a Arca de Noé o seguiu. Podiam-se ver os telhados verdes e as paredes brancas das casas em meio ao ouro cacheado do parque outonal. O portão. Tchekhov, quando veio aqui pela primeira vez, só conseguiu chegar até esse portão, em seguida virou-se e foi embora, intimidado pelo pensamento de que encontraria Tolstoi em alguns minutos. Voltou caminhando para a estação e retornou a Moscou. A estrada que leva à casa é pavimentada por incontáveis folhas vermelhas, laranja e amarelas. É tão bonito. Quanto mais adoráveis as cercanias, mais triste alguém se sente em tempos como esses.

Na casa, há uma confusão nervosa que precede uma partida. Pilhas de caixas. Paredes nuas. De repente, tenho uma terrível sensação de que esse lugar se transformou em Lysye Gory, que o velho e doente Príncipe está prestes a partir.[3]

---

[3] Em *Guerra e paz*, o Príncipe Bolkonsky teve de deixar sua casa de Lysye Gory quando a *Grande Armée* de Napoleão se aproximava.

Tudo se combinou para produzir uma imagem inteiramente nova, os acontecimentos de um século atrás e os de hoje, e o que o livro fala com tanta força e honestidade sobre o velho Príncipe Bolkonsky parece agora se referir ao próprio velho Conde Tolstoi, e se tornou inseparável da realidade.

Encontro Sofya Andreevna.[4] Ela está calma e deprimida. Diz que o secretário do Comitê do Partido local prometeu lhe fornecer vagões de trem para evacuar o museu, mas não está certa se isso ainda é possível, agora que os alemães estão tão próximos e avançando tão rapidamente. Falamos sobre Moscou e amigos que morreram, e então ficamos em silêncio por algum tempo, pensando no infeliz destino deles. Em seguida discutimos o tema sobre o qual todos estão falando agora com dor, perplexidade e tristeza: a retirada.

Túmulo de Tolstoi. Rugido de caças sobre ele, zunido de explosões e o outono majestoso e calmo. É tão difícil. Raramente senti essa dor.

Tula, tomada por aquela febre mortal, a febre atormentadora, terrível, que vimos em Gomel, Chernigov, Glukhov, Orel e Bolkhov. Isso está realmente acontecendo em Tula? Confusão completa. Um oficial me encontra na cantina militar de Voentorg. Pede-me para ir ao OBKOM. Um representante do Stavka gostaria de descobrir por mim onde o posto de comando do Front de Bryansk está no momento, já que ele precisa enviar unidades para lá. Fragmentos de divisões estão chegando. Eles dizem que apenas parte do 50º Exército conseguiu escapar do cerco. Onde estão Petrov e Shlyapin? Onde está Valya, a menina enfermeira que jogava dominó conosco e deu corda no gramofone para tocar "O pequeno xale azul"?

As ruas estão cheias de pessoas caminhando sobre as calçadas e na estrada, e mesmo assim não há espaço suficiente.

---

[4] Neta de Leon Tolstoi.

Todos estão carregando trouxas, cestos e malas. No hotel onde nos deram um quarto, esbarramos com todos os outros correspondentes. Krylov, de quem havíamos nos separado no Front Central, está aqui também. Os correspondentes já estão se sentindo em casa no hotel. Alguns tiveram romances rápidos.

Nós nos despedimos de nossa companheira de viagem, a professora cujo creme para o rosto e golas brancas usamos para limpar nossas botas. Esta noite nosso caminhão desempenha a função de Arca de Noé pela última vez: damos carona até a estação a familiares de pessoas da sucursal do jornal em Tula,[5] com seus pertences. Petlyura está irritado: "Deveríamos ter cobrado deles." Mas Seryozha Vasiliev, que dirige a Arca de Noé, é contra isso. Ele é um companheiro maravilhosamente amável, doce e modesto.

De repente, durante a noite, uma conversa com Moscou em uma linha direta. Ordem para ir a Moscou. Alegria violenta e irracional. Noite sem dormir.

No castigado Emka, é possível que eles tenham levado a maior parte do dia para fazer a viagem de 200 quilômetros para o norte, de Tula até a capital soviética.

Moscou. Barricadas nos arredores, e também dentro, particularmente nos subúrbios, assim como na própria cidade.

Todos nós tivemos o luxo de nos barbear [em uma barbearia] na praça Serpukhovskaya. Os clientes eram bondosos e gentis, pedindo que fôssemos atendidos primeiro, perguntando sobre a guerra. Sem ir para casa, fomos diretamente para o escritório da redação [do *Krasnaya Zvezda*].

O editor [Ortenberg] veio nos encontrar. Estava indignado.

— Por que vocês deixaram o posto de comando do Front de Bryansk?

---

[5] Presumivelmente o *Krasnaya Zvezda*.

— Recebemos ordem para partir e partimos, depois de todos os correspondentes fazerem o mesmo.

— Por que vocês não escreveram alguma coisa sobre a heróica defesa de Orel?

— Porque não houve defesa.

— Isso é tudo. Podem ir. Amanhã, às seis da manhã, vocês, Grossman, Troyanovsky e Lysov, vão voltar diretamente para a frente de batalha.

As pessoas dizem que [Ortenberg] é um bom editor. Talvez seja. Mas como esse homem do interior, que nem completou o ensino secundário, pode ser tão ambicioso e arrogante com seus funcionários quanto um aristocrata romano? Depois de todos os meses que passamos na frente de batalha, ele nem sequer perguntou a seus subordinados, nem que fosse por educação, como eles estão e se a saúde deles está boa.

Ortenberg mais tarde sentiu-se constrangido com a maneira como se comportara. Foi como ele se lembrou dos acontecimentos de 7 de outubro.

Os relatos da manhã e da noite vindos do Sovinformburo repetiram as mesmas coisas do início do mês: duras batalhas com o inimigo em todos os lugares. Nada sobre a situação no Front Ocidental e no Front de Bryansk. E Orel já caiu. Soube disso no Stavka.

Nossos correspondentes no Front de Bryansk, Pavel Troyanovsky e Vassili Grossman, que haviam voltado da área de Orel, confirmaram isso também. Eu vi o Emka deles — todo marcado de fragmentos de balas. A equipe do escritório da redação havia se concentrado em torno do carro. Estavam examinando-o, balançando a cabeça, como se estivessem dizendo: "Veja o que esses companheiros acabaram de passar! Eles têm sorte de ter saído com vida."

Depois de passarem tempo suficiente com seus amigos perto do Emka, Grossman e Troyanovsky vieram falar comigo e me contaram sobre o desastre na frente de batalha. Ouvi atentamente o que eles tinham a dizer, mas não pude conter as palavras duras. É claro que o jornal não podia publicar o relato deles acerca do avanço sobre o Front de Bryansk e a captura de Orel antes que chegasse uma confirmação oficial. Pensamos, porém, que qualquer batalha, mesmo uma batalha desastrosa para nós, revela os verdadeiros heróis e feitos, sobre os quais devemos e precisamos escrever!

Eu disse a Grossman e Troyanovsky diretamente: "Não precisamos de seu Emka baleado. Precisamos de material para o jornal. Voltem para a frente de batalha!" Isso provavelmente foi injusto. Não quero me desculpar de forma alguma, mesmo agora, quando sei com certeza que os enviados especiais conseguiram escapar milagrosamente do cerco do inimigo. Quando olhei para os rostos perdidos e preocupados daqueles homens, que na verdade eram bravos, até mesmo corajosos, eu tinha de encontrar algumas outras palavras para eles, ser melhor para eles. Mas lembremo-nos daquele tempo! Não se podia ceder ao sentimento.

Grossman e Troyanovsky partiram de uma vez para o 1º Corpo de Fuzileiros dos Guardas, do major-general D. D. Lelyushenko, que tivera sucesso naquele mesmo dia ao barrar o inimigo perto de Mtsensk. E minha observação sobre o Emka baleado começou a circular pelos corredores e na redação, e até mesmo nos escritórios de correspondentes na frente de batalha.

Apesar da ordem de Ortenberg para voltar para a frente de batalha no início da manhã seguinte, Grossman conseguiu fazer uma rápida visita a seu pai naquela noite.

Passei algum tempo em casa [com] Papai e Zhenni Genrikhovna.[6] Falei com Papai sobre minha maior preocupação,

---

[6] Zhenni Genrikhovna, a babá alemã da família, de Volga, apareceu com sua própria aparência e com seu próprio nome em *Vida e destino*. Ela teve sorte em não ter sido presa como espiã em Moscou, durante o pânico de outubro de 1941, quando ainda falava mal o russo, com um forte sotaque alemão.

mas não preciso escrever sobre isso. Está no meu coração dia e noite. Ela está viva? Não, não está! Eu sei. Eu sinto isso.

Parte do 1º Corpo de Fuzileiros dos Guardas de duas divisões de fuzileiros e duas brigadas de tanques haviam sido transportados em aviões para a área de Orel, sob ordem pessoal de Stalin, para conter o avanço alemão.[7] Mtsensk — onde os T-34[8] da 4ª Brigada de Tanques atacaram, sob comando do coronel Katukov — fica 50 quilômetros a nordeste de Orel pela estrada para Tula e Moscou. Tanto Lelyushenko como Katukov se tornariam famosos comandantes dos Exércitos de Tanques dos Guardas no ataque a Berlim quatro anos depois.

Partimos de manhã pela mesma auto-estrada pela qual havíamos voltado a Moscou no dia anterior. Todos na redação estavam indignados, reclamando (discretamente, é claro) que o editor não nos dera um dia sequer de descanso. E o principal é que [a missão apressada] é estúpida.

Passamos correndo sem descanso por Serpukhov e Tula. Clima terrível. Estamos deitados na traseira do caminhão, colados uns contra os outros. A noite veio, mas continuamos seguindo. Em Moscou recebemos o nome de um povoado onde o posto de comando do corpo de tanques está situado: Starukhino. Continuamos sem parar. O radiador começou a ferver, então paramos o veículo. A estrada está completamente vazia, viajamos dezenas de quilômetros sem ver um único veículo.

De repente, um soldado do Exército Vermelho sai de trás de uma árvore, uma bétula, e pergunta com uma voz rouca:

— Para onde vocês estão indo?

— Para Starukhino — respondemos.

---

[7] O 61º Corpo de Fuzileiros dos Guardas foi formado em 27 de setembro, como parte da Reserva do Stavka. Era formado pela 5ª Divisão de Fuzileiros dos Guardas, 6ª Divisão de Fuzileiros dos Guardas, 4ª Brigada de Tanques e 11ª Brigada de Tanques. O posto de comando do Corpo se tornou depois base do 5º Exército.

[8] Carro de combate soviético. (N. do T.)

— Vocês perderam a cabeça? — Os alemães estavam lá desde o dia anterior. — Sou a sentinela e esta é a linha de frente. Voltem rapidamente, antes que os alemães vejam vocês aqui. Eles estão logo ali.

Naturalmente nós voltamos. Se o radiador não tivesse fervido, teria sido o fim de nossas carreiras de jornalistas.

Procuramos o posto de comando na terrível escuridão e na terrível lama. Finalmente o encontramos. Ele é quente e asfixiante, em uma pequena *izba* cheia de fumaça azul. Depois da viagem de 14 horas, imediatamente sentimos sono na sala quente. Estamos desabando, mas não há tempo. Começamos a fazer perguntas diferentes aos oficiais, a ler relatos políticos, fazendo isso tudo atordoados.

Ao amanhecer, sem termos tido qualquer descanso, embarcamos no caminhão e voltamos para Moscou. Os prazos continuavam apertados. Chegamos na redação à noite [...]. Acendemos um cigarro atrás do outro para nos manter acordados e bebemos chá. Fizemos a reportagem e apresentamos uma cópia dela. O editor não publicou uma única linha.

Quaisquer que fossem as frustrações da vida de jornalista, Grossman não desistiu de suas persistentes anotações, fossem elas para romances ou artigos.

Em algumas vilas — por exemplo, a vila de Krasnoye — os alemães construíram casamatas escondidas dentro de casas. Eles destruíam uma das paredes da casa, empurravam um canhão de campanha para dentro e construíam uma parede de concreto.

Quando se aproximam de uma floresta, os alemães começam a atirar como loucos e em seguida entram nela a toda a velocidade.

Alemães abrindo fogo. Nas noites, eles iam para a beira de uma floresta e abriam fogo com submetralhadoras. O capitão Baklan se aproximou a uma distância de 50 metros. Ele se abaixou e ficou observando. Eles o localizaram. O comportamento deles o fez lembrar de homens loucos. Eles começaram a correr dando gritos terríveis. Dezenas de foguetes cruzaram o céu, a artilharia começou a ser disparada sem alvo, metralhadoras começaram a fazer seu barulho trepidante, submetralhadoras também. Eles estavam atirando em todo lugar, e Baklan ficou lá deitado, observando espantado os alemães.

Grossman, talvez um pouco cansado do jornalismo, parece ter desejado expressar seus pensamentos e sentimentos sobre a guerra de uma forma ficcional. Nessa fase, quando a União Soviética estava lutando por sua vida, suas idéias estavam muito próximas da linha do Partido. Só em Stalingrado, um ano depois, sua opinião sobre o regime stalinista começaria a mudar. Esse esboço pode ter sido parte da idéia de *O povo imortal*, seu romance publicado no ano seguinte:

> Esboço para um conto: "Notas sobre o oficial de comunicações Egorov." Idéia da história: um jovem soviético está cheio de interesse e curiosidade quando vai para a guerra. Nas chamas da guerra, vendo o sofrimento das pessoas, tendo ele próprio sofrido algumas perdas pessoais severas, se torna um guerreiro duro, firme, cheio de ódio pelo opressor de seu povo. O principal tema da história é o ódio, a impossibilidade de reconciliação. Nessa história, queremos mostrar amplamente o exército e as pessoas que lutam, nossos generais, oficiais, soldados, fazendeiros coletivos, trabalhadores, nossas cidades e vilas, fazendo uma grande defesa. Sua idéia central: o caráter de ferro do povo soviético, cujo único destino pode ser a vitória, tendo se tornado duro nas chamas das cidades incendiadas, nas vilas destruídas pelos alemães.

Egorov provavelmente era o protótipo de Ignatiev no romance, um personagem despreocupado que se torna vingador.

> "É um fato, camarada comissário", disse ele, "é como se eu tivesse me tornado uma pessoa diferente nessa guerra: só ago-

ra eu vi a Rússia como ela realmente é. Honestamente, é isso. Você caminha adiante e começa a lamentar tanto por todo rio e por cada pedaço de floresta que seu coração dói [...]. Eu pensei, será realmente verdade que essa pequena árvore pode ir para os alemães?"

É muito difícil acompanhar os exatos movimentos de Grossman durante esse período. Os defensores soviéticos tiveram sorte com o clima. As geadas e os repentinos degelos que tornavam as estradas pântanos lamacentos atrasaram o avanço do exército alemão. Em 14 de outubro, a 10ª Divisão Panzer e a SS Das Reich chegaram ao antigo campo de batalha de Borodino, 120 quilômetros a oeste de Moscou. Enquanto isso, a 1ª Divisão Panzer havia ocupado Kalinin, na região do Volga, a noroeste da capital, e, ao sul, os tanques de Guderian haviam avançado em torno de Tula. Em 15 de outubro, embaixadas estrangeiras foram orientadas a se preparar para abandonar Moscou e partir para Kuibyshev. O pânico tomou conta da capital. Grossman, assim como outros correspondentes da guerra, estava desesperado em busca de qualquer exemplo de desmoralização alemã que pudesse dar esperança aos leitores, em vez de desespero.

Suas anotações — no mínimo uma, e provavelmente outras duas se perderam — contêm pouca coisa sobre suas experiências em novembro, quando o general Georgi Zhukov conteve os ataques alemães, enquanto preparava uma grande contra-ofensiva com tropas novas trazidas da Sibéria e do extremo leste. Stalin finalmente estava convencido, em parte por Richard Sorge, o espião soviético em Tóquio, mas principalmente por interceptação de sinais, de que o Japão atacaria a Marinha dos Estados Unidos no Pacífico, em Pearl Harbor, e não a União Soviética.

Em meados de novembro, Grossman recebeu permissão para voltar a Moscou, mas ficou atormentado ao descobrir que deixara de encontrar seu pai por causa de um dia. Sua mulher, junto com as famílias de muitos membros do Sindicato dos Escritores, havia sido retirada para Chistopol.

Meu querido e bom [pai], fiquei completamente perturbado quando cheguei a Moscou e não o encontrei aqui. Cheguei um dia depois de você partir para Kuibyshev. Meu querido, temos de nos ver novamente, lembre-se disso. Espero por isso e acredito nisso [...]. Lyusya está trabalhando duro na fazenda coletiva [em Chistopol]. Ela está magra como uma vara. É provável que eu parta logo para a frente de batalha, talvez para o Front do Sul.

Grossman pode ter finalmente encontrado seu pai em Kuibyshev, porque, de acordo com Ilya Ehrenburg, Grossman permaneceu lá com ele durante um curto período. "Deram-nos um apartamento naquele momento e o oferecemos a Grossman e Gabrilovich. Conversas intermináveis varavam a noite e durante o dia ficávamos lá, escrevendo. Vassili Semyonovich [Grossman] estava em Kuibyshev há duas semanas quando chegou uma ordem do editor do *Krasnaya Zvezda* para que ele tomasse um avião para o Front do Sul. Ele havia me contado muito sobre confusão e resistência, que algumas unidades permaneciam firmes, que os grãos não estavam sendo colhidos. Ele me falou de Yasnaya Polyana. Iniciou seu romance *O povo imortal*, e, quando eu o li mais tarde, muitas das páginas me pareceram bem familiares. Ele se descobriu escritor durante a guerra. Seus livros pré-guerra eram nada mais que uma pesquisa para seus temas e sua linguagem. Ele era um verdadeiro internacionalista e me reprovava com freqüência por eu dizer 'alemães' em vez de 'homens de Hitler' quando eu descrevia as atrocidades dos ocupantes." Ehrenburg se convenceu de que foi a visão universal de Grossman que fez o xenofóbico Stalin odiá-lo.

Parece que Grossman não foi para o próprio Front do Sul, e sim um pouco ao norte dele, para o 21º Exército, que estava com o Front do Sudoeste. A situação no sul era tão volátil quanto ao redor de Moscou. Em 19 de novembro, o 1º Grupamento Panzer, do marechal-de-campo Von Kleist, avançou para Rostov-on-Don, a entrada para o Cáucaso. Mas suas divisões blindadas logo foram forçadas a recuar por causa dos contra-ataques do marechal Timoshenko, das duras geadas para as quais as tropas alemãs não estavam preparadas, e das linhas de suprimento excessivamente longas. Hitler ficou furioso, porque esse foi o primeiro recuo alemão na guerra. Surpreendentemente, a imprensa soviética relatou pouco sobre isso. Talvez Stalin não quisesse admitir que os alemães haviam ido tão longe, até Rostov.

No Front do Sudoeste, Grossman se uniu ao posto de comando da 1ª Divisão de Fuzileiros dos Guardas, comandada pelo general Russiyanov.[9] Não resta nenhum de seus blocos de anotação sobre essa viagem. De qualquer modo, ele perdeu um dos momentos mais dramáticos da história de Moscou. O Front de Kalinin, ao norte da cidade, lançou seu contra-ataque em 5 de dezembro, no meio de uma neve de mais de um metro de profundidade. O terreno realmente era duro como ferro, e os alemães tiveram de acender fogueiras sob seus veículos blindados antes de ligar seus motores. O Front Ocidental atacou logo em seguida. O rápido recuo alemão salvou a Wehrmacht de um desastre, e a capital soviética foi salva.

Embora na época fosse difícil constatar, este foi o momento de virada na guerra, pois a Wehrmacht não teve qualquer outra chance de vencer. E os Estados Unidos, que supririam o Exército Vermelho com os caminhões e jipes de que precisava para fazer rápidos avanços em 1943 e 1944, haviam acabado de entrar na guerra. Na euforia do contra-ataque em torno de Moscou, Grossman sentiu um novo ânimo nas fileiras soviéticas.

Grossman retornou a Moscou em 17 de dezembro, e três dias depois Ortenberg observou sobre seu método de trabalho: "Vassili Grossman voltou [...]. Ele não conseguiu apresentar o artigo para a próxima edição do jornal, e não pedimos a ele para se apressar. Sabíamos como ele trabalhava. Embora tenha ensinado a si próprio a escrever sob quaisquer condições, mesmo ruins, em um *bunker* com luz fraca, em um campo, deitado na cama ou em uma *izba* lotada de gente, ele sempre escreveu com vagar, persistentemente dando toda sua força a esse processo." Naquele mesmo dia, 20 de dezembro, Grossman aproveitou a

---

[9] A 1ª Divisão de Fuzileiros dos Guardas havia sido formada em 18 de setembro, a partir da 100ª Divisão de Fuzileiros, que fora duramente atingida em seu recuo de Minsk e Smolensk, e em seguida no contra-ataque em Elyna, onde recebeu sua designação dos Guardas. O tenente-general I. N. Russiyanov comandou mais tarde o 1º Corpo Mecanizado dos Guardas na Operação Pequeno Saturno, em dezembro de 1942, durante os últimos estágios da campanha em Stalingrado.

chance de ficar em dia com sua própria correspondência. Ele escreveu a um amigo, M. M. Shkapskaya.

> Ainda é muito cedo para ficar pensando no destino de seu filho sob uma luz tão escura, ele provavelmente está vivo e com saúde. E o posto está muito ruim agora. Há muitas pessoas aqui que não conseguem entrar em contato com suas famílias. Estou vivendo bem aqui, e isso é interessante. Estou com boa disposição, a situação na frente de batalha é boa, muito boa mesmo [...]. Por falar nisso, eu quase perdi a chance de fazer contato com meus parentes para sempre de novo: eu me vi sob ataque de cinco Junkers e escapei por pouco saindo da casa que eles destruíram com uma bomba e tiros de metralhadora. É claro que você não deve escrever para Chistopol falando sobre isso.

Chistopol era onde sua mulher, Olga Mikhailovna Guber, estava. Ele escreveu para ela também, mas naturalmente omitiu o relato sobre sua escapada do ataque aéreo.

> Há pessoas muito boas à minha volta. Por falar nisso, Tvardovsky[10] está aqui também. Ele é um bom sujeito. Você poderia dizer à mulher dele que ele parece extremamente bem e que tudo está absolutamente bem com ele? Voltei da frente de batalha três dias atrás e agora estou escrevendo. Vi muita coisa. Tudo é muito diferente de como estava no verão. Há muitos veículos alemães quebrados nas estradas e na estepe, muitos canhões abandonados, centenas de corpos de alemães, capacetes e armas jogados em toda parte. Estamos avançando!

---

[10] Tvardovsky, Aleksandr Trifonich (1910-1971), poeta e mais tarde editor da revista literária *Novy Mir*, 1950-1954 e 1958-1970, na qual ele publicou *Um dia na vida de Ivan Denisovich* e *Setor de câncer*. Veio de uma vila perto de Smolensk. Seu pai, um *kulak*, foi deportado pelo regime de Stalin. Tvardovsky, porém, acabara de ganhar um Prêmio Stalin por seu longo poema *Strana Muraviya* (*A terra de Muraviya*), sobre um *kulak* que parte em uma viagem quixotesca para encontrar algum lugar na Rússia onde não houvesse qualquer fazenda coletiva, mas finalmente volta para casa, uma fazenda coletiva e alegre.

Um soldado com uma mulher idosa em uma vila recém-libertada perto de Moscou. A vila estivera sob ocupação por aproximadamente dois meses.

Como muitos russos naquela época, Grossman estava convencido, pela repentina virada em dezembro, de que os alemães, sofrendo muito em seus uniformes finos com o inverno cruel, estavam entrando em colapso sob o peso da ofensiva geral soviética lançada por Stalin depois dos contra-ataques nos dois lados de Moscou. Seu último artigo para o *Krasnaya Zvezda*, a ser publicado naquele ano, tinha o título "Amaldiçoado e ridicularizado".

> Quando marchavam para capitais européias, eles tentavam impressionar, esses *frontoviki* fascistas. E foram os mesmos homens que entraram nesta vila russa certa manhã. Havia xales sobre as cabeças desses soldados. Alguns estavam usando gorros de mulher sob seus capacetes pretos e calças compridas justas de mulher. Muitos soldados puxavam trenós carregados de cobertas, travesseiros, bolsas com comida e velhos baldes.

Os alemães estavam acampados nesta *izba* apenas seis horas atrás. Seus papéis, bolsas, capacetes ainda estão sobre a mesa. As *izbas* que eles incendiaram ainda estão ardendo. Seus corpos esmagados pelo aço soviético estão estendidos por perto sobre a neve. E mulheres, sentindo que o pesadelo dos últimos dias finalmente acabou, exclamam de repente, aos prantos: "Vocês são nossos queridos, vocês finalmente estão de volta!"

"Bem, foi assim [uma das mulheres contou]. Os alemães vieram. Eles bateram na porta, encheram a casa e ficaram perto do fogão, como cachorros doentes, seus dentes batendo, rangendo, pondo suas mãos diretamente no fogão, e suas mãos estavam vermelhas como carne crua. 'Acendam o fogo, acendam!', gritaram enquanto seus dentes rangiam. Bem, logo que eles ficaram mais aquecidos, começaram a se coçar. Foi horrível assistir àquilo, e engraçado. Como cães, coçando-se com suas patas. Os piolhos haviam começado a se mexer novamente sobre seus corpos, por causa do calor."

PARTE DOIS

O Ano de Stalingrado — 1942

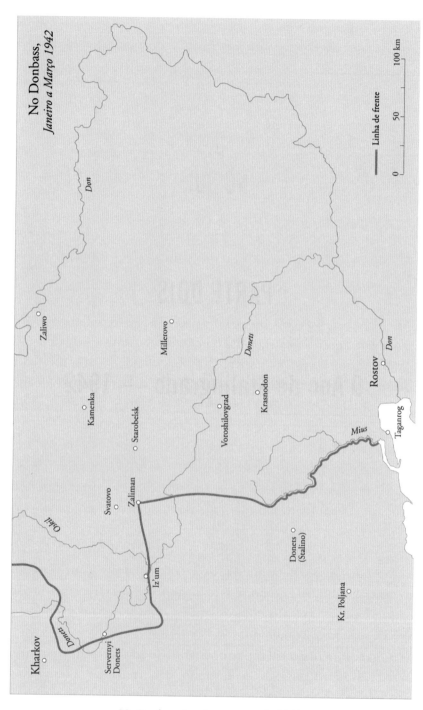

No Donbass, janeiro a março de 1942.

8.
NO SUL

Em janeiro de 1942, Grossman foi enviado para o sudeste da Carcóvia para cobrir operações. Parece que isso aconteceu a seu próprio pedido. "Vassíli Grossman convenceu-me a mandá-lo para o Front do Sudoeste", escreveu Ortenberg logo depois. "É a parte do país de onde ele vem." Embora não tenha nascido ou crescido ali, Grossman conhecia a região da época em que era engenheiro de mineração no Donbass. De qualquer modo, foram os artigos de Grossman nesse período que abriram os olhos de Ortenberg para seu talento. "A cruel verdade da guerra!", ele escreveu. "Vassíli Grossman, cujo talento de escritor se desenvolvia bem em frente aos meus olhos, permaneceu fiel àquilo."

Ortenberg pode ter ficado surpreso com o pedido de Grossman. Os outros correspondentes estavam loucos para ficar perto de Moscou, uma vez que todos esperavam que as batalhas cruciais acontecessem no eixo central. Foi quase como se Grossman fosse atraído para a região e para o inimigo — o 6º Exército Alemão —, que criaria o período definidor de sua vida: Stalingrado.

Quando o marechal-de-campo Von Rundstedt pediu permissão ao OKH, o Alto-Comando do Exército, para recuar até a linha do rio Mius, Hitler ficou revoltado com a idéia de retirada. Rundstedt insistiu que aquilo era essencial e ofereceu sua renúncia. Hitler o demitiu e nomeou para seu lugar o marechal-de-campo Von Reichenau, comandante do 6º Exército e nazista convicto. Mas Reichenau também insistiu na retirada para o Mius. Hitler, que voou até lá para ver por si mesmo, descobriu para seu espanto que até mesmo Sepp Dietrich, comandante da Divisão da SS *Leibstandarte Adolf Hitler*, pensava da mesma maneira.

O 6º Exército de Reichenau havia capturado a capital ucraniana, Kiev. No fim de setembro de 1941, seus soldados foram usados para ajudar a transportar 33.771 judeus para a ravina de Babi Yar, fora da cidade, onde eles foram sistematicamente massacrados pela unidade SS Sonderkommando. O 6º Exército também tomou a da Carcóvia, e o 38º Exército, ao qual Grossman havia se unido naquele janeiro de 1942, enfrentou-o.

> O comandante da divisão Lazko e sua mulher, Sofya Efimovna.[1] Noite. A *izba* está quente. Bukovsky e eu entramos na casa depois de passarmos a longa noite no frio, viajando.
>
> Ambos são extremamente hospitaleiros. Há um grande sortimento de comida caseira: almôndegas, bolos, picles. Enquanto nos lavamos com água para afastar o frio, Lazko está segurando para nós uma toalha branca de linho grosso com um bordado ucraniano. Polyak é o chefe da divisão. Antes da guerra ele era um alto funcionário do Ministério do Exterior. É um homem rude e moroso.

Grossman foi observar a preparação para o ataque à vila de Zaliman, ocupada pelo inimigo, cerca de 20 quilômetros ao sul de Svatovo. Uma missão de reconhecimento anterior descobriu que os alemães haviam pendurado gansos vivos ao longo da área para que servissem de dispositivo de aviso. Os gansos faziam um barulho enorme.

> Noite. Tempestade de neve. Veículos. Artilharia. Eles estão se movendo em silêncio. De repente se ouve uma voz rouca no cruzamento da estrada: "Oi, qual é a estrada para Berlim?" Uma explosão de risadas.

---

[1] Major-general Grigorii Semenovich Lazko (1903-).

Conseguimos observar o contra-ataque alemão de um pequeno morro. Eles dão alguns passos correndo e depois caem. Uma figura pequena está correndo, agitando os braços. É um oficial. Mais alguns passos para a frente, então eles correm de volta e a figura aparece de novo. Novamente, vários passos à frente e mais correria. O contra-ataque fracassou.

Sonhos realmente se tornam realidade. Logo que os alemães se organizam em um grupo: Bang! Eis uma bala para eles. É Morozov, o canhoneiro. Logo que se forma um acúmulo de alemães, e alguém começa a pensar como seria maravilhoso espalhá-los, lá vem: Bang! Uma bala! Até mesmo nós pulamos espantados.

O Exército Vermelho adorava louvar qualquer soldado que demonstrasse uma habilidade particular com sua arma, fosse um franco-atirador, um exímio atirador de granadas ou um canhoneiro como Morozov. Eles ficavam exaltados como trabalhadores stakhanovistas,[2] e suas conquistas eram com freqüência amplamente exageradas ao serem contadas.

Batalha por Zaliman, o segundo dia. Está muito frio. Nevoeiro. Artilharia está sendo disparada, uma barulheira de doer os ouvidos. O regimento do tenente-coronel Elchaninov está lutando por Zaliman. Eles levaram canhões de campanha diretamente para a vila e os esconderam atrás das casas. Quando localizam uma metralhadora, levam o canhão para fora, disparam de perto e então o empurram de volta para trás da casa.

Problemas para a artilharia: batalha em uma vila. Virou uma confusão. Uma casa é nossa, a outra é deles.

Conversando com uma mulher: "Havia quarenta alemães caminhando diretamente para a vila — eu cheguei a fechar os

---

[2] Referência ao stakhanovismo, movimento operário socialista surgido nos anos 1930, na União Soviética, por iniciativa de Alexei Stakhanov. (N. do T.)

olhos, ah, meu Deus —, e quando abri os olhos, alguns deles estavam estendidos no chão e alguns corriam de volta." (Era o canhoneiro Morozov.)

Como Zaliman foi tomada. Nós pulamos para dentro quando os alemães estavam se reagrupando. Algumas unidades já haviam partido e não tinham sido substituídas por outras. Perdemos apenas três homens feridos. Se tivéssemos escolhido um caminho diferente, teríamos perdido milhares. Os alemães tinham cercas de arame, *bunkers* de madeira, casamatas, trincheiras, buracos no chão. Havia até lareira nos *bunkers*, feitas de tijolos, como em casas. Operações de reconhecimento haviam fornecido relatos detalhados sobre as casamatas. Quando nossos soldados tomaram Zaliman, esses relatos se mostraram totalmente precisos, quase como se nós mesmos tivéssemos construído as casamatas.

Grossman destacou as "lareiras nos *bunkers*, feitas de tijolos, como em casas", porque os soldados do Exército Vermelho ficavam impressionados com a maneira como os soldados alemães costumavam estabelecer suas posições de defesa como se estivessem em casa. Aquilo parecia muito sedentário e civil em um exército que acreditava nas qualidades marciais e na Blitzkrieg.[3] Grossman se uniu ao comandante e à equipe do regimento que havia lançado o ataque.

No posto de comando do regimento. A *izba* foi esvaziada. Os alemães haviam levado tudo. Cadeiras, camas, vassouras, bancos. O coronel Pesochin é gordo e grande. Parece um membro da elite intelectual, mas as pessoas dizem que ele dá socos na cara de seus subordinados. Bateu no editor do jornal da divisão.

Snitser, comissário da divisão, é gordo, grande. Eles ficam brincando o tempo todo, um abotoa o colarinho do outro.

---

[3] Tática de guerra alemã, na Segunda Guerra Mundial, de ataques relâmpagos. (N. do T.)

Há piadas o tempo todo. A pesada artilharia alemã está sendo disparada.

— Por que você não a destrói?

— É difícil pegá-la — vem a resposta jocosa.

— É claro que é mais fácil pegar mulheres.

Grossman anotou muitas dessas trocas de provocações do pesado humor militar.

— Você está engordando o tempo todo, major Kostyukov.

— Estou competindo com meu chefe, camarada comandante da divisão.

— Estou certo de que você vai vencer a competição.

— Não. Meu peso se estabilizou em 1936.

— Todos são gordos em seu regimento.

— Seria uma grande honra para os alemães perder peso por causa deles.

Jantar na sede do regimento.

— Cozinheiro, quanto tempo você levou para fazer um *pelmeni*[4] tão minúsculo?

— Eu comecei a fazer quando ele [um avião alemão] estava mergulhando em nossa direção. Aquela cobra não deixava eu terminar meu *pelmeni*.

Um capitão entra correndo apressado no meio do jantar.

— Gostaria de relatar que mais de trezentos atiradores de metralhadora [inimigos] foram vistos.

Snitser, dando um gole de vodca:

— Ha-ha-ha! Divida isso por dez.

Pesochin dá socos em comissários e o comissário de divisão Serafim Snitser dá socos em seus próprios *politruks* [oficiais

---

[4] Prato comum na Europa Oriental, principalmente na Rússia, em geral com carne moída envolvida em massa fina. (N. do T.)

políticos]. Cada um dos dois tem sua própria cadeia de comando para dar murros. Ambos são homens enormes, maciços, com punhos gordos, carnudos. Foram abertas ações contra eles na Comissão do Partido no Exército, mas eles não são contidos. Fazem promessas, mas não conseguem cumpri-las, como beberrões. Eles se excedem o tempo todo. Snitser esmurrou ontem um motorista de tanque, em uma briga sobre "troféus" [isto é, saques].

Apesar desses aspectos deprimentes do Exército Vermelho, na maior parte não esclarecidos, Grossman estava otimista com relação ao novo estado de espírito que surgia.

O espírito do exército — uma força grande, sutil. É uma realidade.

Ele comparou essa mudança com as novas duras medidas introduzidas para a Wehrmacht (embora estas não fossem mais cruéis que as sanções impostas pelos Departamentos Especiais da NKVD ligados às formações soviéticas).

Discurso de Hitler para os soldados: "Nem um passo atrás nos territórios ocupados." A ordem havia sido propagada e as pessoas foram forçadas a assinar. "Uma sentença de morte foi lida para nós, e nós a assinamos", dizem os prisioneiros [alemães].

Grossman evidentemente teve permissão do tenente-coronel Elchaninov para ver os registros do regimento relativos aos meses anteriores. Além de exemplos de heroísmo soviético, Grossman tomou nota de "acontecimentos extraordinários", um eufemismo para covardia, deserção, traição, atividades anti-soviéticas e todos os outros crimes punidos com pena de morte. Grossman ficou claramente fascinado com os termos militares e a bizarra justaposição de observações. Suas próprias anotações, porém, eram muito mais perigosas, porque registravam muitos incidentes de deserção e insubordinação. Se algum de seus blocos de anotação tivesse sido descoberto pelos "Destacamentos Especiais" de agentes militares de contra-inteligência da NKVD, transformada em SMERSh na primavera de 1943, ele teria passado por sérios problemas.

> 8 de outubro [1941]. Kravtsov, na 3ª Companhia de Morteiro, tentou constantemente parar para descansar, sem permissão de seu superior, pondo, portanto, sua companhia em perigo.

> 13 de outubro. O soldado Matrosov, do Exército Vermelho, destacou-se em uma missão de reconhecimento. Foi morto. Um de nossos pelotões se rendeu ao inimigo sob o slogan "Abaixo o governo soviético".

> 19 de outubro. Soldado do Exército Vermelho morto a tiros na 8ª Companhia, por colaboração em uma deserção para o inimigo.[5]

> 24 de outubro. O comandante de pelotão Marchenko não tem certeza da vitória do Exército Vermelho. Ele diz: "Hitler vai nos empurrar de volta para a Sibéria."

> 15 de novembro. Atirador de metralhadora declarou: "O relato do camarada Stalin me deu mais força." Soldado Oska, do Exército Vermelho, declarou: "Eu lhe dou minha palavra, camarada Stalin, vou lutar contra o inimigo enquanto meu coração bater."

Nos encontros conduzidos por comissários ou *politruks*, soldados eram informados sobre atos heróicos e incentivados a sugerir slogans e declarações apropriadas.

---

[5] Qualquer soldado que não denunciasse ou não atirasse contra camaradas que tentassem desertar era tratado como cúmplice.

O *politruk* Glyanko invadiu a vila de Kupchinovka, gritando "Urra!"

O motorista Klochko foi capturado por alemães. Eles o levaram para uma casa onde soldados [soviéticos] estavam posicionados. Quando ele se aproximou da entrada, gritou: "Cabo! Alemães!"

"Peço a execução de dois alemães que mataram pessoalmente um soldado da 9ª Companhia de Fuzileiros, o camarada Gorelov."

O soldado Pilyugin, do Exército Vermelho, disse: "O general Frost está feliz por nos ajudar. Meninos estão morrendo no exército [alemão] também."

O soldado Ryaboshtan, do Exército Vermelho, declarou: "Vou cavar uma trincheira neste exato momento e nenhum fogo inimigo vai me fazer recuar daqui."

O soldado Kozyrev, da 9ª Companhia do Exército Vermelho, disse: "É difícil render a nossa terra ao inimigo. Se pelo menos pudéssemos avançar logo."

Soldado Zhurba, do Exército Vermelho: "A morte é melhor que o cativeiro fascista."

Alguns soldados, por outro lado, eram perigosamente ingênuos em suas reclamações. Eles se arriscavam a ser entregues ao Departamento Especial como derrotistas e agitadores do inimigo.

O soldado Manyuk, do Exército Vermelho, afirmou: "Não vamos ter descanso algum se cumprirmos nossos deveres todos os dias."

O soldado Burak, do Exército Vermelho, recusou-se a aceitar uma submetralhadora: ele diz que seus olhos não são bons. O comandante da companhia, Kovalenko, xingou-o.

Grossman anotou muitos exemplos de soldados e até de oficiais que expressaram suas crenças religiosas. Não está claro, porém, se os soldados haviam sido informados sobre o reconhecimento de Stalin à Igreja Ortodoxa no momento da crise na pátria.

O soldado Golyaperov, do Exército Vermelho, declarou: "Só farei o juramento se houver uma cruz."

O Departamento Especial prendeu um ex-desertor, o soldado Manzhulya, que voltou por vontade própria.

Embora tenha retornado voluntariamente, e pudesse ser apenas um retardatário, em vez de desertor, é provável que Manzhulya tenha enfrentado os disparos de um pelotão ou o serviço em uma *shtrafbat*, ou um batalhão de punição, que praticamente garantia a morte, uma vez que eles eram forçados a cumprir as tarefas mais arriscadas, incluindo, em algumas ocasiões, atravessar marchando campos minados à frente de tropas de ataque.[6]

"O status político-moral dos soldados é bom. O desertor Toporov foi morto a tiros na frente da [sua companhia]."

Dra. Dolenko. Seu marido foi embora com *partisans*, e ela foi embora com os alemães.

Esse contraste absoluto entre o heróico e o desprezível levanta muitas questões. A Dra. Dolenko, a julgar pelo nome uma ucraniana, pode ter simplesmente querido se reunir à sua família por trás das linhas alemãs, mas isso era traição aos olhos soviéticos.

Como em todos os exércitos, a distribuição de cartas vindas de casa era um fator importante para o moral.

Há uma opinião que se dissemina entre os soldados de que o posto dos correios de campo não está funcionando bem.

---

[6] De acordo com fontes militares russas, 422.700 homens morreram em unidades de punição durante a guerra.

No Exército Vermelho, mais que em qualquer outro, o consumo de álcool representava a maior ameaça à disciplina, já que as línguas se soltavam perigosamente.

> O soldado do Exército Vermelho Kazakov disse ao comandante de seu pelotão: "Meu fuzil está carregado há um longo tempo esperando para atirar em você."

> O soldado do Exército Vermelho Evsteev recusou-se a ir para seu posto alegando que estava molhado. Em 20 de outubro, ele deixou seu posto sem permissão, abandonando o esquadrão de metralhadoras. Foi para a 7ª Companhia, onde disse para os soldados: "Os comandantes zombam de nós, sugam até a última gota de nosso sangue e enchem a cara de comida." Durante uma conversa com o *politruk*, ele começou a discutir e disse: "Logo chegará o tempo em que vamos levantar nossas baionetas também contra você." O *politruk* o matou com sua pistola.

Ao longo da guerra, a principal obsessão de muitos membros do Exército Vermelho era obter álcool ou qualquer coisa que pelo menos se parecesse com álcool.

> O subcomandante de pelotão Anokhin e o cabo Matyukhin beberam duas garrafas de um líquido antigás mostarda [um antídoto para ataques químicos]. O subcomandante de pelotão morreu imediatamente. O cabo morreu a caminho [do hospital].

Grossman fez anotações de exemplos da linguagem atormentada dos relatórios militares oficiais.

> Podus, chefe da farmácia, rouba bebidas da farmácia, diluindo as que restam em água.

Um concerto informal de soldados.

O álcool também desempenhou um papel importante em questões de desejo e amor, talvez em parte porque liberava as mentes da profunda repressão sexual da era stalinista, quando o menor indício de erotismo era condenado como sendo "anti-Partido".

> O tenente Boginava abandonou seu pelotão durante a noite, procurou uma menina chamada Marusya, que se recusou a ter qualquer envolvimento com ele. Boginava lhe disse que ela tinha de se casar com ele, e ameaçou atirar nela.

Em alguns setores, havia uma atitude genuinamente nobre com relação à cultura, mesmo que fosse geralmente direcionada pelos oficiais políticos para o ódio ao inimigo e para o amor à União Soviética.

> Uma orquestra de cordas está funcionando na 1ª Companhia de Metralhadoras [...]. Soldados do Exército Vermelho orga-

nizam concertos e apresentações em seus batalhões. A peça *Na Fazenda Fyodorovka* foi apresentada [...]. Uma palestra sobre filosofia foi organizada por oficiais.

Um grupo musical de soldados do Exército Vermelho [...]. "Um concerto do grupo é um tiro certeiro no fascismo." O grupo já existe há cerca de dois meses. Eles aprendem canções com os soldados [tais como] "Ai, há um homem gritando à beira da estrada". Kalisty, que trabalha no tribunal, canta: "Oh, Dnepr, Dnepr, você flui para longe, e sua água é tão clara quanto as lágrimas." Quando isso está sendo cantado, não só o público chora, mas também os próprios cantores. Soldados que integram o grupo — da infantaria, da artilharia e de tanques — são malvestidos, e um deles sofre de ulcerações causadas por congelamento. Eles se vêem sob tiros, já que geralmente fazem os concertos um pouco antes das batalhas. Em uma vila, Dubrova, os participantes saíram correndo, um a um, para o lugar onde o concerto seria apresentado, em uma floresta. Uma mulher idosa apareceu, Vasilisa Nechivoloda, e dançou com Kotlyarov ao som do acordeom. Ela tem 75 anos. Depois do concerto, ela disse: "Obrigada, filhos, vivam muitos, muitos anos, derrubem os fascistas."

Nem sempre os moradores das vilas são tão receptivos.

A dona da acomodação onde a 6ª Companhia está alojada é hostil com os soldados — ela põe cinzas no chá deles e enche a casa de fumaça.

O regimento de artilharia comandado pelo major Ivanov. Quando o clima frio começou a ficar sério, limparam a graxa dos canhões e espalharam óleo de máquina sobre as peças. Grupos de *tank destroyers*[7] foram organizados e o treinamento está

---

[7] Veículo antitanque blindado. (N. do T.)

em curso. Na bateria do *politruk* Malyashev há um coro maravilhoso. Eles construíram uma *banya* sem ajuda de ninguém.

Do último relato político: "Na batalha pela vila de Zaliman, um soldado do Exército Vermelho ferido entrou no quintal da cidadã Yakimenko. Galya Yakimenko ia lhe dar ajuda médica. Um fascista alemão invadiu o quintal e atirou tanto no soldado como em Galya e tentou atirar no filho de Yakimenko, de 14 anos. Um vizinho, Semyon Belyavtsev, um homem idoso, apanhou uma vara e bateu na cabeça do fascista. O soldado Petrov correu e atirou no alemão."

Em quase todas as unidades soviéticas há um grande índice de baixas causadas por acidentes com armas de fogo.

O segundo-tenente Evdokimov (nascido em 1922, instruído em dez aulas e membro do Komsomol) feriu o segundo-tenente Zorin no estômago. Foi um acidente, mas o segundo-tenente Evdokimov cometeu suicídio depois.

A hipérbole soviética exagerava grosseiramente as baixas do inimigo.

"O camarada Myshkovsky lutou como um herói e matou um pelotão de fascistas com o fogo de sua metralhadora. Ele morreu dos ferimentos."

"Malomed, Naum Moiseevich, lutou bravamente junto a seu pelotão e capturou armas inimigas. Malomed foi morto. O atirador de morteiros Sivokon esmagou o inimigo sem piedade. O camarada comandante Avakov foi enterrado às 15h. Morreu como um herói. Toda a unidade se despede do comandante. Também há pessoas do local no funeral."

"O *politruk* Usachev atirou granadas contra alemães e deu início a um ataque de baionetas. Usachev morreu como um herói."

Ouvindo os relatos vindos de um campo de batalha, Pesochin [o comandante da divisão] diz, em uma voz melodiosa: "Oh, meu Deus."

A retomada de Zaliman e de outras vilas fez Grossman pensar ainda mais na vida daqueles que estavam sob ocupação alemã. Rumores vindos do outro lado das linhas preocupavam todos.

Meninas nas vilas ocupadas vestem trapos e esfregam cinzas em seus rostos.

Isso era para evitar a atenção dos soldados alemães.

Mulheres alemãs tiveram a mesma precaução em 1945, na esperança de escapar de estupro nas mãos do Exército Vermelho. Mas Grossman, como muitos outros, era às vezes levado a conclusões errôneas, atribuindo os piores motivos àqueles que estavam sob ocupação do inimigo.

Seis meninas bonitas de Zaliman foram embora com os alemães.

Isso bem que poderia ter sido uma fofoca mal-intencionada. As meninas mais atraentes eram muitas vezes capturadas para trabalhar nos bordéis da Wehrmacht, um destino bem pior até mesmo que o estupro coletivo, uma vez que era uma atividade permanente e as jovens tinham de fingir que gostavam, pois do contrário enfrentavam severas punições.

Para a maioria dos civis capturados na luta, a sobrevivência era tudo o que importava. Mas às vezes um jovem camponês se dava mal.

Um menino localizou os alemães. Tarde da noite, ele contou tudo ao comandante, que estava em sua *izba*. "Me dê um pouco de vodca, estou gelado", disse ele, com uma voz rouca. O comandante do regimento, que estava jantando, começou a fazer agrados ao menino: "Vanya, Vanya, coma um pouco de frango." O menino bebeu um pouco de vodca e comeu frango. Então sua mãe se virou e lhe deu uma boa surra. Isso deixou transparecer que ele havia inventado tudo.

Grossman recebia fragmentos dos oficiais políticos que o ajudavam a escrever seus artigos. Muitos desses fragmentos vinham de interrogatórios de prisioneiros alemães e de cartas e documentos apreendidos, mas nem tudo era confiável.

De uma carta de um soldado alemão: "Não se preocupe e não fique triste, porque quanto mais cedo eu estiver embaixo da terra, menos vou sofrer."

É possível que essa última frase tenha se tornado comum entre soldados alemães deprimidos. Essas mesmas palavras apareceram de modo suspeito em um grande número de cartas que as autoridades soviéticas alegam ter interceptado, mas nunca em coleções de cartas vindas da frente de batalha e recolhidas na Alemanha. Oficiais políticos, depois de ouvirem a frase, podem ter alegado que a encontraram em outras cartas. Grossman cita outro exemplo muitas vezes repetido que também deve ser tratado com cautela.

"Com freqüência pensamos: 'Bem, agora a Rússia está prestes a capitular', mas é claro que essas pessoas analfabetas são estúpidas demais para entender isso."

De uma carta: "A situação com a comida não está ruim. Ontem matamos um porco de 150 quilos para sete homens. Derretemos 30 quilos de banha."

De uma carta: "Cozinhamos almôndegas. De início, havia muita farinha nelas, depois, muita batata. Ao todo fizemos 47 almôndegas. O suficiente para três de nós. Agora estou cozinhando repolho e maçãs. Não sei que gosto terá, mas pelo menos não temos cupons de comida. Conseguimos tudo com a população. Não há tempo para escrever, cozinhamos o tempo todo. É tão bom estar no exército. Nós quatro matamos um porco para nós. Encontrei muito mel aqui, exatamente o que eu precisava."

Da carta de uma garota alemã: "Aos poucos estou enlouquecendo, volte, meu amor. Espero que você sobreviva, porque a guerra estará perdida para mim se não sobreviver. Adeus, meu tesouro, adeus. Mizzi."

Discurso de Hitler para suas tropas (registrado a partir das palavras de um alemão capturado). "Meus soldados! Exijo que vocês não dêem um único passo para trás no território conquistado, pelo qual pagamos com nosso sangue. Que os incêndios nas vilas russas iluminem as estradas para nossas tropas de reserva chegarem e inspirarem a alegria. Meus soldados, tenho feito tudo por vocês. Agora é a vez de vocês fazerem o que puderem por mim."

9.
A GUERRA AÉREA NO SUL

No dia do Ano-Novo de 1942, Grossman escreveu novamente para sua mulher, em meio à euforia de que os alemães estavam recuando em todas as linhas de frente.

> Queridíssima Lyusenka, bem, celebramos o Ano-Novo: você em Chistopol, eu na frente de batalha [...]. O horizonte está clareando para nós. Há um sentimento de confiança e força no exército, e a cada dia a vitória está mais perto [...].

Dez dias depois, ele escreveu novamente.

> Meus artigos são publicados com bastante freqüência agora, e o editor está mais gentil comigo. Soube ontem da morte de Gaidar.[1] Ele morreu em batalha [...]. Lyusenka, você se lembra de Gaidar? Onde estão nossos amigos? Ainda não consigo me dar conta de que Vasya Bobryshev esteja morto. Li sua última carta outro dia e meu coração se contraiu. Muitas vezes

---

[1] Golisov, Arkady Petkovich (1904-1941), conhecido como Arkady Gaidar, escritor famoso e muito querido pelas crianças, comandou um regimento aos 18 anos, durante a Guerra Civil Russa. Em 1941, depois da invasão dos alemães, foi para a frente de batalha como correspondente.

me lembro de Roskin com uma grande dor em minha alma. Penso em Mamãe, ainda não acredito que ela esteja morta. Ainda não consigo aceitar isso. A verdadeira dor por ela vai tomar conta de mim mais tarde [...].

No fim de janeiro, Grossman partiu para visitar um campo de pouso em Svatovo, mas não foi uma viagem fácil naquele inverno.

Havia uma tempestade de neve quando partimos de Zaliman para Svatovo. A estrada desapareceu sob a neve. Logo estávamos irremediavelmente atolados. Felizmente, um tanque que estava passando nos viu. Subimos nele, que nos levou de volta a Zaliman e rebocou nosso carro.

Ele mencionou essa aventura na carta seguinte a seu pai.

Ainda está um frio de rachar aqui. Outro dia, uma tempestade de neve me apanhou na estepe e um tanque me trouxe de volta à vila, do contrário eu teria congelado lá até morrer. Há muito trabalho, e ele é interessante. Estou animado. Só estou preocupado com meus queridos, todos vocês que estão espalhados em lugares diferentes. Sonho repetidas vezes com Mamãe. O que aconteceu com ela? Ela está viva?

Ao longo da guerra, Grossman esteve sempre fascinado com especialistas em armas. Durante a primeira parte da guerra, pilotos de caça parecem tê-lo atraído mais; depois, em Stalingrado, franco-atiradores capturaram sua imaginação; e durante os últimos seis meses da guerra, as tropas de tanques.

No início de fevereiro, ele visitou um regimento de aviação de caça do Exército Vermelho que apoiava o Front do Sudoeste a partir de seu campo de pouso em Svatovo, ao norte do Donets. Eles estavam equipados com caças Yak. Principalmente na fase inicial da guerra, os aviões soviéticos, embora muito mais numerosos, não conseguiam competir com a superioridade tecnológica da Luftwaffe[2] de seus opositores. Então, alguns pilotos de caça usaram o recurso de se lançar contra os aviões alemães, batendo neles. Apenas alguns conseguiram escapar.

Salomatin: "Bater, este é o caráter russo. É a educação soviética."

Sedov, Mikhail Stepanovich, nascido em 1917: "Bater não é heroísmo. Heroísmo é derrubar tantos quanto possível."

Skotnoi: "Que tipo de herói é o homem que está carregado [de munição] e não consegue derrubar [um avião inimigo] e tem que bater [nele]?" Skotnoi não fala muito. É melancólico. "Eu ficaria constrangido se fosse a um bom clube. Ficaria com muita vergonha de falar com uma garota."

Alguns dos pilotos que ele entrevistou, sobretudo comandantes de unidades, seguiam rigidamente a linha do Partido, mesmo que isso significasse alegar, contra todas as provas do contrário, que seus aviões e seus motores nunca os decepcionavam. Durante alguns períodos da guerra, a aviação do Exército Vermelho perdeu quase tantos aviões em acidentes quanto em ações do inimigo.

Major Fatyanov, Ivan Sidorovich: "Nossos homens trabalham em pares. Eles até desistem de sua presa para se manterem junto de seus companheiros. O mais importante é acreditar um no outro. Nós ajudamos os outros quando eles estão com problemas. Essa tradição existia antes de nós, mas sempre a seguimos. Temos fé em nosso equipamento. Nenhum motor e nenhum avião nos decepcionariam."

Sobre os alemães: "Eles protegem seus Junkers quando entram e saem de um ataque. Mas não podem fazer mudanças rápidas. Não existe muita camaradagem entre eles. Pares são facilmente rompidos. Eles escapam usando sua velocidade.

---

[2] Força Aérea Alemã. (N. do T.)

Fogem de um inimigo ativo, mas nunca deixam algum que esteja danificado. Eu não diria que sou muito experiente." (Ele é a própria modéstia.)

Um general da aviação está falando ao telefone de campo sobre bombas, a decolagem de um caça, o início do ataque etc. De repente ele diz: "Um bebê está chorando em algum lugar do outro lado da linha. Deve ser na *izba*."

Grossman parece ter ficado intrigado com as pequenas contradições de seus relatos.

Martynov, Al[eksandr] Vas[ilievich], nascido em 1919: "Alguém pode entender todo o caráter de um piloto no movimento de sua máquina. Posso ver que o inimigo é forte e persistente. Os Fritzes procuram pelos tolos. Eles os apanham por trás. Você vê como seu parceiro é por seu caráter como piloto, e toda a sua natureza é mostrada no modo como ele voa em sua máquina. Mas em uma batalha aérea é muito difícil distinguir os pilotos [...]. Eu preciso proteger meu camarada, em vez de derrubar aquele maldito Fritz [...]. Você vê um Fritz, o modo como ele mexe a cabeça, e manda umas quentes em cima dele! Batalha de perto no ar é um pouco difícil para Fritz. Batalha de perto é uma luta até a última gota de sangue. O inimigo não gosta de lutar com o avião na posição horizontal ou quando está inclinando. Eles tentam lutar em um eixo vertical. O inimigo faz tudo diretamente e depois sai com inclinações acentuadas. Portanto é possível escapar na horizontal deslizando para o lado. O fogo deles não é cuidadosamente direcionado.

"A boa coordenação do par assegura o sucesso. Você segue seu líder e ele lhe dá o sinal quando é preciso sair [...]. Eu estava sob fogo no ar, tendo sido atingido pela artilharia antiaérea. (Eu tinha queimaduras e estava ferido.) Mas não senti medo algum quando eu estava queimando. Não havia tempo para medo. As características [de um bom piloto são]:

1) conhecer sua máquina e seu equipamento para ser capaz de usá-los;

2) ter confiança e amar sua máquina;

3) ter coragem, uma mente fria e um coração ardente;

4) sentir verdadeiro companheirismo;

5) mostrar abnegação em batalha, devoção à pátria e ódio [ao inimigo].

"Meu primeiro encontro com um Heinkel. Eu o ataquei 12 vezes, ele ficou um pouco [coberto de fuligem]. A primeira vez é um pouco assustadora. Eu voltei cheio de buracos. Certa vez, eu fiquei completamente coberto de buracos de bala, como uma codorna velha."

Salomatian [explicando por que] não espera os mais lentos: "Eu quero o essencial, é por isso que começo uma luta. Não pelas condecorações que depois receba. Quero derrotar os alemães, mesmo que isso custe a minha vida."

Salomatin falou então sobre Demidov, um companheiro piloto que fora morto recentemente em uma batalha aérea. Eles haviam lembrado dele nos brindes que fizeram depois de receber uma medalha. Era costume do Exército Vermelho colocar a medalha em uma caneca de vodca, tomar a bebida de uma só vez e terminar o gole com a medalha entre os dentes.

"Demidov [um companheiro que havia sido morto] costumava contaminar todos com sua coragem. Baranov explodiu em lágrimas quando estávamos sendo condecorados. O primeiro brinde foi para Stalin, o segundo para o falecido Demidov."

Capitão Zapryagalov: "[No] primeiro dia da guerra, em Chernovitsy, o alarme soou logo depois das quatro horas. Corremos para o campo de pouso. Eu decolei no meio de um bombardeio. [Mais tarde tive de fazer] outra decolagem do campo de pouso destruído pelas bombas.

"O principal é que acreditamos. Não temos dúvida alguma e vamos ajudar quem tiver problemas. Não fomos os primeiros a começar essa tradição, mas a seguimos com respeito. [Os alemães] são uma nação forte em termos tecnológicos."

Eryomin, Boris Nik[olayevich], 29 anos: "O princípio essencial é a coordenação em pares e o companheirismo. Há coordenação e eles sabem as peculiaridades um do outro. Martynov (o segundo no comando) voa com Korol e o treinou. O segundo par [é formado por] Balashov e Sedov. Eu vôo com Skotnoi.

"Vemos como o perseguidor termina em seu avião negro. O Me[sserschmitt] é longo, como uma lança. Eu olhei e vi uma hélice amarela, e me inclinei, mas um pouco tarde. Eu os vi atirando em mim, um brilho azul, e naquele momento Martynov correu até mim, e se precipitou sobre mim. É interessante, é claro, ficamos sempre excitados com isso.

"Deveríamos proteger as pequenas gaivotas, todos são boas pessoas ali.[3]

"Eu decolei com Salomatin quando o alarme soou e derrubei [um avião]. Um sentimento muito bom. Você voa planejando o tempo todo: 'Ah, seria melhor desse jeito, seria melhor daquele jeito'.

"O comandante me explicou coisas, e eu entendi o que ele queria de mim. Havíamos combinado em terra. Se você balançar as asas, isso significa prepare-se para atacar."

O tenente Salomatin (parceiro de Sedov e seu subordinado), nascido em 1921: "O líder deles estava vindo diretamente para mim, mas eu não afastei meu avião. Ele parou e voltou.

---

[3] O avião carinhosamente conhecido como *chaechka*, ou "pequena gaivota", era na verdade o Polikarpov I-15, um caça muito pequeno, com asas em formato semelhante às asas de gaivotas, que nunca teve chance no confronto com o Messerschmitt 109.

Bater nele teria sido mais conveniente. Não é nada, quando há um contra um. O que dá medo é ser atacado por uma horda deles, mas quando há um grupo você se esquece de tudo, você fica realmente agitado: 'Estão voando para bombardear nossas tropas!'"

Sobre as batidas: "É muito bom e vantajoso trocar um caça por um Junker. Mas eu não daria o título [de Herói da União Soviética] por uma ação como essa. Qualquer um pode fazer isso. Tenho pensado há muito tempo sobre bater, sobre atingir [o avião inimigo] com minha hélice. Isso pode causar um bocado de dano.

"Segui até eles e entrei no meio deles, quase tocando em um deles com minha asa. Eu estava vindo com o sol atrás de mim e eles não atiraram. Quase me choquei com outro e o derrubei com tiros a uma distância de 25 metros. Então me virei, voltei e comecei a atirar em qualquer coisa.

"No segundo vôo, o líder estava aproximadamente dois metros abaixo da minha barriga e um golpe do vento da hélice me atingiu. Eu mergulhei e escapei de nove Messers. Comecei a correr para atingir um Messer que estava seguindo um de nossos 'Yaks' [o tenente Skotnoi estava voando nele], mas não dava tempo. [Skotnoi] deu uma planada, mas eu consegui mandar dois Messers embora. Ele aterrissou. Eu fiz dois círculos para que eles não o matassem. Vi que ele estava vivo e acenei para ele."

[Skotnoi:] "Atacamos um ao outro, de frente. Ele furou meu radiador e eu pus fogo nele. Fui ajudar Eryomin. Um Me[sserschmitt] pôs fogo no meu tanque de óleo e canos de combustível. Meu avião estava se incendiando por dentro e havia muita fumaça. Perdi altitude. Sedov me cobriu. Eu mesmo não tive qualquer queimadura, só minhas botas ficaram queimadas. Pulei para fora e acenei para Sedov [dizendo a ele que podia seguir]. Meu avião estava completamente queimado."

10.
NO DONETS COM A DIVISÃO NEGRA

Grossman estava com o 37º Exército, perto de Servernyi Donets, 40 quilômetros a sudeste da Carcóvia. Eles enfrentaram o 6º Exército Alemão, que agora era comandado pelo general Friedrich Paulus e que Grossman encontraria em Stalingrado.

Visita à divisão comandada pelo coronel Zinoviev, Herói da União Soviética nascido em 1905 e camponês. "Sou um *mujique*", diz. Ele integrou o Exército Vermelho em 1927 e serviu com os soldados da guarda de fronteira na Ásia Central. Comandou uma companhia durante a Campanha Finlandesa. Passou 57 dias cercado pelos alemães (um feito pelo qual recebeu a medalha de Herói da União Soviética).

"O mais assustador de tudo", disse Zinoviev a nós, "é quando eles estão se arrastando. Você atira neles com metralhadoras, dispara morteiros e artilharia. Você os esmaga, mas eles se arrastam, e se arrastam. E agora tento convencer meus soldados: 'Arrastem-se!' Ele estudou na Academia [Frunze], mas para ele é difícil falar fluentemente. É tímido e tropeça nas palavras. Está envergonhado por ser um homem tão simples.

A divisão é formada inteiramente por mineiros. Todos os homens vêm do Donbass. Os alemães a chamam de "Divisão Negra". Os mineiros não queriam recuar. "Não vamos deixar um único alemão cruzar o Donets." Eles chamam seu comandante de "nosso Chapaev".[1]

Na primeira batalha, a divisão foi atacada por cem tanques alemães. Os mineiros interromperam o ataque. Quando os alemães romperam um flanco da divisão, o comandante da divisão galopou em um cavalo ao longo da linha de frente, gritando:

— Mineiros, avante!

— Mineiros, não recuem! — gritaram os soldados em resposta.

"Eles dormem na floresta quando [a temperatura] está em 35 graus. Eles não têm medo de tanques. 'Uma mina é mais assustadora', dizem eles."

A crença do comandante da divisão é: "A figura-chave aqui é o soldado do Exército Vermelho. Ele dorme na neve e está preparado para sacrificar sua vida. E não é fácil sacrificar a vida. Todos querem viver, inclusive os heróis. Ganha-se autoridade através de conversas diárias. Um soldado precisa saber sua missão e entendê-la. É preciso falar com os soldados, e cantar e dançar por eles. Mas a autoridade não deve ser barata, é conquistada com dificuldade. Aprendi isso nas unidades de fronteira. E sabendo que os soldados confiam em mim, sei que eles vão cumprir minhas ordens e arriscar suas vidas. Quando é necessário tomar uma pequena cidade ou bloquear uma estrada, sei que eles o farão."

Geada severa. A neve está rangendo. O ar gelado faz com que se prenda a respiração. As narinas colam uma na outra, os dentes doem de frio. Os alemães, completamente congelados,

---

[1] Chapaev, Vassili Ivanovich (1887-1919), foi um herói da Guerra Civil Russa, famoso por ter defendido a linha do rio Ural, mas se afogou nele quando nadava para a margem com uma bala em seu ombro.

estão estendidos nas estradas por onde avançamos. Seus corpos estão absolutamente intactos. Nós não os matamos, foi o frio. Brincalhões põem os alemães congelados de pé, ou de quatro, formando grupos de esculturas intricados e estranhos. Alemães congelados permanecem com os punhos erguidos, com os dedos separados. Alguns parecem estar correndo, suas cabeças encolhidas nos ombros. Eles estão com botas rasgadas, *shinelishki* [sobretudos] finos, camisetas que não conservam o calor. À noite, os campos de neve parecem azuis sob a lua clara, e os corpos escuros dos soldados alemães congelados estão de pé na neve azul, colocados ali pelos brincalhões.

Novamente, alemães [congelados] em pé. Um deles está de cueca de jérsei.

Em uma vila que acaba de ser libertada, há corpos de cinco alemães e de um soldado do Exército Vermelho estendidos na praça. A praça está vazia, não há ninguém a quem se possa perguntar o que aconteceu, mas isso não é necessário para ser capaz de reconstituir todo o drama. Um dos alemães foi morto com uma baioneta, outro com um golpe de fuzil, o terceiro com uma baioneta e dois foram baleados. E o soldado que matou todos eles foi baleado nas costas.

Grossman, que preferia trabalhar com apenas dois colegas ou sozinho, teve de se juntar a um grupo muito maior de correspondentes.

A *izba* está cheia, com dezenas de pessoas. Há confusão, o quartel está em processo de instalação. Uma menina bonita está lá, com um sobretudo que é grande demais para ela, um grande *ushanka* [chapéu de pele] que fica caindo sobre seus olhos e enormes *valenki* [botas de feltro], mas pode-se notar que há uma menina doce e esguia por baixo daquela roupa cinza e feia. Ela está segurando uma bolsa de mão. Essa bolsa de senhora, que já viu dias melhores, parece incrivelmente triste neste ambiente militar cinzento. Um soldado bate nas costas dela de brincadeira, mas com força total. De repente ela começa a chorar. "Perdoe-me, Lidochka", diz o soldado a ela. "Sou um mineiro, tenho as mãos pesadas."

Em tempo de paz, costumávamos sempre calçar as galochas erradas no corredor. Agora, cerca de 15 fotógrafos e repórteres dormem em uma *izba*, e há uma terrível confusão o tempo todo. "De quem são essas *valenki*? De quem são essas bandagens, luvas, chapéus?"[2] Tudo parece igual para pessoas que eram civis um dia antes. Isso não acontece com os soldados.

Os donos da *izba* nos contam como os alemães fugiram da vila sob o fogo da nossa artilharia. Eles carregavam seus pertences que não tinham tido tempo de arrumar; estavam morrendo de medo, alguns caíam na neve e choravam.

"Estava aqui um alemão que trouxera com ele um gato do Poltava [quartel do 6º Exército]. O gato o conhecia. Quando caminhava para a casa, o gato corria para ele e se esfregava em suas botas. Ele o alimentava com banha, pura banha. E quando fugiram, ele levou o gato, ele o adorava."

"O médico da divisão estava alojado aqui. Ele costumava trabalhar a noite inteira. Trabalhava como uma mula. Escrevia e escrevia e então gritava ao telefone como um corvo: 'Kamyshevakha! Kamyshevakha!', e continuava escrevendo, sem se importar com a luz. Trabalhava como uma mula. E gritava com seu servente: 'Por que o russo é tão quieto?' Ele gostava quando eu cortava lenha de manhã. Me acordavam especialmente para isso."

Uma mulher nos disse: "Ela era uma boa vaca, e jovem. [Os alemães] a pegaram porque queriam comer alguma coisa com gordura."

---

[2] O Exército Vermelho, assim como o Exército Czarista, não se importava com meias. Os soldados usavam bandagens nos pés, um pouco como perneiras, dentro das botas. Havia uma forte crença de que as bandagens nos pés eram muito mais eficientes para evitar ulcerações causadas pelo frio.

O comandante da artilharia deu a ordem: "Fogo contra os veadinhos em retirada!"

O coronel Zinoviev permitiu a Grossman olhar o diário de guerra da divisão relativo aos meses anteriores.

Atiradores de canhão e de morteiro, tais como este que usa um quepe pilotka, recebiam às vezes ordens de fogo aos gritos de seus comandantes em momentos de triunfo. Quando eles chegaram a Berlim, a ordem foi: "No covil da besta fascista, fogo!"

[Outubro]

Quando estava morrendo de um ferimento sério, Eretik, secretário do Komsomol, quis atirar uma granada, mas não teve força suficiente. A granada explodiu em sua mão, matando ele e alguns alemães.

Um avião danificado foi puxado por bois. Soldados carregaram seu comandante ferido, Muratov, por 12 quilômetros.

O soldado do Exército Vermelho Petrov diz: "Na frente de batalha temos uma liderança ruim."

Um grupo de reconhecimento de seis homens, comandado pelo tenente júnior Drozd, não voltou de sua missão. Drozd foi encontrado depois, com dois ferimentos de baioneta. Estava morto e seu revólver estava desaparecido, mas documentos e dinheiro estavam com ele. Os soldados não foram encontrados.[3]

Turilin e Likhatov rasgaram seus cartões de membro do Partido [Comunista].[4] Gulyaev declarou: "Por que cavar trincheiras? Elas são inúteis."

O soldado do Exército Vermelho Tikhy[5] tentou estuprar a dona da casa onde ele passava a noite. Temendo retaliação, Tikhy correu da casa feito um raio, apanhou um fuzil, subiu em um cavalo e partiu em direção desconhecida. A busca por Tikhy ainda não teve resultados positivos.

Reclamações em massa de soldados sobre a total ausência de cartas.

---

[3] Evidentemente, os soldados eram suspeitos ou de terem matado o oficial ou de o terem abandonado.

[4] O motivo mais freqüente para rasgar o cartão de membro do Partido Comunista era o medo de ser executado se ele fosse encontrado pelos alemães.

[5] *Tikhy* significa "quieto" em russo.

Um folheto escrito à mão foi jogado de um avião sobre a cidade de Yampol: "Durante a missa da manhã na cidade de Jerusalém, a voz do Salvador foi ouvida. Aqueles que rezarem, mesmo que apenas uma vez, serão salvos."

O tenente júnior Churelko gritou para seus soldados: "Seus porcos! Vocês não gostam de mim porque sou cigano!" Depois disso, subiu em seu cavalo e queria ir para a linha de frente. Eles o detiveram, e ele queria atirar em si mesmo.

O soldado do Exército Vermelho Duvansky estava guiando seu boi e batendo nele com a coronha do fuzil. A coronha quebrou quando ele bateu e o fuzil disparou, ferindo Duvansky. Ele foi enviado para o hospital e levado a julgamento.

O comunista Evseev perdeu seu bloco de anotações. Soldados do Exército Vermelho encontraram o bloco. Nele, guardava uma oração copiada à mão.

Os membros de missões de reconhecimento Kapitonov e Deiga [presumivelmente em uma missão atrás das linhas inimigas] puseram roupas civis e foram a um encontro em que alemães estavam elegendo um *starosta* [líder de vila em território ocupado por alemães].[6] Os alemães gritaram: "Aqueles que não são moradores, levantem-se!" Eles se levantaram e foram presos.

Cardápio da cozinha de campo alemã. De manhã, café-da-manhã: café, geralmente sem açúcar, e pão com banha de porco. O jantar consiste de um prato: *borscht*[7] ou sopa (sopa de

---

[6] O termo "reconhecimento" no Exército Vermelho se referia tanto ao sentido comum da palavra quanto à inteligência militar em nível local. Parece que esses dois espiões não estavam treinados e não foram criativos.

[7] Comida típica da Europa Oriental, com beterraba, repolho e outros ingredientes. (N. do T.)

carne). Ceia: café com pão. Um segundo prato com carne é servido a eles uma vez por semana.

Em resposta ao relatório do camarada Stalin, a enfermeira Rud doou 250 mililitros de seu sangue e a enfermeira Tarabrina, 350 mililitros.

Durante o café-da-manhã na bateria do posto de comando, foi encontrada uma rã na sopa.

O soldado Nazarenko carregou dois homens seriamente feridos para fora da linha de fogo e depois matou dez soldados fascistas, um cabo e um oficial. Quando alguém disse a ele "Você é um herói", ele respondeu: "Isso é heroísmo? Chegar a Berlim — isso é heroísmo!" E acrescentou: "Qualquer um ficaria bem com o *politruk* Chernyshev em combate! Ele se arrastou até mim no calor da batalha, riu e me animou."

Três atiradores de submetralhadora alemães estavam cercados em um campo por montes de feno. Era noite. "Rendam-se!" [soldados soviéticos gritaram]. Não houve resposta. Descobriu-se que eles estavam mortos, congelados, inclinados sobre os montes de feno. Aparentemente, brincalhões haviam colocado os atiradores ali durante o dia.

Reunindo o que podia de relatos oficiais, Grossman continuou anotando cenas e fragmentos de conversas de militares.

Comandantes de divisões: "Eu estou em [...]" "Eu estou na linha." A frase inevitável: "Meu vizinho da esquerda está me decepcionando." "Oh, vizinho, vizinho." "Esse butim é meu." "Foram os homens da minha bateria antiaérea que derrubaram a tiros aquele alemão, mas ele caiu no setor vizinho, e os vizinhos alegaram que o derrubaram." "Alguém sempre está tendo problemas com o vizinho."

Se uma divisão conseguiu avançar, seu comandante diz: "Meu vizinho está me segurando." E o comandante que é deixado para trás diz: "É fácil para eles dizer isso. Como eu recebi o maior peso da batalha, é claro que é fácil para eles avançar."

Em uma clara manhã fria, *izbas* produzem fumaça como navios de batalha no porto. Não há vento nenhum, nem brisa, e várias dezenas de colunas de fumaça permanecem como suportes entre a neve branca do chão e o céu de um azul cruel.

Imediatamente depois do fim de uma batalha, uma multidão de mulheres correu para o campo, para as trincheiras alemãs, para apanhar suas cobertas e seus travesseiros.

Em uma vila ucraniana, as casas *khata* estão sendo caiadas depois da partida dos alemães, como se fosse após uma doença perigosa, infecciosa, que devastara a vila.

Quando os alemães entraram em uma casa, o gato saiu e ficou fora três meses. (Histórias como esta circulam em todas as vilas.) Presumivelmente, os gatos percebem os estranhos, ou conhecem o cheiro dos alemães.

Lendo nas entrelinhas do relato de Grossman, moradores de vilas que estiveram sob ocupação alemã estavam nervosos por não saberem como seriam tratados pelas autoridades soviéticas. Muitos deles haviam destruído seus documentos de identidade e precisavam se assegurar de que não seriam punidos.

De manhã, Kuzma Ogloblin voltou para a vila que acabara de ser libertada. Ele era presidente do soviete da vila e estivera com partidários. Ele é escuro e sólido como ferro fundido, veste um casaco preto de pele de carneiro e está armado com um fuzil. A *izba* ficou cheia de gente. Ogloblin disse: "Não tenham medo de nada. Apenas continuem com sua vida. Vocês devem entregar qualquer bota alemã. Eu mesmo, por exemplo, atingi um veículo com uma granada. Dentro havia três pares de botas, e embora eu precisasse de botas, não peguei sequer um par. Para que vocês querem documentos? Todos nós conhecemos uns aos outros. Não tenham medo, vivam! Os alemães estão acabados. Eles não vão voltar."

Volta para Voronezh. Noite em um hospital de campanha. Encontramos uma médica. Está escuro. Há apenas a luz fraca da brasa no fogão. A médica se torna falante, recita poesia e filosofa.

— Desculpe-me, você é loura? — pergunta Rozenfeld.

— Não, meu cabelo é completamente branco — responde ela. Um silêncio embaraçoso.

Um homem ferido:

— Camarada major, estamos tendo uma briga furiosa aqui. Posso falar com o senhor?

— O quê? O quê? — O major está alarmado.

— Bem, estávamos discutindo se a Alemanha ainda vai existir depois da guerra.

Os homens feridos pedem jornais e os apanham com as assistentes de enfermagem: eles querem fumar.

Um trem-hospital está sobre a ferrovia. Há trens militares em toda parte. Cada vez que Ulyana, Galya ou Lena querem subir em um vagão de carga [*teplushka*] aquecido, soldados aparecem de uma vez, vindo do nada, "ajudando" as enfermeiras a subir no vagão. Ouvem-se gritos e risos em toda a estação.

Nos despedimos do hospital de campanha. Lembrei-me novamente de como em meu caminho para a linha de frente eu havia entrado para ver o comandante. Estava com fome e puseram um prato de um maravilhoso *borscht* ucraniano caseiro à minha frente. No momento em que eu estava levando a primeira colherada à boca, Bukovsky entrou de repente gritando: "Rápido! Vamos correr. O trem já está em movimento." Saí correndo atrás dele. Fiquei sonhando com aquele *borscht* durante semanas.

Mudamos para um trem comum [civil]. Está muito cheio. O inspetor diz para um homem de casaco preto: "Dê seu lugar para esses soldados, eles estão hoje aqui no trem e amanhã talvez estejam mortos." Um soldado, um uzbeque, está cantando alto. Todo o vagão pode ouvi-lo. O som parece absurdo aos nossos ouvidos, e as palavras em uzbeque não são familiares. Soldados do Exército Vermelho o escutam atentamente, com uma expressão de bondade e constrangimento. Não há um único sorriso.

Grossman mais uma vez ouviu histórias vindas dos territórios ocupados pelo inimigo.

Um homem idoso estava esperando os alemães chegarem. Pôs uma toalha na mesa e arrumou ali diferentes alimentos. Os alemães vieram e roubaram e saquearam a casa. O homem idoso se enforcou.

O comandante de regimento Kramer. Ele bate em alemães diabolicamente. Quando ficou doente durante uma batalha e teve uma febre de 40 graus, puseram água fervente em um barril, esse homem gordo entrou no barril e se recuperou.

A ofensiva geral de janeiro, lançada por insistência de Stalin e contra uma advertência de Zhukov, provara ser insustentável, como temiam os realistas. O exército alemão não estava a ponto de entrar em colapso, como Stalin alegara depois dos bem-sucedidos contra-ataques perto de Moscou em dezembro. Grossman deu uma olhada em alguns relatos vindos dos combates na Primeira Guerra Mundial que tinham um tom desconfortavelmente familiar. As críticas implícitas ao modo como se lidava com a ofensiva em seu bloco de anotações eram quase tão perigosas quanto anotar comentários negativos e "acontecimentos extraordinários".

Da ordem do general de artilharia Ivanov aos comandantes dos 7º, 8º, 9º e 11º Exércitos: "26 de janeiro de 1916. Quase todos os nossos ataques em batalhas recentes aconteceram com o mesmo padrão característico: os soldados invadiam uma área da linha inimiga, forçavam o resto das tropas da linha de frente do inimigo a abandonar trincheiras e fortificações, seguiam-nas descontroladamente e então, atacados por sua vez pelas unidades ou reservas inimigas vizinhas, recuavam não apenas de volta à linha capturada, mas, sem encontrar qualquer apoio nelas porque tinham acabado de ser tomadas, voltavam com freqüência à posição anterior ao ataque, geralmente depois de terem sofrido grandes baixas [...]. Uma vitória tática sem resultados estratégicos é um brinquedo caro e bonito, mas inútil." Essas observações feitas na época por generais e as feitas na área de Zaliman neste inverno são impressionantemente semelhantes.

Mais sobre pobreza. A triste porém bela pobreza de nosso povo. Homens feridos são tratados com um pedaço de arenque e 50 gramas de vodca se estão gravemente feridos. Roupa de cama. Pilotos de caça que agora estão realizando grandes feitos — seus copos são feitos de garrafas com os gargalos cortados de maneira rude. Suas botas de pele de carneiro [*unty*] não têm saltos. Um Oficial do Departamento Político [diz a um cabo responsável por provisões]:

— Deveriam dar [a esse piloto] outro par, seus pés ficam frios.

O cabo balança a cabeça.

— Não temos nenhum.

— Está tudo bem — diz o piloto. — Estou quente o suficiente.

A falta de equipamentos era em grande parte conseqüência das desastrosas retiradas de 1941, quando muitos depósitos foram abandonados. A única maneira de conseguir reposições era subornando com vodca um intendente, solução que irritava muitos soldados.

11.
COM A BRIGADA DE TANQUES DE KHASIN

Depois de a ofensiva geral soviética de janeiro de 1941 terminar desastrosamente, Grossman começou a refletir sobre a montanha-russa de emoções. Estas iam desde a descrença desesperadora no terrível verão de 1941 até o pânico no outono, quando os alemães se aproximaram de Moscou, passando depois para o otimismo no grande contra-ataque nos arredores da capital, e agora novamente a depressão.

Um homem russo tem de trabalhar muito duro, e sua vida é dura também, mas em sua alma ele não percebe a inevitabilidade desse trabalho duro e dessa vida dura. Na guerra, tenho visto apenas dois tipos de reação às coisas que acontecem ao redor: ou extremo otimismo ou completa tristeza. A transição de um para outro é rápida e repentina, e fácil. Não há nada entre uma coisa e outra. Ninguém vive com o pensamento de que a guerra vai ser longa, de que apenas o trabalho duro, mês após mês, pode levar à vitória. Mesmo aqueles que dizem viver assim não acreditam nisso. Só há dois sentimentos: o primeiro, o inimigo foi derrotado; o outro, o inimigo não pode ser derrotado.

Grossman foi tão profundamente afetado pelo genuíno espírito de sacrifício entre os soldados comuns e os oficiais da linha de frente que ficou bastante emotivo em relação ao assunto.

> Na guerra, o homem russo veste uma camisa branca. Ele pode viver em pecado, mas morre como um santo. Na frente de batalha [há] uma pureza de pensamento e alma, uma espécie de austeridade monástica.
>
> A retaguarda [a parte civil do país] vive com leis diferentes e nunca será capaz de se unir moralmente com a linha de frente. Sua lei é a vida e a luta pela sobrevivência. Nós russos não sabemos como viver como santos, só sabemos morrer como santos. A frente de batalha [representa] a santidade da morte russa, a retaguarda é o pecado da vida russa.
>
> Na linha de frente há paciência e resignação, submissão a dificuldades impensáveis. Esta é a paciência de um povo forte. Esta é a paciência de um grande exército. A grandeza da alma russa é inacreditável.

Por outro lado, Grossman estava extremamente impaciente com grande parte da propaganda que tentava esconder a incompetência da liderança militar soviética durante os seis meses anteriores.

> O mito de Kutuzov sobre a estratégia de 1812. O corpo ensopado de sangue da guerra está sendo vestido com mantos branquíssimos de convenção ideológica, estratégica e artística. Há aqueles que viram o recuo e aqueles que o vestiram. O mito da Primeira e da Segunda Grande Guerra Patriótica.

Ainda no Front do Sul, com o 37º Exército, Grossman visitou uma brigada de tanques comandada pelo coronel Khasin. Ali ele passou um bom tempo com o capitão Kozlov, um oficial judeu.

> Na brigada de tanques de Khasin. O capitão Kozlov, comandante do batalhão motorizado de fuzileiros, filosofava sobre

a vida e a morte enquanto conversava comigo à noite. Ele é um jovem com uma barba pequena. Antes da guerra, estudava música no Conservatório de Moscou. "Eu disse a mim mesmo que serei morto o que quer que aconteça, hoje ou amanhã. E quando percebi isso, viver ficou muito fácil para mim, muito simples, e até mesmo, de alguma maneira, claro e puro. Minha alma está muito calma. Vou para a batalha sem medo nenhum, porque não tenho expectativa alguma. Estou absolutamente convencido de que um homem que comanda um batalhão motorizado de fuzileiros será morto, de que ele não pode sobreviver. Se eu não tivesse essa crença na inevitabilidade da morte, estaria me sentindo mal e, provavelmente, não seria capaz de estar tão alegre, calmo e corajoso no combate."

Kozlov contou-me como em 1941 ele costumava cantar árias de ópera à noite, na floresta perto de Bryansk, em frente às trincheiras alemãs. Geralmente os alemães o ouviam por pouco tempo e então começavam a atirar na voz com metralhadoras. Provavelmente não gostavam de seu canto.

Kozlov disse-me que, na sua opinião, os judeus não estão lutando bem o suficiente. Ele diz que eles lutam como pessoas comuns, embora em uma guerra como essa os judeus devessem lutar como fanáticos.

A estaca do ódio racial é direcionada contra os judeus ortodoxos, que em essência são racistas e fanáticos pela pureza racial. Agora há dois pólos: de um lado estão os racistas que oprimem o mundo; do outro, os racistas judeus, os mais oprimidos no mundo.

Tem-se medo de coisas das quais não se costumava ter medo. É possível se acostumar a qualquer coisa, menos à morte, provavelmente porque só se morre uma vez.

A guerra é uma arte. Nela, elementos de cálculo, conhecimento frio e experiência se combinam com inspiração, oportunidade e algo completamente irracional (batalha por Zaliman, Pesochin). Esses elementos são compatíveis um com o outro, mas às vezes entram em conflito. É como uma improvisação musical que é impensável sem uma técnica brilhante.

Lua sobre o campo de batalha coberto de neve.

Grossman continuou a reunir traços de caráter ao lado de outras cenas.

O motorista de um tanque pesado: Krivorotov, Mikhail Pavlovich, 22 anos. (Ele é um companheiro enorme, de olhos azuis.) Trabalhava como motorista de colheitadeira de grãos em uma *sovkhoz*[1] em Bashkiria desde que tinha 20 anos. Entrou para o exército em dezembro de 1940. "Antes disso eu nunca tinha visto tanques, e inacreditavelmente gostei deles à primeira vista. Os tanques são muito bonitos. Eu era um motorista-mecânico. Essa máquina, com seu poder de fogo, é uma máquina de ouro, muito forte.

"Eles tinham canhões e morteiros, cruzamos uma trincheira e invadimos a vila. Eu gritei: 'Fogo no flanco direito!' Destruímos um canhão e algumas metralhadoras. Então, um obus atingiu o lado esquerdo. O tanque pegou fogo. Os tripulantes pularam para fora e eu fiquei no tanque em chamas e atingi a bateria inimiga. Eu sentia pelas costas um pouco de calor, tudo estava pegando fogo. Como essa máquina era rápida. Eu lamentei ter que abrir mão dela. Lamentei muito. Eu trepei na parte de trás e pulei para fora pela janela de cima. O óleo e a pintura do tanque já estavam pegando fogo."

Marusya, a operadora de telefone. Todos a elogiam, todos a conhecem. Ela chama todo mundo pelo primeiro nome

---

[1] Sovkhoz era uma *sovetskoe khozyaistvo* (fazenda soviética), um grande conjunto de prédios, geralmente com casas de dois andares, enquanto *kolkhoz* era uma fazenda coletiva baseada em uma pequena vila ou em um pequeno assentamento.

e sobrenome. Todos a chamam: "Marusya, Marusya!" Ninguém jamais viu seu rosto.

Abashidze, um companheiro alegre, membro do Komsomol, comandante de batalhão e uma pessoa vulgar. Seu diálogo é nojento, insolente e rude com a velha anfitriã. Quando ele pede fogo [do cigarro de alguém], diz: "Posso tocar a ponta de seu prazer?"

Agora não se fala de alguém que eles "mataram", mas que "se tampou". "Meu amigo se tampou; ele era um grande chapa."[2]

Um dia bonito, claro. Batalhas aéreas estão acontecendo acima das casas da vila. Visões terríveis — pássaros com cruzes pretas, pássaros com estrelas. Todo o terror, todos os pensamentos, todo o medo da mente e do coração humanos estão nesses últimos momentos da vida de uma máquina, quando suas asas parecem expressar tudo o que está nos olhos, nas mãos, na fronte de um piloto. Eles voavam baixo, logo acima dos telhados. Um deles bateu no chão. Cinco minutos depois, outro. Um homem morreu diante dos olhos deles, um homem muito jovem, muito forte, ele queria tanto viver. Como ele voava, como ele tremia, como eram assustadores os tiros perdidos. São os tiros perdidos de um coração acima do campo de neve. A natureza de raposa e de lobo dos Messers pintados de amarelo.

Pilotos dizem: "Nossa vida é como camisa de criança, é curta e toda suja de merda."[3]

Estranho paradoxo — os Messers são quase indefesos diante de nossas gaivotas, porque as gaivotas são muito lentas.

---

[2] O eufemismo se refere a fechar a tampa do caixão.
[3] Isso se tornou um ditado comum, e foi usado tanto por alemães como por soldados do Exército Vermelho.

Alegria de um cinegrafista que conseguiu filmar uma trágica batalha aérea: "Só vou ter que retocar as cruzes, só isso!"

Um piloto morto fica a noite inteira estendido sobre um belo morro coberto de neve: estava muito frio e as estrelas brilhavam muito. Ao amanhecer, o morro se tornou completamente rosa, e o piloto está estendido no morro rosa.

Não é de surpreender que Grossman tenha ficado fascinado com a história incomum de um comissário preparado a fim de se arriscar para impedir um terrível erro da justiça.

O primeiro *politruk* Mordukhovich, um pequeno judeu de Mozyr, é o comissário de um batalhão de artilharia. Um dos soldados de seu batalhão é um enorme trabalhador de Tula chamado Ignatiev. Ele é extremamente corajoso, um dos melhores soldados do batalhão. O comissário teve de partir por algum tempo e, durante sua ausência, Ignatiev atrasou-se e se juntou a outra unidade. Eles enfrentaram uma ação de defesa. De lá ele foi enviado de volta à sua unidade durante um período calmo. No caminho, foi parado por uma patrulha da NKVD. Foi preso como desertor e enviado a um tribunal militar. Foi condenado à morte. Enquanto isso, o comissário Mordukhovich havia retornado à unidade e soube do que acontecera com ele. Mordukhovich correu até o comissário da divisão e lhe disse que Ignatiev era um grande soldado. O comissário segurou sua cabeça entre as mãos. "Não há nada que eu possa fazer agora para ajudar!"
Ignatiev foi levado para ser executado por um representante do Departamento Especial, o comandante do posto de operações, dois soldados e um vice-*politruk*. Eles o levaram para uma pequena mata. O comandante sacou sua pistola e apontou para a parte de trás da cabeça de Ignatiev. Errou o alvo. Ignatiev virou-se para trás, gritou e correu para a floresta. Eles atiraram, mas não o acertaram. Ele desapareceu. Os alemães es-

tavam a apenas 3 quilômetros de distância. Ignatiev passou três dias vagando pela floresta. Então conseguiu voltar ao batalhão sem ser notado e foi até o *bunker* de Mordukhovich, que lhe disse: "Vou esconder você, não se preocupe." Mordukhovich deu a ele um pouco de comida, mas Ignatiev tremia e chorava tanto que não conseguia comer. Mordukhovich foi falar com o comissário da divisão. Àquela altura ele procurava por Ignatiev há cinco dias. "O homem voltou por vontade própria. Ele me disse: 'Eu prefiro morrer nas mãos de meu próprio povo do que nas mãos dos alemães.'" O comissário da divisão foi falar com o comissário do agrupamento, e este foi falar com o comandante [do exército]. A sentença foi cancelada. Ignatiev agora segue Mordukhovich dia e noite.

— Por que você está me seguindo?

— Tenho medo que os alemães matem o senhor, camarada comissário. Estou lhe protegendo.

Algumas histórias, porém, podem ter sido um pouco mais que o equivalente, na linha de frente, a uma lenda urbana.

Um soldado acusado de deserção estava sendo levado ao tribunal quando os alemães atacaram. Seus guardas se esconderam em arbustos. O desertor apanhou um dos fuzis deles, matou dois alemães e levou um terceiro com ele para o tribunal.

— Quem é você? — [perguntaram].

— Eu vim para ser julgado.

Aqueles condenados a *shtrafroty*, ou companhias de punição, eram conhecidos como "*smertniks*", homens mortos, porque não se esperava que algum deles sobrevivesse. Eles recebiam do Estado soviético a chance de apagar sua vergonha com seu sangue. Muitos demonstravam uma coragem excepcional. Um *smertnik*, Vladimir Karpov, chegou a receber a mais alta distinção, a comenda de Herói da União Soviética. Evidentemente, ele não era um criminoso político, porque estes, por ordem de Stalin, não podiam receber qualquer tipo de condecoração.

A companhia de *smertniks* consiste de homens cujas sentenças foram substituídas por uma missão na linha de frente. Seu comandante é um tenente com um ferimento auto-infligido que foi condenado à execução.

Homens dessa companhia amaldiçoada têm rostos manchados, com ulcerações de congelamento, com marcas cor-de-rosa causadas pelo frio de 40 graus negativos, casacos rasgados, tosses terríveis, como se viessem de algum lugar no estômago, vozes roucas, ásperas, e todos eles têm barbas excessivamente grandes. Usando o fogo de suas armas e também suas esteiras, motoristas de tanques romperam a linha de fortificações e levaram para Volobuevka um esquadrão de infantaria de tanques comandado pelo primeiro-sargento Tomilin. A batalha durou oito horas. A infantaria de tanques de Tomilin tomou 12 casas. O próprio Tomilin matou dez fascistas. A seção do sargento Galkin matou trinta homens, incendiou seis casas com atiradores de submetralhadoras e casamatas e destruiu o posto de comando de um batalhão com granadas. De manhã, eles se juntaram a nossas tropas que avançavam nos arredores de Volobuevka, no sul. Quando liderava esses soldados em batalhas, Tomilin gritava: "Vamos, bandidos, avante!"

Do diário de guerra do 7º Regimento de Artilharia dos Guardas:

Em 12 de janeiro, o sargento júnior Ivanov e o praça de reconhecimento Ofitserov viram sete homens em uma encosta de morro. Eram fascistas que enfiavam um homem em um buraco de gelo. Os fascistas se assustaram com nosso fogo e fugiram, deixando um semicongelado médico assistente. Ele estava paralisado de medo.

Em 13 de janeiro, o tenente Belousov foi enviado para estabelecer comunicação com a infantaria. Ele teve de cruzar uma trincheira que aumentara de tamanho com a floresta. Enquanto esquiava na floresta, notou um cabo que conectava duas estações alemãs de sinais. A estação mais próxima dele não estava protegida. Belousov tirou os esquis e cortou o cabo. Em seguida, entrou mais na floresta, encontrou uma bobina vazia e enrolou 70 metros de cabo de telefone nela.

Grossman continuou a tomar nota de estranhos ditados e termos. A vodca era conhecida como "Produto 61", porque este era seu lugar na lista de itens que circulava.

Um cozinheiro de um Regimento dos Guardas [continuamente usava o termo] "ajeitar". "Vou ajeitar isso em cima da mesa." "Vou ajeitar a carne de carneiro." "Vou ajeitar o repolho."

Uma incursão de 28 aviões. Nem um único artilheiro reagiu. "Eles estão casados com suas armas."

Um comissário da 5ª dos Guardas ficou louco depois de uma incursão da aviação e de um ataque de tanques inimigos.

Grandes ícones foram usados para fazer gráficos de ação para comandantes de baterias.

Um comissário corta faixas de borracha para fazer barras.[4]

À noite, o tenente-coronel Tarasov, comandante do Regimento de Obuseiros dos Guardas, lê *Fausto* deitado no chão de uma *izba*. Ele usa um pincenê que limpa com um pedaço de camurça.

Uma história contada pelo tenente-coronel Tarasov sobre como ele havia "espanado o pó do casaco dos alemães". A

---

[4] Essa "barras" paralelas ou "dormentes de ferrovia", como eram conhecidas, eram distintivos de posição. Oficiais juniores tinham uma insígnia quadrada, conhecida como "cubos".

história mostra a psique de um artilheiro. A infantaria havia relatado que alemães almoçavam depois de um toque de corneta. Cozinhas de campo eram detectadas pela fumaça. Tarasov deu a ordem: "Coletem dados, carreguem armas e reportem-se imediatamente!" Os alemães foram bombardeados com fogo concentrado. Os artilheiros ouviram gritos.

Um alemão capturado em um trem-hospital. Ele precisava de uma transfusão de sangue para salvar sua vida. Gritou: "*Nein, nein!*" (Não queria receber sangue eslavo.) Morreu três horas depois.

Soldados começaram a correr para fora do campo de batalha. Um comissário de batalhão, armado com dois revólveres, começou a gritar: "Para onde vocês estão correndo, seus veados, para onde? Avante, por sua pátria, por Jesus Cristo, filhos-da-puta! Por Stalin, seus veados!" Eles voltaram e ocuparam novamente suas posições de defesa.

Um soldado de cabelo encaracolado, sobrenome desconhecido, havia circulado de trenó por uma área alemã durante 12 dias. Um morteiro e bombas estavam escondidos sob a palha do trenó. Ele disparava e depois escondia o morteiro novamente. Quando via alemães, começava a cantar. Nunca suspeitaram dele. Ele se afastava, tirava o morteiro e atirava neles.

O fotógrafo Ryumkin estava xingando artilheiros de guarda, que haviam escolhido o lado errado (não fotogênico) ao disparar suas armas em um confronto.

O tenente Matyushko comanda um destacamento de *destroyers*, cuja missão é aniquilar alemães que ocupam casas. Os aniquiladores entraram na vila e invadiram as casas. Matyushko disse: "Meus homens são todos bandidos. Essa guerra nas vilas é uma guerra bandida. Às vezes eles estrangulam alemãos com as mãos."

Ouve-se a voz de um sargento vinda do meio da fumaça e das labaredas: "Não atirem aqui, eu capturei essa casa."

Um membro de um destacamento de *destroyers* entrou em uma casa e varreu as pessoas que estavam sentadas ali com seu olhar rápido e sombrio. Todos entendemos que aquilo havia se tornado um hábito, o hábito de um homem que invade uma casa e mata. O tenente Matyushko também interpretou seu olhar dessa maneira e disse, rindo: "Ele poderia ter detonado com todos nós sozinho!"

Entramos em Malinovka com um batalhão motorizado de infantaria [comandado pelo capitão Kozlov]. As casas estão em chamas. Alemães estão gritando, estão morrendo. De um deles, todo preto e queimado, sai fumaça. Nossos soldados não comem há dois dias e estão mascando um concentrado de sorgo seco enquanto avançam. Eles vasculham porões destruídos e imediatamente apanham algumas batatas, põem neve em suas chaleiras e as põem sobre brasas encontradas nas *izbas* incendiadas.

Como pode um cavalo morto ter entrado no porão? É impossível entender! No mesmo porão há um barril quebrado de repolhos. Soldados os comem vorazmente. "Está tudo bem, não está envenenado." No mesmo porão, alguém está pondo bandagem em um fotógrafo ferido encostado no corpo do cavalo.

"Então nosso avião fez uma incursão pelo lugar e nos bombardeou [disse um membro do batalhão motorizado]. O comandante do batalhão, Kozlov, resistiu a um ataque de tanques. Ele estava em grande forma e completamente bêbado. Os tanques foram rechaçados rapidamente."

O 3º Corpo de Cossacos dos Guardas está partindo para a frente de batalha. Os homens estão pondo os equipamentos do posto de comando em um caminhão, enrolando fios de sinalização. A noite fria é de uma beleza inexplicável. É quieta e clara. A lenha está estalando nas cozinhas de campanha. Os soldados da cavalaria estão conduzindo os cavalos. No meio da rua, uma menina está beijando um cossaco e chorando. Ele se tornou sua família nos últimos três dias. Para essa garota da vila de Pogorelovo, perto de Kursk, ele se tornou seu.

Um maravilhoso canhoneiro em sua bateria, e que tem lutado desde o primeiro dia da guerra, foi morto por um fragmento de bala enquanto ria. E ali está ele, estendido, rindo, morto. Ele fica ali durante um dia, e mais outro dia. Ninguém queria enterrá-lo. Estão todos com preguiça. A terra está dura como granito por causa do frio. Ele tinha camaradas ruins. Eles não enterram os corpos! Deixam os homens mortos para trás e vão embora. Não há destacamentos para enterros. Ninguém se importa. Eu informei ao posto de comando da linha de frente sobre isso em uma mensagem em código. Que asiáticos loucos e sem coração! Como é freqüente ver soldados de reserva que chegam à linha de frente e reforços enviados a locais de batalhas recentes caminhando entre soldados mortos. Quem consegue ler o que se passa na alma desses homens que avançam para substituir aqueles que estão estendidos na neve?

Execução de um traidor. Enquanto a sentença estava sendo anunciada, sapadores cavavam uma sepultura para ele. Ele disse de repente: "Afastem-se, camaradas, uma bala perdida pode atingir vocês."

"Tire suas botas", disseram a ele. Ele tirou uma das botas com bastante habilidade, com a ponta do outro pé. Para tirar a outra bota demorou um pouco, ficou pulando sobre uma perna durante um tempo.

A anomalia magnética de Kursk é um problema para destacamentos de foguetes e artilharia — confunde bússolas e outros equipamentos. A anomalia magnética fez uma brincadeira com as baterias de Katyusha,[5] e as Katyushas fizeram uma trapaça com nossa infantaria. Atingiram nossa linha de frente.

De manhã, põem uma mesa coberta com um pano vermelho na rua da vila coberta de neve. Motoristas de tanques da Brigada de Khasin fizeram fila e a distribuição de medalhas começou. Todos os homens que receberam medalha têm lutado constantemente há um longo tempo. A fila deles parece uma fila de operários de uma fábrica: eles usam casacos rasgados, roupas lustrosas de óleo, têm as mãos escurecidas pelo trabalho e feições típicas de operários. Caminham sobre neve profunda até a mesa para receber a medalha, caminham pesadamente, balançando o corpo.

— Parabenizo você por receber este alto prêmio do governo!

— Eu sirvo à União Soviética — respondem eles com as vozes roucas de russos, ucranianos, judeus, tártaros e georgianos. É a Internacional dos Operários na guerra.

Naquela noite estávamos falando, não muito sobriamente, com Kozlov, o comandante do batalhão motorizado de fuzileiros. Ele me disse que o herói que recebera duas medalhas naquela manhã e que eu olhara com admiração, o chefe de reconhecimento da brigada, não é herói coisa nenhuma. Isso me chocou, porque eu não poderia imaginar um herói mais confiável que aquele que eu vira de manhã na rua da vila.

Kozlov deu-me uma cruz de metal que tirara de um oficial [alemão] morto. O oficial ficara estendido ali, contou-me Kozlov, gravemente ferido, bêbado, rodeado por uma centena de cartuchos de submetralhadora. Os soldados atiraram nele. Encontraram um cartão-postal pornográfico em seu bolso.

---

[5] Arma russa que dispara foguetes, semelhante à bazuca. (N. do T.)

De manhã, Kozlov e Bukovsky decidiram fazer uma competição de tiros de revólver. Eles foram para trás de alguns galpões e amarraram um alvo em uma velha pereira. Olharam para mim com pena e indulgência — um civil que não tem experiência nenhuma. Talvez totalmente por acaso, todas as minhas balas atingiram o centro do alvo. Os veteranos — Kozlov e Bukovsky — não atingiram o alvo uma vez sequer. Isso, penso eu, não foi por acaso.

Na *izba*, cercado por sua equipe, está Khasin, com seus olhos pretos protuberantes, nariz curvo e bochechas azuladas por ter se barbeado recentemente. Ele parece um persa. Sua mão se movendo sobre o mapa parece a garra de um enorme pássaro carnívoro. Ele está me explicando a recente incursão de uma brigada de tanques. Ele gosta muito do termo "cruzamento de retorno" e o usa o tempo todo: "Os tanques estavam passando por um cruzamento de retorno."

Disseram-me depois, no posto de comando da linha de frente, que a família de Khasin foi morta em Kerch pelos alemães em uma execução em massa de civis. Puramente por acaso, Khasin viu fotografias das pessoas mortas em uma vala e reconheceu sua mulher e seus filhos. Fiquei pensando no que ele sente quando conduz seus tanques para a luta. É muito difícil ter uma idéia clara sobre esse homem, porque há uma jovem, uma médica, na equipe da *izba*, que lhe dá ordens de maneira vulgar e impertinente. As pessoas dizem que ela controla não apenas o coronel, mas também sua brigada de tanques. Ela interfere em todas as ordens, e até confere e apura listas de pessoas selecionadas para condecorações.

Entrevistas com soldados de um batalhão motorizado da infantaria:

Mikkail Vasilievich Steklenkov, magro, louro, nascido em 1913. Ele fugiu da escola quando estava no quinto ano e começou a trabalhar.

"Nunca ficamos entediados. Nós nos sentamos e começamos a cantar. Não há tempo para ficar entediado! A gente se esquece de si mesmo quando pensa em casa. Os alemães envenenaram meu pai com gás durante a Guerra Imperialista. Fui enviado para a escola político-militar em Ivanovo em 23 de julho. O alarme soou, os cadetes fizeram fila, recebemos o que deveríamos receber e fomos.

"Eles me perguntam: 'Por que você está sempre alegre?' E por que eu deveria estar triste? A dona da casa pergunta: 'Por que você canta? Estamos em uma guerra agora!' Eu respondo: 'Mas esta é a melhor hora para cantar.'

"Eu tinha uma equipe muito corajosa, eles nunca deixavam as armas. Eu me deito e fico atento às bombas. Consigo rastejar se necessário [...]. Só ficamos sem tabaco [...]. [Eu lido com] uma arma [antitanques] de 45mm. É interessante atirar à queima-roupa com essa arma [...].

"Viver para quê depois da guerra? Se eu sobreviver, vou voltar para casa, e se não, bem, o que isso tem de tão importante? Eu não tive tempo para me casar antes de a guerra começar. Agora não consigo viver sem a guerra. Quando não estamos lutando, começo a ficar entediado." Ele tinha feridas de congelamento em uma das mãos e em um pé, mas não informara que estava doente.

"Não tenho medo de balas, ao diabo com elas, mesmo que elas me matem. Nós atiramos e eu me sinto bem."

Ivan Semyonovich Kanaev, nascido em 1905 em Ryazan, casado, quatro filhos.

"Fui recrutado em 3 de julho. Estava cortando lenha [quando o carteiro chegou com a ordem de convocação]. Cantávamos, bebíamos vinho e não ligávamos para nada. Treinei em Dashki para ser motorista. Minha mãe e minha mulher iam me ver lá. Os comandantes eram muito bons e me deixavam sair. Saí seis vezes para ir até minha casa.

"Quando fomos trazidos para perto da frente de batalha, eu estava assustado. Eu me senti melhor quando a luta come-

Com a Brigada de Tanques de Khasin. Grossman conversa com um camponês idoso condecorado na Primeira Guerra Mundial com a Cruz de São Jorge.

çou. Eu vou à luta como se fosse para o trabalho, para uma fábrica. No começo foi assustador, mas agora não tenho medo de balas. Só as bombas de morteiro é que me preocupam. Participei de um ataque com baionetas também, mas os alemães não esperavam por ele. Gritamos '*Urra!*', e eles se levantaram e correram.

"É bom quando há um companheiro divertido, que começa a contar ou cantar alguma coisa engraçada.

"O fuzil é minha arma pessoal, nunca me abandona. Eu o deixei cair na lama em Bogdukhanovka. Achei que tinha enguiçado, mas não. Graças a Deus ainda funcionava.

"Eu sinto menos saudade agora, só queria ver meus filhos, principalmente o mais novo. Ainda não o vi. E, na verdade, eu realmente sinto falta de casa. Arrumei um amigo, Selidov. Estamos juntos desde o primeiro dia.

"Marchamos 50 quilômetros durante o dia. Não é muito difícil quando os pés estão bons.

"Minha bolsa com equipamentos pessoais: antes de tudo, um pouco de pão para comer, roupas de baixo e bandagens extras para os pés. Pegamos 'troféus' em Petrishchevo. Havia coisas suficientes até para meus netos e tataranetos, mas não peguei nada. Para que eu preciso disso? Vou morrer de qualquer jeito. Eu poderia ter apanhado uma dúzia de relógios de pulso. Pode ser da minha natureza, mas eu tenho nojo de tocar [em objetos do inimigo]. Meus colegas não se importam em apanhar, mas eu, pessoalmente, tenho medo de lidar com aquilo.

"Tanques? Por quê? É claro que eu os vi.

"Cara a cara [lutando]. [Um alemão] me feriu e eu o matei. Ele surgiu de repente e eu pensei em fazê-lo prisioneiro. 'Pare!' Ele atirou em mim e me feriu na mão. Eu mirei, ele caiu. Uma mulher trouxe um pote de cerâmica com leite para mim. Eu usei meu curativo em um menino ferido. Enfaixei seu ombro.

"Nunca recue diante de fogo de morteiro. Se você volta, é o seu fim! Quando [o inimigo] atira em você com uma metralhadora, ele não é muito preciso também. Você pode se deitar e depois correr para outro lugar. Quando ele parar, corra para a frente. Porque se você corre para trás, ele te pega!

"Aviões, bem, o que se pode fazer? Nós todos nos espalhamos. Mas o morteiro, eu acho terrível. É a arma mais eficiente.

"Eu costumava ficar assustado até com o ranger de portão em casa e agora não tenho medo de nada. Em Petrishchevo, derrubei um atirador de metralhadora de um telhado. Nós nos aproximamos e nos deitamos. Eu senti muito frio e saltei de pé. Aiiee, aiiee, eu estava congelado. Apontei meu fuzil.

Ele se calou imediatamente. Mais tarde eu verifiquei, a bala o havia atingido na sobrancelha. Matei cerca de 15 de seus homens.

"Foi realmente bom avançar na batalha em Morozovka. Eles estavam recuando e nós estávamos prosseguindo. Fui eu que resolvi atacá-los? Nós estamos lutando em nossa terra.

"Ouvimos muita coisa dos moradores, tanta avareza, como se pode perdoá-los? Uma mulher me implorou, eu lhe dei minha agulha. Durante a batalha, perdi a faixa de meu casaco. Eu tinha guardado uma, mas não havia nada para costurá-la. Mas de botões meus bolsos estão sempre cheios.

"Minha conclusão é que temos que sair vitoriosos. Só não sei como. Eles não estavam vencendo no verão? Eles são grandes lutadores, mas covardes.

"Eu estava ferido, você sabe, em um lugar complicado, e achei que não haveria como voltar para minha mulher. O médico me examinou e disse: 'Seu bastardo sortudo! Está tudo bem.'

"É bom lutar ao amanhecer. É como se estivéssemos indo para o trabalho. É um pouco escuro e se pode ver suas posições bem por causa dos projéteis traçantes, e quando invadimos uma vila, já está claro.

"Eu perdi meu desejo por mulheres. Ah, eu adoraria ver as crianças, mesmo que apenas por um dia, e depois lutaria novamente, até o fim.

"Na vila, às vezes tínhamos que trabalhar mais duro do que aqui. Em termos de dificuldades, a vida é mais dura na vila. Eu me acostumei ao barulho daqui. As pessoas dormem no meio de fogo de artilharia e de morteiros. Roncam no meio de um campo de batalha. Tenho sofrido muito com o frio, o inverno.

"O soldado tem uma obrigação moral: remover não apenas os feridos, mas aqueles mortos na luta. Quando eu perdi a audição durante uma batalha, um soldado, meu colega, veio me ajudar e me tirou da batalha."

"Balas não atingem homens corajosos", diz Kanaev. Todos os outros estão abaixados e ele está em pé. "Soldados, sigam-me!" Perto de Bogodukhov, ele liderou um grupo em um ataque. Ele não é covarde. "Não se preocupe, camarada *politruk*!", ele gritou. "Não vamos nos ferir."

Das reflexões do capitão Kozlov:

"É preciso muita coragem para dar um tiro certeiro durante uma batalha. Sessenta por cento dos nossos soldados não dispararam um único tiro durante a guerra.[6] Estamos lutando graças às pesadas metalhadoras, aos morteiros dos batalhões e à coragem de alguns indivíduos. Sugiro que fuzis sejam limpos antes de uma batalha e checados depois. Se algum homem não atira, é um desertor.

"Eu não temo dizer que não fizemos nenhum ataque com baionetas. Olhe só, nem temos baionetas. Na verdade, eu tenho medo da primavera. Os alemães poderão começar a nos pressionar mais quando ficar mais quente."

Os temores do capitão Kozlov tinham fundamento. Hitler estava preparando uma grande ofensiva no sul para ocupar campos de petróleo no Cáucaso, enquanto Stalin estava convencido de que novamente a Wehrmacht atacaria Moscou. Através da obstinação cega de Hitler, a ofensiva alemã do verão de 1942 levaria à Batalha de Stalingrado.

---

[6] A crença de Kozlov de que a maioria dos soldados não atirava no inimigo em uma batalha é semelhante à controversa teoria da "proporção de fogo" do brigadeiro-general S. L. A. Marshall apresentada em *Homens contra fogo* (1947). Marshall alegava que de 75% a 85% dos homens em combate não disparavam suas armas contra o inimigo. A legitimidade da pesquisa de Marshall foi contestada no inverno de 1988 pelo professor Roger Spiller no *RUSI Journal*, mas a teoria básica pode ser verdadeira.

12.
"A CRUEL VERDADE DA GUERRA"

Vasily Grossman escreveu para seu pai em março sobre os efeitos desorientadores daquele inverno de guerra.

> Às vezes a sensação é de que passei [tempo demais] viajando em caminhões, dormindo em abrigos e casas parcialmente incendiadas. É como se eu nunca tivesse tido outro tipo de vida. Ou aquela outra vida era apenas um sonho? Eu me locomovi continuamente durante todo o inverno. Vi tanta coisa, que seria o suficiente para qualquer pessoa. Tornei-me um verdadeiro soldado, tenho certeza. Minha voz se tornou rouca por causa do *makhorka* e do frio, e por algum motivo meu cabelo na têmpora direita ficou branco.

No dia seguinte ele escreveu novamente.

> O inverno voltou ao lugar onde estamos agora, o frio é severo [...]. E vou me aquecer ao sol. Estou cansado de segurar meu nariz o tempo todo, e depois minhas orelhas — para checar se elas ainda estão ali ou se caíram. Por falar nisso, perdi 16 quilos, e isso é muito bom. Você se lembra da minha barriga grande?

De volta a Moscou, no início de abril, Grossman foi ver Ortenberg, que escreveu sobre a conversa que os dois tiveram logo depois. "Vassili Grossman veio me ver e disse sem rodeios: 'Quero escrever um romance.' Antes que eu tivesse chance de responder, ele me avisou imediatamente: 'Preciso de dois meses de licença para escrevê-lo.' Não fiquei assustado com o pedido, como ele obviamente esperava. Havia uma relativa calma na frente de batalha naquele momento e eu lhe dei minha permissão." Imediatamente Grossman escreveu para seu pai.

Recebi uma licença de dois meses para desenvolver um trabalho criativo, de 10 de abril a 10 de junho. Estou muito feliz, sinto-me como um estudante. A chegada a Moscou teve sobre mim um efeito profundo — a cidade, as ruas, os bulevares, são como rostos de pessoas queridas.

Consegui fazer uma coisa para melhorar minhas finanças: assinei um contrato para a publicação de um pequeno livro com meus ensaios e minhas reportagens. Enviarei algum dinheiro para você hoje [...]. Está muito frio em nosso apartamento. Zhenni Genrikhovna ficou muito fraco.

Não tenho ido a lugar nenhum durante minha permanência aqui. O editor me deu uma pilha de trabalhos e fico trabalhando dia e noite. Na verdade, isso não foi ruim, porque o escritório da redação é relativamente aquecido, e lá eles me alimentam com *kasha*. Sofri muito com a comida da linha de frente.

Escreverei um romance durante minha permanência em Chistopol. Não estou fisicamente muito bem. Estou muito cansado e com muita tosse. Minhas entranhas congelaram quando sobrevoei a frente de batalha em um avião aberto.

Grossman não perdeu tempo para seguir para Chistopol. Lá, morando novamente com sua mulher, trabalhou longas horas em seu romance sobre os desastres de 1941, que decidiu chamar de *O povo imortal*. O livro, em grande parte baseado em suas anotações feitas na linha de frente, tornou-se um enorme sucesso entre os soldados do Exército Vermelho.

Grossman, um intelectual judeu vindo de um outro mundo, havia mostrado na frente de batalha não apenas sua coragem, mas acima de tudo a precisão e a compreensão humana de sua observação. Mas apesar de todo o trabalho duro, ele também ansiava por voltar à batalha. De fato, escreveu para seu pai de Chistopol, em 15 de maio, para contar que partiria na primeira semana de junho.

> Começou a ação na linha de frente e estou ouvindo o rádio avidamente. Lá [na frente de batalha] estão as respostas para todas as perguntas e todos os destinos.

O tipo de soldado do Exército Vermelho, cuja coragem e resistência Grossman evocou em seu romance O povo imortal.

Três dias antes, o marechal Timoshenko havia atacado um lugar ao sul da Carcóvia com 640 mil homens, a partir de Barvenkovo. A ação provaria ser um terrível desastre. O Grupamento Sul do Exército da Wehrmacht estava prestes a lançar a Operação Fridericus, estágio preparatório para sua grande ofensiva de verão, a Operação Azul, cujo objetivo era chegar a Stalingrado e entrar no Cáucaso. Como resultado, o pouco inspirado ataque soviético se viu surpreendido entre o martelo do 1º Exército Panzer, de Kleist, e a bigorna do 6º Exército, do general Paulus. Os dois exércitos soviéticos foram cercados e praticamente aniquilados em pouco mais de uma semana. Os alemães fizeram quase 250 mil prisioneiros. O entusiasmo de Grossman com a frente de batalha parece ter se dissolvido rapidamente, e ele voltou a trabalhar em seu romance.

> Estou trabalhando muito aqui [escreveu ele a seu pai em 31 de maio]. Tenho a impressão de que nunca trabalhei tanto na vida [...]. Anteontem eu estava lendo para Aseev o que tenho escrito e ele gostou bastante.
>
> Infelizmente, minha licença está acabando, e estou muito cansado. Estou exausto de tanto escrever. Entretanto, recebi, completamente sem esperar, um telegrama superliberal de meu cruel editor dizendo que ele não se importa que eu prolongue minha licença para continuar meu trabalho em Chistopol. Então, com a sua permissão, provavelmente ficarei aqui por uns sete ou dez dias extras. Estou escrevendo sobre a guerra durante o verão e o outono de 1941.
>
> Estou sofrendo também com uma terrível falta de dinheiro [...]. Escrevi para Moscou, para todos os meus editores, mas nenhum desses filhos-da-puta me enviou nem um copeque sequer ainda [...]
>
> Penso freqüentemente em Katyusha. Eu adoraria vê-la [...]. Ela deve ter crescido muito. Recebi duas cartas dela e senti por essas cartas que ela não se lembra de mim muito bem; eram cartas frias.

De noite, eu me sento sob a macieira que agora está em flor e olho as janelas iluminadas da casa. É tão calmo e silencioso aqui. Isso me deixa impressionado. Há um general chamado Ignatiev que uma vez disse que os correspondentes são os mais corajosos na guerra, porque eles têm de deixar a retaguarda e ir para a frente de batalha muitas vezes. E este momento é o mais desagradável, trocar os rouxinóis pelos aviões.

Recebi uma carta do Departamento de Migração dizendo que mamãe não está na lista de pessoas removidas. Eu sabia que ela não havia conseguido escapar, mas ainda assim meu coração ficou apertado quando li aquelas linhas datilografadas.

Parece que Grossman não precisou do tempo extra que Ortenberg lhe oferecera. Ele entregou o manuscrito em 11 de junho e escreveu para seu pai no dia seguinte.

As coisas parecem estar indo bem com o meu romance. O editor o leu ontem e o aprovou entusiasticamente. Ele me pediu que fosse lá à noite e me abraçou. Fez muitos elogios e prometeu publicá-lo no *Krasnaya Zvezda* sem qualquer corte. E o romance é bem longo [...]. Por falar nisso, a publicação do romance deverá melhorar bastante minhas finanças. Espero que você veja isso por si mesmo em um futuro muito próximo. Isso me dá satisfação. Você deve estar tão magro, meu pobre homem.

Ao mesmo tempo, ele escreveu para sua mulher em Chistopol dizendo praticamente o mesmo que dissera a seu pai, mas acrescentando, com uma ponta de orgulho:

Agora sou uma pessoa importante no escritório da redação. O editor me chama para falar com ele dez vezes ao dia. Eu durmo lá no escritório, já que as provas só são lidas às duas ou três da manhã.

165

Ortenberg, por sua vez, escreveu: "[Depois de] precisamente dois meses, Vassili Grossman me trouxe *O povo imortal*, um manuscrito com cerca de duzentas páginas. Eu o li, por assim dizer, de uma só vez. Nada desse tipo havia sido escrito desde que a guerra começou. Decidimos publicá-lo logo. O primeiro capítulo foi enviado aos tipógrafos. Quando a página de três colunas estava pronta, comecei a ler para aprová-la. Grossman ficou em pé ao meu lado observando meus movimentos enquanto eu lia. Ele temia que eu fizesse correções desnecessárias."

Em 14 de julho, Grossman escreveu para seu pai bastante animado.

> O *Krasnaya Zvezda* começou hoje a publicar em série meu romance [...]. Enviei a você anteontem 400 rublos! Vou ficar em Moscou mais três semanas ou um mês, enquanto o jornal publica o romance.

Em 12 de agosto, Ortenberg escreveu: "Hoje publicamos o último capítulo do romance *O povo imortal*, de Vassili Grossman. Ele foi publicado em série durante 18 edições do jornal, e ao fim de cada uma delas o interesse dos leitores aumentava. Durante 18 dias e 18 noites fiquei à minha mesa com o escritor, lendo para aprovação um capítulo após o outro para publicá-lo na edição seguinte. Não houve qualquer conflito com Vassili Semyonovich. Apenas o final do romance causou discussões acaloradas: o personagem principal, I. Babadzhanyan, foi morto. Quando eu estava lendo o manuscrito e a versão para aprovação do último capítulo, ficava perguntando ao escritor se não era possível ressuscitar o personagem principal, ao qual o leitor se afeiçoara muito. Vassili Semyonovich respondeu: 'Temos de ser fiéis à cruel verdade da guerra.'"

Na verdade, Grossman enfrentaria um sério constrangimento, do tipo que qualquer romancista teme, por ser incomum dar ao personagem principal do romance seu nome verdadeiro, bem como sua identidade. Babadzhanyan não foi morto, como Grossman sabia. Mas este futuro general de tropas de tanques perdoou o romancista por sua morte ficcional.

Enquanto isso, em Moscou, poucas pessoas pareciam ter qualquer noção do desastre no sul, quando os exércitos de Hitler avançaram sobre o Don e entraram pelo Cáucaso. A carta de Grossman para sua mulher em 22 de julho mostrou que mesmo aqueles que voltavam daquela região para Moscou pareciam alheios ao perigo.

> Ontem Kostya Bukovsky voltou de Stalingrado de avião, e eu lhe dei uma "recepção". Bebemos e cantamos [...]. Tvardovsky leu um capítulo maravilhoso de seu novo trabalho ["Vassili Tyorkin"]. Todos se emocionaram às lágrimas.[1]

Três semanas depois, em 19 de agosto, Grossman escreveu para seu pai.

> Estou partindo para a frente de batalha dentro de alguns dias. Seu coração de pai teria se alegrado se você pudesse ter visto como fui bem recebido pelo Exército Vermelho depois de o romance ser publicado. Meu Deus, fiquei tão orgulhoso de mim mesmo e tão emocionado. E ele foi muito bem recebido em cada nível do exército, do mais alto ao mais baixo. Meu querido, minha situação agora está melhor do que nunca. Tenho sucesso e reconhecimento, mas há um sentimento pesado, pesado em minha alma. Meu desejo ardente é ajudar todas as pessoas queridas, reunir todos vocês em um lugar. Estou atormentado pelo pensamento sobre o destino de mamãe.
> Li uma carta de Yura, filho de Vadya. Ele está na frente de batalha, um tenente. Lutou em muitas batalhas e foi ferido.

Yura Benash, um primo jovem de Grossman, estava prestes a ser enviado a Stalingrado, para onde iria o próprio Grossman.

---

[1] Tvardovsky (veja nota na página 102) ficou conhecido como o autor de "Vassili Tyorkin", a história de um soldado camponês ficcional, um verdadeiro otimista que sempre consegue sobreviver. Ele ganhara vida na coluna de Tvardovsky no jornal durante a Guerra Russo-Finlandesa. O personagem se tornou um herói popular durante a Grande Guerra Patriótica, e Tvardovsky ganhou outro Prêmio Stalin em 1946.

13.
A ESTRADA PARA STALINGRADO

Enquanto Grossman trabalhava em *O povo imortal*, o comando geral alemão fazia planos para a grande ofensiva de verão de Hitler, a Operação Azul. No que foi quase um relançamento da Operação Barbarossa, Hitler contou com uma invasão do Cáucaso para ocupar os campos de petróleo da região. Estava convencido de que, ao assegurar essa fonte de combustível, seria capaz de resistir às "Três Grandes" potências que agora estavam contra ele. Mas em 12 de maio, seis dias antes do dia marcado para o início da operação alemã, o marechal Timoshenko lançou sua própria ofensiva ao sul da Carcóvia, como mencionado no capítulo anterior. O Stavka esperava retomar a cidade. O ataque soviético estava, porém, condenado. A grande concentração de forças alemãs na área e sua rápida reação à nova situação levaram a outro desastroso cerco cinco dias depois, quando o 6º Exército, do general Paulus, armou uma armadilha para mais de três exércitos soviéticos. A notícia sobre o desastre foi um choque, principalmente para Grossman, que havia passado muito tempo naquela área e havia conhecido diversos homens envolvidos na batalha.

Um efeito colateral importante dessa ação foi o adiamento da principal fase da Operação Azul até o fim de junho. Um oficial do comando alemão, com todos os planos para a ofensiva no sul, foi derrubado a tiros no território soviético quando seu piloto perdeu o caminho, mas Stalin se recusou a acreditar nas provas. Achou que era um truque, assim como se recusara a acreditar nas advertências antes de Barbarossa. Estava convencido de que Hitler atacaria novamente Moscou. Pouco depois, porém, percebeu a seriedade de sua obstinação. Os Fronts do Sudoeste e do Sul, de Timoshenko, já terrivelmente castigados perto da Carcóvia, logo fariam uma retirada precipitada. O 6º Exército, de Paulus, entrou pela grande curva do rio Don, enquanto outros três exércitos — 4º Panzer, 1º Panzer e 17º Exército — se aproximaram da parte mais baixa do Don para avançar para o Cáucaso.

Stalin começou a entrar em pânico. Em 19 de julho, ele ordenou pessoalmente que o Comitê de Defesa de Stalingrado imediatamente preparasse a cidade para a guerra. Antes parecia impensável que os alemães pudessem alcançar o Volga, que dirá a cidade cujo nome o homenageava, sustentando sua reputação em uma versão altamente exagerada de sua defesa na guerra civil, quando ainda era chamada de Tsaritsyn.

Enquanto isso, Hitler começava a se meter no plano de operação do comando geral alemão. Na versão original, a tarefa do 6º Exército, de Paulus, era avançar até Stalingrado, mas não tomá-la. A idéia era apenas proteger todo o flanco esquerdo da Operação Azul, ao longo do Volga, enquanto a força principal se dirigia ao sul, para o Cáucaso. Mas logo o plano mudou. Apoiado por parte do 4º Exército Panzer, desviado de volta do Cáucaso, o 6º Exército recebeu ordens para capturar a cidade que tinha Stalin no nome.

Em 28 de julho, logo depois de os alemães tomarem Rostov e de três de seus exércitos atravessarem o rio Don para chegar ao Cáucaso, Stalin aprovou a famosa Ordem nº 227, conhecida como "Ninguém Recua". Qualquer pessoa que se retirasse sem ordem ou se rendesse seria tratada como "traidora da pátria". Mais tarde, a filha de Grossman soube da seguinte mudança no escritório de redação do *Krasnaya Zvezda*. "Quando foi dada a famosa ordem para atirar em desertores, Ortenberg disse a meu pai, a Pavlenko e a [Aleksei] Tolstoi,[1] que estavam no escri-

---

[1] Tolstoi, Aleksei Nikolaevich (1882-1945), romancista e autor de teatro, primo de Leon Tolstoi, mas estranho ao resto da família. Abraçou a política revolucionária antes da Primeira Guerra Mundial, mas voltou para a União Soviética apenas em 1923, quando foi assediado e tranqüilizado por autoridades bolcheviques. Sua principal obra é o épico *Pedro I*, mas ele também escreveu ficção científica. A sobrevivência de sua carreira foi assegurada em 1938, durante o Grande Terror, por seu submisso romance *Khleb*, que elogiava a defesa que Stalin fez de Tsaritsyn, mais tarde rebatizada de Stalingrado, durante a guerra civil. Ao longo da guerra ele escreveu *Ivan Grozny* em duas partes, bem como o tipo de "artigos patrióticos" aqui descritos.

tório naquele momento: 'Um de vocês poderia escrever uma história sobre esse assunto, por favor?' Meu pai respondeu imediatamente, sem refletir: 'Não vou escrever nada desse tipo.' Isso deixou Pavlenko furioso. Ele se contorceu e, sibilando como uma cobra, disse: 'Você é arrogante, Vassili Semyonovich, muito arrogante!' Mas Tolstoi, que apenas estava lá e não participou da discussão, logo escreveu uma história sobre um desertor monstruoso que, quando fugia do Exército Vermelho, entrou em uma casa e matou crianças."

Os exércitos soviéticos que recuavam estavam caóticos. Milhares de vidas foram desperdiçadas em contra-ataques inúteis. Muitos ficaram presos na curva do rio Don, cerca de 60 quilômetros a oeste de Stalingrado, e se afogaram tentando escapar. Mais tarde Grossman entrevistou vários homens envolvidos no desastre. Este é o relato que Grossman obteve de Vassily Georgevich Kuliev, um correspondente militar de 28 anos e ex-chefe do Komsomol para os Jovens Pioneiros, que nomeou a si próprio comissário do grupo.

"Estávamos recuando em uma batalha sob fogo de morteiros e metralhadoras. Na fazenda de Markovsky, nos agachamos em uma trincheira, sob fogo terrível, e nos esgueiramos através do cerco. Nomeei a mim mesmo comissário do grupo de 18 homens. Descansávamos em um [campo de] trigo. Os alemães apareceram. Um soldado de cabelo ruivo gritou: '*Rus, uk vekh!*'.[2] Disparamos nossas submetralhadoras e derrubamos quatro alemães de seus cavalos. Dos 18 que éramos, restaram 16.

"À noite, caminhamos no meio do trigo. Ele estava muito maduro e farfalhava, e os alemães dispararam suas metralhadoras contra nós [...]. Então eu reuni os 16 homens e peguei uma bússola para evitar estradas e vilas no nosso caminho. Passamos a noite deitados na margem alta do Don.[3] Amarra-

---

[2] Jargão russo para o alemão, que significa "Russos, mãos ao alto!"
[3] Há um fenômeno topológico não explicado em que os grandes rios da Rússia que correm para o sul, especialmente o Volga e o Don, tendem a ter margens muito altas no oeste e baixas no leste.

mos lonas de chão juntas para fazer um cordame para puxar os homens feridos, atravessando o rio, mas não era longo o suficiente. Sugeri que nadássemos no rio. Pusemos todos os nossos documentos dentro de nossos capacetes e a munição em uma bolsa. Fiquei cansado no meio da travessia e joguei minha bolsa na água. Guardei meu bloco de anotações no capacete."

Uma vez que os alemães haviam finalmente afastado as tropas soviéticas da margem oeste do Don, o general Paulus voltou a deslocar suas formações para um novo avanço. Nas primeiras horas de 21 de agosto, a infantaria alemã atravessou o Don em barcos de assalto e ocupou cabeças-de-ponte na margem leste. Rapidamente engenheiros começaram a trabalhar e, no meio do dia seguinte, uma série de pontões capazes de suportar tanques estavam instalados cruzando o "Silencioso Don". Unidades blindadas rapidamente encheram a cabeça-de-ponte.

No domingo, 23 de agosto de 1942, a 16ª Divisão Panzer liderou a força que atravessou a estepe para chegar ao Volga, ao norte de Stalingrado, na tarde daquele mesmo dia. No alto, os bombardeiros da 4ª Frota Aérea, do general Wolfram von Richthofen, inclinaram suas asas para animar a força terrestre. Atrás deles ficavam as ruínas de Stalingrado, que eles haviam bombardeado intensamente. Durante aquele dia, e ao longo dos três dias seguintes, segundo relatos, cerca de 40 mil civis morreram na cidade em chamas.

Aquele também foi o dia em que Grossman, sob ordens de Ortenberg, deixou a capital soviética para ir a Stalingrado relatar a batalha que se aproximava.

Deixamos Moscou em um veículo em 23 de agosto. Na garagem da redação, os montadores haviam passado algum tempo preparando nosso veículo para o percurso de mil quilômetros entre Moscou e Stalingrado. Entretanto, tivemos de parar de repente, a 3 quilômetros de Moscou. Os quatro pneus do nosso veículo esvaziaram ao mesmo tempo. Enquanto Burakov, o motorista, manifestava sua surpresa com o incidente e começava a consertar os pneus vagarosamente, nós, os correspondentes, começamos a entrevistar a população da área de Moscou, [na verdade] uma garota à beira da estrada principal. Ela tinha o rosto bronzeado, nariz aquilino e audaciosos olhos azuis.

— Você gosta dos coronéis?

— Por que deveria gostar deles?

— E os tenentes com seus cubos?

— Tenentes me irritam. Eu gosto dos soldados.

Apesar da urgência de sua viagem para o sul, Grossman não poderia abrir mão de uma visita à propriedade de Leon Tolstoi, onde estivera pela última vez antes de ser ocupada pelo general Guderian, no mês de outubro anterior.

Yasnaya Polyana. Oitenta e três alemães foram enterrados perto de Tolstoi. Eles foram retirados de debaixo da terra e enterrados novamente em uma cratera feita por uma bomba alemã. As flores em frente à casa são magníficas. Este é um bom verão. A vida parece estar coberta de mel e tranqüilidade.

O túmulo de Tolstoi. Flores novamente, e abelhas estão se espalhando sobre elas. Pequenas vespas estão pairando sobre o túmulo. E em Yasnaya Polyana, um grande pomar morreu de frio. Todas as árvores estão mortas, macieiras secas estão cinza, mortas como cruzes de sepulturas.

A estrada principal cinza-azulada. As vilas se tornaram reinos de mulheres. Elas dirigem tratores, cuidam de armazéns e estábulos, fazem fila para comprar vodca. Garotas bêbadas estão cantando — estão vendo uma amiga com o exército. As mulheres estão carregando em seus ombros um grande fardo de trabalho. As mulheres dominam. Estão lidando com um enorme volume de trabalho e enviam pães, aviões, armas e munição para a frente de batalha. Agora elas nos alimentam e nos armam. E nós, homens, fazemos a segunda parte do trabalho. Fazemos a luta. E não lutamos bem. Recuamos para o Volga. As mulheres olham e nada dizem. Não há qualquer reprovação em [seus olhos], qualquer palavra amarga. Estão elas alimentando um ressentimento? Ou compreendem o terrível fardo que a guerra é, mesmo uma guerra malsucedida?

A proprietária da casa onde passamos a noite é brincalhona. Adora piadas tolas. "Ah, é guerra agora", diz ela. "A guerra vai desculpar tudo." Ela olha para Burakov com atenção, entrecerrando os olhos. Ele é um sujeito bonitão, de boa aparência. Burakov franze as sobrancelhas, está envergonhado. E ela ri e começa uma "conversa doméstica". Ela não se importaria de trocar um pouco de manteiga por uma camisa ou de comprar meio litro [de vodca] de militares.

A proprietária da casa onde passamos a noite seguinte é correta. Rejeita qualquer conversa suja. À noite, no escuro, ela nos conta confiantemente sobre o lar e seu trabalho. Ela traz galinhas para nos mostrar, ri, fala dos filhos, do marido, da guerra. E todos se rendem à sua alma clara e simples.

A vida das mulheres está sendo assim, na retaguarda ou na linha de frente — duas correntes, uma que é clara e brilhante e outra que é escura, a militar. "Ah, é guerra agora" [dizem as pessoas]. Mas a PPZh é nosso grande pecado.

PPZh era uma gíria para a "esposa de campanha", porque o termo completo, *pokhodno-polevaya zhena*, era semelhante a PPSh, a submetralhadora-padrão do Exército Vermelho. As esposas de campanha eram jovens enfermeiras e mulheres-soldados de um posto de comando — tais como radioperadoras e assistentes — que geralmente usavam um barrete na parte de trás da cabeça, em vez de um quepe *pilotka* que ia de trás para a frente. Elas se viam virtualmente forçadas a se tornar concubinas dos altos oficiais. Grossman também escreveu algumas notas amargas sobre o assunto, talvez para usar em uma história mais tarde.

Mulheres — PPZh. Nota sobre Nachakho, chefe do departamento administrativo de suprimentos. Ela chorou durante uma semana e depois foi falar com ele.

— Quem é?

— A PPZh do general.

— E o comissário não arrumou uma.

Antes do ataque. Três horas da manhã.

— Onde está o general? [alguém pergunta].

— Dormindo com sua prostituta — murmura a sentinela.

E essas garotas um dia já quiseram ser "Tanya" ou Zoya Kosmodemyanskaya.[4]

— Ela é PPZh de quem?

— De um membro do Conselho Militar.

Mas naquela época dezenas de milhares de garotas de uniforme militar trabalhavam duro e com dignidade.

História sobre um general que escapou de um cerco conduzindo uma cabra com uma corda. Alguns oficiais o reconheceram. "Aonde o senhor está indo, camarada general?" [perguntaram]. "Que caminho vai tomar?" O general (Efimov) sorriu cinicamente. "A cabra vai me mostrar o caminho."

Krasivaya Mecha — a inexpressiva beleza desse lugar. Lamentação por causa de uma vaca durante a noite, sob a luz azul de uma lua amarela. A vaca havia caído em uma vala antitanques.

---

[4] Zoya Kosmodemyanskaya, uma estudante de 16 anos, de Moscou, serviu por trás das linhas alemãs na província de Tambov com um grupo de *partisans* e usou o nome de guerra "Tanya". Foi capturada pelos alemães, torturada e executada na vila de Petrishchevo em 29 de novembro de 1941. Diz-se que, antes de os alemães a enforcarem na rua da vila, ela gritou: "Vocês nunca enforcarão todos nós. Meus camaradas vão me vingar." Ela ganhou postumamente uma medalha de Herói da União Soviética. Em anos mais recentes, a história de seu heroísmo tem sido minada por relatos de moradores que a acusaram de incendiar casas, cumprindo a cruel ordem de Stalin de destruir todos os abrigos, de modo que os alemães congelassem até morrer, embora provavelmente os civis russos tenham sofrido muito mais com isso.

Mulheres estão lamentando: "Ficaram quatro crianças."[5] Sob o luar azul, um homem com uma faca está correndo para sangrar a vaca. De manhã, o caldeirão está fervendo. Todos têm rostos saciados, olhos vermelhos e pálpebras inchadas.

Mulheres e meninas magras com xales na cabeça estão trabalhando na estrada, colocando terra em carrinhos de mão de madeira e nivelando lugares desnivelados com pás e enxadas.

— De onde vocês são? [perguntamos].

— Somos de Gomel.

— Estávamos no combate próximo a Gomel.

Olhamos uns para os outros e nada dizemos. Seguimos em frente, de carro. Foi um pouco alarmante esse encontro perto da vila de Mokraya Olkhovka, a apenas 40 quilômetros do Volga.[6]

Mulheres na vila. Todo o fardo pesado do trabalho está agora inteiramente com elas. Nyushka — como se fosse feita de ferro fundido —, travessa e com jeito de prostituta. "Ah, é guerra agora", diz ela. "Já servi a 18 [homens] desde que meu marido partiu. Temos uma vaca entre três mulheres, mas ela só deixa que eu tire leite dela. Ela não faz nada com as outras duas." Ela ri. "Agora é mais fácil convencer uma mulher do que uma vaca." Ela abre um largo sorriso, oferecendo-nos seu amor de maneira simples e bondosa.

A vastidão de nossa pátria. Estamos na estrada há quatro dias. O fuso horário mudou — estamos agora uma hora à frente. A estepe é diferente. Os pássaros são diferentes: milhafres, corujas, pequenos falcões. Apareceram melancias e melões. Mas a dor que vemos aqui ainda é a mesma.

---

[5] Elas estão reclamando que quatro crianças ficaram sem leite.
[6] Isso aconteceu a oeste de Kamyshin, no Volga, 200 quilômetros ao norte de Stalingrado pela estrada.

A vila de Lebyazhye. As casas altas da vila têm quartos pintados com tinta a óleo. Acordamos, estava silencioso, o céu estava nublado de manhã, estava chovendo. A calma e a quietude enganadoras da vila são assustadoras.

O Volga. Atravessando. Um dia claro. O tamanho enorme do rio, sua lentidão, grandeza. Em resumo, o Volga. Havia veículos na barca carregada de bombas aéreas. Aviões [inimigos] estão atacando. Há o crepitar dos tiros de metralhadora. E o Volga permanece lento e tranqüilo. Meninos estão pescando nessa barca que cospe fogo.

Havia vários campos de pouso na região que se tornaram importantes na batalha por Stalingrado. Um deles era um campo de melões próximo a um mercado aberto que continuava funcionando, apesar dos bombardeios dos aviões alemães. A União Soviética já estava recebendo uma grande quantidade de material de guerra do Lend-Lease[7] dos Estados Unidos, inclusive jipes Willys e o Douglas DC-3 "Dakota", que os russos chamavam de "Duglas".

Chegada. Barulho de motores, caos. Cobras, Yaks, Hurricanes. Aparece uma grande quantidade de Duglas, voando sem esforço, suavemente. Caças estão agitados. Estão farejando, seguindo rastros. Os Duglas estão procurando um lugar para aterrissar, e estão dançando em todas as direções. Aterrissaram com caças acima e em volta deles. Essa visão é majestosa, quase como num filme (com a estepe e o Volga).

Soldados do Exército Vermelho estão assistindo à cena e discutindo-a. Um deles disse:

— Igualzinho a abelhas. Por que estão correndo para lá e para cá?

— Protegendo um campo de melões, aparentemente.

---

[7] Lend-Lease foi o sistema pelo qual os Estados Unidos ajudaram seus aliados com armas, aviões, veículos e outros tipos de material bélico na Segunda Guerra Mundial. (N. do T.)

O terceiro, olhando o Duglas que acabara de aparecer:

— Só pode ser o oficial da nossa companhia nos procurando.

O passageiro a bordo era, é claro, muito mais importante. Pode ter sido o general Georgi Zhukov, que voou em 28 de agosto, sob ordens de Stalin, para supervisionar a defesa da cidade.[8] "Qual é o problema deles?", explodiu Stalin ao telefone com o general Aleksandr Vasilevsky, o primeiro representante do Stavka a chegar a Stalingrado.[9] Ele estava furioso com os comandantes militares locais. "Eles não percebem que isso é uma catástrofe não apenas para Stalingrado? Perderíamos nossa principal via navegável e logo também nosso petróleo!"

Grossman passou pelo menos uma noite em Zavolzhye.

A noite foi passada na casa do presidente do RAIKOM. Ele fala sobre fazendas coletivas e sobre os presidentes das fazendas coletivas que levam seus animais para a estepe, longe, e vivem lá como reis, matando novilhas, bebendo leite, comprando e vendendo. (E uma vaca agora custa 40 mil rublos.)

Mulheres falando na cozinha da cantina do RAIKOM: "Ah, esse Hitler, ele é um verdadeiro Satã! E nós que costumávamos dizer que os comunistas eram Satãs."[10]

---

[8] O general (mais tarde marechal) Georgi Konstantinovich Zhukov (1896-1974), sargento da cavalaria na Primeira Guerra Mundial, foi ferido em Tsaritsyn (mais tarde Stalingrado) em 1919. Em 1939, venceu a Batalha de Khalkin-Gol, contra os japoneses, no Extremo Oriente. Em 1941, Zhukov se tornou responsável pela defesa de Leningrado e depois foi o cérebro da Batalha de Moscou.

[9] O general (mais tarde marechal) Aleksandr Mikhailovich Vasilevsky (1895-1977), filho de um pastor, serviu como oficial no Exército Czarista na Primeira Guerra Mundial. Brilhante oficial de comando e estrategista, escapou de expurgos, apesar de sua origem burguesa. Esteve na equipe de Molotov durante a visita a Berlim em novembro de 1940, uma tentativa fracassada de salvar o Pacto Nazi-Soviético. Quando os alemães avançaram sobre Moscou, Vasilevsky se tornou, junto com Zhukov, um dos assessores chefes de Stalin e também representante do Stavka enviado a centros de crise, como Stalingrado, no fim de agosto de 1942.

[10] Se fossem relatadas por um informante, essas informações ingênuas poderiam levar a vários anos no *gulag*, como deixam claros os relatos do Comitê de Defesa de Stalingrado.

> A terra do outro lado do Volga [isto é, na margem leste]. Poeira, estepe marrom, o mato miserável do outono, ervas daninhas altas, sálvias. Cobras do mato esmagadas nas estradas. Pardais. Camelos. Gritos de camelos. O sol está nascendo em um nevoeiro pálido. Metade do céu está coberta de fumaça, a fumaça de Stalingrado.

O bombardeio de Stalingrado, em 23 de agosto, havia incendiado os tanques de reserva de petróleo, e as colunas de fumaça preta, que continuaram a subir durante dias, podiam ser vistas de longe.

> "Um alemão está voando na nossa direção!", [grita alguém]. Todos permanecem sentados.
> "Está voltando!" Todos saem correndo da *izba* e olham para o alto.
> Um homem idoso, proprietário da *izba*: "Tenho quatro filhos na guerra, quatro genros e quatro netos. Um filho está morto. Eles têm me enviado notícias."
> A bondade de nosso povo. Não sei se alguma população poderia ser forte o suficiente para carregar esse fardo terrível. O trágico vazio das vilas. Garotas são levadas embora em veículos. Elas estão chorando, e suas mães estão chorando, porque suas filhas estão sendo levadas para o exército.
> À noite, uma mulher idosa faz guarda nos celeiros na fazenda coletiva. Quando alguém se aproxima, ela grita: "Pare! Quem é? Vou atirar!"

Mais uma vez, olhando a estepe do Volga em direção ao Cazaquistão, Grossman fica impressionado com a vastidão do país. Mas o tamanho e a extensão da União Soviética já não parecem ser a defesa que antes era sentida.

> Essa guerra na fronteira do Cazaquistão, no trecho mais baixo do Volga, dá um terrível sentimento de faca enfiada fundo.

Soldados com cartas de casa, que eram enviadas dobradas em triângulo, e um exemplar do Krasnaya Zvezda *no canto direito.*

O general Gordov havia lutado no oeste da Bielo-Rússia.[11] Agora está comandando tropas no Volga. A guerra chegou ao Volga.

Grossman finalmente chegou a seu destino quando o 6º Exército Alemão e parte do 4º Exército Panzer se aproximaram dos subúrbios do norte, do oeste e do sul.

---

[11] General Vassili Nikolayevich Gordov (1896-1950), comandante do 64º Exército durante o recuo pelo Don, foi comandante-em-chefe do Front de Stalingrado por um período muito breve, sendo substituído pelo general Yeremenko. Preso em 1947, durante o Terror Menor, foi executado por traição em 1950.

Stalingrado está incendiada. Eu teria que escrever demais se quisesse descrevê-la. Stalingrado está incendiada. Stalingrado está envolta em cinzas. Está morta. Pessoas estão em porões. Tudo está queimado. As paredes quentes dos prédios são como corpos de pessoas que morreram no terrível calor e ainda não esfriaram.

Prédios enormes, memoriais, jardins públicos. Sinais: "Atravesse aqui." Montes de fios, um gato dormindo no peitoril de uma janela, flores e mato em vasos. Um pavilhão de madeira onde vendiam água gasosa está de pé, milagrosamente intacto entre milhares de edifícios de pedra enormes queimados e parcialmente destruídos. É como Pompéia. Bondes e carros sem vidro nenhum nas janelas. Casas incendiadas com placas memoriais: "I. V. Stalin falou aqui em 1919."[12]

O prédio de um hospital infantil com um pássaro de gesso no telhado. Uma asa está quebrada, a outra, estendida para voar. O Palácio da Cultura: o prédio está preto, aveludado pelo fogo, e duas estátuas de nus brancas como a neve se destacam diante do fundo negro.

Há crianças vagando, há muitas faces sorridentes. Muitas pessoas estão parcialmente insanas.

Pôr do sol sobre a praça. Uma beleza assustadora e estranha: o céu rosa-claro está olhando através de milhares e milhares de janelas vazias e telhados. Um enorme cartaz pintado em cores vulgares: "O caminho radiante."

Um sentimento de calma. A cidade morreu depois de tanto sofrimento e parece o rosto de um homem morto que estava sofrendo de uma doença letal e finalmente encontrou a paz eterna. Bombardeios novamente, bombardeios da cidade morta.

Embora a maioria dos homens tivesse sido convocada e estivesse servindo fora da cidade, a população civil de Stalingrado havia sido inchada por re-

---

[12] A cidade de Tzaritsyn foi rebatizada de Stalingrado em homenagem à resistência grosseiramente exagerada que Stalin montou contra a força saqueadora dos Cossacos Brancos durante a Guerra Civil Russa.

fugiados da estepe do Don. Grossman tentou entrevistar alguns deles, incluindo uma mulher idosa e outra mais jovem de uma fazenda coletiva.

— Onde está seu marido?

— Não, não pergunte — sussurra Seryozha, seu menino.

— Você vai deixar mamãe triste.

— Ele fez sua parte na luta — responde ela. — Ele foi morto em fevereiro. — Ela recebera a notícia.

Sua história sobre os covardes do Exército Vermelho:

"Um [avião] alemão estava mergulhando como uma lança. Exatamente o momento certo para atirar nele, mas todos os nossos "heróis" estavam deitados, escondidos em arbustos altos. Eu gritei para eles: 'Ah, seus desgraçados!'

"Certa vez, alguns soldados estavam levando um prisioneiro [alemão] pela vila. Eu perguntei a ele: 'Quando você participou da luta?' 'Em janeiro', respondeu ele. 'Então foi você que matou meu marido.' Eu levantei meu braço, mas o guarda não me deixou bater nele. 'Vamos lá', eu disse, 'deixe-me bater nele.' E o guarda respondeu: 'Não existe essa lei [que permita isso].' 'Deixe-me bater nele sem lei alguma, e eu vou embora.' Ele não deixou.

"É claro, era possível viver sob domínio dos alemães, mas aquilo para mim não era vida. Meu marido foi morto. Agora tudo o que me resta é Seryozha. Ele vai se tornar um grande homem sob o domínio dos soviéticos. Com os alemães, ele morreria pastor.

"Os homens feridos roubaram muito de nós, não podíamos agüentar mais. Eles colheram todas as nossas batatas, carregaram todos os nossos tomates e abóboras. Agora vamos ter de viver um inverno de fome. Eles estão esvaziando nossas casas também — lenços, toalhas, cobertores. Abateram uma cabra, mas lamentamos por eles da mesma forma. Se um homem ferido vem até você e está chorando, você lhe dá sua ceia e começa a chorar também."

A mulher idosa:

O Palácio da Cultura em Stalingrado, descrito por Grossman.

"Esses tolos permitiram [ao inimigo] chegar ao coração do país, ao Volga. Eles lhes deram metade da Rússia. É verdade, é claro, que os [alemães] tinham muitas máquinas."

Quando visitou Traktorny — a grande fábrica de tratores no norte de Stalingrado —, Grossman ouviu falar do ataque da 16ª Divisão Panzer, em 23 de agosto, pelo homem confusamente chamado de tenente-coronel German, que comandava o regimento antiaéreo.

Na noite do dia 23, oitenta tanques alemães avançaram sobre Traktorny em duas colunas, e havia muitos veículos da infantaria. No regimento de German há muitas garotas, operadores de instrumentos, auxiliares de rádio, inteligência etc. Houve um ataque aéreo maciço na mesma hora em que os tanques chegavam. Algumas das baterias disparavam contra os tanques, outras contra os aviões. Quando os tanques avançaram diretamente para a bateria do primeiro-tenente Skakun, ele abriu fogo contra os tanques. Sua bateria foi atacada então pelos aviões. Ele ordenou que dois canhões fossem disparados contra os tanques e outros dois contra os aviões. Não houve comunicação alguma com a bateria. "Bem, eles devem ter saído do ar", pensou [o comandante do regimento]. Então ele ouviu uma explosão de tiros. Em seguida, silêncio novamente. "Bem, eles estão liquidados agora", pensou novamente. Os tiros explodiram novamente. Foi só na noite de 24 de agosto que quatro soldados [de sua bateria] voltaram. Eles carregaram Skakun sobre uma lona de chão. Ele fora gravemente ferido. As garotas haviam morrido junto a seus canhões.

A bateria de Golfman lutava havia dois dias usando armas alemãs [capturadas]:

— O que vocês são? Infantaria ou artilharia?

— Somos ambas.

Os dois lados estavam usando armas e veículos capturados, o que causou uma grande confusão.

Uma brigada de tanques leves comandada pelo tenente-coronel Gorelik fazia um intervalo na área da fábrica de tratores quando alguns tanques chegaram de repente.

— Alemães!

— Alemães?

O tanque que liderava a coluna alemã era um de nossos KVs.[13]

Uma subunidade antiaérea havia recebido ordem para recuar, mas como não havia condições de retirar seus canhões, muitos ficaram. Seu comandante, o tenente Trukhanov, assumiu o lugar do canhoneiro e atirava diretamente na linha de tiro. Ele atingiu um tanque e depois foi morto.

---

[13] O tanque soviético padrão em 1942 era o T-34, um tanque médio. Mas ainda havia vários tanques KV pesados em atividade. KV é abreviação de Kliment Voroshilov, um velho amigo de Stalin que havia sido ministro da Defesa durante a Guerra Soviético-Finlandesa.

183

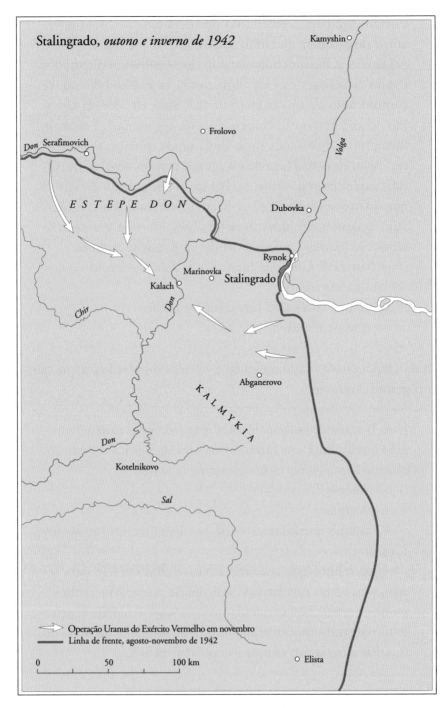

Stalingrado, outono e inverno de 1942.

Com a brigada de Gorelik. As pessoas não percebem a importância dos acontecimentos de 23 de agosto. Mas estão ofendidas com a falta de atenção. Nenhuma medalha foi concedida. E o carro de oficiais foi levado embora, tendo sido retirado do comandante da brigada, que está mal, com febre tifóide.

Sarkisyan. Ele não foi para Stalingrado domingo, porque conhecia uma mulher na vila e descobriu que iam distribuir cerveja lá. Ele havia se metido na máquina do esforço militar alemão como uma simples peça de metal. Talvez tenha causado a insônia de Hitler durante vários dias: eles não conseguiam manter o ritmo! E velocidade é quase a coisa mais importante de todas.

Presumivelmente, Grossman estava se referindo à batalha travada em 23 e 24 de agosto pelo capitão Sarkisyan e por outros grupos de canhão antiaéreo também operados por mulheres jovens, muitas delas estudantes secundaristas de Stalingrado. Demonstrando uma coragem impressionante, elas atrasaram a 16ª Divisão Panzer até que todas as 37 posições fossem destruídas pelo fogo dos tanques. Sarkisyan, assim como o coronel German, relatou a batalha a Grossman, enfatizando que "as garotas se recusaram a ir para seus *bunkers*" e lutaram de frente contra os panzers. Mas o verdadeiro problema que enfrentou o 14º Grupamento Panzer, do general Von Wietersheim, foi a falta de combustível.

Usando uma combinação de suas próprias observações com as observações daqueles que entrevistou, Grossman mais tarde escreveu uma descrição imaginativa da retirada do Don para o Volga no fim de agosto, quando grupos em retirada do 62º e do 64º Exércitos chegaram a Stalingrado.

Aqueles foram dias difíceis e assustadores [...]. Os exércitos estavam recuando. Os rostos dos homens estavam tristes. Poeira cobria suas roupas e armas, poeira caída sobre os barris de armas, sobre a lona que cobria caixas cheias de documentos do posto de comando, sobre as tampas negras reluzentes das máquinas de escrever da equipe, sobre as malas, sacos e fuzis empilhados caoticamente nas carroças. A poeira seca e cinza entrou nas narinas e na garganta das pessoas. Tornou os lábios secos e rachados.

Aquela era uma poeira terrível, a poeira da retirada. Ela devorou a fé dos homens, eliminou o calor dos corações das pessoas, ficou em uma nuvem escura diante dos olhos das equipes de canhões. Havia minutos em que as pessoas esqueciam sua poeira, sua força e suas armas, e um sentimento sombrio se abatia sobre elas. Tanques alemães se moviam nas estradas com um barulho estrondoso. Bombardeiros de mergulho alemães voavam sobre os cruzamentos do Don dia e noite. "Messers" assobiavam sobre as carroças de suprimento. Fumaça, fogo, poeira, calor terrível. Naqueles dias, os rostos dos soldados que marchavam eram tão pálidos quanto os dos homens feridos estendidos nos sacolejantes caminhões de uma tonelada e meia. Naqueles dias, os homens que marchavam com suas armas sentiam como se gemessem e reclamassem, exatamente como aqueles que se deitavam sobre o feno nas vilas, com suas bandagens cheias de sangue, esperando que as ambulâncias os levassem. O grande exército da grande nação estava recuando.

As primeiras unidades do exército em retirada entraram em Stalingrado. Caminhões com homens feridos de rostos cinzentos, veículos da frente de batalha com pára-lamas danificados, com buracos de balas e de explosões, os Emkas da equipe com rachaduras semelhantes a estrelas no vidro dianteiro, veículos com pedaços de feno e de mato pendurados neles, veículos cobertos de poeira e lama passaram pelas ruas elegantes da cidade, pelas janelas reluzentes das lojas, pelos quiosques pintados de azul-claro que vendiam água gasosa com xarope, pelas livrarias e lojas de brinquedo. O sopro da guerra entrou na cidade e a queimou.

É preciso ser honesto. Naqueles dias cheios de ansiedade, quando o estrondo dos combates podia ser ouvido nos subúrbios de Stalingrado, quando à noite se viam foguetes disparados ao longe e pálidos raios azuis de refletores vagavam pelo céu, quando os primeiros caminhões, desfigurados por estilhaços, transportando os feridos e os pertences dos postos de comando que recuavam apareceram nas ruas da cidade, o medo abriu caminho em muitos corações, e muitos olhos olharam através do Volga. Para essas pessoas, parecia que elas não tinham de defender o Volga, que o Volga é que tinha de defendê-las. Essas pessoas falavam muito sobre a evacuação da cidade, sobre transporte, sobre barcos a vapor indo para Saratov e Astrakhan; para elas, parecia que se importavam com o destino da cidade quando, na verdade, sem querer elas tornaram a defesa da cidade mais difícil ao indicarem silenciosamente, com seu medo e sua ansiedade, que Stalingrado tinha de se render.

14.
AS BATALHAS DE SETEMBRO

Com cerca de 40 quilômetros de extensão, a cidade de Stalingrado acompanha a margem oeste do grande Volga. Depois da repentina ação do 14º Grupamento Panzer no extremo norte da cidade, em 23 de agosto, o avanço do 6º Exército sobre a cidade ficou mais lento. O Stavka, sob tremenda pressão de um Stalin muito nervoso, ordenou ataques da estepe aberta até o norte contra o flanco esquerdo do 14º Grupamento Panzer. Esses ataques foram apressados e mal preparados, levando a grandes perdas de homens e equipamentos, mas tornaram Paulus cauteloso, afastaram a Luftwaffe da cidade e deram mais tempo para que o Stavka se apressasse a enviar reforços.

Parte do 4º Exército Panzer, do general Hoth, avançou incansavelmente para o sudoeste, sobre Stalingrado, embora Yeremenko tivesse concentrado a maior parte de suas forças naquela direção. O "membro do Conselho Militar" de Yeremenko, o que significava Chefe do Departamento Político, era Nikita Kruschev, que fora encarregado da retirada da indústria soviética da Ucrânia.[1] Mais tarde, Grossman atravessou o

---

[1] Kruschev, Nikita Sergeyevich (1894-1971), comissário na guerra civil, ganhou influência ao apoiar Stalin contra Trotsky. Supervisionou grande parte da construção do metrô de Moscou e teve uma participação de liderança na destruição da elite intelectual ucraniana durante o Grande Terror. Em 1939, tornou-se chefe do Partido Comunista Ucraniano e, em 1941, organizou a remoção das fábricas para o leste, enquanto os alemães avançavam. Depois da guerra, após a

Volga para visitar Yeremenko e Kruschev no novo posto de comando do Front de Stalingrado.

Os exaustos e desmoralizados remanescentes do 62º e do 64º Exércitos haviam recuado pela extremidade da estepe do Don em direção à própria cidade. Em 12 de setembro, o 62º Exército estava reduzido a um perímetro de 3 quilômetros no sul da cidade e de até 15 quilômetros nos subúrbios ao norte. No fim do mês, o perímetro de defesa estava reduzido a uma faixa ao norte da cidade com cerca de 20 quilômetros de extensão, e de um a 5 quilômetros de profundidade.

Sem qualquer tipo de diário, é difícil seguir precisamente os movimentos de Grossman. Pode-se porém deduzir, a partir de suas anotações, que inicialmente ele parece ter se alojado em Dubovka, na margem oeste do Volga, menos de 40 quilômetros rio acima, a partir da parte norte de Stalingrado. A margem oeste do rio, escarpada e em algumas partes com pequenos penhascos, era muito mais alta que o plano lado leste. A idéia dos invasores alemães que alcançaram o Volga, o "coração da Rússia", era em grande parte criar um sentimento de derrota, como Grossman descobriu em muitas conversas.

> Agora não há mais qualquer lugar para recuar. Cada passo para trás é um erro grande, e provavelmente fatal. Os civis nas vilas ao lado do Volga sentem isso, assim como os exércitos que estão defendendo o Volga e Stalingrado.
>
> É uma alegria e uma dor ao mesmo tempo olhar para este mais bonito dos rios. Barcos a vapor pintados de cinza-esverdeado, cobertos de galhos murchos, com uma fumaça fraca subindo de suas chaminés [...]. Em todo lugar, também na margem, há trincheiras, *bunkers*, valas antitanque. A guerra chegou ao Volga.
>
> Estamos ficando na casa desapropriada de uma *kulak*. Percebemos de repente que a antiga proprietária da casa voltou,

---

morte de Stalin, em 1953, ele liderou um golpe contra Beria e tomou o poder. Denunciou Stalin no XX Congresso do Partido, em 1956, mas suas tentativas de liberalização foram incoerentes com outras ações, tais como a repressão à rebelião húngara, no mesmo ano.

Deus sabe de onde. Ela nos vigia dia e noite e nada diz. Está esperando. E aqui estamos nós, vivendo sob seu olhar.

Uma mulher idosa fica sentada a noite inteira em trincheiras estreitas. Toda Dubovka se senta em trincheiras estreitas. Um *kerosinka* está voando em cima.[2] Ele chacoalha, acende velas[3] e joga pequenas bombas.

— Onde está a *babuchka*?

— Provavelmente na trincheira — diz um homem idoso, rindo. — Às vezes ela sai para vigiar, como um *suslik*,[4] e depois corre de volta.

— Para nós é o fim. Aquele vigarista [Hitler] chegou ao coração da nossa terra.

Um soldado com um fuzil antitanque está conduzindo um enorme rebanho de carneiros pela estepe.

Na descrição seguinte, Grossman parece estar perto do limite norte da cidade, perto de Rynok, onde parques e terrenos cheios de frutas maduras surgiram como um Jardim do Éden para os homens da 16ª Divisão Panzer, que haviam passado os dois meses anteriores atravessando a estepe ressecada pelo sol.

Aviões rugem a noite toda sobre nossas cabeças. O céu está zumbindo dia e noite, como se estivéssemos embaixo do arco de uma enorme ponte. Essa ponte é azul-clara durante o dia, azul-escura

---

[2] *Kerosinka* (ou "lampião de querosene" ou "Primus") era o apelido de um avião biplano muito simples, coberto de lona, o Polikarpov U-2, que fora projetado como um avião de treinamento e também era usado para pulverizar plantações. Era chamado de *kerosinka* porque podia pegar fogo a qualquer momento. Em Stalingrado, era com freqüência pilotado por mulheres jovens com idade entre 18 e 20 anos. Elas atravessavam a linha de frente durante a noite, desligando seus motores e jogando pequenas bombas em linhas alemãs. As bombas não eram eficientes, mas a tática assustava os alemães e os deixava exaustos. Eles chamavam o avião de "moedor de café" e se referiam às jovens que o pilotavam como as "bruxas da noite".

[3] Provavelmente isto significa que o avião jogava uma chama de reconhecimento para avisar aos soldados do Exército Vermelho na linha de frente que não deveriam atirar nele.

[4] Um esquilo da estepe.

à noite, arqueada, coberta de estrelas — e colunas de caminhões de 5 toneladas estão trovejando sobre essa ponte.

Posições de fogo no outro lado do Volga, num ex-sanatório. Um penhasco íngreme. O rio é azul e rosa, como o mar. Vinhedos, álamos. Baterias são camufladas com folhas de uva. Bancos para quem passa férias. Um tenente está sentado em um banco, com uma pequena mesa em frente a ele. Ele grita: "Bateria, fogo!"

Por trás da estepe. O ar que vem do Volga é frio, e a estepe cheira a calor. Messers estão lá no alto. Um sentinela grita "Ar!", e o ar está limpo e cheira a sálvia.

Homens feridos com suas bandagens ensangüentadas estão caminhando junto ao Volga, à beira d'água. Pessoas nuas estão sentadas no Volga, rosa ao entardecer, matando piolhos em suas roupas de baixo. Veículos de reboque estão rugindo e derrapando sobre o cascalho da margem. E então as estrelas à noite. Tudo o que se consegue ver é uma igreja branca por trás do Volga.

Uma manhã clara e fria em Dubovka. Há um estrondo, barulho de vidro quebrado, reboco, poeira no ar, neblina. Gritos e choros sobre o Volga. Os alemães jogaram uma bomba, matando sete mulheres e crianças. Uma menina de vestido amarelo-claro está gritando: "Mamãe, mamãe!"

Um homem está gemendo como uma mulher. O braço de sua mulher foi arrancado. Ela está falando calmamente, com uma voz sonolenta. Uma mulher doente, com febre tifóide, foi atingida no estômago por um fragmento de bala. Ela ainda não morreu. Carroças estão se movendo e sangue está escorrendo delas. E os gritos, os choros sobre o Volga.

Grossman conseguiu permissão para atravessar o Volga a partir da margem leste, ou da esquerda, e seguiu para a cidade incendiada na margem oeste. Os pontos de travessia são estritamente controlados por soldados da 10ª Divisão de Fuzileiros da NKVD para apanhar desertores e até impedir que civis fujam da cidade. Stalin achou que a presença deles obrigaria as tropas soviéticas a lutar com mais empenho para salvar a cidade. Grossman estava acompanhado de Kapustyansky, outro correspondente do *Krasnaya Zvezda*. O simples fato de atravessar o Volga era perigoso, porque os pontos de travessia eram alvos da Luftwaffe permanentemente.

> Uma travessia assustadora. Medo. A barca está cheia de veículos, carroças, centenas de pessoas amontoadas, e fica atolada. Um Ju-88 joga uma bomba do alto. Um enorme jorro de água, vertical, de cor branco-azulada. O sentimento de medo. Não há uma única metralhadora na travessia, nem uma única arma antiaérea pequena. O silencioso e claro Volga é assustador como um andaime.
>
> A cidade de Stalingrado, os últimos dias de agosto, início de setembro, depois do fogo. Atravessando o rio para Stalingrado. No início, para termos coragem, bebemos uma enorme quantidade de vinho de maçã em uma fazenda coletiva na margem esquerda.
>
> Messers estão uivando sobre o Volga, há neblina e fumaça sobre ele, foguetes de fumaça são disparados constantemente para camuflar a travessia.
>
> A cidade queimada, morta, a praça dos Guerreiros Caídos. Dedicatórias em memoriais: "Dos Trabalhadores de Tsaritsyn Vermelho para os Combatentes pela Liberdade que morreram nas mãos dos seguidores de Wrangel em 1919."
>
> Habitantes de um prédio incendiado estão comendo *shchi*[5] em uma entrada, sentados sobre um monte de pertences. Um livro intitulado *Humilhados e ofendidos*[6] está sobre o chão, por perto. Kapustyansky diz a essas pessoas:
>
> — Vocês também são humilhados e ofendidos.
>
> — Somos ofendidos, mas não humilhados — responde uma garota.

Os dois correspondentes abriram caminho além do limite oeste de Stalingrado, onde as unidades de assistência do 6º Exército, de Paulus, es-

---

[5] Tradicional sopa de repolho russa.
[6] *Humilhados e ofendidos* (1861), de Fiodor Dostoievski.

tavam se unindo ao 4º Exército Panzer, de Hoth, que avançava vindo do sudoeste. Do seu lado, os alemães, com nove divisões, superavam imensamente os exaustos 40 mil soldados soviéticos do 64º e do 62º Exércitos, recuando para dentro da cidade.

> Varapanovo, onde há velhas trincheiras cheias de mato que cresceu. As mais duras batalhas da guerra civil aconteceram aqui, e agora, mais uma vez, os mais pesados ataques inimigos são dirigidos a esse lugar.

Grossman e Kapustyansky parecem, porém, ter passado a maior parte do tempo da visita na cidade. Eles ouviram falar dos primeiros batalhões de trabalhadores formados a partir das várias fábricas da cidade. Estavam sob o comando do coronel Sarayev, da 10ª Divisão de Fuzileiros da NKVD. O choque da batalha provou ser excessivo para muitos deles, então os destacamentos de bloqueio da NKVD e do Komsomol foram usados para impedir que fugissem. Oficiais políticos deram aos correspondentes histórias sobre a determinação de seus soldados.

> Um soldado atirou em seu camarada que carregava um homem ferido, vindo do campo de batalha, e levantara as mãos para se render. Depois disso, o próprio soldado levou o ferido de volta. Seu pai, quando se despedira dele, dera-lhe uma toalha, que sua mãe bordara quando era pequena, e suas quatro cruzes [da Primeira Guerra Mundial].

> Noite em Stalingrado. Veículos estão esperando no ponto de travessia. Escuridão. Incêndios estão ardendo a distância. Um grupo de reforço que acabou de cruzar o Volga está subindo lentamente [a margem íngreme do rio]. Dois soldados passam caminhando por nós. Ouço um deles dizer: "Eles gostam de uma vida fácil, eles têm pressa de viver."[7]

---

[7] Isto significa que eles estão aproveitando tudo o que podem da vida enquanto ainda têm uma chance.

Grossman à margem do Volga com Kolomeitsev, outro correspondente. Tanques de petróleo incendiados podem ser vistos ao fundo.

Grossman usou algumas dessas anotações, bem como o material de uma visita anterior, em um artigo para o *Krasnaya Zvezda* publicado em 6 de setembro.

> Chegamos a Stalingrado logo depois de um ataque aéreo. Incêndios ainda estavam soltando fumaça aqui e ali. Nosso camarada de Stalingrado que nos acompanhou nos mostrou sua casa incendiada. "Aqui era o quarto das crianças", diz ele. "E aqui ficava minha estante de livros, e eu trabalhava naquele canto, onde estão agora aqueles canos retorcidos. Minha mesa ficava aqui." Era possível ver os esqueletos curvados das camas das crianças sob uma pilha de tijolos. As paredes da casa ainda estavam quentes, como o corpo de um homem morto que não tivera tempo de esfriar.

As paredes e as colunas do Palácio da Cultura Física estão cobertos de fuligem depois de um incêndio, e duas esculturas de jovens nus estão reluzentemente brancas sobre o fundo preto aveludado. Perto da estátua de Kholzunov, meninos estão apanhando fragmentos de bombas e de obus antiaéreos. Neste silencioso entardecer, o belo pôr do sol róseo parece muito melancólico através das centenas de olhos vazios das janelas.

Algumas pessoas se acostumaram instantaneamente com a guerra. A barca que transporta soldados para a cidade com freqüência é atacada por caças e bombardeiros inimigos. Os tripulantes estão comendo fatias suculentas de melancia, olhando para o céu de vez em quando. Um menino está olhando atentamente para a linha de sua vara de pescar, balançando os pés para fora. Uma mulher idosa está sentada em um pequeno banco, tricotando uma meia durante explosões de tiros de metralhadora e canhões antiaéreos ao longe.

Entramos em uma casa destruída. Os habitantes do prédio estavam jantando, sentados a mesas feitas de tábuas de madeira e caixas, crianças estavam soprando um *shchi* quente em suas tigelas.

Para as autoridades militares soviéticas, parecia que a única maneira de salvar Stalingrado era lançando ataque após ataque contra o flanco norte do 14º Grupamento Panzer. Mas os três exércitos de infantaria envolvidos — o 1º dos Guardas, o 24º e o 66º — tiveram pouca chance, embora seus integrantes estivessem em número bastante superior ao de seus oponentes. Eles estavam com pouca munição, tinham quase nenhuma artilharia e suas fileiras eram formadas principalmente por reservistas.

As ordens furiosas de Stalin exortando velocidade levaram ao caos total. Divisões ficaram confusas enquanto marchavam adiante, vindo da estação ferroviária terminal, em Frolovo, ao norte da curva do Don, sem a menor idéia de a qual exército se juntariam ou aonde estavam indo. A Luftwaffe os metralhou e bombardeou na estepe aberta, enquanto a superioridade do treinamento dos tripulantes dos tanques alemães criava uma luta desigual. Grossman, em Dubovka, estava perto das áreas de formação para esses ataques condenados ao fracasso.[8]

> Divisões em movimento. Rostos de pessoas. Engenheiros, artilharia, tanques. Eles estão se locomovendo dia e noite. Rostos, rostos, sua seriedade, são rostos de pessoas amaldiçoadas.
>
> Antes de o avanço começar, o proletário Lyakhov, de Donbass, soldado do batalhão motorizado de infantaria de uma brigada de tanques, escreveu esta nota a seus comandantes: "Avisem ao Camarada Stalin que eu vou sacrificar minha vida pelo bem de minha Pátria e por ele. E que não vou me arrepender nem por um segundo. Se eu tivesse cinco vidas, sacrificaria todas elas pelo bem dele, sem hesitar, de tão querido que este homem é para mim."

Grossman estava interessado nas lamentações diárias dos soldados. No caso seguinte, um soldado falava sobre a estepe aberta, onde pilotos da Luftwaffe conseguiam localizar cozinhas de campo facilmente, e então se voltou para aquela outra preocupação dos soldados: botas.

> "A maioria dos homens foi morta por causa das cozinhas. Soldados 'são bronzeados' pelas cozinhas, enquanto esperam pela comida. Geralmente elas explodem quando entramos nelas. Sofri muito por causa de minhas botas. Tenho andado com bolhas de sangue. Eu peguei as botas de um homem morto porque elas não tinham buracos, mas eram pequenas demais para mim."

> "Nós, soldados jovens, nem pensamos em casa, na maioria das vezes são os soldados mais velhos que fazem isso [...]. Um oficial da 4ª Companhia chamado Romanov nos abandonou no campo de batalha. Nós, os soldados jovens, que somos

---

[8] O início de seu bloco de anotações, intitulado "Noroeste de Stalingrado, setembro de 1942", foi perdido ou destruído.

bem-educados e conscientes, suportamos isso tudo com paciência, mas o humor dos soldados mais velhos está pior do que nunca."

Grossman foi particularmente atraído pelo soldado do Exército Vermelho Gromov, um atirador de fuzil antitanque que, aos 38 anos, parecia um ancião perto dos recrutas jovens. De acordo com Ortenberg, Grossman passou uma semana com a unidade antitanques. "Ele já não era um estranho na família deles", escreveu. Ortenberg dá a si próprio o crédito pela idéia de escrever sobre ele, talvez porque o retrato que Grossman fez de Gromov tenha sido mais tarde elogiado como obra-prima, particularmente por Ilya Ehrenburg. Estas são as anotações de Grossman sobre o que ele chamou de história de Gromov:

"Quando você acerta, vê uma luz forte na blindagem. O tiro deixa a pessoa terrivelmente surda, é preciso abrir a boca. Eu estava deitado lá, ouvi gritos: 'Eles estão chegando!' Meu segundo tiro acertou o tanque. Os alemães começaram a gritar terrivelmente. Podíamos ouvi-los claramente. Eu não estava nem um pouco assustado. Meu ânimo aumentava. De início, havia alguma fumaça, depois crepitar e chamas. Evtikhov havia atingido um veículo. Ele atingiu o casco, e como os Fritz gritaram!" (Gromov tem olhos verde-claros e um rosto de sofrimento, zangado.) "O número um carrega o fuzil antitanque. O número dois carrega trinta cartuchos para a arma, uma centena de cartuchos para um fuzil [comum], duas granadas antitanque e um fuzil. Que barulho [o fuzil antitanque] faz. A terra treme com ele."

"Nossas principais perdas ocorrem porque temos que ir e pegar nós mesmos o café-da-manhã e o jantar. Só podemos ir e pegá-los à noite. Há problemas com talheres, deveríamos ter baldes."

"Costumávamos nos deitar durante a noite e avançar durante o dia. O chão é plano como um tampo de mesa."

Essas notas, inclusive as palavras de Gromov, foram depois reformuladas para um artigo para o *Krasnaya Zvezda*, que impressionou Ehrenburg e outros.

Durante uma marcha, o ombro dói como o diabo por causa do fuzil antitanque, e o braço fica dormente. É difícil pular com o fuzil antitanque e difícil caminhar em chão escorregadio. Seu peso torna você lento e atrapalha seu equilíbrio.

Atiradores de fuzil antitanque caminham pesadamente, a passos largos, e parecem ligeiramente mancos — do lado em que está o peso do fuzil. [Gromov] estava cheio da raiva de um homem rabugento, um homem que a guerra tirou de seu campo, de sua *izba* e de sua mulher que lhe havia dado filhos. Era a raiva de um cético que viu com seus próprios olhos os enormes problemas de seu povo [...]. Paredes de fumaça branca e fumaça preta e poeira cinza-amarelada sobem diante dos fuzileiros antitanque e atrás deles. Isso era o que geralmente se chamava de "inferno" [...]. Ele estava deitado no fundo da trincheira estreita. O inferno estava uivando com mil vozes, e Gromov estava descansando, esticando suas pernas cansadas: o descanso de um soldado, pobre e austero.

"Atirei [no tanque] novamente", [disse Gromov]. "E vi de cara que o atingi. Isso me deixou sem respiração. Uma chama azul correu sobre a blindagem, rápida como uma centelha. E eu entendi na hora que meu obus antitanques havia entrado e soltado aquela chama azul. E um pouco de fumaça subiu. Os alemães dentro dele começaram a gritar. Eu nunca tinha ouvido pessoas gritando daquele jeito antes, e então imediatamente houve um estalo lá dentro. Estalou e estalou. Os obuses tinham começado a explodir. E então as chamas saíram de repente, diretamente para o céu. O tanque estava destruído."

O comandante de regimento Savinov, um maravilhoso rosto russo. Olhos azuis, pele bronzeada. Há um orifício de bala em seu capacete. "Quando a bala me atingiu", disse Savinov, "eu fiquei bêbado e me deitei, fiquei inconsciente por 15 minutos. Um alemão me deixou bêbado."

Civis também foram ouvidos sobre o que foi considerado, pelos dois lados, a batalha-chave da guerra.

> Espiões. Um menino de 12 anos que podia relatar onde os postos de comando [alemães] estavam situados por meio de seus cabos de sinalização, cozinhas e mensageiros. Uma mulher, à qual os alemães haviam dito: "Se você não for, e se não voltar, vamos atirar em suas duas filhas."

A falta de misericórdia dos soviéticos superava a dos alemães quando se tratava de forçar seus próprios homens a atacar. A Ordem nº 227 de Stalin — "Ninguém Recua" — incluía a instrução para que cada comando do exército organizasse "de três a cinco destacamentos (com mais de duzentos homens cada um)" [de bloqueio] bem armados, para formar uma segunda linha para "combater a covardia", derrubando a tiros qualquer soldado que tentasse fugir. No distrito industrial do norte de Stalingrado, Grossman encontrou-se com o coronel S. F. Gorokhov, na época comandante da 124ª Brigada.

> Depois do sétimo ataque, Gorokhov disse ao comandante do destacamento de bloqueio: "Vamos lá, já atiraram o suficiente nas costas deles. Venham e participem do ataque." O comandante e seu destacamento de bloqueio participaram do ataque e os alemães foram jogados para trás.

A defesa de Stalingrado foi intensificada pela mais terrível disciplina. Cerca de 13.500 soldados foram executados durante a batalha de cinco meses. A maior parte dessas execuções aconteceu durante os primeiros dias, quando muitos homens fugiram. Grossman ouviu falar de um "acontecimento extraordinário", que era o termo soviético para "traição à pátria", um crime de definição ampla.

Um acontecimento extraordinário. Sentença. Execução. Eles tiraram suas roupas e o enterraram. À noite, ele voltou para sua unidade, com suas cuecas encharcadas de sangue. Atiraram nele novamente.

Isso possivelmente se refere a outro caso, mas foi exatamente o que aconteceu na 45ª Divisão de Fuzileiros, quando o esquadrão de execução do Departamento Especial da NKVD que se unira à divisão não conseguiu matar um homem condenado, talvez porque a mira deles tivesse sido afetada pelo álcool.[9] Esse soldado, como muitos outros, havia sido condenado à morte por um ferimento auto-infligido. Depois de atirar nele, o esquadrão de execução o enterrou em um buraco de explosão próximo, mas o condenado conseguiu se desenterrar e voltou para sua companhia, apenas para ser executado pela segunda vez. Geralmente, entretanto, o prisioneiro era forçado a tirar a roupa antes de ser executado, de modo que seu uniforme pudesse ser aproveitado por outro sem os desencorajadores buracos de balas.

Muitos generais soviéticos não se importavam em bater até mesmo em subordinados seniores, embora o espancamento de soldados por oficiais e NCOs[10] tivesse sido uma das características mais odiadas do Exército Czarista.

Conversa dos coronéis Shuba e Tarasov com o comandante do exército:
"— O quê?
— Posso dizer novamente [...]?
— O quê?
— Posso dizer novamente [...]?"
"Ele bateu em Shuba na boca. Eu [presumivelmente Tarasov] fiquei quieto, guardei a língua e fechei os dentes, porque

---

[9] A 45ª Divisão de Fuzileiros se tornou a 74ª Divisão de Fuzileiros dos Guardas em 1º de março de 1943, como um tributo a seu desempenho em Stalingrado. Permaneceu com o 62º Exército, mais tarde transformado em 8º Exército dos Guardas, até o fim da guerra.
[10] Oficiais não comissionados. (N. do T.)

fiquei com medo de morder minha língua ou de ficar sem dentes."

Nesse momento crucial da guerra, Grossman recordou, em suas anotações, várias histórias sobre a burocracia soviética e militar.

Aviões bombardearam nossos tanques durante três dias, e durante todo esse tempo telegramas sobre o assunto eram enviados a diferentes cadeias de comando.

Provisões para uma divisão sob cerco eram jogadas de pára-quedas, mas o oficial responsável não queria liberar os gêneros alimentícios, porque não havia nenhuma pessoa que pudesse assinar a fatura.

Um chefe de reconhecimento não conseguia permissão para meio litro de vodca, nem conseguia uma peça de seda muito necessitada, que custava oito rublos e cinqüenta copeques.

Informações sobre decolagem. Pedidos de missões de bombardeio.

Um avião pegou fogo. O piloto queria salvá-lo e não pulou de pára-quedas. Levou o avião em chamas de volta ao campo de pouso. O próprio piloto estava pegando fogo. Suas calças estavam queimando. O oficial responsável por provisões se recusou, porém, a lhe dar novas calças, porque ainda não havia expirado o período mínimo para que uma substituição das calças velhas pudesse ser feita. A burocracia demorava vários dias.

Um Yu-53 com o tanque cheio de combustível estava se incendiando no céu claro do entardecer. Os tripulantes pularam de pára-quedas.

Stalin ficou com muita raiva quando soube, em 3 de setembro, que Stalingrado estava cercada na margem oeste. Para o general Yeremenko, comandante-em-chefe do Front de Stalingrado, e Nikita Kruschev, membro de seu Conselho Militar, e portanto comissário chefe, a questão-chave era a quem deveria ser dada a responsabilidade de defender a cidade. O candidato teria que assumir o comando do 62º Exército, bastante desmoralizado e castigado, e que fora separado de seu vizinho no sul, o 64º Exército, em 10 de setembro.

No dia seguinte, 11 de setembro, o posto de comando de Yeremenko, um complexo de túneis na garganta de Tsaritsa, viu-se sob fogo direto. O editor de Grossman, acompanhado do escritor Konstantin Simonov, chegou ao posto de comando naquele dia. Eles falaram com um Kruschev "soturno", que teve dificuldade de acender um cigarro em razão da falta de oxigênio no túnel. Quando Ortenberg e Simonov acordaram na manhã seguinte, descobriram que o centro de comando havia partido enquanto eles dormiam. Stalin, ainda irritado, havia sido

Ortenberg (no centro) e Konstantin Simonov (à direita) enviam mensagens a Moscou no QG do Front de Stalingrado, setembro de 1942.

forçado a concordar que Yeremenko precisava retirar o centro de comando do Front de Stalingrado, cruzando o Volga. O general Vassili Chuikov, um comandante duro e bastante cruel, foi convocado para assumir o comando do 62º Exército deixado na margem oeste.[11] Grossman mais tarde entrevistou todos os envolvidos.

> Kruschev — cansado, cabelo branco, inchado. Talvez se pareça com Kutuzov. Yeremenko — ele foi ferido sete vezes nesta guerra.

Yeremenko reivindicou o crédito pela escolha de Chuikov.

> "Fui eu que promovi Chuikov. Eu o conhecia, ele nunca entra em pânico [...]. Eu conhecia Chuikov do tempo de paz. Costumava superá-lo durante manobras. 'Sei o quanto você é corajoso', [eu lhe disse], 'mas não preciso desse tipo de coragem. Não tome decisões apressadas, como você tende a fazer'."

De acordo com Chuikov, a entrevista com Yeremenko e Kruschev aconteceu desta maneira:

> "Yeremenko e Kruschev me disseram:
> — Você tem que salvar Stalingrado. Como você se sente com relação a isso?
> — Sim, senhor.
> — Não, obedecer não é suficiente, o que você acha disso?
> — Isso significa morrer. Então nós morreremos."

Em suas memórias escritas durante a era Kruschev, Chuikov recordou a conversa de maneira ligeiramente diferente:

---

[11] O general Vassili Ivanovich Chuikov (1900-1982) comandou o 4º Exército na invasão da Polônia, em 1939, e depois o 9º Exército, na Guerra Soviético-Finlandesa. De 1940 a 1942, serviu como adido militar na China. Depois de Stalingrado, seu 62º Exército se tornou o 8º Exército dos Guardas e ele o comandou durante todo o caminho para a vitória em Berlim, onde conduziu negociações de rendição com o general Hans Krebs. De 1949 a 1953 foi comandante-em-chefe das Forças Soviéticas na Alemanha Oriental, e de 1960 a 1961 foi vice-ministro da Defesa.

— Camarada Chuikov — disse Kruschev —, como você interpreta sua tarefa?

— Vamos defender a cidade ou morrer na tentativa — foi a resposta de Chuikov.

Yeremenko e Kruschev olharam para ele e disseram que ele havia entendido sua missão corretamente.

Como será visto mais tarde, Grossman ficou desiludido com a vaidade e a inveja dos comandantes de Stalingrado depois da batalha. Todos eles acharam que seu papel fora avaliado de maneira insuficiente. Yeremenko foi bastante aberto em seus elogios a si próprio e em suas tentativas de minar Kruschev.

"Eu era um oficial durante a guerra passada e matei 22 alemães [...]. Quem quer morrer? Ninguém particularmente está disposto [...]. Tive de tomar decisões terrivelmente cruéis aqui: 'Execute no local.'

"Kruschev propôs que minássemos a cidade. Telefonei para Stalin [para falar sobre isso].

— Para quê? — perguntou [Stalin].

— Não vou deixar que Stalingrado se renda — eu disse. — Não quero minar a cidade.

— Diga então para ele se foder — [respondeu Stalin]."

"Temos agüentado graças ao nosso fogo [de artilharia] e graças aos soldados. As fortificações são terrivelmente ruins."

A inadequação da defesa de Stalingrado era praticamente a única questão com a qual todos os altos oficiais concordavam. Chuikov observou que as barricadas poderiam ter sido empurradas por um caminhão. Gurov, comissário chefe do 62º Exército, disse que não existira qualquer fortificação, e Krylov, chefe da equipe, disse que as fortificações eram risíveis. "Na defesa de Stalingrado", disse Chuikov mais tarde a Grossman, "comandantes de divisões contaram mais com sangue que com arame farpado."

Chuikov, que Grossman veio a conhecer muito bem durante o curso da guerra, também gostava de explicar sua experiência e seu papel em Stalingrado. "Eu comandei um regimento aos 15 anos de idade", disse ele a Grossman, referindo-se ao seu período na guerra civil russa. "Eu era o assessor chefe para Chiang Kai-chek", acrescentou Chuikov ao falar de 1941. Ele não mencionou que foi uma grande vantagem não estar na China durante o primeiro verão desastroso da guerra.

O exército de Chuikov não estava apenas exausto e desmoralizado. Reduzido a menos de 20 mil homens, estava em grande inferioridade numérica e sem armas no setor-chave do centro de Stalingrado, onde quatro divisões da infantaria alemã, duas divisões panzer e uma divisão motorizada atacaram pelo oeste em direção ao Volga. Os dois objetivos-chave deles eram o Mamaev Kurgan — um monte tártaro de 102 metros de altura (conhecido como Ponto 102) — e o ponto de travessia do Volga que ficava logo atrás da Praça Vermelha. Chuikov alcançou esse embarcadouro na noite de 12 de setembro, imediatamente depois de sua nomeação como comandante do 62º Exército ter sido confirmada por Yeremenko e Kruschev.

À luz de prédios em chamas, ele abriu caminho para o Mamaev Kurgan, onde o centro de comando do 62º Exército estava temporariamente estabelecido. A situação estava ainda mais desesperadora do que ele temia. "Vejo o Mamaev Kurgan em meus sonhos", disse Chuikov a Grossman mais tarde.

A única formação não castigada sob seu comando era a 10ª Divisão de Fuzileiros da NKVD, do coronel Sarayev, mas suas unidades estavam espalhadas e Sarayev, que se reportava à cadeia de comando da NKVD, relutava muito em pôr seus homens sob o controle do Exército Vermelho. O comissário de Chuikov, Gurov, criticava a divisão da NKVD.

"A divisão de Sarayev estava dispersa por toda a frente de batalha, e portanto não havia praticamente controle nenhum sobre ela. A divisão de Sarayev não cumpriu a sua função. Não havia mantido suas posições de defesa e não manteve a ordem na cidade."

No ano anterior, nenhum comando militar havia tido coragem de enfrentar um dos oficiais de Beria. Mas Chuikov, diante do desastre, não teve escrúpulo algum. Evidentemente, sua ameaça a Sarayev, relacionada à ira de Stalin se a cidade caísse, teve o efeito desejado. Sarayev seguiu as ordens e pôs um de seus regimentos em frente ao embarcadouro principal, como fora instruído a fazer.

Grossman só descobriu mais tarde que Chuikov era outro comandante que costumava esmurrar seus subordinados quando estava de mau humor. De fato, ele era cruel e estava pronto tanto para executar um comandante de brigada que não cumprisse seu dever quanto um soldado que virasse as costas para a batalha. Mas sua própria bravura pessoal estava acima de questionamento.

> "Um comandante precisa sentir que é melhor para ele perder sua cabeça do que se curvar a um obus alemão. Soldados percebem essas coisas."

> "A primeira tarefa era incutir em seus comandantes [subordinados] a idéia de que o Diabo não é tão terrível quanto se pinta."

> "Uma vez que você está aqui, não há saída. Ou você perde sua cabeça ou suas pernas [...]. Todos sabiam que aqueles que se virassem e corressem seriam mortos no local. Isso era mais assustador que os alemães [...]. Bem, há também o zelo russo. Adotamos uma tática de contra-ataque. Atacávamos quando eles ficavam cansados de atacar."

Em suas memórias, Chuikov reconheceu abertamente que, quando defendia Stalingrado, seguiu o preceito de que "Tempo é Sangue". Ele tinha que conter os alemães a todo custo e isso significava enviar regimentos e divisões novos para o inferno da cidade logo que eles chegassem à margem leste e estivessem prontos para fazer a travessia.

A grande ofensiva do 6º Exército na cidade foi lançada pouco antes do amanhecer de 13 de setembro. Chuikov não tivera tempo sequer para se encontrar com seus comandantes de formação quando a 295ª Divisão de Infantaria alemã seguiu diretamente para o Mamaev Kurgan. Outras duas divisões de infantaria seguiram para a principal estação e embarcadouro. Chuikov só pôde assistir aos acontecimentos de uma trincheira estreita com binóculos periscópicos.

Naquela noite, o quartel-general do Führer celebrou o sucesso da 71ª Divisão de Infantaria em sua missão de alcançar o centro da cidade. Stalin ouviu a mesma notícia no Kremlin quando Yeremenko telefonou a ele e advertiu que outro grande ataque podia ser esperado no dia seguinte. Stalin voltou-se imediatamente para o general Vasilevsky. "Ordene imediatamente que a 13ª Divisão dos Guardas, de Rodimtsev, atravesse o Volga e veja o que mais você pode mandar." Zhukov, que também estava com eles, analisando um mapa da área, foi orientado a tomar um avião para lá imediatamente. Ninguém tinha a menor dúvida de que o momento de crise havia chegado.

O centro de operações do exército de Chuikov encontrava-se agora na linha de frente, depois do ataque ao Mamaev Kurgan no dia anterior. Nas primeiras horas, eles se moveram para o sul, para os túneis da garganta de Tsaritsa, que Yeremenko e Kruschev tinham abandonado muito recentemente. Gurov disse a Grossman: "Quando estávamos deixando o Ponto 102, sentimos que a pior de todas as coisas era a incerteza. Não sabíamos como tudo aquilo terminaria."

A batalha de 14 de setembro correu mal para os defensores. A 295ª Divisão de Infantaria alemã capturou o Mamaev Kurgan como Chuikov temia, mas a maior ameaça veio do centro da cidade, onde um dos regimentos da NKVD de Sarayev foi lançado em um contra-ataque na principal estação. Esta mudou de mãos várias vezes durante o dia.

O acontecimento-chave, de acordo com a lenda de Stalingrado, foi a travessia do Volga feita sob fogo pela 13ª Divisão de Fuzileiros dos Guardas, do general Aleksandr Rodimtsev.[12] Essa formação havia

---

[12] A 13ª Divisão de Fuzileiros dos Guardas foi fundada em 19 de janeiro de 1942, com base na 87ª Divisão de Fuzileiros. O general Aleksandr Ilyich Rodimtsev (1905-1977) havia ganho a estrela de ouro de Herói da União Soviética como assessor na Guerra Civil Espanhola, particularmente por seu papel na Batalha de Guadalajara, em 1937, quando as divisões de camisas negras de Mussolini foram afugentadas.

chegado às pressas, em marcha forçada. Grossman recriou a marcha e a chegada de seus integrantes às margens do Volga.

A estrada virou para o sudoeste e logo começamos a ver bordos e salgueiros. Pomares com pequenas macieiras se estendiam em torno de nós. E quando a divisão se aproximava do Volga, vimos uma pequena nuvem negra. Dava para confundi-la com poeira. Era sinistra, rápida, leve e negra como a morte: era a fumaça dos reservatórios de petróleo subindo sobre a parte norte da cidade. Grandes setas pregadas em troncos de árvores diziam "Travessia". Apontavam para o Volga [...]. A divisão não podia esperar até a noite para cruzar o rio. Homens descarregavam apressadamente caixas de armas e munição, e açúcar e salsichas.

Barcas balançavam sobre as ondas, e homens da divisão de fuzileiros se sentiram amedrontados porque o inimigo estava em toda parte, no céu, na margem oposta, mas tinham de encontrá-lo sem o conforto da terra firme sob seus pés. O ar estava insuportavelmente transparente, o céu azul estava insuportavelmente claro, o sol parecia brilhar incansavelmente e a água correndo calma parecia enganadora e não confiável. E ninguém se sentia alegre com a claridade do ar, com a frescura do rio nas narinas, com a respiração suave e úmida do Volga tocando seus olhos inchados. Os homens nas barcas e nos barcos a motor estavam silenciosos. Oh, por que não há sobre o rio aquela poeira sufocante e grossa? Por que a cortina de fumaça azulada é tão transparente e fina? Cada cabeça se virava de um lado para o outro com ansiedade. Todos miravam o céu.

"Ele está mergulhando, o maldito", gritou alguém.

De repente, uma coluna de água azulada, alta e fina, formou-se a cerca de 50 metros da barca. Imediatamente depois, outra coluna surgiu e caiu ainda mais perto, e, em seguida, uma terceira. Bombas explodiam na superfície da água, e o Volga estava coberto de feridas espumantes dilaceradas; fragmentos começaram a atingir os lados da barca. Homens feridos gemiam suavemente, como se tentassem esconder o fato de que estavam feridos. A essa altura, balas de fuzis já haviam começado a assobiar sobre a água.

Houve um momento terrível em que um obus de grande calibre atingiu o lado da pequena barca. Surgiu uma chama, fumaça preta envolveu a barca, uma explosão foi ouvida e, imediatamente depois, um grito se anunciou, como se brotasse desse trovão. Milhares de pessoas viram imediatamente os capacetes verdes dos homens nadando no meio dos escombros de madeira que balançavam na superfície da água.

Chuikov disse a Rodimtsev — que cruzou a margem oeste durante a tarde de 14 de setembro para receber suas ordens — que a situação era tão desesperadora que seus homens deveriam deixar para trás seus equipamentos pesados, levando apenas granadas e armas pessoais. Rodimtsev descreveu isso para Grossman em uma fase posterior da batalha.

"Começamos a travessia às 17 horas de 14 de setembro, preparando as armas enquanto seguíamos. Uma barca foi destruída [por bombardeio] durante a travessia; 41 homens foram mortos e vinte sobreviveram."

Muito se escreveu sobre a 13ª Divisão de Fuzileiros dos Guardas subindo a margem íngreme do Volga, diretamente de encontro aos alemães, que haviam avançado e estavam a 200 metros da beira do rio. Mas Grossman soube de uma missão especial designada a um pequeno grupo de seis homens da divisão.

O tenente sapador Chermakov, os sargentos Dubovy e Bugaev, e os soldados do Exército Vermelho Klimenko, Zhukov e Messereshvili cumpriram a tarefa de explodir um prédio fechado do Banco do Estado. Cada um deles carregou 25 quilos de explosivos. Eles chegaram ao banco e o explodiram.

Inevitavelmente, houve um aspecto menos heróico na travessia do rio, que os relatos oficiais soviéticos sempre suprimiram.

Sete uzbeques foram considerados culpados por ferimentos auto-infligidos. Todos eles foram executados.

A proeza da 13ª Divisão de Fuzileiros dos Guardas atraiu muita atenção da imprensa soviética e internacional. Rodimtsev, para inveja furiosa de Chuikov, tornou-se um herói famoso no mundo todo. Grossman, entretanto, estava mais interessado na bravura de soldados e oficiais juniores que nas disputas entre comandantes. Ele convenceu o centro de comando de Rodimtsev a lhe dar o relatório abaixo e o carregou em sua bolsa durante toda a guerra. Ele o mencionou em seu ensaio "Tsaritsyn-Stalingrado" e o incluiu no romance *Por uma causa justa*.

[Relatório]
Hora: 11h30, 20/9/42
Para: Tenente Sênior dos Guardas Fedoseev (Comandante do 1º Batalhão)

Gostaria de relatar ao senhor, a situação é a seguinte: o inimigo está tentando cercar minha companhia, enviar submetralhadoras para cercar nossa retaguarda. Mas todos os esforços dele fracassaram até agora, apesar de sua força superior. Nossos soldados e oficiais estão demonstrando coragem e heroísmo diante dos chacais fascistas. Os Fritz não terão sucesso até passarem por cima de meu cadáver. Soldados de guarda não recuam. Soldados e oficiais poderão morrer como heróis, mas não se pode permitir que o inimigo rompa nossa defesa. Avise a todo o país sobre a 3ª Companhia de Fuzileiros e a 13ª Divisão dos Guardas. Enquanto o comandante da companhia estiver vivo, nem um único filho-da-mãe vai avançar. Eles poderão avançar se o comandante da companhia for morto ou ficar gravemente ferido. O comandante da 3ª Companhia está sob estresse e não está fisicamente bem, ensurdecido e fraco. Ele tem vertigem, não se equilibra bem e seu nariz sangra. Apesar de todas as dificuldades, as Guardas, ou seja, a 3ª e a 2ª Companhias, não vai recuar. Morreremos como heróis pela cidade de Stalin. Que a terra soviética seja o túmulo [do inimigo]. O próprio comandante da 3ª Companhia, Kolaganov, matou dois Fritz atiradores de metralhadora e tirou deles as metralhadoras e os documentos, que apresentou ao QG do batalhão. [Assinado] Kolaganov

O 62º Exército, perdendo soldados continuamente, agüentou o máximo que pôde dentro de um perímetro que diminuía cada vez mais ao longo da margem oeste. Rodimtsev disse a Grossman: "Nós atuamos sem qualquer reserva. Uma linha de defesa fina era tudo o que tínhamos."

Yeremenko lhe disse: "Eu suava. [Os alemães] pressionavam muito e havíamos posicionado nossos soldados de maneira estúpida. Eu me sentia quente o tempo todo, [embora] seja um homem bastante saudável. Estávamos apenas alimentando [a batalha] com soldados. Era isso."

Gurov, comissário chefe do 62º Exército, observou: "Houve dias em que removemos 2 mil a 3 mil homens feridos."

Krylov, chefe de comando do 62º Exército, observou sobre a conduta alemã na batalha.

"Eles confiam no uso maciço de poder de fogo, para que haja um efeito atordoante. O armamento pesado deles está na proporção inversa do potencial da infantaria alemã. Comandantes alemães de nível médio são completamente sem iniciativa.

"Os primeiros dias de setembro foram particularmente difíceis, o começo do caos. Ao entardecer, eu reunia os soldados para lhes dar instruções. Durante o dia, simplesmente contávamos os minutos para chegar o entardecer."

Os alemães sabiam muito bem que precisavam romper as linhas do 62º Exército que atravessavam o Volga, usando artilharia e a Luftwaffe. Por isso houve tantas lutas para controlar o Mamaev Kurgan, o único morro do qual se podia concentrar fogo direto contra os embarcadouros. Os soldados que faziam o transporte pelo rio — muitos deles barqueiros do Volga e pescadores — enfrentaram perigos tão grandes quanto os *frontoviki* na margem oeste.

O oficial encarregado da travessia, tenente-coronel Puzyrevsky, está aqui há aproximadamente duas semanas. Seu predecessor, o capitão Eziev, um tchetcheno, foi morto por uma bomba em uma barca. Perminov, o comandante militar, está aqui há 57 dias. O subcomandante do batalhão, Ilin, foi levado embora de avião, gravemente ferido. Smerechinsky — morto — era o chefe da travessia antes de Eziev. O comandante do batalhão, que estabeleceu a travessia do Volga, foi morto por um estilhaço de bomba. Sholom Akselrod, comandante do pelotão técnico, foi morto em uma barca por uma mina. O *politruk* Samotorkin foi ferido por uma mina. A perna do *politruk* Ishkin foi arrancada por um obus.

Para os reforços que se concentravam na margem oeste em frente, os 1.300 metros de água aberta eram suficientes para romper os nervos de qualquer um. Mas Chuikov, com seu característico humor rude, observou que a travessia era apenas o começo.

"Ao se aproximarem deste lugar, os soldados costumavam dizer: 'Estamos entrando no inferno.' E depois de passarem um ou dois dias aqui, eles diziam: 'Não, isto não é o inferno, é dez vezes pior que o inferno.' [Isso produziu] uma ira enorme, uma ira desumana, em relação aos alemães. [Alguns soldados do Exército Vermelho] estavam levando um prisioneiro, mas ele não chegou a seu destino. O pobre coitado morreu de medo. 'Você gostaria de beber um pouco de água do Volga?' [perguntaram], e enfiaram seu rosto na água dez ou 12 vezes."

O sofrimento parecia ter se tornado um destino universal. No fim do mês, Grossman recebeu uma carta de sua mulher, Olga Mikhailovna, na

Grossman com Vysokoostrovsky (no centro) em Stalingrado, setembro de 1942.

qual ela contava a morte de seu filho, Misha, que fora morto por uma bomba. Ele escreveu de volta em uma tentativa desajeitada de aliviar seu desespero.

> Minha boa mulher. Hoje recebi sua carta que alguém trouxera de Moscou. Ela me entristeceu profundamente. Não deixe seu ânimo afundar, Lyusenka. Não se renda ao desespero. Há tanta tristeza ao nosso redor. Vejo tanto isso. Vi mães que perderam três filhos e o marido nesta guerra. Vi mulheres cujos filhos pequenos foram mortos em um bombardeio, e nenhuma dessas pessoas se rende ao desespero. Elas trabalham, anseiam pela vitória, não perdem o ânimo. E em que condições difíceis elas têm de sobreviver! Seja forte também, minha querida, agüente [...]. Você tem a mim e a Fedya, você tem amor e sua vida tem um significado.
> Fui recomendado para a Ordem da Estrela Vermelha pela segunda vez, mas até agora sem resultados, assim como antes.

Obtive uma carta tirada de um soldado morto; escrita com uma letra de criança. No fim há as seguintes palavras: "Sinto muito a sua falta. Por favor, venha me visitar, quero ver você, mesmo que por apenas uma hora. Estou escrevendo isto e as lágrimas estão caindo. Pai, por favor, venha me visitar."

Ele também escreveu para sua velha babá de língua alemã, Zhenni Genrikhovna Henrichson, que muitos anos mais tarde incluiria em seu romance *Vida e destino*.

> Você já sabe sobre nossa terrível tristeza: a perda de Misha. A tristeza chegou também à nossa família, Zhenni Genrikhovna. Por favor, escreva para o meu novo endereço: Posto de Campanha 28, 1ª Unidade, V. S. Grossman (não mencione minha posição no endereço). Você tem notícias de Papai? Onde ele está agora? Não sei qual é o endereço para escrever para ele.

Grossman àquela altura não tinha a menor idéia de que seu sobrinho, Yura Benash — jovem tenente em Stalingrado, que vinha tentando fazer contato com ele depois de ler seus artigos —, havia sido morto em combate.

15.
A ACADEMIA STALINGRADO

Foi o general Chuikov quem cunhou o termo "Academia Stalingrado de Briga de Rua". A idéia de Chuikov era manter os alemães constantemente ocupados. Ele disse a seus soldados que fizessem suas trincheiras tão próximas do inimigo quanto possível, porque isso dificultaria à Luftwaffe — que tinha a supremacia aérea durante o dia — distinguir as duas forças oponentes. Chuikov gabou-se diante de Grossman:

> "Durante os ataques aéreos, os nossos soldados e os alemães correm uns em direção aos outros para se esconder nos mesmos buracos. [Os alemães] não poderiam atingir nossa linha de frente com seus ataques aéreos. Na fábrica Outubro Vermelho eles destruíram uma divisão nova deles mesmos."

Grossman enfatizou essa proximidade em um ensaio escrito no fim da batalha.

> Às vezes, as trincheiras cavadas pelo batalhão ficam a 20 metros do inimigo. A sentinela consegue ouvir soldados caminhando na trincheira alemã, e brigas quando os alemães dividem a comida. Ele consegue ouvir toda noite o sapateado

de uma sentinela alemã com suas botas rasgadas. Tudo aqui é sinalização, cada pedra é um ponto de referência.

A maneira de desgastar os alemães era por meio de ataques de menor escala à noite, para impedir que eles dormissem, e se aproveitando do medo deles da escuridão e das habilidades de caça dos soldados siberianos. Franco-atiradores também representavam uma poderosa arma psicológica, além de um impulso ao moral soviético.

Chuikov podia desperdiçar tantas vidas quanto qualquer general soviético — principalmente nos primeiros dias, quando ordenou um contra-ataque após o outro para conter o avanço alemão —, mas ele reconheceu rapidamente a vantagem dos combates frente a frente, usando pequenos grupos armados de granadas, submetralhadoras, facas, enxadas afiadas e um lança-chamas. Esse sistema cruel de combates em porões, esgotos e ruínas de blocos de apartamentos tornou-se conhecido pelos alemães como *Rattenkrieg*. Mais tarde, na batalha, Chuikov disse a Grossman:

"Stalingrado é a glória da infantaria russa. Nossa infantaria tomou e usou armas e munição alemãs. Não fomos atacados somente, tivemos de atacar. Recuo significava ruína. Se você recuasse, seria morto. Se eu o fizesse, seria morto [...]. Um soldado que passava três dias aqui se considerava veterano. Aqui, as pessoas só viviam um dia [...]. Armas para combates frente a frente nunca foram usadas como foram em Stalingrado [...] [e nossos homens] já não temiam tanques. Nossos soldados se tornaram astuciosos. Nem professores seriam capazes de imaginar seus truques. Eles podem construir trincheiras tão boas que você não notaria que havia soldados nelas mesmo que pisasse em suas cabeças. Nossos soldados estavam em um andar superior [em um prédio]. Alguns alemães embaixo davam corda em um gramofone. Nossos homens fizeram um buraco no chão e dispararam [através dele] com um lança-chamas [...]. 'Ah, gostaria de relatar a vocês, camaradas, que combate era aquele!'"

Grossman estava fascinado com a maneira como os soldados observavam, aprendiam e aprimoravam novos métodos de matar o inimigo. Estava especialmente interessado nos franco-atiradores, e conheceu bem dois deles em Stalingrado. Vassili Zaitsev, que se tornara a maior estrela da propaganda soviética — o personagem de Jude Law no filme *Círculo de fogo* —, fora marinheiro da Frota do Pacífico, baseada em Vladivostok. Pertencia à 284ª Divisão de Siberianos,[1] do general Nikolai Batyuk. Anatoly Tchekhov, que Grossman acompanhou em uma missão de franco-atiradores para observá-lo em ação, integrava a 13ª Divisão de Fuzileiros dos Guardas, do general Rodimtsev. Pode ser que a inveja que Chuikov tinha de Rodimtsev e a cobertura que a imprensa deu à sua Divisão dos Guardas tenham feito com que as proezas de Tchekhov fossem ofuscadas pelas de Zaitsev. Rodimtsev contou a Grossman sobre Tchekhov durante sua visita em outubro. "O soldado do Exército Vermelho Tchekhov matou 35 fascistas [durante o combate]. Eu queria lhe dar uma licença. Ele matou alemães suficientes para merecer uma licença vitalícia." Grossman foi, então, entrevistar Tchekhov.

Tchekhov, Anatoly Ivanovich. Nascido em 1923.
"Nós nos mudamos para Kazan em 1931. Eu estudei lá sete anos. Então meu pai começou a beber e deixou minha mãe. Havia também minhas duas irmãs. Tive de deixar a escola, embora fosse um dos melhores alunos. Eu gostava muito de geografia, mas tive de parar [...]. Apareceu uma notícia em 29 de março de 1942 e eu me apresentei como voluntário para a escola de atiradores. Na verdade, eu nunca atirara com qualquer coisa quando era criança, nem com estilingue. Minha primeira experiência com tiro foi com um fuzil de calibre pequeno. Acertei nove de cinqüenta. O tenente ficou muito irritado: 'Excelentes notas em todas as matérias, mas você atira mal. Nunca conseguiremos fazer de você coisa alguma.' Mas eu não estava desanimado. Comecei a estudar teoria e armas.

---

[1] A 284ª Divisão de Fuzileiros se tornou a 79ª Divisão de Fuzileiros dos Guardas em 1º de março de 1943, em homenagem a seu desempenho em Stalingrado.

Primeiro, a experiência de atirar com um fuzil de verdade — tiros no peito e tiros na cabeça. Recebemos três rodadas de tiros e eu acertei o alvo [todas as vezes]. E daí em diante me tornei o melhor atirador. Apresentei-me como voluntário para a frente de batalha.

"Eu queria ser alguém que destruísse o inimigo sozinho. Pensei isso pela primeira vez quando li o jornal. Eu queria ser famoso. Aprendi a avaliar as distâncias a olho. Não precisava de um aparelho ótico. Meus livros favoritos? Na verdade, eu não lia muito. Meu pai ficava bêbado e todos nós fugíamos, às vezes eu não conseguia sequer fazer meu dever de casa. Eu nunca tive meu próprio canto.

"Participei do ataque na manhã de 15 de setembro. Eu estava avançando para o Mamaev Kurgan [...]. Eu tinha a impressão de que isso não era uma guerra, de que eu estava apenas ensinando meu destacamento a se camuflar em campo e atirar. Gritamos 'Urra!' e corremos cerca de 200 metros. Então as metralhadoras deles começaram a disparar e não nos deixaram trabalhar. Eu engatinhei, como haviam me ensinado, e me arrastei. E caí em uma armadilha. Havia três metralhadoras e um tanque em volta de mim. Eu havia imposto a mim mesmo uma tarefa, então não olhei para trás. Sabia que meu destacamento não me deixaria. Eu atirava à queima-roupa, a uma distância de 5 metros. [Os atiradores de metralhadoras] estavam sentados de lado para mim. Derrubei dois deles. Então três metralhadoras, um tanque e um morteiro começaram a disparar contra mim ao mesmo tempo. Eu e meus quatro soldados ficamos deitados em uma cratera de nove da manhã até oito da noite [...]. Depois disso fui nomeado comandante de um pelotão de morteiros.

"Quando me deram um fuzil de precisão, escolhi um lugar no quinto andar. Havia uma parede e sua sombra me escondia. Quando o sol apareceu, eu deslizei escada abaixo. De lá vi a casa alemã a 100 metros. Ali havia atiradores de submetralhadoras e de metralhadoras. Eles ficavam ali durante o dia, em porões. Saí às quatro da manhã. Nessa hora começa a clarear. O primeiro Fritz correu para apanhar um pouco de água para os chefes se lavarem. O sol já estava nascendo. Ele correu de lado para mim. Eu não olhava muito para seus rostos, olhava para seus uniformes. Comandantes usam calças, casacos, quepes e não usam cinto; soldados usam botas.

"Sentei-me no degrau de uma escada. Eu tinha ajeitado meu fuzil atrás da grelha, de modo que a fumaça subisse junto à parede. De início eles caminharam. Derrubei nove no primeiro dia. Derrubei 17 em dois dias. Eles enviaram mulheres, eu matei duas de cinco.[2] No terceiro dia vi uma fresta! Um franco-atirador. Eu esperei e atirei. Ele caiu e gritou em alemão. Eles pararam de carregar minas e de apanhar água. Matei quarenta Fritz em oito dias.

"Quando fazia sol, havia uma sombra na parede quando eu me mexia, [então] eu não atirava neles quando havia sol. Um franco-atirador novo apareceu perto da janela aberta [...]. Ele me encurralou. Ele atirou em mim quatro vezes. Mas não acertou. É claro, foi uma pena partir. Bem, eles nunca bebiam do Volga. Iam pegar água e carregavam relatórios, comida e munição [...]. Bebiam água suja das locomotivas. Iam pegar água de manhã, com um balde.

"Para mim é mais conveniente atirar [em um homem] quando ele está correndo. É mais fácil para a minha mão e o meu olho. É mais difícil quando ele está parado. O primeiro apareceu. Caminhou 5 metros. Eu apontei de uma vez só, quase em frente a ele, a uns 4 centímetros de seu nariz.

"A primeira vez que peguei um fuzil, não conseguia me imaginar matando um ser humano: um alemão ficou parado lá, durante cerca de quatro minutos, e eu o deixei ir. Quando matei o primeiro, ele caiu de uma vez só. Outro correu para

---

[2] Não havia mulheres alemãs servindo na linha de frente, então se depreende que estas eram civis russas recrutadas ou forçadas a agir como auxiliares. Por ordem pessoal de Stalin, elas deveriam ser tratadas como traidoras mesmo que tivessem sido obrigadas a trabalhar para os alemães sob a mira de uma arma.

fora e inclinou sobre o primeiro, e eu o derrubei também [...]. A primeira vez que matei, fiquei tremendo todo: o homem estava apenas caminhando para apanhar um pouco de água! [...]. Fiquei assustado: eu matei uma pessoa! Depois me lembrei de nosso povo e comecei a matá-los sem piedade.

"O prédio [do lado oposto] desabou por dentro até o segundo andar. Alguns alemães estão sentados na escada, outros no segundo andar. Há cofres, todo o dinheiro deles foi queimado.[3]

"Algumas garotas estão morando no Kurgan. Elas fazem fogueiras e cozinham. Oficiais [alemães] vão vê-las.

"Às vezes você vê a seguinte cena: um Fritz está caminhando e um cachorro late para ele de um jardim, e ele mata o cachorro. Se você ouve cachorros latindo à noite, isso significa que os Fritz estão fazendo alguma coisa ali, perambulando, e os cachorros latem.

"Eu me tornei um monstro. Eu mato, eu os odeio como se isso fosse uma coisa normal na minha vida. Matei quarenta homens, três no peito, os outros na cabeça. Quando você atira, a cabeça instantaneamente sacode para trás, ou para o lado. Ele joga os braços para o alto e cai [...]. Pchelintsev também lamentava ter que matar: matou o primeiro, e o segundo, 'Como eu pude?'

"Matei dois oficiais. Um deles em um morro, o outro perto do Banco do Estado. Ele estava vestido de branco. Todos os alemães se endireitaram e o saudaram. Ele os estava checando. Queria atravessar a rua, e eu o atingi na cabeça. Ele caiu na hora, levantando seus pés calçados.

"Às vezes saio do porão ao entardecer, olho em volta e meu coração canta, eu adoraria passar uma hora e meia em uma cidade que estivesse viva. Eu saio e penso: 'O Volga está correndo tão silenciosamente, como essas coisas tão terríveis

---

[3] Em artigo no *Krasnaya Zvezda*, Grossman acrescentou detalhes extras: "Às vezes é muito silencioso, então alguém consegue ouvir pequenos pedaços de reboco caindo na casa do lado oposto, onde estão os alemães. Às vezes se ouve uma fala em alemão e o ranger de botas alemãs. E às vezes os bombardeios e tiros se tornam tão fortes que é preciso se inclinar sobre o ouvido do camarada e gritar tão alto quanto possível, mas o camarada responde com gestos: 'Não consigo ouvir.'"

podem estar acontecendo aqui?' Um homem de Stalingrado veio aqui. Fiquei perguntando a ele onde eram os clubes e os teatros, e sobre passear pelo Volga."

A equipe editorial do *Krasnaya Zvezda* mal pôde acreditar quando recebeu o texto completo desse artigo, em uma transmissão de mais de quatrocentas páginas feita pelo Stavka, o centro de comando geral ligado ao Kremlin. Grossman havia convencido o destacamento de comunicações do Front de Stalingrado a transmiti-lo para Moscou. O fato de eles concordarem em atender tal pedido no meio da Batalha de Stalingrado é prova suficiente da consideração com que ele era tratado. Ortenberg foi o primeiro a reconhecer que o esforço e o risco aos quais Grossman se submetia valiam a pena. "Foi provavelmente por ter se aproximado de [Tchekhov]", escreveu ele, "e ter compartilhado as dificuldades e os perigos da guerra que Grossman conseguiu criar um retrato tão expressivo de um guerreiro, indo tão fundo no mundo de seus pensamentos e sentimentos."

As proezas dos franco-atiradores eram comentadas e admiradas quase como as dos jogadores de futebol. Cada divisão tinha orgulho de sua estrela, e os siberianos da 284ª Divisão de Fuzileiros estavam convencidos de que tinham a maior de todas as estrelas, na forma de Vassili Zaitsev. Mas a compulsão do exagero da propaganda tornou a contagem de baixas alemãs causadas por esses stakhanovistas no campo de batalha urbano de alguma forma suspeita.

Zaitsev é um homem reservado, sobre o qual soldados da divisão dizem: "Nosso Zaitsev é culto e modesto. Ele já matou 225 alemães."[4] Seus outros franco-atiradores são [conhecidos como] lebres jovens.[5] Batyuk diz: "Eles o obedecem, como

---

[4] É impossível determinar o número de alemães mortos pelos franco-atiradores de Stalingrado, principalmente Zaitsev, uma vez que, segundo ele próprio, ele só se tornou franco-atirador em 21 de outubro, quando matou três homens, um após o outro. Diz-se que o coronel Batyuk viu esse feito e ordenou que ele se tornasse franco-atirador. Então, é difícil dizer como Zaitsev alcançou um número tão alto de mortos quando a fase mais intensa da batalha já havia acabado.
[5] "Zaitsev" em russo significa lebre, portanto os aprendizes de Zaitsev eram conhecidos como *zaichata*, ou lebres jovens.

pequenos ratos. Ele pergunta: 'Estou falando as coisas certas, camaradas?' Todos respondem: 'Sim, Vassili Ivanovich.'"

Há um trecho impressionante no bloco de anotações de Grossman que é difícil confirmar.

> Murashev e o servente de hospital Zaitsev foram condenados à execução. Murashev por atirar na própria mão. O outro, por ter matado um famoso piloto, que estava caindo de pára-quedas de um avião atingido. [A sentença de] execução foi comutada para ambos. E agora os dois são os melhores franco-atiradores de Stalingrado. (Murashev tem 19 anos.)

Zaitsev era o único franco-atirador conhecido com este nome em Stalingrado, e não há qualquer outro relato de que ele já fora servente de hospital ou de que tenha atirado em um "famoso piloto" que caía de pára-quedas. Talvez Grossman tenha sido a única pessoa a registrar essa história antes de a máquina de propaganda soviética reescrever sua vida, transformando-a em uma lenda.

Como os outros franco-atiradores, Zaitsev parecia orgulhoso de se vingar de qualquer mulher russa considerada associada a um alemão.

> Zaitsev matou uma mulher e um oficial alemão: "Eles caíram um sobre o outro."

Vários dos principais franco-atiradores de Stalingrado, inclusive Tchekhov e Zaitsev, relataram breves duelos com franco-atiradores alemães. Isso não era surpresa, uma vez que ações contra franco-atiradores eram consideradas sua maior prioridade.

> Um combate entre Zaitsev e um franco-atirador alemão: "Ele havia matado três de nossos homens. Esperou 15 minutos. Nossa pequena trincheira estava vazia e ele começou a se levantar. E vi que seu fuzil estava no chão. Eu me levantei e fiquei ereto. Ele me viu e entendeu. Eu atirei."

Esse encontro breve, mas mortal, foi provavelmente aquele do qual a propaganda soviética se apropriou mais tarde. Ele foi exagerado na saga épica de um demorado duelo entre Zaitsev e um impossível de ser identificado "major Kœnig", chefe da igualmente não identificável "Escola de Franco-Atiradores de Berlim", que havia sido enviado para perseguir Zaitsev e matá-lo. Não há, entretanto, nenhuma menção sobre isso em qualquer fonte alemã. A versão de Zaitsev de que os dois se levantaram também não é nada convincente. Franco-atiradores dos dois lados tendiam a trabalhar em pares, e um franco-atirador vitorioso que fizesse um gesto tão ostensivo teria sido abatido imediatamente.

A julgar pela maneira como o general Chuikov chamou a atenção para essa história em suas memórias, pode ter sido ele quem teve a idéia de promover o mito, principalmente porque Zaitsev pertencia à divisão de Batyuk e não à de Rodimtsev. É intrigante que Grossman — que reproduziu em *Vida e destino* suas anotações dos tempos de guerra sobre o encontro dos franco-atiradores quase sem mudança — tenha feito uma mudança. O duelo, que Zaitsev descrevera tão superficialmente no encontro registrado nas anotações de Grossman, dura "dias" no romance. Desta vez, Grossman parece ter preferido a versão da propaganda.

As subseqüentes memórias de Zaitsev (muito provavelmente escritas com forte assistência de especialistas da propaganda soviética) relatam a mesma excitante — mas no fim das contas não convincente — história de um duelo de vários dias. Uma mira telescópica alemã — com sua identificação afirmando que foi descoberta junto ao corpo de um major alemão — é apresentada até hoje no Museu das Forças Armadas em Moscou. Porém, o mais impressionante é que não há qualquer menção ao famoso duelo em nenhum dos registros do departamento político do Front de Stalingrado enviados a Moscou durante a batalha, embora cada detalhe das atividades dos franco-atiradores que pudesse ser aproveitado na propaganda fosse relatado.

O coronel Batyuk estava igualmente orgulhoso de suas outras estrelas das armas.

> "Em nossa divisão, temos o melhor franco-atirador do Front [de Stalingrado], Zaitsev; o melhor operador de morteiros, Bezdidko; e o melhor artilheiro, Shuklin, comandante da 2ª

Bateria (que destruiu 14 tanques com um canhão, de uma casamata). Bezdidko observou: 'Ele atingiu todos eles com um canhão porque só tinha um.'

"Aqui se gosta de fazer piada com o lendário atirador de morteiro pesado Bezdidko. Quando obuses de morteiros alemães caem perto do posto de comando, o comandante da divisão diz: 'Ah, aquele filho-da-puta do Bezdidko, por que eu não o ensinei a atirar assim?' E Bezdidko, que nunca erra o alvo, preciso em centímetros, ri e franze a sobrancelha. E o próprio Bezdidko, que tem uma melodiosa e macia voz de tenor e um sorriso astuto de ucraniano, com as mortes de 1.305 alemães registradas no livro em que anota sua contagem, provoca afetuosamente Shuklin, o magro comandante da 2ª Bateria."

Bezdidko também aparece no encontro de franco-atiradores relatado em *Vida e destino*, e a conversa praticamente não sofre qualquer alteração em relação às anotações originais.

— Camarada coronel, hoje eu matei cinco Fritz, e usei quatro bombas.

— Bezdidko, conte a eles como você destruiu aquele pequeno puteiro.

— Eu considero aquilo um *bunker* — respondeu Bezdidko, modestamente.

Algumas improvisações tiveram menos sucesso. Zaitsev tentou adaptar uma mira de franco-atirador em um fuzil antitanque, achando que poderia acertar uma bala através de uma fenda em um *bunker* inimigo, mas a qualidade da munição era tão imprevisível que nenhuma das duas balas chegou perto do alvo. Grossman observou outra invenção, que na verdade era menos perfeita do que sugerido aqui.

Os cérebros do Exército Vermelho finalmente se voltaram para o fuzil antitanque [...] [com o uso de] uma roda de carroça, presa a uma estaca e rodando 360º. Sete aviões foram atingidos.

O comandante do batalhão, capitão Ilgachkin, tinha um problema: ele nunca conseguia atingir um avião com um fuzil. Fez cálculos teóricos sobre a velocidade da bala a partir de um fuzil antitanque (mil metros por segundo), fez uma tabela, preencheu-a com informações sobre se o avião estava se aproximando ao ponto de disparo ou se afastando dele. Depois de fazer a tabela, atingiu um avião imediatamente. Depois disso, fixou uma estaca no chão, fez um eixo, pôs uma roda nele e prendeu um fuzil antitanque em seus raios.

Batyuk também contou como os alemães tentavam zombar deles no rádio ou simplesmente faziam piadas.

> "'Rus, você jantou? [...]. Eu comi manteiga, também comi ovos, Rus. Mas não hoje. Hoje eu não comi nada.'
> "'Rus, vou pegar um pouco de água. Por favor, não atire em minhas pernas, nem na minha cabeça. Eu tenho filhos. Tenho mãe.'
> "'Rus, você quer trocar um uzbeque por um romeno?'"[6]

Batyuk, conhecido pelos seus soldados como "Batyuk à Prova de Balas", parece ter sido um daqueles comandantes genuinamente imunes ao perigo.

> Batyuk: "Neste perfeito *bunker*, a porta costuma despencar sobre a mesa." Enquanto os alemães bombardeavam o *bunker* do comandante da artilharia, Batyuk ficou do lado de fora, na entrada de seu *bunker*, rindo e [fingindo] corrigi-los: "Mais para a direita, mais para a esquerda."

A artilharia, como Chuikov percebera desde o início da batalha, era a última esperança deles. Como havia pouco espaço para deslocar artilharia pesada no meio dos prédios em ruínas na margem oeste, ele havia retira-

---

[6] Os uzbeques tinham reputação de ser os menos confiáveis membros do Exército Vermelho, enquanto os alemães depreciavam abertamente seus aliados romenos do 1º e do 3º Exércitos romenos, que deveriam proteger os lados noroeste e sul do 6º Exército alemão em Stalingrado.

do todos os canhões e peças de artilharia com mais de 76mm para a margem leste. As pessoas-chave eram os oficiais de observação avançada das baterias de canhões, freqüentemente escondidos em prédios altos, como franco-atiradores. Eles transmitiam detalhes sobre o alvo por rádio ou por linhas terrestres. "A artilharia no campo de batalha precisa ser como uma pipa", observou o general Yeremenko a Grossman. Mas ele não tinha nenhuma ilusão com relação ao perigo freqüente de "fogo amigo". "Em Stalingrado, quando nossa artilharia atira em nossos soldados, eles brincam amargamente: 'Aqui estamos nós, finalmente a segunda frente de batalha foi aberta.'"

A principal tática de Chuikov para enfraquecer os pesados ataques alemães era criar "quebra-mares" com casas defendidas. Patrulhas de combate se esgueiravam durante a noite até um alvo escolhido e depois recebiam reforços.

> Ocupação de uma casa. O grupo de assalto de dez homens, [seguido mais tarde por] um grupo de consolidação, [com] munição e comida para seis dias. [Eles cavavam] trincheiras para o caso de serem cercados.

Reabastecer unidades avançadas e isoladas era um grande problema. O 62º Exército com freqüência recorria a biplanos U-2, na maior parte das vezes pilotados por jovens mulheres, que podiam desligar os motores e planar silenciosamente sobre trincheiras alemãs para jogar bombas ou sobre posições soviéticas para jogar suprimentos.

> Durante a noite, U-2s lançam comida para os nossos soldados. Marcamos a linha de frente com lâmpadas a óleo, que os soldados acendem no fundo das trincheiras. Certa vez, o comandante da companhia, Khrennikov, esqueceu-se de fazer isso e de repente ouviu uma voz rouca vindo do céu escuro acima dele: "Ei, Khren![7] Você vai acender essas lâmpadas ou

---

[7] "Khren" em russo significa rábano silvestre, mas também é um eufemismo para um insulto semelhante a "filho-da-puta". Então, quando o piloto gritou "Ei, filho-da-puta!", Khrennikov ficou assustado ao ouvir o que achou que era seu próprio nome.

não?" Era o piloto. O motor havia sido desligado. Khrennikov diz que aquilo lhe causou uma impressão terrível: uma voz vinda do céu chamando seu nome.

O general Rodimtsev disse a Grossman:

"Minha divisão e os alemães estão posicionados em casas vizinhas, como peças em um tabuleiro de xadrez [...]. Eles estão morando em porões, apartamentos e trincheiras [...]. Quatro [soldados] ficaram em uma casa 14 dias. Dois saíam para pegar comida, os outros dois ficavam para proteger a casa [...]. O reconhecimento se tornou muito complicado [...]. Todos os membros das equipes de defesa antitanques foram mortos ou feridos, até o último homem [...]. Humores — [os homens estavam] cansados, mas com muito ânimo [...]."

Piolhos — conseguimos fogareiros e ferramentas e os esmagamos. Nós nos livramos deles.

E, mais uma vez, piadas e insultos eram trocados entre trincheiras ou mesmo entre andares de uma mesma casa, em geral com o pesado humor alemão: "Rus, me dê o seu chapéu e eu lhe dou a minha submetralhadora!"

Grossman estava um tanto perplexo com a "estranha ansiedade" dos soldados e dos oficiais com os quais conversava. Eles pareciam estar preocupados de maneira incomum com o mundo externo.

"E o que eles dizem de nós lá fora? O que eles acham de nós?"
Há uma terrível falta de confiança.

Generais, especificamente Yeremenko, gostavam de expressar opiniões sobre a guerra e o serviço militar, mas com freqüência abordavam o assunto em relação a si próprios.

"Os jovens têm pouca experiência de vida, são como crianças. Morrem nos lugares para onde são enviados [...]. Os soldados mais inteligentes são aqueles que têm entre 25 e 30 anos de idade. Soldados mais velhos não são 'exatamente homens saudáveis, atormentados por preocupações com suas famílias'. E eu estou atormentado com a minha perna. Estive sob uma tensão terrível em Smolensk, e depois no Front de Bryansk. Uma vez, no Front do Noroeste, eu não fui para a cama por cinco dias."

"Sim, quando dois generais lutam um com o outro, um deles definitivamente vai acabar sendo um homem inteligente e o outro, um tolo. Embora ambos sejam tolos", acrescentou ele, rindo.

De forma semelhante, Gurov, comissário chefe do 62º Exército, fez declarações de impacto.

"Os homens, os soldados, são todos parecidos. Só os comandantes são diferentes."

Se havia uma área na qual os comandantes soviéticos tinham pouca influência sobre os acontecimentos era nas vitais travessias do Volga. Tudo dependia dos homens dos batalhões de transporte pluvial — muitos deles barqueiros do Volga, de Yaroslavl.

O general Rodimtsev deu a Grossman a visão oficial — e portanto otimista.

"Temos coletado barcos em todo o rio. Agora temos realmente uma frota: 26 barcos de pesca e barcos a motor. Conseguimos uma lancha da parte mais baixa do rio, mas ela foi destruída por um tiro certeiro. A divisão está totalmente abastecida: há comida quente, uma reserva de roupas de baixo, chocolate e leite condensado. A remoção dos feridos é exemplar. Temos suprimentos para três dias."

Grossman, porém, passou tempo suficiente com os barqueiros — que haviam sido recrutados pelo exército — para formar um quadro mais preciso.

O Volga tem 1.300 metros de largura aqui [...]. O barco foi atingido. Estava carregado de farinha. O soldado Voronin não perdeu a cabeça. Esvaziou um saco de farinha, fechou o buraco com o saco e bloqueou outros buracos com uma cola feita da farinha. Havia 77 buracos no barco. O soldado fechou-os todos em um dia.

O cabo Spiridonov teve o traseiro destroçado. Ele está pedindo um pouco de álcool. Dois homens seriamente feridos, Volkov e Lukyanov, embarcam. Eles caminharam 30 quilômetros, vindos do hospital. Escaparam do hospital. Quando são postos em um veículo e levados de volta, ambos gritam: "Não deixaremos o batalhão."

Quando Eziev e Ilin se feriram, o soldado do Exército Vermelho Minokhodov arrastou os dois para fora da barca e fez curativos neles. Ele próprio estava ferido nas costas. Correu um quilômetro de volta ao segundo escalão, disse a eles que o comandante do batalhão havia sido ferido e caiu desmaiado. Todos eles foram levados juntos para o hospital.

O sargento Vlasov, 48 anos, um homem idoso, de Yaroslavl. A barca tinha um buraco causado por um obus. Enquanto um homem segurava suas pernas, Vlasov fechou o buraco com seu casaco e pregou tábuas sobre ele. Havia 4 toneladas de munição na barca. [Vlasov] havia sido presidente de uma fazenda coletiva. Dois filhos dele estão na frente de batalha, sua mulher está em casa com mais três filhos.

Depois do discurso do comissário, Vlasov atirou em um covarde, o condutor de um barco a motor, Kovalchuk, motorista. Kovalchuk recebera ordem para levar os soldados até a fábrica Outubro Vermelho. Houve um pesado bombardeio, ele ficou assustado e os levou, em vez disso, para uma ilha, dizendo: "A vida é mais importante para mim [...]. Vocês podem me transferir ou atirar em mim, mas ainda assim não vou fazer isso. Sou um homem velho." Ele estava simplesmente com medo, e xingava. Não reconhecia pessoa alguma e disse sobre a ordem do general: "Ao inferno com os generais!"

O batalhão entrou em forma para executar Kovalchuk, em frente aos soldados. "Em uma época em que centenas de milhares de soldados estão lutando por Stalingrado, ele traiu a pátria" [o comissário proclamou]. "Quem gostaria de atirar nele?" Vlasov deu um passo à frente. "Permita-me, camarada comissário."

[Kovalchuk] se contraiu. Ele gritou: "Tenha piedade de mim, camarada comissário, eu vou mudar." [O comissário] abraçou Vlasov na frente da sua companhia.

O comissário do batalhão claramente tinha um respeito considerável por Vlasov.

"A coisa mais terrível pela qual passei foi quando uma barca [foi atingida]. Havia cerca de quatrocentos homens nela. Houve pânico e gritos. 'Estamos afundando, estamos perdidos!' Vlasov veio até mim: 'Está pronto, camarada comissário' [isto é, a barca já estava consertada]. E naquele momento começou um incêndio. Um soldado, o filho-da-puta, havia apanhado uma garrafa de KS[8] e começara a beber, e o fogo começou. Nós o apagamos com uma lona de chão. A qualquer momento eles poderiam ter começado a pular na água! O velho Muromtsev estava lá conosco também. Ele encontrou dois buracos e os fechou. Todos podem ficar assustados, não podem? Eu mesmo fiquei assustado, todos tendem a ficar, mas alguns conseguem manter esse medo sob controle. Agora estamos tão acostumados a isso que, quando está tudo mais quieto, eles dizem: 'Está meio chato!'"

Grossman fez uma entrevista completa com Vlasov.

---

[8] KS era uma mistura industrial que continha uma bebida alcoólica não refinada.

Vlasov, Pavel Ivanovich, 48 anos, da região de Yaroslavl. Tem uma família de cinco pessoas. Um de seus filhos é atirador de morteiros da guarda. Vlasov foi destacado em agosto de 1941. No começo, ele vigiava depósitos.

"Estamos aqui no Volga desde 25 de agosto. A barca era grande, cerca de 4 mil toneladas de munição. Um bombardeio começou enquanto a estávamos carregando, mas não prestamos atenção àquilo. Desatracamos. Eu estava na frente do barco, aquele era o meu lugar. Eles abriram fogo. Eu tive de tomar cuidado. Apareceu um buraco no convés e na lateral do barco, um metro abaixo da linha de água. A madeira se quebrou. Ouvimos o barulho da água [entrando]. As pessoas começaram a gritar.

"Eu agarrei uma lona de chão de uma delas e corri para o porão. Havia luz [suficiente para enxergar] ali porque o convés estava quebrado. Nós comprimimos o grande buraco com a lona de chão e um casaco. E os pequenos buracos, cobrimos pelo lado de fora. Seguraram minhas pernas e eu me inclinei sobre eles."

Sobre o motorista covarde do barco a motor.

"Isso aconteceu no começo de outubro. Havíamos recebido uma ordem para atravessar para o outro lado [oeste] e consertar o ancoradouro. Ele nos levou para uma ilha e disse: 'Para mim, a vida é mais importante.' Começamos a xingá-lo com todas as letras.

"Foi feito um relato sobre isso ao comissário. Nós entramos em forma, todo o batalhão. O comissário leu a ordem e ele, Kovalchuk, não estava se comportando bem. Ele chorava e implorava para ser mandado de volta ao seu posto. Mas já havia cometido um crime sério: dissera que desertara. Eu tinha a sensação de que, se pudesse, eu o cortaria em pedaços, mesmo sem aquela sentença [de morte]. Então o comissário disse: 'Quem gostaria de atirar nele?' Eu dei um passo à frente na fila, e [Kovalchuk] desmaiou. Peguei um fuzil de meu camarada e atirei nele."

— Você sentiu alguma pena dele?

— Como se pode falar em pena?

"Recebi os documentos de convocação na noite de 28 de agosto [1941]. Normalmente não bebo muito, não estou acostumado. Não escrevo muito [em cartas para casa]: 'Ainda estou vivo', e peço a eles para descreverem como estão cuidando da casa. Os meninos não são mimados, não sei como eles estão se comportando na minha ausência, mas eles realmente ajudavam quando eu estava lá. Há muito trabalho. É preciso trabalhar noite e dia. De todos os cultivos, o de linho é o mais trabalhoso. É preciso tirar as sementes, e tirar novamente, puxar com as mãos, secar, bater, espalhar e então suspender [...]. Em geral, o trabalho aqui não é tão difícil quanto em casa, embora tenhamos sido obrigados a ficar três dias sem dormir enquanto fazíamos uma ponte. Se você fica completamente cansado, dorme. Se não dormiu uma noite, dormirá na noite seguinte.

"Nossos canhões antiaéreos não estão fazendo um bom trabalho. Até agora, só vi três aviões sendo derrubados por eles. Eles não merecem qualquer elogio.

"Os mais jovens me obedecem. Às vezes sou rígido com eles, mas é preciso. Se alguém mostra que tem um ponto fraco, isso não é bom, nem em casa nem na guerra [...]. Eu resolvi tudo antes de partir para a guerra, não tenho dívida alguma. Se eu for morto, não haverá dívidas que não foram pagas [...]. Carregamos todos os nossos próprios pertences: uma caneca, um pote, uma colher. Dinheiro, mandamos para casa, não há nada para comprar.

"Na minha seção há Moshchav e Malkov. Não há mais ninguém. Todos os outros foram mortos ou feridos [...]

"Pescamos. Os alemães espantam os peixes para nós. Peguei um esturjão, depois uma carpa, e fizemos uma sopa.[9]

---

[9] *Acipenser ruthenus*, ou esturjão de água fresca, e *Leuciscus idus*.

"Alguns cachorros conhecem aviões muito bem. Eles não prestam a menor atenção quando algum de nossos aviões está passando, mesmo que ele faça barulho sobre suas cabeças. Mas começam a latir imediatamente quando são aviões alemães. Começam a uivar e se escondem, mesmo quando o avião passa bem alto.

"Obuses e bombas não soltam estilhaços ou fragmentos quando explodem na água. Só um choque direto é perigoso. Ontem, uma traineira foi atingida. Afundou com 75 homens feridos."

Em seu artigo "A travessia de Stalingrado", Grossman escreveu:

A terra em volta do local de desembarque estava revolvida pelo metal diabólico deles [...] E o fogo alemão não parava sequer por um minuto [...]. Entre os píeres da margem e Stalingrado há 1.300 metros de água do Volga. Soldados do batalhão do pontão ouviram muitas vezes, em breves momentos de silêncio, um som distante de vozes de homens. Àquela distância, soava triste: "A-a-a..." Era nossa infantaria se erguendo para um contra-ataque.

Os [alemães têm um] cronograma: fogo [de artilharia] até meia-noite. De meia-noite até as duas da manhã, silêncio. De duas até cinco horas, fogo novamente. De cinco ao meio-dia, silêncio. A [Luftwaffe] funciona das nove da manhã até as cinco da tarde, como se fosse um trabalho regular. Eles cuidam da margem. Não gastam bombas no rio.

"A travessia funciona de seis da tarde até quatro e meia da manhã [...] [disse um dos homens]. Nós camuflamos [os barcos], levando-os encobertos pela margem e por árvores. O barco a vapor *Donbass* está escondido dentro de uma barca destruída [...]. É muito difícil quando há lua. É bonito, mas dane-se a beleza."

Um soldador no embarcadouro da margem oeste se viu consertando mais do que apenas barcos atingidos.

> O soldador Kosenko era tão bom que as pessoas vinham da frente de batalha e pediam para ele consertar suas Katyushas. "Você conserta melhor do que consertam lá na frente de batalha." Dois tanques voltaram correndo da frente de batalha. "Rápido, temos que voltar para o combate." Ele os consertou e eles voltaram para a batalha.

> Vida diária. Os [soldados de transporte] têm sua própria padaria, *banya* e lugar para tirar piolhos. A *banya* é cavada na terra. Os soldados gostam de ir lá com galhos de bétulas. Ficam lá todo o tempo que podem. A chaminé foi derrubada por uma explosão. A padaria é um fogão russo, cavado na terra. Eles fazem um pão maravilhoso e leve na lenha. São excelentes padeiros, mas toda a padaria foi destruída no último bombardeio! A cozinha da 2ª Companhia [sofreu] um ataque direto também.
> — Posso relatar? A cozinha explodiu junto com a *shchi*!
> — Bem, então vá fazer mais comida para o jantar.

Embora fosse apenas um correspondente, Grossman evidentemente trabalhava duro quando a situação exigia.

> [Um suprimento de] foguetes Katyusha pegou fogo. Havia um caminhão carregado deles e dezenas de veículos em volta. Nós os arrastamos para longe.

Mas, acima de tudo, ele ficava satisfeito por seus artigos significarem tanto para os homens.

> Todos eles gostaram muito de meu texto sobre os soldados de Yaroslavl. Estavam orgulhosos como pavões: "Isto foi escrito sobre nós!"

16.
AS BATALHAS DE OUTUBRO

O posto de comando do general Chuikov estava há menos de uma semana no túnel de Tsaritsa quando outra ofensiva alemã esmagou o centro de Stalingrado. Chuikov e sua equipe seguiram cerca de 4 quilômetros para o norte, até a fábrica Outubro Vermelho. Logo ficou evidente que o distrito industrial do norte de Stalingrado era o foco dos ataques, tendo a primeira grande ofensiva começado em 27 de setembro. Esses ataques foram um prenúncio dos esquadrões de Stukas,[1] que os soldados do Exército Vermelho chamavam de "guinchadores" ou "músicos" por causa do barulho que suas sirenes faziam quando eles mergulhavam em direção aos seus alvos.

A luta foi igualmente desesperada no lado norte, onde a 16ª Divisão Panzer havia capturado Rynok e Spartakovka e avançado em direção à fábrica de tratores, pelo norte.

A 149ª Brigada, de Bolvinov — provavelmente uma das melhores unidades [...] foi enviada para lutar sob o comando de Gorokhov [comandante da 124ª Brigada], e Gorokhov empurrou Bolvinov para trás. Mas estava fazendo o que tinha de

---

[1] Bombardeiro monomotor alemão. (N. do T.)

fazer. Armado com granadas até os dentes, ele se arrastava de um ponto de fogo a outro, e os soldados do Exército Vermelho o adoravam.

Para todos os postos de comando na margem oeste, o grande problema era a comunicação. Cabos de sinalização eram rompidos o tempo todo por fogo de artilharia e linhas de passagem eram cortadas. Chuikov descreveu para Grossman a sensação de frustração e medo.

"[Foi] a sensação de maior opressão. Há fogo e explosões em toda parte. Você envia um oficial de contato para descobrir o que está acontecendo e ele é morto. É aí que você treme todo de tensão [...]. Os tempos mais terríveis foram aqueles em que você se sentava ali como um idiota e a batalha estava fervilhando à sua volta, mas não havia nada que você pudesse fazer."

A ameaça mais direta ao posto de comando de Chuikov aconteceu em 2 de outubro. O posto de comando do 62º Exército havia sido instalado na margem escarpada do Volga, logo abaixo de alguns tanques de reserva de combustível que todos achavam que estavam vazios. Este foi um erro perigoso. Os alemães miraram os tanques e de repente o posto de comando foi engolfado por combustível em chamas, como Chuikov descreveu mais tarde para Grossman.

"O combustível fluía como um rio para o Volga através do posto de comando. O Volga estava em chamas. Estávamos a apenas 15 metros da beira do rio [...]. A única saída foi nos movermos na direção do inimigo [...]. Os tanques de combustível pegavam fogo. Um chafariz de fumaça de 800 metros de altura. E o Volga. Toda essa coisa estava fluindo com chamas ruidosas rio abaixo. Arrastaram-me para fora do rio de fogo e ficamos na beira da água até de manhã. Alguns homens que estavam dormindo morreram queimados [...]. Mais de quarenta homens morreram no posto de comando."

O assistente chefe de Chuikov deu sua própria versão.

"Então [o posto de comando] se moveu por um túnel ao longo da usina Barrikady e ficou lá de 7 a 15 de outubro. Ali estávamos sendo forçados a nos afastar das forças principais, [então] dali fomos para a vala de Banny, entrando no túnel do posto de comando da 284ª Divisão de Fuzileiros, que havia saído dali e ido para a margem. Aqui se ouve falar muito da vala de Banny.
— O Posto de Comando do Exército desapareceu!
— Foi para onde?
— Não foi para a margem esquerda, moveu-se para mais perto da linha de frente."

Em 6 de outubro, o general Paulus enviou duas divisões para enfrentar a enorme fábrica de tratores de Stalingrado no limite norte da cidade. Paulus estava sendo fortemente pressionado por Hitler a pôr fim ao foco de resistência soviética na margem oeste. Enquanto isso, Yeremenko estava sendo exortado por Stalin a contra-atacar e empurrar os alemães para trás. Chuikov ignorou essa ordem não realista. Ele mal conseguia se manter ali, graças apenas à pesada artilharia soviética posicionada na margem leste, disparando por cima de suas cabeças em direção às áreas de formação dos alemães, para impedir os preparativos de ataque.

A Fábrica de Tratores de Stalingrado foi cenário de um combate que se tornou um pesadelo quando os tanques da 14ª Divisão Panzer esmagaram como monstros pré-históricos suas oficinas, triturando o vidro das janelas que se quebravam. Os restos da 112ª Divisão de Fuzileiros e da 37ª Divisão de Fuzileiros dos Guardas, do coronel Zholudev, não conseguiram resistir à força, mas, apesar de suas linhas de defesa terem sido rompidas, continuaram lutando em focos isolados.[2]

---

[2] A 37ª Divisão de Fuzileiros dos Guardas foi formada a partir da I Unidade Aerotransportada em agosto de 1942, tornando-se mais tarde parte do 65º Exército, uma vez que este fora reformado depois de pesadas perdas em Stalingrado.

A divisão de Zholudev. O comissário Shcherbina. Fábrica de tratores. O posto de comando foi enterrado por uma explosão. Silenciou-se no mesmo instante. Eles ficaram ali por um longo tempo, e então começaram a cantar: "*Lyubo, bratsy, lyubo.*" ["A vida é grande."] Um sargento os desenterrou em meio ao fogo. Trabalhou feito um louco, freneticamente, espumando pela boca. Uma hora depois, foi morto por um obus. Um alemão "espirrou" com sua submetralhadora. Ele havia se arrastado pelo "tubo" [túnel] e abriu fogo quando ouviu barulho de morteiros e armas. Arrastaram-no para fora. Ele estava todo preto, e o cortaram em pedaços.

Quando os alemães capturaram uma oficina, conseguiram até mesmo erguer a uma certa altura um tanque enguiçado e disparar pela janela.

Grossman mais uma vez cruzou o rio até a margem oeste assim que explodiu a batalha contra a renovada ofensiva alemã. Ele escreveu ao editor do *Krasnaya Zvezda* para informá-lo sobre seus movimentos.

> Camarada Ortenberg, cheguei ao 11º com Vysokoostrovsky [outro correspondente do *Krasnaya Zvezda*] e cruzei o rio para Stalingrado durante a noite. Fiz entrevistas com soldados, oficiais e com o general Rodimtsev.

Grossman ouviu por acaso dois soldados do Exército Vermelho falando a caminho do ponto de travessia do Volga:

— Faz muito tempo que não como alguma coisa quente.

— Bem, logo estaremos bebendo nosso próprio sangue quente lá — respondeu o outro.

A 13ª Divisão de Fuzileiros dos Guardas, de Rodimtsev, fora quase destruída em um ataque surpresa. Em 1º de outubro, grupos da 295ª Divisão de Infantaria alemã haviam se infiltrado em valas no flanco direito de Rodimtsev e quase conseguiram separar sua divisão do resto do 62º Exército. Os guardas de Rodimtsev haviam reagido com furiosos contra-ataques e só conseguiram forçar os alemães a recuar. Grossman passou os dias 12 e 13 de outubro com a divisão.

Funeral no Volga. Discursos, saudação. Um memorial foi colocado no túmulo, informando quando eles foram mortos e sob quais circunstâncias. Os funerais são feitos à noite, sempre com uma saudação.

A saudação em Stalingrado consistia em uma salva de tiros para o alto, mas na direção dos alemães.

Encantador e triste. Mamaev Kurgan — aqui é o posto de comando do batalhão. Homens da companhia de morteiros estão tocando um disco o tempo todo, com a canção "Não, amigos, por favor, não agora, não me ponham ainda nessa mesa fria".

Nunca houve outro lugar com tanta música. O barro revolvido, manchado de merda e sangue, reverberava a música que vinha das rádios, das gravações no gramofone e das vozes dos cantores da companhia e do pelotão.

"Tivemos também dois concertos aqui", [disse-lhe Rodimtsev]. "O cabeleireiro Rubinchik tocou violino em nosso túnel. E todos começaram a sorrir lembrando-se do concerto."

Rodimtsev também contou uma anedota bem mais representativa das prioridades dos soldados.

"Hoje, por exemplo, dois soldados me procuraram. Acontece que eles vinham lutando há 14 dias em uma casa cercada de casas alemãs. E os dois, bem silenciosamente, você sabe, pediram biscoitos, munição, açúcar, tabaco, carregaram suas mochilas e se foram. Eles disseram: 'Há mais dois de nossos homens lá, vigiando a casa, e eles precisam de um cigarro.' Na verdade, isto é uma questão muito peculiar, essa guerra nas casas", ele sorriu. "Eu não sei se eu deveria lhe contar, mas um incidente engraçado aconteceu ontem. Os alemães capturaram uma casa, e lá havia um barril de bebida no porão. E nossos soldados da guarda ficaram tão zangados com [a idéia de] alemães beberem daquele barril, que vinte homens atacaram a casa, tomaram-na de volta e levaram o barril, enquanto quase toda a rua estava tomada de alemães. Tudo isso produziu um grande sentimento de triunfo [...].

"Não estou com medo", disse ele. "Esta é a única maneira. Acho que já vi de tudo. Certa vez, um tanque alemão estava devastando meu posto de comando e então um atirador de submetralhadora atirou uma granada, só para ter certeza, e eu atirei a granada de volta [...]."

Grossman também foi em outra ocasião, com Efim Gekhman, ver Rodimtsev na margem oeste. O general das Guardas disse que estava ficando incomodado com entrevistas. "Você sabe, sou um homem supersticioso. Eu me lembro de quando [o *Krasnaya Zvezda*] publicou um artigo principal sobre Dovator. Ele foi morto naquele mesmo dia."[3]

Grossman, com sua típica generosidade, constantemente elogiava a coragem das pessoas. Ortenberg sempre se lembra dele falando: "Gekhman é um homem corajoso. Certa vez, em uma noite escura de outubro, tivemos de deixar o túnel de Rodimtsev em Stalingrado e cruzar o Volga em um barco. Rodimtsev escutou o barulho [dos tiros] do lado de fora. Ele balançou a cabeça e nos disse: 'Camaradas, bebam alguma coisa antes de ir, está muito quente lá, atravessando o rio.' Gekhman deu de ombros e respondeu: 'Não, obrigado, eu prefiro comer outro pedaço de lingüiça.' Ele disse isso tão calmamente e comeu a lingüiça com tanto apetite que todo mundo riu."

Ao amanhecer de segunda-feira, 14 de outubro, o 6º Exército alemão deu início ao que o general Paulus achou que seria a última ofensiva para empurrar o 62º Exército a partir da margem oeste. Cada Stuka disponível na Quarta Frota Aérea, do general Wolfram von Richthofen, foi usado para reduzir a resistência nas posições soviéticas. Foi o mais intenso bombardeio até aquele momento. Chuikov teve a sensação de que o clímax da batalha estava se aproximando.

---

[3] O major-general L. M. Dovator, comandante do 2º Corpo de Cavalaria das Guardas na batalha por Moscou, foi morto em 20 de dezembro de 1941.

"A imprensa[4] estava irritando Hitler [por ele não conseguir tomar Stalingrado], e estávamos apavorados. Estávamos posicionados aqui sabendo, sentindo, percebendo que ele tinha enviado suas principais forças para cá."

"Depois do dia 14, decidi enviar todas as mulheres de volta à margem oposta. Havia muitas lágrimas. A coragem é infecciosa aqui, assim como a covardia é infecciosa em outros lugares. Acredite em mim, estamos vivendo por hora, por minuto. Uma pessoa espera o amanhecer. Bem, começa tudo de novo. E no fim da tarde, um pensamento: 'Bem, graças a Deus, surpreendentemente outro dia se vai.' Sim, se alguém tivesse me dito que eu viveria para comemorar o Ano-Novo, eu teria rido."

Na noite de 15 de outubro, 3.500 homens feridos foram retirados pelo rio. Muitos tiveram que se arrastar até a margem do rio porque não havia médicos assistentes suficientes. Nas primeiras horas de 16 de outubro, o próprio general Yeremenko cruzou o rio para ver Chuikov. Ele precisava ter certeza se eles conseguiriam agüentar. "Yeremenko chegou durante a noite[5] [...]. Gurov e eu saímos para encontrá-lo. Estávamos sob um fogo infernal, um ataque aéreo."

Chuikov não explicou que ele e Gurov não conseguiram encontrar Yeremenko na margem do rio, mas Yeremenko apareceu repentinamente no posto de comando deles e os esperou ali. Yeremenko disse a Grossman como ele se encontrou com um soldado na margem do rio: "'Eu reconheço o senhor, camarada comandante-em-chefe.' Ele me disse onde havia estado, onde havia lutado, quantos alemães havia matado."

Depois dessa batalha acabar, a versão de Chuikov sobre os acontecimentos tentou esclarecer a realidade, mas obscureceu o fato de que, duran-

---

[4] É provável que a imprensa internacional tivesse mais impacto que a imprensa soviética.
[5] Grossman anota esta noite como se fosse a de 13 de outubro, mas, segundo a maior parte dos relatos, a visita de Yeremenko à margem oeste preparada para combates aconteceu nas primeiras horas de 16 de outubro.

Levkin (à esquerda), Koroteev (no centro à direita) e Grossman (à direita) conversam com civis, outubro de 1942.

te a crise de meados de outubro, a cabeça-de-ponte do 62º Exército estava reduzida a menos de mil metros, e logo seria espremida ainda mais.

"Ataques alemães: eles esmagam tudo na terra, mandam seus tanques, e depois desse caos louco nossa infantaria sai de suas trincheiras e isola a infantaria deles, separando-a de seus tanques [...]. Há gritos:
— Tanques no posto de comando!
— E a infantaria?
— Nós os isolamos.
— Então está tudo bem."

Grossman perguntou a Chuikov o que ele achava da atuação dos alemães. "Não é particularmente brilhante. Mas precisamos fazer justiça no que diz respeito à disciplina. Para eles, uma ordem é uma lei."

Seu chefe do Estado-Maior, Krylov, que sofrera um cerco terrível em Sebastopol, comparou a batalha com a de Stalingrado. "Lá, nossa força estava se dissolvendo, enquanto aqui estava recuperada. Havia muita coisa em comum. A nós, parecia às vezes que continuávamos na mesma batalha. Mas não nos sentíamos condenados como em Sebastopol."

A perda da fábrica de tratores significara que a 124ª Brigada, de Gorokhov, havia sido isolada em Spartakovka.

> No dia da glória, eu me lembrei do batalhão que cruzou o rio e encontrou Gorokhov para desviar a principal explosão para eles próprios.[6] Não sobreviveu nem um homem sequer. Mas alguém se lembrou desse batalhão? Ninguém pensou naqueles que atravessaram o rio naquela noite chuvosa no fim de outubro. (Dois dias depois, vi um georgiano capturado em seu batalhão. Ele desertara e se rendera. Disse que muitos haviam se rendido.)
>
> Um homem da Ossétia, Alborov, foi morto em seu posto (uma bomba). Ele ainda segurava na mão a coronha de seu fuzil, o cano havia sido rasgado pela explosão, seu pulso ainda batia. Seu amigo chorava, e gritou: "Meu camarada está morto."

Grossman passou algum tempo com a 308ª Divisão de Fuzileiros Siberianos, que defendera um fábrica de silicato ao norte do complexo de fábricas de Barrikady.[7] Eles haviam cruzado o Volga em 30 de setembro, e foram diretamente para a ação. Esta é uma compilação do que havia acontecido a eles desde o último dia de setembro, quando atravessaram para a margem oeste.

> A primeira fila foi, a segunda e a terceira. Treze ataques foram rechaçados naquele dia. [Os alemães] estavam lutando para

---

[6] Grossman provavelmente está se referindo a 17 de outubro, quando todas as cabeças-de-ponte da margem oeste enfrentaram o mais intenso ataque. O batalhão era da 138ª Divisão, de Lyudnikov, um grupo novo de reforços que Chuikov levou através do Volga em um momento crítico.

[7] A 308ª Divisão de Fuzileiros se tornou a 120ª Divisão de Fuzileiros dos Guardas com o 3º Exército. Como quase todas as divisões em Stalingrado, lutou em todo o caminho até Berlim.

chegar ao ponto de travessia. Nossa artilharia teve um papel importante.

Em 1º [de outubro], quatro regimentos de artilharia e baterias de Katyusha abriram fogo durante meia hora. Tudo congelou. Os alemães ficaram presos no local. Todos estavam assistindo e ouvindo.

Os alemães estavam no fim da fábrica. Isto foi na tarde do dia 2. Alguns deles conseguiram abrigo, outros correram. Um cazaque estava levando os prisioneiros. Estava ferido. Apanhou uma faca e esfaqueou os três prisioneiros, matando-os. Um motorista de tanque, um homem grande de cabelo ruivo, pulou de seu tanque em frente ao posto de comando de Changov quando ele corria dos tiros. Ele agarrou alguns tijolos e [começou a jogá-los nos] alemães. Os alemães correram.

Os homens estão muito animados, eles haviam tido alguma experiência de combate. Sua idade variava de 23 a 46 anos. Eram na maioria siberianos, de Omsk, Novosibirsk e Krasnoyarsk. Os siberianos são mais atarracados, mais reservados, mais sérios. São caçadores, mais disciplinados, mais acostumados ao frio e às dificuldades. Não houve um único caso de deserção [na rota para Stalingrado]. Quando um deles largou seu fuzil, correu 3 quilômetros atrás do trem e o alcançou. Eles não eram falantes, mas eram vivos, e tinham línguas afiadas.

"Estamos acostumados com os 'assobiadores'" [Stukas]. Ficamos até entediados quando os alemães não estão assobiando. Quando estão assobiando, significa que não estão atirando nada em nós. Eles começaram a atacar a fábrica de silicato na noite de 2 de outubro. Todo o regimento de Markelov foi morto ou ferido. Só restaram 11 homens. Os alemães haviam tomado toda a fábrica ao entardecer do dia 3. Nossa instrução era: ninguém pode recuar. O comandante foi gravemente ferido, o comissário foi morto.

"Começamos a defender uma rua destruída e incendiada em frente ao jardim de esculturas. Ninguém voltou do combate. Todos morreram no local. O clímax foi em 17 de outubro. O inimigo ficou nos bombardeando dia e noite nos dias 17, 18 e 19. Dois regimentos alemães começaram a avançar.

"O ataque começou às cinco da manhã e a batalha continuou durante o dia todo. Eles avançaram por um lado e isolaram o posto de comando. O regimento lutou durante dois ou três dias, de casa a casa, e o posto de comando estava combatendo também. Com 12 homens, o comandante da 7ª Companhia tirou uma companhia de alemães de uma vala. Eles saíram de lá durante a noite e em seguida ocuparam uma casa. Vinte deles participaram de uma batalha de granadas, lutando por andares, escadas, corredores, quartos.

"Kalinin, o vice-chefe do grupo, matou 27 homens e atingiu quatro tanques com um fuzil antitanque. Havia oitenta trabalhadores e uma empresa de segurança na fábrica. Apenas três ou quatro deles sobreviveram. Eles nunca haviam participado de qualquer treinamento militar. Seu comandante era um jovem trabalhador, um comunista, e eles foram atacados por um regimento de alemães.

"Em 23 de outubro, começaram os combates dentro da fábrica. Oficinas pegavam fogo, assim como ferrovias, estradas, árvores, arbustos e mato. No posto de comando, Kushnarev e o assistente chefe, Dyatlenko, estavam no 'tubo' com seis atiradores de submetralhadoras. Eles tinham duas caixas de granadas e puseram os alemães para fora. Os alemães haviam levado tanques para a fábrica. As oficinas mudaram de mãos várias vezes. Tanques as destruíram, disparando diretamente contra elas. Aviões nos bombardeavam dia e noite. Um alemão capturado, professor, disse-nos no dia 27 sobre uma ordem estrita para chegar ao Volga. Suas mãos estavam pretas, havia piolhos em seu cabelo. Ele começou a soluçar."

Mikhalyev, Barkovsky, Mirokhin, chefe do grupo, todos foram mortos. Todos receberam prêmios póstumos [...]. O atirador de submetralhadora Kolosov foi enterrado até o peito na terra. Ficou lá preso, rindo: "Isso me deixa louco!" O comandante do batalhão de radioperação, Khamitsky, estava sentado na entrada de seu *bunker* lendo um livro durante o pesado bombardeio aéreo. Gurtiev [o comandante da divisão] ficou irritado.

— Qual é o seu problema?

— Não tenho mais nada para fazer. Eles estão bombardeando e eu leio um livro.

Mikhalyev era muito querido. Agora, quando alguém pergunta: "Como estão as coisas?", "Bem, o que posso dizer?" [é a resposta]. "É como se tivéssemos perdido um pai. Ele tinha pena de seus homens. Ele os poupava."

O oficial de comunicação Batrakov, um químico, de cabelo preto e óculos, caminhava de 10 a 15 quilômetros todos os dias. Chegava ao posto de comando, limpava os óculos, relatava a situação e voltava. Chegava exatamente à mesma hora todo dia.

"Estava silencioso nos dias 12 e 13 [de outubro], mas compreendemos o que aquela quietude significava. No dia 14, [o inimigo] começou a atirar contra o posto de comando da divisão com um *Vanyusha*.[8] [O *bunker*] ficou bloqueado por terra, mas saímos. Perdemos 13 ou 14 homens no posto de comando. Um obus incendiário faz um barulho oco. Atinge o ouvido. De início, há um chiado: 'Aha! Hitler começou a tocar [seu violino]', e dá tempo para se esconder. Vladimirsky estava louco para ir ao banheiro, sofreu muito até o anoitecer. Ele queria tomar uma marmita de um soldado."

A Oficina nº 14 começou a queimar por dentro. Quando Andryushenko foi morto, o comissário do regimento (ganha-

---

[8] *Vanyusha* era o apelido dos russos para o morteiro alemão de vários canos Nebelwerfer. Este menos eficiente equivalente da Katyusha era originalmente chamado de *Vanya*, e depois surgiu a piada sobre o que aconteceria ao pequeno *Vanya* se ele se casasse com a bem mais potente Katyusha. Era às vezes conhecido também como "burro zurrador", por causa do barulho que suas bombas faziam no ar.

dor de quatro medalhas, tenente-coronel Kolobovnikov, um homem com um rosto de pedra) telefonou para o posto de comando e começou a falar: "Camarada major-general, posso relatar?" Ele parou, e então disse, chorando: "Vanya morreu." E desligou.

Um piloto de tanque "contratado" [isto é, o comandante de um tanque que se uniu à infantaria]: eles lhe deram chocolate, vodca e juntavam munição para ele. E ele trabalhou como uma mula. Eles imaginaram o mundo dele no regimento.

"Tínhamos granadas, submetralhadoras e canhões 45mm [antitanques]. Trinta tanques atacaram. Estávamos assustados. Foi a primeira vez que isso aconteceu conosco! Mas ninguém fugiu. Começamos atirando na blindagem. Os tanques se arrastavam sobre fendas profundas. Um soldado do Exército Vermelho deu uma olhada e riu: 'Cavem mais fundo!'"

Carteiro: Makarevich, com uma pequena barba, um camponês, com uma pequena bolsa, com pequenos envelopes, cartões-postais, cartas, jornais. Karnaukhov foi ferido. Há três feridos e um morto [...]. Quando foi ferido, Kosichenko tirou o pino da granada com seus dentes.

Grossman escreveu a história do ataque à 308ª Divisão de Fuzileiros para o *Krasnaya Zvezda* e ela foi publicada um mês depois, sob o título "Eixo do ataque principal". Ortenberg escreveu um pouco depois sobre a técnica de entrevista de Grossman. "Todos os correspondentes que estão no Front de Stalingrado ficaram impressionados com o modo como Grossman fez o comandante da divisão, general Gurtiev, um siberiano quieto e reservado, falar com ele durante seis horas sem parar, dizendo o que ele queria saber, em um dos momentos mais difíceis [da batalha]."
Grossman pode ter sido influenciado pelas superstições dos *frontoviki*, resultado da convivência constante com a morte em sua forma mais imprevisível, mas ele tinha suas próprias superstições como escri-

tor. Seu editor se divertiu ao descobrir que Grossman acreditava que dava azar selar suas próprias cartas e pacotes. "Quando ele escrevia um de seus ensaios, pedia a Gekhman, que em geral o acompanhava em suas viagens para a frente de batalha: 'Efim, você tem mão leve. Poderia apanhar meu material, selar o envelope com suas próprias mãos e enviar para Moscou?'"

Ortenberg, um duro jornalista do Partido, também ficou impressionado com o cuidado com que Grossman checava a versão final impressa de seus artigos. "Eu me lembro de como ele mudava quando chegava um jornal com um ensaio seu. Ele ficava tão feliz. Ele relia seu ensaio, verificando como uma ou outra frase soavam. Escritor experiente, ele simplesmente venerava a palavra impressa." Ortenberg pode não ter sido totalmente sincero em sua descrição. Com freqüência, Grossman ficava furioso com a maneira como seus artigos eram reescritos e cortados. Ele escreveu uma carta à sua mulher, Olga Mikhailovna, em 22 de outubro:

> Escrevi uma carta furiosa ao editor e agora espero sua resposta, não sem interesse. Escrevi sobre a atitude burocrática e os truques dos funcionários na editoria.

Na verdade, a prosa de Grossman sofria provavelmente menos interferência que a de outros jornalistas. Ortenbeng reconhecia abertamente que grande parte da popularidade do jornal se devia a Grossman. Até mesmo os homens do Partido em Moscou tinham consciência da determinação que sua prosa dava aos soldados do Exército Vermelho, para não falar em toda a população. Ela tinha muito mais efeito que os mais apaixonados clichês stalinistas.

> Só aqui as pessoas sabem o que é um quilômetro. Um quilômetro são mil metros. São 100 mil centímetros. Atiradores de submetralhadora bêbados [alemães] continuam com uma obstinação lunática. Agora não há ninguém que possa dizer como o regimento de Markelov lutou [...]. Sim, eles eram simples mortais e nenhum deles voltou.

Várias vezes durante o dia, a artilharia e os morteiros alemães caíam em silêncio repentinamente, e os esquadrões de bombardeiros de mergulho desapareciam. O resultado era um silêncio incompreensível. Então as sentinelas gritavam: "Cuidado!", e os que estavam em posições na frente agarravam seus coquetéis molotov, homens de unidades antitanque abriam suas bolsas de lona com munição e atiradores de submetralhadora limpavam suas PPSh com a palma da mão. Aquele breve silêncio precedia um ataque.

Isto aconteceu pouco antes do som ressonante de centenas de tratores e do zumbido grave dos motores anunciarem o movimento dos tanques. Um tenente gritou: "Cuidado, camaradas! Atiradores de submetralhadora estão se infiltrando à esquerda!" Às vezes os alemães chegavam tão perto que os siberianos viam seus rostos sujos e seus casacos rasgados, e ouviam seus gritos guturais [...].

Olhando agora para trás, pode-se ver que o heroísmo estava presente durante cada momento da vida diária das pessoas da divisão. Havia o comandante do pelotão de radioperação, Khamitsky, que estava sentado tranqüilamente em um pequeno morro lendo um romance enquanto uma dúzia de Stukas alemães mergulhava rugindo, como se estivessem prestes a atacar a própria terra. E havia o oficial de comunicação Batrakov, que limpava cuidadosamente seus óculos, punha os relatórios em sua bolsa e partia para uma caminhada de 20 quilômetros, através da "ravina da morte", como se fosse uma caminhada dominical no parque.[9] Havia o atirador de submetralhadora Kolosov que, quando uma explosão o enterrou em um *bunker* até o pescoço, voltou seu rosto para o subcomandante Spirin e riu. Havia uma datilógrafa no posto de comando, Klava Kopylova, uma garota de bochechas vermelhas, da Sibéria, que havia começado a datilografar uma ordem de batalha

---

[9] No artigo final, a caminhada diária parece ter aumentado dos originais 10 a 15 quilômetros por dia de Grossman para 20 quilômetros por dia.

no posto de comando e foi enterrada em uma explosão. Eles a desenterraram e ela foi datilografar em outro *bunker*. Foi enterrada novamente e desenterrada novamente. Finalmente terminou de datilografar a ordem no terceiro *bunker* e a levou para o comandante da divisão assinar. Estas foram as pessoas que lutaram no eixo do principal ataque.

As *balkas*, ou ravinas, muitas delas avançando em ângulo reto para a margem do rio Volga, forneciam proteção, bem como perigo se o inimigo conseguisse chegar até elas sem ser notado.

> A *balka* tem uma grande influência, particularmente aqui em Stalingrado. [Permite] boas aproximações, [por ser] estreita e profunda. Postos de comando ou unidades de morteiros a usam. Ela está sempre sob fogo. Muitas pessoas foram mortas ali. Fios passam por ela, munição é carregada através dela. Aviões e morteiros a nivelaram com a área ao redor. Chamov foi enterrado ali também [por uma explosão]. Desenterraram-no. Espiões caminham por ali.

Grossman observou a vida no posto de comando de Gurtiev.

> Relatos [escritos] em formulários, pedaços de papel da fábrica, papéis do partido etc. A volta de Zoya Kalganova. Ela havia sido ferida duas vezes. O comandante da divisão [a cumprimentou]: "Olá, minha querida menina."

A coragem das jovens assistentes de enfermagem era respeitada por todos. A maioria das integrantes da 62ª Companhia Sanitária do Exército era de estudantes de escolas secundárias, ou já formadas, de Stalingrado, mas a 308ª Divisão de Fuzileiros trouxera da Sibéria algumas das assistentes de enfermagem, secretárias e radioperadoras. As assistentes de enfermagem saíam sob fogo pesado para recolher os feridos e carregá-los ou arrastá-los para um lugar seguro. Elas também levavam ração a posições avançadas.

Nossas meninas, com garrafas térmicas sobre os ombros, trazem-nos café-da-manhã. Soldados falam delas com muito carinho. Essas meninas não cavaram nenhuma trincheira para si mesmas.

Mais tarde, uma das jovens forneceu a ele uma lista improvisada de mortes de soldados que tinham vindo com ela da Sibéria.

"Lyolya Novikova, uma alegre enfermeira que nada temia, foi atingida por duas balas na cabeça. Lysorchuk, Nina, ferida. Borodina, Katya, sua mão direita foi esmagada. Yegerova, Antonina, foi morta. Ela foi para um ataque com seu pelotão. Era uma enfermeira assistente. Disparam uma submetralhadora contra as duas pernas dela e ela morreu de perda de sangue. Arkanova, Tonya, acompanhou soldados feridos e foi considerada desaparecida. Kanysheva, Galya, morreu atingida diretamente por uma bomba. E só restam duas de nós: Zoya e eu [...]. Eu fui ferida por fragmentos de uma bomba-morteiro perto do *bunker*, e depois por estilhaços de bomba perto da travessia do Volga.

"Estudamos na Escola nº 13 em Tobolsk. As mães gritavam: 'Como vocês vão [para a frente de batalha]? Lá só há homens.' Imaginávamos uma guerra muito diferente da que se revelou. Nosso batalhão estava na guarda de avanço do regimento. Foi para a batalha às dez da manhã. Embora fosse assustador, foi muito interessante para nós. Sobreviveram 13 das 18 meninas.

"Tive medo de homens mortos durante muito tempo, mas uma noite tive que me esconder atrás de um cadáver quando um atirador de submetralhadora abriu fogo. E me deitei atrás do corpo. Eu tive tanto medo de sangue no primeiro dia que não consegui comer nada, e via sangue quando fechava os olhos.

"Havíamos marchado durante oito dias, 120 quilômetros, sem dormir e sem comer. Eu vinha imaginando como seria a guerra, tudo pegando fogo, crianças gritando, gatos correndo, e quando cheguei a Stalingrado vi que era realmente isso, apenas um pouco mais terrível.

"Eu estava descascando batatas com a cozinheira. Estávamos entretidas em uma conversa sobre soldados. De repente uma fumaça cobriu tudo e em seguida a cozinheira foi morta, e poucos minutos depois, quando o tenente chegou, um morteiro explodiu e ficamos ambos feridos.

"É particularmente assustador se locomover durante a noite quando os alemães estão gritando não muito longe, e tudo em volta está queimando. É muito difícil carregar os feridos. Fizemos com que os soldados os carregassem.

"Eu chorei quando fui ferida. Não recolhíamos os feridos durante o dia. Só uma vez, quando Kazantseva estava carregando Kanysheva, mas um atirador de submetralhadora a acertou na cabeça. Durante o dia, nós os colocávamos em um abrigo e ao entardecer os recolhíamos, ajudadas por soldados.

"Houve momentos, algumas vezes, em que me arrependi de ter me apresentado como voluntária, mas me consolei dizendo a mim mesma que eu não era a primeira, e não seria a última. E Klava disse: 'Tantas pessoas maravilhosas são mortas, que diferença minha morte faria?' Recebemos cartas de nossos professores. Eles estavam orgulhosos de terem nos educado assim. Nossos amigos têm inveja de nós, de termos a chance de enfaixar feridas. Papai escreve: 'Sirva com honestidade. Volte para casa com a vitória.' E Mamãe escreve [...]. Bem, quando eu leio o que ela escreve para mim, as lágrimas começam a cair.

Klava Kopylova, secretária: "Fui enterrada em um *bunker* quando datilografava uma ordem. O tenente gritou para nós: 'Vocês estão vivas?' Eles me desenterraram. Mudei-me para um *bunker* vizinho e fui enterrada mais uma vez. Eles me desenterraram de novo e comecei a datilografar novamente, e datilografei o documento até o fim. Nunca vou esquecer isso se conseguir continuar viva. Houve um bombardeio naquela noite. Tudo pegava fogo. Acordaram-me. Todos no *bunker* eram membros do Partido. Eles me parabenizaram de um modo tão caloroso, tão gentil... Em 7 de novembro, recebi uma carteira de identidade do Partido. Tentaram, diversas vezes, tirar minha foto para a carteira, mas obuses e morteiros caíam o tempo todo. Em dias tranqüilos, sapateamos e cantamos 'O pequeno xale azul'.[10] Eu li *Anna Karenina* e *Ressureição*."

Lyolya Novikova, enfermeira assistente: "Os amigos de Galya Titova me disseram que uma vez ela estava enfaixando alguém, havia fogo pesado, o soldado foi morto e ela ficou ferida. Ela se levantou e disse: 'Adeus, meninas', e caiu. Enterramos ela [...]. Os soldados feridos escrevem principalmente para seus comissários [...].[11] Embora eu fale alemão, nunca converso com os prisioneiros, não quero sequer falar com eles.

"Minha matéria favorita era álgebra. Eu queria estudar no Instituto de Fabricação de Máquinas [...]. Só restam três de nós, de 18 meninas [...]. Enterramos Tonya Yegorova. Depois da primeira batalha, perdemos duas meninas. Vimos o cabo que disse que Tonya havia morrido em seus braços. Ela disse a ele: 'Ai, estou morrendo, estou com tanta dor, não sei se essas pernas são minhas ou não.' Ele disse: 'São suas.' Durante dois dias, foi impossível chegar perto dos tanques. Quando finalmente chegamos lá, nós a encontramos estendida na trincheira. Nós a vestimos, pusemos um lenço ali, cobrimos seu rosto com uma blusa. Chorávamos. Lá estávamos eu, Galya Kanysheva e Klava Vassilieva. As duas estão mortas agora. Na reserva, não nos dávamos bem com os soldados. Nós os exa-

---

[10] "O pequeno xale azul" teve tanta influência que alguns soldados acrescentaram o título da canção no grito de guerra oficial, de modo que ele se tornou: *"Za Rodinu, za Stalina, za Siny Platochek!"* — "Pela Pátria, por Stalin, pelo Xale Azul!"

[11] Um bom soldado, quando ferido, temia, com motivos, que nunca mais tivesse permissão para voltar para seus camaradas. As autoridades na retaguarda apenas agrupavam aqueles que consideravam com condições de lutar novamente e os enviavam para qualquer regimento. Por isso eles escreviam para seus oficiais políticos.

minávamos para procurar piolhos e brigávamos com eles o tempo todo. E agora os soldados estão dizendo: 'Somos muito gratos a nossas meninas.'

"Fomos para o ataque com nosso pelotão e nos arrastamos lado a lado com eles. Alimentamos os soldados, demos água a eles, fizemos curativos neles sob fogo. Nós nos mostramos mais flexíveis do que os soldados, chegávamos até a incentivá-los. Às vezes, tremendo, à noite, pensávamos: 'Ah, se eu estivesse em casa neste momento.'"

Sargento Ilya Mironovich Brysin: "Ao entardecer, começamos a carregar obuses do cruzamento. Foram 6 quilômetros, primeiramente ao longo da margem, depois através da *balka*, depois na cidade, e então até a fábrica. Carregamos 16 quilos cada um. Carregamos em lonas de chão, oito de cada vez. Tivemos de caminhar ao longo da margem sob fogo de morteiros. Não se olhava mais para o que havia à frente dos pés. Todos olhavam para o céu. Bombas caíam a cerca de 5 metros de nós. Deixávamos os feridos com alguém para cuidar deles e continuávamos. Na ravina, submetralhadoras e morteiros disparavam contra nós. Demos um nome a ela, Ravina da Morte. Tinha cerca de 400 metros de extensão. Dava-se [apenas aproximadamente] cinco passos e era preciso abaixar. Vinte e dois homens levaram duzentos obuses. Dez foram mortos ou feridos. Quando chegamos à rua, conseguimos de alguma maneira avançar entre os prédios. Uma vez, estocamos trezentas unidades e o inimigo as explodiu com um ataque direto. Ah, como ficamos furiosos por ter de começar de novo, desde o início.

"Atirávamos o dia todo. Os alemães estavam a cerca de 70 metros de nós. Comigo estavam Dudnikov, Kayukov, Pavlov, Glushakov e Pinikov. Antes da manhã do dia 28, um tenente havia se arrastado até nós, mas seus olhos foram feridos por um morteiro ao amanhecer. Tive que mandá-lo de volta. Mandei Pavlov com ele. Restavam quatro de nós. Os alemães estavam avançando em uma coluna, permanecendo em pé.

"Nós continuamos atacando o dia todo. Pavlov me chamou [pelo rádio]: 'Vamos atacar.' Eu perguntei: 'Quantas pessoas você tem?' 'Dez. E você?' 'Quatro.' 'Bem, vamos atacar!' Havia cerca de cem alemães, duas companhias da SS.[12] Bem, fomos em frente.

"Eu pulei para fora e corri. 'Sigam-me! Urra!' Corri para a segunda casa sozinho. Havia alemães a cerca de 15 metros de mim. Estava silencioso e o dia nascia. Fiquei um pouco assustado. Os alemães atiravam por trás das paredes, dos cantos. Atirei uma granada em um canto pela janela, e em um outro canto, pela porta. É difícil expressar o que eu sentia, eu queria chegar mais perto dos alemães, mas eles haviam desaparecido por trás do muro de terra e eu não conseguia alcançá-los.

"Fui para o andar de cima por uma parede destruída. Eu havia escondido oito granadas lá na tarde do dia anterior. Nós nos referíamos a elas como 'salsichas'.[13] Eu estava lá como se estivesse atrás das grades de uma prisão, havia armamentos pendurados ali, mas nenhuma parede. Atirei aquelas oito granadas neles. Eles começaram a atirar em mim com duas metralhadoras e um morteiro. De fato, não tive medo. Amarrei duas lonas de chão, prendi-as a uma grade e desci para o térreo por um buraco de explosão. Consegui me arrastar de volta até meus homens na primeira casa. Disseram-me: 'Kayukov foi mortalmente ferido.'

"O comandante da companhia me convocou: 'Você consegue ver aquela pilha de escombros atrás da linha [férrea]? Há uma casa de madeira lá.' Eu disse: 'Preciso comer. E que tal dormir um pouco?' 'Ao diabo com o sono.' O tenente me deu um pouco de pão e açúcar, mas então os obuses começaram a voar. Não consegui comer nada. Simplesmente fui sem comer.

---

[12] Quase todo relato de um soldado do Exército Vermelho em Stalingrado fala de combate a soldados da SS, mas na verdade não havia qualquer formação da SS lá. A referência se tornara uma figura de linguagem para os soldados alemães bem armados e disciplinados.
[13] A granada de fabricação soviética era conhecida como "salsicha". A granada de mão americana, fornecida durante o Lend-Lease, era conhecida como "abacaxi".

Bem, eu parti [...], fui até a pilha de escombros. Localizei duas metralhadoras e um morteiro. Voltei e relatei. 'Bem', disse meu tenente, 'você os localizou e você vai destruí-los'."

"Quando os alemães nos empurraram para trás em direção ao Volga, seus atiradores de metralhadora gritavam: 'Rus, glug-glug!' E nós gritamos de volta: 'Ei, venham aqui, vocês estão com sede, não estão?'"[14]

Soldados morreram queimados nas casas. Seus corpos carbonizados foram encontrados. Nenhum deles fugiu. Eles queimaram resistindo.

Um dos artigos mais celebrados de Grossman no *Krasnaya Zvezda* intitulava-se "A Batalha de Stalingrado", uma coleção de descrições, algumas apenas de detalhes.

À luz dos foguetes vêem-se os prédios destruídos, a terra coberta de trincheiras, os *bunkers* nos penhascos e nas valas, buracos profundos protegidos do mau tempo por pedaços de lata e tábuas de madeira.

— Ei, você consegue me ouvir? Já trouxeram o jantar? — pergunta um soldado sentado na entrada do *bunker*.

— Partiram há muito tempo para trazê-lo e não voltaram ainda — responde uma voz na escuridão.

— Ou tiveram de se proteger em algum lugar ou não vão voltar nunca mais. O fogo [inimigo] em torno da cozinha de campo é muito pesado.

— Que diabos! Eu quero muito meu jantar — diz o soldado sentado com uma voz infeliz, e boceja.

---

[14] Conforme mencionado no capítulo anterior, os franco-atiradores soviéticos haviam matado todos os transportadores de água. Os alemães, desesperados por água, haviam recorrido até a tentativas de atrair crianças de Stalingrado com pedaços de pão para que elas enchessem suas garrafas de água no Volga, mas os franco-atiradores tinham ordem para atirar em qualquer civil, inclusive em crianças, que ajudasse o inimigo por qualquer motivo.

Alemães posicionados em um dos prédios resistiam tão obstinadamente que tiveram de ser explodidos junto com as pesadas paredes do prédio. Sob fogo cerrado dos defensores alemães, que podiam sentir sua própria morte chegando, seis sapadores carregaram com as mãos dez *poods*[15] de explosivos e explodiram o prédio. E quando eu imagino por um momento esse quadro — o tenente sapador Chermakov, os sargentos Dubovy e Bugaev e os sapadores Klimenko, Zhukhov e Messereshvili se arrastando sob fogo ao longo de paredes destruídas, cada um deles com 1,5 *pood* de morte, quando eu imagino seus rostos suados, sujos, suas camisas do exército surradas, quando eu me lembro de como o sargento Dubov gritava: "Ei, sapadores, não se assustem!" E Zhukhov respondia, torcendo a boca e cuspindo poeira: "Agora não há tempo para ficar assustado. Tínhamos de ter ficado antes!" — sinto um grande orgulho deles.

Aqui, onde o significado de medida mudou, onde o avanço de apenas alguns metros é tão importante quanto o de muitos quilômetros sob condições [normais] de batalha, onde a distância para o inimigo sentado em uma casa vizinha é às vezes contada em dezenas de passos, a localização de postos de comando de divisões também mudou de maneira correspondente. Postos de comando de divisões estão a 250 metros do inimigo; postos de comando de regimentos e batalhões estão da mesma forma mais próximos. "Se a comunicação é rompida, é fácil se comunicar com um regimento usando a voz", diz um homem do posto de comando fazendo uma brincadeira. "Você grita, eles o ouvem. E eles vão passar a ordem para seus batalhões, também com a voz." [...] E nessa catacumba onde tudo treme o tempo todo com as explosões de bombas e ogivas, a equipe de comandantes está sentada, debruçada sobre os mapas, e um radioperador, que está sempre presente em todos os ensaios da guerra, está gritando: *"Luna, luna!"*

---

[15] Um *pood* era o equivalente a 16 quilos, portanto dez *poods* eram 160 quilos, uma carga enorme.

E aqui um mensageiro está sentado timidamente no canto, segurando um cigarro de *makhorka* na mão, desviando seu olhar e tentando não exalar na direção de seus chefes.

Depois da batalha, Grossman ouviu a história de Gurtyev, comandante da 308ª Divisão de Fuzileiros, e Zholudev, comandante da 37ª Divisão de Fuzileiros dos Guardas. Eles haviam sido vizinhos em uma terrível batalha pela fábrica de tratores, quando os homens de Zholudev foram esmagados.

Gurtiev telefonou para Zholudev e disse: "Coragem, eu não posso ajudar. Fique firme!" Quando Zholudev recebeu ordem para se locomover para a margem esquerda, [isto é, retirar-se inteiramente da batalha] ele disse a Gurtiev: "Fique firme, velho! Coragem!" E os dois riram.

Ortenberg também contou um acontecimento bizarro, ocorrido durante uma das viagens de Grossman a Stalingrado, partindo de Akhtuba, a base na margem oeste do Volga. "Certa vez, em meados de outubro, ele disse a oficiais do Departamento Político da frente de batalha que visitaria [o general] Rodimtsev no dia seguinte. Eles tinham dois pacotes bem embrulhados com presentes enviados por uma organização americana de mulheres. Pediram a Grossman para entregar os presentes às duas 'mulheres mais corajosas na defesa de Stalingrado'. O Departamento Político havia decidido que as duas mulheres mais corajosas poderiam ser encontradas na divisão de Rodimtsev, e que Grossman era uma pessoa adequada para entregar a elas esses presentes. Embora não gostasse de cerimônias oficiais, Vassili Semyonovich relutantemente concordou. Ele atravessou o Volga em um barco a motor e se uniu a Rodimtsev. As duas meninas ficaram em frente a ele. Elas estavam muito animadas com o fato de o famoso escritor e o heróico general lhe darem presentes. Agradeceram formalmente e começaram a desembrulhar os pacotes de uma só vez. Dentro, havia roupas de banho femininas e sandálias combinando com elas. Todos ficaram extremamente constrangidos. As luxuosas roupas de banho pareciam estranhas naquele ambiente, sob estrondosos bombardeios da Batalha de Stalingrado."

17.
A MARÉ VIROU

As batalhas de outubro diminuíram ao fim do mês, principalmente devido à exaustão e à falta de munição. A artilharia soviética reorganizada do outro lado do rio agora era capaz de esmagar concentrações alemãs mais efetivamente enquanto elas se preparavam para atacar. Paulus, sob pressão de Hitler, ainda realizava ataques, mas estes eram em escala muito menor, para evitar a artilharia soviética e as baterias de Katyusha, e porque as divisões alemãs estavam com muito poucos homens. Na atitude mais perigosa de todas, Paulus acatou a ordem de Hitler de usar tropas Panzers como infantaria. Isso significava que ele não teria qualquer blindado de reserva no caso de um ataque surpresa.

A obsessão de Hitler em tomar Stalingrado — uma vitória alternativa para compensar seu fracasso na tentativa de ocupar os campos de petróleo do Cáucaso — não havia diminuído. Ele falou sobre isso em 8 de novembro, em um discurso transmitido de Munique. "Eu queria chegar ao Volga", declarou com ironia nada sutil, "para ser preciso, a um lugar em particular, a uma cidade em particular. Por acaso ela tem o nome do próprio Stalin". Em seguida ele se gabou dizendo que "o tempo não tem importância alguma".

Hitler não poderia estar mais equivocado. O tempo era de grande importância. O inverno se aproximava rapidamente e, portanto, a temporada das ofensivas soviéticas. Por isso mesmo, soldados alemães chamavam as piores condições climáticas de "tempo para russos". Sem conhecimento de qualquer plano, Grossman escreveu para seu pai em 13 de novembro, apenas uma semana antes do grande ataque.

> Eu trabalho muito, o trabalho é estressante e estou bastante cansado. Nunca estive em um lugar de conflito como esse. Aqui não chegam cartas para mim, apenas uma vez me trouxeram um pacote de cartas, entre elas uma carta e um cartão-postal seus [...]. Está bastante frio aqui agora, e ventando.

Nem o centro de comando de Hitler no leste da Prússia nem o 6º Exército alemão perceberam que o Stavka em Moscou estava usando o 62º Exército como isca em uma enorme armadilha. Os alemães sabiam que havia uma ameaça a seus flancos — a retaguarda esquerda ao longo do rio Don era preenchida pelo 3º Exército romeno e a frente de batalha para o sul de Stalingrado era mantida pelo 4º Exército romeno. Uma

Soldados soviéticos se preparam para a Operação Uranus nos arredores de Stalingrado, novembro de 1942.

concentração soviética foi localizada, mas a escala e a ambição da operação foram grosseiramente subestimadas. Qualquer sugestão de que o Exército Vermelho poderia realizar um enorme cerco ao 6º Exército, da maneira como os Grupamentos Panzer alemães haviam cercado os exércitos soviéticos um ano antes, era considerada impensável.

O general Chuikov, ainda resistindo em Stalingrado, tinha seus próprios problemas. O Volga estava congelando, mas ainda não estava sólido. Os grandes blocos de gelo flutuantes que desciam o rio significavam que atravessar suprimentos era agora algo extremamente arriscado. Mas em 19 de novembro teve início a Operação Uranus, 150 quilômetros a noroeste de Stalingrado, com um ataque maciço ao 3º Exército romeno. Na manhã seguinte, outro ataque, 50 quilômetros a sul de Stalingrado, esmagou o 4º Exército romeno. Só ao meio-dia de 21 de novembro os alemães conseguiram verificar que os 300 mil homens do 6º Exército estavam prestes a ser isolados e que não havia nada que pudessem fazer para evitar.

Grossman havia conseguido se unir ao 4º Corpo de Cavalaria que protegia o flanco esquerdo e externo dos dois corpos mecanizados que atacavam. De acordo com Ortenberg, Grossman "assistiu ao começo do avanço no posto de observação da divisão e em seguida, caminhando com as tropas que avançavam, descreveu expressivamente tudo o que viu no caminho".

> Um soldado que fora prisioneiro durante a última guerra olha um avião mergulhando. "Deve ser meu filho jogando bombas", diz ele.

> Eles correm para o ataque protegendo seus rostos com pás de sapadores. No ataque, um fuzil é melhor que uma submetralhadora.

Os soldados romenos, com seus uniformes marrons e seus quepes de pele de carneiro, não dispunham de equipamentos modernos, nem de liderança, nem de canhões antitanque. Logo eles jogaram seus fuzis no chão e gritaram "*Antonescu kaputt!*",[1] mas a rendição não os salvou. Milhares de prisioneiros foram mortos descontroladamente, e as estradas congeladas ficaram sujas com os detritos do exército derrotado.

> Soldados estão marchando. Estão mais animados agora. "Ah, seria ótimo chegar a Kiev." Outro homem: "Ah, eu gostaria de chegar a Berlim!"

> Uma imagem: uma fortaleza destruída por um tanque. Há um romeno esmagado. Um tanque passou por cima dele. Seu rosto ficou em baixo-relevo. Ao lado dele, há dois alemães esmagados. Há também um de nossos soldados estendido na trincheira, enterrado pela metade.
> Latas vazias, granadas, granadas de mão, um cobertor manchado de sangue, páginas de revistas alemãs. Nossos soldados estão sentados entre corpos, cozinhando em um caldeirão pedaços cortados de um cavalo morto e esticando suas mãos congeladas em direção ao fogo.

> Um romeno e um russo, mortos, estavam estendidos um ao lado do outro no campo de batalha. O romeno tinha uma folha de papel e um desenho infantil de uma lebre e um barco. Nosso soldado tinha uma carta: "Boa tarde, ou talvez boa noite. Olá, papai..." E o fim da carta: "Venha nos visitar, porque quando você não está aqui eu volto para casa como se voltasse para um apartamento vazio. Sinto muito a sua falta. Venha para uma visita, eu gostaria de poder vê-lo, mesmo que por apenas uma hora. Estou escrevendo isto e as lágrimas estão caindo. É sua filha Nina quem escreve."

Durante o rápido avanço, quando não havia nenhuma linha de frente clara, Grossman viu-se inesperadamente em perigo. Ele estava acompa-

---

[1] O marechal Ion Antonescu (1882-1946), ditador romeno, fora o mais leal aliado na invasão da União Soviética, mas o colapso de suas forças mal equipadas na campanha de Stalingrado causou um intenso ressentimento alemão contra o desafortunado aliado.

nhado de Aleksei Kapler, diretor de cinema que se tornaria o primeiro amor de Svetlana Stalin. Por ousar acariciar a jovem filha do tirano, Kapler foi espancado pelos homens de Beria e enviado para o *gulag* em 1943, para ficar lá por dez anos. Depois da morte de Stalin, Kapler contou sua aventura com Grossman durante esse avanço. "Nós perambulamos por uma casa vazia e decidimos passar a noite lá. Então alguns soldados apareceram. Vimos suas sombras no teto e percebemos que não eram nossos soldados, porque seus capacetes eram diferentes dos nossos. Acontece que eram romenos. Felizmente eles não nos viram e foram embora."

Soldados do Exército Vermelho ficaram furiosos ao descobrir que seus prisioneiros romenos haviam saqueado as casas da população local. "Lenços e brincos de mulheres idosas, roupas de cama e saias, guardanapos de bebês e blusas de meninas com cores fortes. Um soldado tinha 22 pares de meias de lã com ele."

A maior alegria foi a dos civis libertados.

"Como descobrimos que nossas tropas haviam chegado? Estávamos escutando pela janela: 'Yegor, gire o motor!' [ouvimos]. 'São os nossos!', gritamos.

Logo eles expressaram seu ódio pelos romenos que, seguindo o exemplo dos alemães, haviam chicoteado e espancado civis até que eles revelassem onde haviam escondido sua comida.

> Romenos. Um homem idoso os chamou de "turcos". Verdadeiros ciganos. Eles ficavam dizendo o tempo todo: "A guerra é ruim, deveríamos ir para casa." [Mas] eles deram quatro chicotadas no homem idoso. Forçaram-no a colher cereais, e levaram os grãos. Tinham frutas e comida enlatada para comer.

Alguns civis também haviam sofrido com a ação militar soviética.

> Uma *babuchka* nos contou como um de nossos próprios pilotos a feriu: "Ele jogou uma bomba, o filho-da-puta, que ele se foda", diz ela com raiva, e em seguida olha para o comandante que está trocando de botas e se corrige: "Filho-da-puta,

filhinho. Não há nenhuma vaca, nenhuma vaca para levar ao pasto, nenhuma vaca para deixar voltar. Não há [mais] vida para nós."

As anotações de Grossman contribuíram para seu artigo "Nas estradas do avanço", sobre a ofensiva ao sul de Stalingrado.

Está descendo gelo pelo Volga. Pedaços de gelo flutuante estão murmurando, desintegrando-se, comprimindo-se uns contra os outros. O rio está quase todo coberto de gelo. Só de vez em quando se vêem partes de água nessa ampla faixa branca que flui entre as escuras margens sem neve. O gelo branco do Volga está carregando troncos de árvore, madeira. Um grande corvo permanece de cara feia sobre um pedaço de gelo. Um soldado do Exército Vermelho, morto, com uma camisa rasgada, passa flutuando. Homens de um barco de carga a vapor o retiram do gelo. É difícil arrancar o homem morto do gelo. Ele está enraizado ali. É como se não quisesse deixar o Volga, onde lutou e morreu.

Barcas cheias de romenos capturados passam por nós. Eles permanecem com seus casacos curtos, chapéus brancos altos, batendo os pés, esfregando suas mãos congeladas. "Agora eles viram o Volga", diz o navegador.

Um grupo de duzentos prisioneiros marcha sob a guarda de dois ou três soldados. Os romenos marcham de forma organizada, alguns grupos até mesmo em fila e mantendo o passo, e isto faz rir quem os vê [...]. Prisioneiros seguem em multidões, suas marmitas e seus frascos chacoalhando, pendurados em pedaços de corda, ou fios, cobertores de diversas cores sobre seus ombros. E as mulheres dizem, rindo: "Ah, esses romenos estão viajando igual a ciganos."

Corpos de romenos estão estendidos pelas estradas. Canhões abandonados camuflados com mato seco da estepe apontam para o leste. Cavalos vagam pelas *balkas* arrastando atrás deles arreios quebrados, veículos atingidos por fogo de artilharia soltam uma fumaça azul-acinzentada. Na estrada há capacetes decorados com o brasão real romeno, milhares de cartuchos de munição, granadas, fuzis. Uma fortaleza romena. Uma montanha de cartuchos vazios, cobertos de fuligem, perto do ninho de metralhadoras. Folhas brancas de papel para escrever repousam na trincheira de comunicação. A estepe invernal marrom tornou-se vermelho-tijolo com o sangue. Há fuzis com coronhas estilhaçadas por balas russas. E multidões de prisioneiros se movem em nossa direção o tempo todo.

Eles são revistados antes de serem enviados para a retaguarda. A pilha dos pertences das camponesas encontrados nas mochilas e nos bolsos de romenos parece cômica e patética. Há xales de mulheres idosas, brincos de mulheres, roupa de baixo, saias, cueiros. Quanto mais avançamos, mais veículos abandonados vemos. Há caminhões, veículos blindados e carros de equipe.

Entramos em Abganerovo. Uma camponesa idosa nos contou sobre os três meses de ocupação. "Aqui ficou vazio. Nenhuma galinha para cacarejar, nenhum galo para cantar. Não restou uma única vaca para soltar de manhã e deixar entrar ao entardecer. Os romenos roubaram tudo. Eles espancaram quase todos os homens idosos: um deles não conseguiu trabalhar, outro não conseguiu entregar seus grãos. O *starosta* em Plodovitaya foi espancado quatro vezes. Eles levaram meu filho, um deficiente físico, e com ele uma menina e um menino de 9 anos. Estamos chorando há quatro dias, esperando que eles voltem."

A estação de Abganerovo está cheia de material apreendido. Os alemães já haviam conseguido alterar o trilho da ferrovia.[2] Há vagões de carga franceses e belgas aqui, e poloneses também. Há trens inteiros carregados de farinha, milho, minas, obuses, banha em grandes latas quadradas, vagões de carga cheios de substitutos de *valenki* com grossas solas de ma-

---

[2] A bitola dos trilhos russos era diferente do padrão da Europa Ocidental.

deira, chapéus de pele de carneiro, equipamentos, refletores. Nossas *teplushkas*[3] médicas estão deploráveis e sem suas peças de madeira feitas às pressas, cobertas de panos sujos. Soldados resmungam enquanto retiram sacos de papel cheios de farinha de vagões de carga e os levam para caminhões. Uma águia [nazista] está ostensivamente impressa em cada saco.

Os rostos dos soldados do Exército Vermelho se tornaram vermelhos, cor de bronze, por causa dos severos ventos do inverno. Não é fácil lutar nesse tipo de clima, passar longas noites de inverno fora, na estepe, sob um vento gelado que penetra em todos os lugares, mas os homens estão marchando animadamente. Este é o avanço de Stalingrado. O exército está excepcionalmente animado.

Em 26 de novembro, os mais de 250 mil homens do 6º Exército, de Paulus, a maior formação da Wehrmacht, foram cercados entre o Volga e o Don. O Exército Vermelho, subestimando o tamanho da força que cercara, lançou imediatamente uma série de ataques para esmagar o perímetro, mas os alemães, acreditando que Hitler nunca os abandonaria, resistiram ferozmente.

Um dia alegre e claro. Bombardeio preliminar. Katyushas. Ivã, o Terrível. Rugidos. Fumaça. E fracasso. Os alemães se enterraram, não conseguimos expulsá-los.

O clima se tornou cada vez mais hostil, com neve e duras geadas, o que reduziu as chances do 6º Exército de conseguir lutar e abrir caminho. O Exército Vermelho estava bem mais acostumado a essas condições.

Na linha de frente, na estepe, inverno. Um buraco coberto com uma lona de chão. Um fogareiro feito com um capacete. Uma chaminé feita com um obus de latão. O combustível [consiste em] ervas daninhas crescidas. Na marcha, um solda-

---

[3] Fornalha russa. (N. do T.)

Grossman lê um jornal, talvez checando um de seus artigos no Krasnaya Zvezda. *O camelo no fundo pode ser o famoso Kuznechik, que acompanhou a 308ª Divisão de Fuzileiros durante todo o caminho de Stalingrado a Berlim.*

do carrega uma braçada de ervas grandes; outro, um punhado de gravetos; o terceiro, um obus; o quarto, o fogareiro.

No início de dezembro, Grossman voltou para a margem leste, oposta a Stalingrado. Ele escreveu ao editor do *Krasnaya Zvezda*.

> Camarada Ortenberg, estou planejando partir para a cidade amanhã. Eu queria começar um grande ensaio,[4] mas percebo que preciso adiar a escrita e passar algum tempo coletando material na cidade. Como a travessia é complicada agora,[5] minha viagem vai levar pelo menos uma semana. Por isso

---

[4] É quase certo que Grossman se referia a "Exército de Stalingrado".
[5] O Volga ainda não havia congelado completamente, portanto a travessia do rio era extremamente perigosa e imprevisível.

você não deve ficar zangado se houver um atraso no envio do meu trabalho. Na cidade, meu plano é ter conversas com Chuikov e comandantes de divisões e visitar as unidades da frente de batalha. Eu também queria lhe informar que vou precisar visitar Moscou, aproximadamente em janeiro. Ficaria muito grato se você pudesse me chamar de volta. Na verdade, eu me sinto de alguma maneira sobrecarregado de impressões e completamente exausto depois de três meses de tensão em Stalingrado. Se alguma infelicidade ou algo inesperado acontecer durante minha visita à cidade, você poderia por favor ajudar minha família? Vassili Grossman.

Grossman conseguiu atravessar o rio e foi ao posto de comando do 62º Exército. A vida era muito mais tranqüila, já que agora os alemães sitiados estavam com pouca munição e comida. A sobrevivência deles dependia inteiramente de um reabastecimento por ar até o campo de pouso de Pitomnik, no centro da área cercada. Goering dissera a Hitler que era perfeitamente possível reabastecer o 6º Exército por ar, embora seus próprios generais da Luftwaffe o tivessem advertido de que essa enorme tarefa era impossível. Os soldados do 6º Exército foram encorajados a manter a posição com histórias vãs de um Exército Panzer da SS chegando para ajudá-los. O general Chuikov disse a Grossman: "Havia um rumor entre os alemães de que o próprio Hitler visitara Pitomnik e dissera: 'Fiquem firmes! Estou liderando um exército para resgatar vocês.' (Ele estava vestido como um cabo.)"

Essa lenda de campo de batalha é semelhante a uma história igualmente falsa no lado soviético, durante os dias desesperados de setembro, de que o próprio Stalin fora visto em Stalingrado.

Chuikov também contornou a situação que seu próprio 62º Exército enfrentou devido à virtual impossibilidade de se reabastecer atravessando o Volga parcialmente congelado. Eles tiveram que contar quase que exclusivamente com comunicações por rádio com a margem leste, porque todas as linhas por terra haviam sido rompidas pelo gelo. Sua única grande vantagem, entretanto, continuava sendo as posições de artilharia concentradas na margem oeste. Seu reabastecimento de munição não foi afetado.

Grossman descreveu o *bunker* de Chuikov em um artigo intitulado "Conselho Militar".

> Quando se entra em um *bunker* e nos quartos subterrâneos de oficiais e soldados, sente-se novamente um desejo ardente de manter para sempre na memória as características extraordinárias dessa vida única. As lâmpadas e a chaminé feitas com caixas de obuses de artilharia, xícaras feitas de bases de obuses de latão sobre a mesa, perto de copos de cristal. Perto de uma granada antitanques há um cinzeiro de porcelana no qual está escrito "Mulher, não deixe seu marido nervoso". Há uma lâmpada elétrica opaca no *bunker* do comandante-em-chefe, e um sorriso em Chuikov, que diz: "Sim, e um candelabro. Não estamos vivendo em uma cidade?" E um volume de Shakespeare no escritório subterrâneo do general Gurov [...]. Todos esses samovares e gramofones, tigelas azuis familiares com açúcar e espelhos redondos com molduras de madeira nas paredes de barro dos porões. Toda essa vida de todo dia, com coisas domésticas tranqüilas recuperadas de prédios em chamas.

Embora bastante satisfeito com a inevitável vitória sobre o 6º Exército, Grossman ficou cada vez mais deprimido com o modo como seu trabalho estava sendo reescrito nos escritórios da editoria do *Krasnaya Zvezda* e escreveu sobre isso em carta à sua esposa em 5 de dezembro.

> Eu trabalho muito. Você provavelmente pode ver isso pelo jornal. Se você visse como eles cortam e alteram [meu texto], e não apenas isso, como eles também acrescentam frases em meus pobres artigos, provavelmente ficaria mais perturbada do que feliz com o fato de meus textos verem a luz. O escritório da editoria adotou uma regra de cortar o fim de qualquer ensaio, substituindo pontos por vírgulas, eliminando descrições das quais eu particularmente gosto, mudando títulos e inserindo frases como: "A fé e o amor virtualmente fizeram

milagres." Essa edição é feita às pressas por editores profissionais, e às vezes eu tenho de ler uma frase várias vezes para entender o significado. Tudo isso me incomoda muito, porque estou trabalhando em condições muito difíceis [...].

O 62º Exército, de Chuikov, permaneceu com pouca ração — incluindo *makhorka* e vodca — durante o lento congelamento do Volga. Finalmente, em 16 de dezembro, o rio ficou sólido. Primeiro, foi feita uma ponte de madeira sobre o gelo, para pedestres. Depois, uma estrada adequada cruzando o rio pôde ser feita, com galhos e ramos imersos na água para fortalecer a superfície. Isto significava que logo ela poderia suportar caminhões e até mesmo artilharia pesada. "Boas geadas!" Soldados do Exército Vermelho escreveram para casa com satisfação. Diz-se que em menos de dois meses 18 mil caminhões e 17 mil outros veículos atravessaram o gelo. Grossman celebrou esse acontecimento em um artigo intitulado "O novo dia".

> Todos aqueles que, durante cem dias, esperaram para atravessar o Volga e que atravessaram o rio de gelo cinza-escuro, olharam nos olhos de uma morte rápida e sem piedade. Um dia alguém cantará uma canção sobre aqueles que agora dormem no leito do Volga.
>
> À noite, pudemos caminhar pelo Volga. O gelo tinha dois dias e já não cedia embaixo de nossos pés. A lua iluminava a rede de caminhos, incontáveis trilhas de trenós. Um soldado de comunicação caminhava à nossa frente, rápida e confiantemente, como se tivesse passado metade de sua vida caminhando nesses caminhos misturados. De repente o gelo começou a se partir. O soldado de comunicação veio para uma ampla clareira de gelo, parou e disse: "Ah! Com certeza pegamos o caminho errado. Tínhamos de ter ficado à direita." Os homens de comunicação sempre dizem essa espécie de frase de consolação, não importa onde eles o levem.
>
> Barcas esmagadas por obuses congelaram no gelo. Há um brilho azulado nas cordas cobertas de gelo. Popas de embar-

cações apontam para o alto, assim como as proas de barcos a motor afundados.

Os combates continuam nas fábricas [...]. Fogo de canhão com barulhos surdos, estrondos e as explosões de obuses ressoam seca e claramente. Com freqüência, explosões de tiros de metralhadora e de submetralhadora podem ser ouvidos distintamente. A música é horrivelmente semelhante à do trabalho pacífico da fábrica, como martelos batendo em barras de aço, aplainando-as. É como se aço líquido e resíduos escorrendo em um molde estivessem iluminando o gelo fresco do Volga com um brilho rosa repentino.

Ao nascer, o sol ilumina as bordas das crateras feitas pelas bombas pesadas. O centro dessas amedrontadoras crateras está sempre envolto em lúgubre penumbra. O sol tem receio de tocar nele [...].

O sol nasce sobre centenas de trilhos de trem onde vagões-tanque estão estendidos como cavalos mortos, com suas barrigas rasgadas abertas; onde centenas de vagões de carga estão comprimidos uns sobre os outros, destruídos pela força de uma explosão e amontoados em torno de locomotivas frias como um rebanho em pânico se aconchegando em torno de seus líderes.

Estamos caminhando em uma terra devastada, coberta de buracos de bombas e obuses — franco-atiradores e sentinelas alemães podem ver bem o lugar, mas o magro soldado do Exército Vermelho com seu casaco comprido está caminhando ao meu lado tranqüilamente e sem pressa. Ele explica calmamente: "Você acha que eles não podem nos ver? Bem, eles podem. Costumávamos nos arrastar aqui à noite, mas agora é diferente: eles estão poupando balas e obuses."

Passamos por uma pilha de lixo de metal cor de ferrugem, passamos por colossais conchas de fundição onde o aço escorre, passamos por chapas de aço e paredes quebradas. Soldados do Exército Vermelho estão acostumados com a destruição aqui, então eles não conseguem notar nada disso. Pelo contrário, um item de interesse aqui é o vidro intacto em uma janela de um escritório destruído da fábrica, uma chaminé alta ou uma casa de madeira que milagrosamente sobreviveu. "Por favor, olhe. Aquela casa ainda está viva", dizem os passantes, sorrindo.

Não é de surpreender que Grossman estivesse sofrendo uma grande tensão em meados de dezembro, quando escreveu novamente para seu pai.

> Acho que estarei em Moscou em janeiro. Estou bem, mas meus nervos sofreram muito. Eu me tornei uma pessoa zangada e irritável, fico atacando meus colegas. Eles estão assustados comigo agora. Não posso deixar esse lugar nesse momento e não quero. Veja você: agora que a sorte se voltou para o nosso lado, não se quer deixar o lugar onde se viu os momentos mais duros possíveis.

Quando sua partida de Stalingrado se aproximava, Grossman ficou cada vez mais preocupado com suas experiências lá.

> Soldados do Exército Vermelho deram corda no gramofone. "Que disco deveríamos pôr?", perguntou um deles. Várias vozes falaram ao mesmo tempo. "O nosso. Aquele."
> Então aconteceu uma coisa estranha. Enquanto um soldado procurava o disco, eu pensei: seria maravilhoso ouvir minha canção favorita nesse porão negro e destruído. E, de repente, uma voz solene e melancólica começou a cantar: "Uma tempestade de neve está caindo do outro lado das janelas..." Os soldados do Exército Vermelho deviam gostar muito dessa canção. Todos ficaram em silêncio. Devemos ter ouvido o mesmo refrão da canção uma dezena de vezes:
>
> > "Minha Senhorita Morte, imploramos a você,
> > Por favor, espere do lado de fora."

Essas palavras e a música imortal de Beethoven soaram aqui com uma força indescritível. Para mim, foi provavelmente um dos momentos de maior emoção em toda a guerra [...]. E eu me lembrei de uma pequena carta escrita pela mão de uma criança, encontrada com um soldado morto em uma fortaleza. "Boa tarde, ou talvez boa noite. Olá, *Tyatya* [papai]..." E me lembrei desse *Tyatya* morto que provavelmente estava lendo a carta quando morreu, e a carta amassada estava perto de sua cabeça.

PARTE TRÊS

Recuperando os Territórios Ocupados — 1943

18.
DEPOIS DA BATALHA

A Batalha de Stalingrado havia perdido intensidade na cidade em dezembro de 1942. Duros combates aconteciam apenas em áreas devastadas e congeladas da estepe Volga-Don, onde sete exércitos soviéticos estavam tentando esmagar o 6º Exército, doente e morto de fome. Mas mesmo encurralada, a Wehrmacht ainda era uma força assustadora. Na cidade, havia uma leve sensação de anticlímax causada por uma mistura de exaustão, alívio e tristeza diante das perdas terríveis. Grossman ficou profundamente comovido quando descobriu o túmulo de seu sobrinho, em 29 de dezembro.

> Túmulo de Yura Benash, no posto de comando de Mikhailov — você tem de subir bem atrás do posto. Um panorama que impressiona. Há quatro túmulos bem acima do penhasco.

Ele escreveu sobre isso para sua mulher logo que voltou para a margem leste.

> Minha queridíssima Lyusenka, acabo de chegar da cidade para escrever. Atravessei o rio caminhando sobre o gelo. Essa recente excursão causou em mim depressões profundas. Imagine,

minha querida, que o túmulo de Yura Benash, filho de Vadya, fica no penhasco acima do Volga. Encontrei o comandante de seu regimento e ele me contou detalhes sobre Yura. Yura era um comandante de batalhão. Estava lutando como um herói. Sua companhia antitanques havia atingido 16 tanques inimigos. Ele liderou ataques enlouquecidos. Todos falaram dele com admiração. Ele sabia que eu estava aqui, ficou tentando entrar em contato comigo através das pessoas do escritório de redação da frente de batalha, escreveu cartas para mim, mas nunca recebi uma delas sequer. Bem, encontrei-o agora.

[...] Lyusenka, tanta coisa passou diante dos meus olhos, tanta, que é difícil compreender como minha alma, meu coração, meus pensamentos e minha memória podem assimilar tudo isso. Sinto como se estivesse cheio até a borda de tudo isso [...]. Amanhã vou me sentar e escrever um longo ensaio.

Na mesma ocasião Grossman escreveu uma carta semelhante ao pai, contando que Yura recebera a Ordem da Estrela Vermelha e fora morto em uma explosão um mês antes.

Não há ninguém para chorar por ele — nem mãe, nem avó [...]. Andei muito nos últimos dias, vi muitas coisas interessantes, agora vou me sentar e escrever. Gostaria de escrever alguma coisa séria e grande [...]. Não sei sobre o que escrever, há tantos pensamentos e impressões. Eu não saberia por onde começar. Quando eu vir você e nos sentarmos juntos, vou me sentar na poltrona vermelha e vamos falar e falar.

Depois da intensidade e da importância da Batalha de Stalingrado, Grossman achou difícil aceitar que a vida seguisse seu próprio caminho, que as despedidas pudessem ser apressadas e casuais depois daqueles acontecimentos graves.

Um comandante deixa seu regimento. Despedidas vazias: "Escreva", "Tudo bem, tudo bem." Pressa. E o homem passou por todas as dificuldades dos combates em Stalingrado.

Sua própria despedida do lugar foi feita em seu artigo para o *Krasnaya Zvezda* intitulado "Hoje em Stalingrado".

> O sol do inverno está brilhando sobre túmulos coletivos, sobre lápides feitas à mão nos lugares onde soldados foram mortos no eixo do principal ataque. Os mortos estão dormindo nas alturas, perto das ruínas de oficinas da fábrica, em valas e *balkas*. Estão dormindo agora exatamente onde lutaram quando estavam vivos. Essas lápides ficam perto de trincheiras, *bunkers*, paredes de pedra com fendas, que nunca se renderam ao inimigo, como um grande monumento a uma lealdade simples, banhada em sangue.
>
> A Terra Santa! Como se deseja manter para sempre na memória esta nova cidade que dá a seu povo uma liberdade triunfante, uma cidade que cresceu entre ruínas, para absorver tudo isso — todos os alojamentos subterrâneos com chaminés soltando fumaça ao sol, redes de caminhos e novas estradas, morteiros pesados erguendo seus troncos entre *bunkers* e trincheiras, centenas de homens com casacos acolchoados, sobretudos, chapéus *ushanka*, fazendo o interminável trabalho da guerra, carregando minas sob seus braços como pães, descascando batatas perto do cano apontado de um canhão pesado, disputando, cantando em vozes baixas, contando sobre um combate com granadas durante a noite. Eles são tão majestosos e triviais em seu heroísmo.

Grossman ficou surpreso com sua própria dor quando Ortenberg ordenou que ele fosse para o Front do Sul, longe de Stalingrado.

> Estamos deixando Stalingrado na noite do Ano-Novo. Fomos transferidos para o Front do Sul. Que tristeza! De onde veio isso, esse sentimento de partir? Eu nunca senti isso antes nesta guerra.

Ortenberg havia decidido substituí-lo por Konstantin Simonov, que teria a glória de cobrir a vitória final. Simonov visitara Stalingrado com

Ortenberg nos dias de setembro (quando eles adormeceram no *bunker* de Yeremenko e Khruschev na margem oeste e, ao acordarem, descobriram que todo o centro de operações havia desaparecido durante a noite, sendo transferido para a margem leste). Grossman era o correspondente do *Krasnaya Zvezda* que, de longe, passara o maior tempo na cidade, e Ilya Ehrenburg foi um dos que achou essa decisão injusta e ilógica. "Por que o general Ortenberg ordenou que Grossman fosse para Elista e enviou Simonov em seu lugar para Stalingrado? Por que Grossman não teve permissão para ver o fim? Isso eu ainda não consigo entender. Aqueles meses que passou em Stalingrado e tudo associado a eles permaneceu na alma de Grossman como as mais importantes impressões."

Grossman escreveu para seu pai pouco antes de deixar Stalingrado.

Bem, meu [querido Pai], vou dizer adeus a Stalingrado amanhã e viajar para Kotelnikovo [e em seguida] Elista. Estou partindo com um sentimento de tristeza, você sabe — como se estivesse deixando uma pessoa querida, quando tantas lembranças, tantos pensamentos e sentimentos, depressivos e significativos, exaustivos, inesquecíveis, são associados a esta cidade. Ela se tornou humana para mim. Pai, as coisas estão indo bem na frente de batalha, e estou mais animado.

O Front do Sul se estendia através de Kalmykia a partir da estepe vazia ao sul de Stalingrado, até o norte do Cáucaso, de onde o marechal-de-campo Von Manstein estava retirando o Grupo A do Exército com muita pressa. Uma segunda grande ofensiva soviética na segunda metade de dezembro, a Operação Pequeno Saturno, ameaçou a rota de retirada dos alemães em torno do mar de Azov. Esse rápido recuo permitiu a Grossman estudar como havia sido a vida sob ocupação alemã, principalmente em Elista, a principal cidade da região, cerca de 300 quilômetros a oeste de Astrakhan.

Kalmykia. A estepe. Neve e poeira amarela e neve amarelo-esbranquiçada que o vento faz escorrer por uma estrada. Casas vazias. Silêncio. Não há silêncio como esse em qualquer outro lugar. As estradas estão minadas. "Vocês vão primeiro", [dizem as pessoas fazendo suas] brincadeiras. "Vamos fumar um cigarro e tomar café-da-manhã." "E nós vamos pôr mais um pouco de óleo no tanque!" "E nós vamos derreter um pouco de neve para pôr no radiador." [Este é o] terror de uma estrada minada. Um veículo blindado, um caminhão, outro caminhão um pouco mais à frente, cada um deles destruído por uma explosão. Os corpos de soldados foram lançados para fora dos caminhões pela força da explosão. Cavalos com suas barrigas rasgadas. Estão estendidos lado a lado, exatamente como quando estavam puxando uma carroça. Outro caminhão. O medo das minas — é uma doença.

Está vazio e quieto. Um cachorro está correndo ao longo da estrada, um osso humano entre seus dentes. Outro está correndo atrás dele, com o rabo entre as pernas. Vilas — os homens partiram [...]. Uma casa russa. Bulgakova, membro do Komsomol, [mora ali] com seu bebê. Ela é a única pessoa em toda a área que manteve sua carteira de identidade do Komsomol, que escondeu embaixo de *kizyaks*.[1]

Gramofones, aconchego e medo. Há gangues em toda parte. Um homem que voltou de um campo de prisioneiros de guerra. Quem é ele? Um espião ou um homem confiável? É um mistério. Há uma sombra sobre ele. Ele é uma incógnita. Diz que caminhou 4 mil quilômetros. Havia escapado três vezes. A morte nunca esteve longe, e, com a morte rondando-o, seu sofrimento era grande: ele fora capturado perto de Smolensk e escapara da prisão perto de Elista. Não se pode acreditar nele, mas não se pode duvidar dele também. Uma figura trágica.

Não há um único galo na vila: as mulheres mataram todos, porque os romenos descobriam onde as galinhas estavam escondidas por causa dos gritos dos galos jovens. A estepe

---

[1] Esterco prensado usado como combustível em fogões.

— sua suavidade e suas ondulações, neblina, poeira, geada, pés de sálvia congelados, cavaleiros nos campos.

Elista. [Os alemães] queimaram Elista, e novamente, como há 15 anos, Elista é uma vila. Já não há mais uma cidade aqui [...]. O comandante municipal de Elista era o major Ritter.

Grossman entrevistou a professora que continuara a trabalhar durante a ocupação alemã. "Eu estava atormentada com o sentimento de que era errado trabalhar para eles", disse-lhe a professora.

A NKVD de Lavrenty Beria, que logo chegou a Kalmykia para remover traidores, não teria piedade. Grossman identificou a professora em um artigo (veja abaixo) como Klara Frantsevna, mas não sabemos se este era seu nome verdadeiro. Os moradores de Kalmykia sofreram terrivelmente no expurgo stalinista contra cidadãos do sul, mas não tanto quanto os tchetchenos e os tártaros da Criméia. Muitos moradores de Kalmykia haviam recebido os alemães como libertadores, e orgulhosamente usavam o uniforme verde da polícia auxiliar local.

Escola. A disciplina de história foi removida do currículo. A geografia da URSS foi substituída pelo estudo da Europa como parte do mundo (sem qualquer país), a posição da Europa, as fronteiras da Europa, os mares que cercam a Europa, ilhas, penínsulas, condições climáticas, montanhas, superfícies.

A língua russa: [os alemães] não nos deram um novo livro escolar, apenas consertaram o antigo, arrancando todas as páginas relacionadas à política da URSS. Sugeriram às crianças que elas próprias deveriam arrancar as páginas. Um oficial alemão falou com as crianças. (Ele havia estudado em uma escola clássica em Odessa e era professor de química de alunos veteranos).

Leitura: o livro de leitura foi banido ("Górki não é um escritor, é um charlatão").[2] Eles introduziram um livro [inti-

---

[2] Górki, é claro, havia ajudado Grossman a iniciar sua carreira literária.

tulado] *O que acontecerá depois?* e a revista *Hitler, o libertador.* ("Nos porões da GPU", de Albrecht).[3]

Matemática: eles removeram do livro escolar todas as questões relacionadas a assuntos soviéticos [e as substituíram por]: um número tal de aviões soviéticos foi derrubado etc.

A língua alemã foi incluída no currículo. Um oficial revistou as bolsas escolares das crianças procurando páginas que elas não haviam arrancado. Um livro de Lenin foi encontrado na bolsa de uma menina. Houve muitos gritos, mas a menina não foi expulsa.

Ciências naturais: o último capítulo, "Sobre a origem dos seres humanos", foi banido.

Havia duas horas de alemão toda semana. Punições foram introduzidas: "Você podia inclusive bater nas crianças."

Canto: músicas folclóricas russas, "Maçã madura". "Crianças, arrumem-se para a escola."

Esta escola não era típica do território ocupado — os alemães [no local] estavam agindo com sua própria autoridade. "Um alemão perguntou: 'Eles podiam ler *Guerra e paz*?'[4] Eu disse: 'Eles são muito jovens para isso.'"

Biblioteca: todos os livros sobre política foram removidos, bem como Heine e todos os escritores soviéticos.

Metises (meio-alemães) recebiam porções de comida alemã. Houve um anúncio: "Todos os *metises* devem se registrar no escritório do comandante. É do interesse deles próprios." Eles receberam uma vaca de boa raça que custa mil rublos, chocolate, farinha branca, doces. Alguns russos receberam o mesmo status de *metises*.

---

[3] Este longo artigo de um comunista renegado foi publicado na Alemanha nazista no livro *Der Verratene Sozialismus* (1941), de Karl Albrecht.
[4] Presumivelmente, os alemães queriam saber se Tolstoi era visto pelo Estado soviético como um escritor czarista.

"Um soldado [alemão] veio e encontrou açúcar. Ele chupou um pedaço de açúcar. Apontei para o bebê, ele sorriu e foi embora. Eles adoram coisas doces, sempre chupam açúcar."[5]

Aviso no banheiro: "Proibida a entrada de russos."

Alemães em Elista. Em agosto, eles estavam passeando e dirigindo motocicletas de cuecas.[6]

Grossman também ouviu falar de atrocidades contra a população judia, presumivelmente cometidas pela *SS Sonderkommando Astrachan*, que teve vida curta, tendo sido formada em outubro de 1942 e dissolvida em dezembro, logo depois do colapso na frente de batalha. Apesar de seu nome, a *Sonderkommando* tinha sua base em Elista.

A morte de 93 famílias judias. Puseram veneno nos lábios das crianças.

É difícil saber exatamente o que ele quis dizer com a morte de crianças, um termo que em russo inclui bebês e crianças maiores. O significado parece ser de que a SS estava experimentando um novo veneno.

Ele também entrevistou uma professora que fora estuprada por um oficial alemão.

Professora (decidi não perguntar seu nome e sobrenome). À noite, um oficial, ajudado por seu assistente, estuprou-a. Ela estava segurando um bebê de 6 meses nos braços. Ele atirou no chão, ameaçando matar o bebê. O assistente saiu e trancou a porta. Alguns de nossos prisioneiros de guerra estavam no

---

[5] Em enterros, era possível distinguir logo um esqueleto alemão de um esqueleto soviético simplesmente pelos dentes. Os esqueletos soviéticos tinham dentes muito mais saudáveis e não tinham obturações.

[6] Muito provavelmente os motociclistas alemães estavam usando shorts, uma peça do vestuário raramente vista em lugares remotos.

quarto ao lado. Ela gritou e chamou, mas havia um silêncio de morte no quarto ao lado.

Usando suas entrevistas em Elista, Grossman tentou recriar como era a ocupação alemã. É difícil imaginar que ele pudesse ser capaz de publicar isto, considerando tratar-se de um assunto tabu: colaboração com o inimigo.

A velha professora [...]. Em 5 de junho de 1942, ela estava sentada no jardim. Cachorros, que já tinham a experiência de muitos ataques aéreos, iam para as trincheiras estreitas depois das mulheres, com o rabo entre as pernas. As mulheres os chutavam e gritavam: "Já estamos doentes mesmo sem vocês! Vocês acham que queremos vocês aqui com suas pulgas? Saiam, que a cólera os leve!"

Voronenko anunciou que alemães haviam jogado uma bomba de 200 quilos e canhões antiaéreos estavam errando o alvo por cerca de 500 metros. A idosa Mikhailyuk resmungou: "Se pelo menos os alemães pudessem vir mais rapidamente e acabar com esse pesadelo. Durante o alarme de ontem, um parasita roubou um pote de *borscht* de meu fogão."

Meninos apareciam primeiro, chegavam correndo com a informação exata: "Uma bomba caiu exatamente em frente à casa de Rabinovichka, a cabra de Zabolotsy morreu, a perna da velha Miroshenko foi cortada, eles a levaram para o hospital em uma carroça e ela morreu no caminho, sua filha está chorando tanto que dá para ouvi-la a quatro quarteirões."

"Há uma coisa que temo mais que tudo", disse a professora, "é que as pessoas com quem tenho vivido toda a minha vida, lado a lado, que amo, e nas quais confio, que elas cedam a uma provocação obscura e malvada".

Era ainda de tarde quando os motociclistas apareceram. Eles usavam bonés forrados, shorts e sapatos de ginástica, e tinham um bronzeado escuro. Cada um deles tinha um relógio de pulso. Uma mulher idosa olhou para eles e disse: "Ah, meu Deus, eles não têm vergonha, nus na rua principal. Que heresia!"

Os motociclistas entraram nas casas, levaram o peru do padre que estava do lado de fora bicando estrume de cavalo, comeram apressadamente 2,5 quilos de mel na casa do *starosta* da igreja, beberam um balde de leite e foram embora, prometendo que seu comandante chegaria em aproximadamente duas horas.

Durante o dia, dois amigos de Yashka, desertores, vieram visitá-lo. Estavam bêbados e cantaram em coro: "Três motoristas de tanque, três grandes amigos." Provavelmente estariam cantando uma canção alemã se soubessem. O agrônomo estava passeando no jardim e perguntando às mulheres com um sorriso astuto: "Então, onde estão todos os nossos judeus? Hoje não vi crianças nem idosos o dia todo, como se eles nunca tivessem existido. E ontem mesmo eles estavam carregando cestas de cinco *poods* do bazar."

Dias se passaram. O agrônomo se tornou a pessoa responsável pelo quarteirão. Yashka estava trabalhando na polícia, a menina mais bonita da cidade tocava piano no café dos oficiais e morava com o assistente do comandante. Mulheres iam para vilas para trocar seus pertences por trigo, batata, milho, e xingavam os motoristas alemães que exigiam o pagamento de uma enorme taxa para transportar essas coisas. O escritório de emprego enviava centenas de notas de convocação, e meninas e meninos caminhavam até a estação com mochilas e embarcavam em vagões de carga. Um cineteatro alemão, um bordel para oficiais e outro para soldados foram instalados na cidade. Um grande banheiro de tijolos foi construído na praça principal, com o aviso "Apenas para alemães" em russo e italiano. Na escola, a professora Klara Frantsevna ditava para seus alunos do primeiro ano esta questão: "Dois Messerschmitts derrubaram oito caças do Exército Vermelho e 12 bombardeiros, e um canhão antiaéreo derrubou 11 aviões bolcheviques de ataque. Qual o total de aviões do Exército Vermelho derrubados?" Prisioneiros de guerra marcharam pela cidade. Estavam esfarrapados e tontos de fome. Mulheres correram até eles para lhes dar pedaços de pão e batata cozida. Os prisioneiros brigaram pela comida e os guardas bateram neles para restabelecer a ordem.

Yashka disse, zombando e com um ar de mistério: "Logo vocês terão muito espaço para morar. Vi cidades que foram completamente limpas [...]. Até a última pequena raiz."

A mulher idosa, Weisman, começou a chorar por sua neta. "Dasha," disse ela, "vou deixar meu anel de casamento com você e então poderá apanhar cerca de 15 *poods* de batatas de nossa horta, além de abóbora e beterraba. Você será capaz de alimentar minha menina de alguma maneira até a primavera. Eu também tenho um pedaço de pano para um casaco feminino. Você pode trocar por pão." Ela come muito pouco, não tem apetite nenhum.

Em 17 de fevereiro, Grossman escreveu para sua mulher contando sobre sua vontade de voltar para o centro das coisas depois desse período desperdiçado em Kalmykia.

Estou esperando pelo avião com muito nervosismo [...]. Acontecimentos grandiosos estão se desenrolando. Já perdi Kharkov. Eu estaria lá durante o ataque [...]. Meus ensaios sobre Stalingrado estão tendo um grande sucesso.

Grossman ainda não sabia que o avanço excessivamente otimista após a Operação Pequeno Saturno era uma repetição do erro crasso de Stalin no mês de janeiro anterior, quando o sucesso nos arredores de Moscou foi transformado em uma ofensiva geral. No sul, o Exército Vermelho enfrentava os talentos formidáveis do marechal-de-campo Von Manstein, que preparava uma contra-ofensiva que retomaria a Carcóvia. Grossman, entretanto, teve sua própria decepção, como explicou em uma carta à sua mulher.

Fiquei muito perturbado e ofendido com essa coisa de prêmio. Não importa, isso não reduziu o respeito por mim nos círculos literários e entre os leitores. Por favor, não fique incomodada com isso. Agora está tudo no passado.

A comissão que escolheu o vencedor do Prêmio Stalin de 1942 havia votado unanimemente em *O povo imortal*, mas Stalin anulou o nome de Grossman. Talvez o tema da obra, relacionado ao desastre de 1941, fosse um assunto desconfortável para o Grande Líder, que tinha cometido erros tão catastróficos. Como resultado da intervenção de Stalin, o vencedor foi *A queda de Paris*, de Ilya Ehrenburg. Em dezembro de 1944, durante a visita de De Gaulle a Moscou, Stalin, de maneira provocativa, disse a Ehrenburg que presenteasse o líder francês com um exemplar do livro.

Ehrenburg parecia incomodado naquele inverno em Stalingrado com sua própria sorte e com a falta de sorte de Grossman. "As pessoas dizem que alguns nascem sob uma estrela de sorte", escreveu ele. "Mas a estrela sob a qual Grossman nasceu definitivamente não era de sorte. Disseram-me que Stalin eliminou seu romance *O povo imortal* da lista de candidatos ao prêmio."

Grossman dificilmente procurava cativar os controladores políticos da vida literária soviética. Ortenberg observou que no verão de 1942 "recebeu uma nota de Vassili Grossman. Ele me pedia para 'dar refúgio' a seu amigo Andrey Platonov.[7] 'Ele está desprotegido e confuso.' Era uma tarefa difícil. Platonov na época era *persona non grata* em nossa literatura." Mas Grossman conseguiu, e Platonov recebeu um emprego no *Krasnaya Zvezda*.

---

[7] Platonov, Andrey Platonovich (1899-1951), escritor, poeta e crítico literário, foi enviado especial do *Krasnaya Zvezda* de outubro de 1942 até o fim da guerra.

19.
RECUPERANDO A PÁTRIA

A certeza equivocada de Stalin de que os alemães estavam prestes a sofrer um colapso depois da campanha de Stalingrado levou o Exército Vermelho a avanços de extensão exagerada e a agudos retrocessos. A percepção do momento certo pelo marechal-de-campo Von Manstein foi impecável. Ele atacou justamente quando as colunas blindadas soviéticas estavam exaustas e com pouco combustível. O 25º Corpo de Tanques teve de abandonar seus veículos perto de Zaporozhe e fugir a pé pela neve.

O maior obstáculo aos planos de Manstein, entretanto, veio no início de março, quando, contrariando suas ordens, o general Paul Hauser levou o Grupamento Panzer da SS ao que ficou conhecido como a Terceira Batalha da Carcóvia, uma retomada precipitada e custosa da cidade. No fim de março, depois dessa campanha de virada em que Manstein conseguiu impedir um desastre, em grande parte por ignorar ordens de Hitler, os dois lados entraram na defensiva para se recuperarem e se reorganizarem. Talvez a mais importante conseqüência desse vaivém tenha sido o bolsão de Kursk — um grande pedaço de território soviético com mais de 207 quilômetros quadrados cravado na frente de batalha alemã. Kursk se tornaria uma obsessão para Hitler nos meses seguintes, com resultados que provariam ser fatais para suas forças armadas.

289

Grossman no posto de comando em Svatovo, abril de 1943.

Grossman se viu de volta ao familiar território do leste da Ucrânia, em Starobelsk, ao norte do rio Donets. Ortenberg observou o quanto Grossman estava adaptado à vida militar. "Meses de guerra se passaram, um após o outro, e Grossman, que era completamente civil por natureza e que não estava sujeito à convocação por causa de seus problemas de saúde, sentia-se em casa na guerra. Ele não mudou muito por fora, exceto por sua camisa, que não se avolumava tanto quanto antes, e por seu casaco, um pouco encolhido pela chuva e pela neve. Ainda não havia qualquer entonação de comando em sua voz, apesar do galão de tenente-coronel em seu ombro."

Junto ao 3º Exército dos Guardas no norte de Donbass, Grossman encontrou uma situação militar bem parecida com a do ano anterior. Em seu bloco de anotações, ele escreveu: "Início de primavera. Calma completa na frente de batalha."

Em Starobelsk, encontrou estranhos ecos do passado pré-revolucionário.

Dei carona em meu caminhão a um padre, sua filha e sua neta, com todos os seus pertences. Eles me receberam [em casa] como se eu fosse da realeza, com ceia e vodca. O padre me contou que soldados e oficiais do Exército Vermelho o procuraram para rezar e conversar. Um major o procurou não muito tempo atrás.

História sobre Kseniya, irmã do czar, que vive em Starobelsk. Ela protegera o povo soviético dos alemães. As pessoas dizem que algum tempo atrás ela voltara do exterior com permissão de Dzerzhinsky para encontrar seu filho.[1]

Isto é um mito completo. A Grande Duquesa, que deixara a Criméia em 1919 com a imperatriz de Dowager e outros membros da família imperial, a bordo do navio de guerra *HMS Marlborough*, nunca voltou à Rússia. Durante a Segunda Guerra Mundial, ela estava vivendo em Balmoral, e não em Starobelsk.

Uma tentativa de pescar, [mas] um Messer atacou subitamente, disparando contra nós.

O governo ucraniano havia se acomodado em um pedaço de terra ucraniana libertada, na minúscula cidade de Starobelsk, em um prédio branco minúsculo. Uma conversa com Bazhan.[2] Ele reclamou de nosso forte chauvinismo. Um guarda à sua porta tem um desses rostos desumanos que leva alguém de volta imediatamente aos tempos de paz.

---

[1] Dzerzhinsky, Feliks (1877-1926), filho de um proprietário de terras polonês, tornou-se em dezembro de 1917 comissário para Assuntos Internos e chefe do Cheka, o Comitê Extraordinário de Todos os Russos para Combater a Contra-Revolução e a Sabotagem, que se tornou a GPU (Administração Política do Estado) em 1922.

[2] Bazhan, Mykola Platonovich (1904-1983), poeta, crítico e depois membro da Academia de Ciências Ucraniana, foi mais tarde forçado por autoridades soviéticas a rejeitar sua candidatura quando foi indicado para o Prêmio Nobel.

Um correspondente de guerra, o escritor ucraniano Levada, está terrivelmente perturbado, porque recebeu uma medalha em vez de uma ordem [militar].[3] Depois de recebê-la, voltou para a *izba* onde estava baseado. Uma menina pequena gritou, olhando para a medalha: "Um copeque!" O menino a corrigiu: "Não é um copeque, sua boba, é uma insígnia." Aquilo foi a gota d'água para Levada.

Starobelsk tinha sido ocupada por remanescentes do 8º Exército Italiano, depois de ser arruinada no Don pela Operação Pequeno Saturno, na segunda metade de dezembro.

As pessoas, principalmente as mulheres, falam bem dos italianos. "Eles cantam, eles tocam 'O mia donna!'" Entretanto, as pessoas os reprovam por comerem rãs.

Como é agonizante, como é preocupante essa calma na frente de batalha! As rodas já estão empoeiradas.

O período chuvoso de lama profunda, a *rasputitsa*, acabara, como mostrava a poeira, que indicava que o solo já estava duro o suficiente para todos os veículos. Mas nada havia acontecido.

Grossman entrevistou o general Belov.[4]

"Uma área de responsabilidade de uma divisão alemã tem 8 quilômetros de extensão. Se avançarmos em uma extensão de 8 quilômetros, paralisaremos a frente de batalha até uma extensão de 30 quilômetros. Se avançarmos 30 quilômetros, paralisaríamos 100 quilômetros. Se avançarmos 100 quilô-

---

[3] Levada, Aleksandr Stepanovich (1909-), escritor e poeta ucraniano.
[4] Nada menos que 11 generais de nome Belov serviram no Exército Vermelho durante a Segunda Guerra Mundial, portanto é difícil identificá-lo. Mas Grossman provavelmente está se referindo ao general (mais tarde coronel-general) P. A. Belov, que logo se tornaria comandante do 61º Exército.

metros, paralisaríamos o comando [e o controle] de toda a frente de batalha.

"Cometemos um erro no Don: disseram-me que os homens estavam cansados. Perdi duas horas enquanto eles descansavam, e a [Luftwaffe] teve oportunidade de atacar e [as forças terrestres alemãs] acionaram suas reservas. Se não tivéssemos tido o descanso, teríamos conseguido. É preciso agir com ousadia. Se você se distrair, é esmagado.

"Há comandantes que se gabam: 'Estou enfrentando fogo [inimigo]. Fiz uma pausa, estou realizando um reconhecimento.' Que besteira! O que mais você pode enfrentar? É claro [que é] fogo. Eles vão atirar maçãs em você, ou o quê? Você precisa avançar ainda mais e suprimir o fogo deles. Quanto mais você avançar, mais fraco e confuso o inimigo vai ficar [...]. Mas tanto na batalha como em toda a operação há um momento em que se deve refletir sobre as coisas, se é correr para a frente, se é lançar suas reservas na luta ou, ao contrário, parar. Nossos comandantes às vezes adoram dar ordens: 'Avante! Avante!'

"Deveria haver uma pausa operacional depois de cinco dias, quando você fica sem munição, o escalão da retaguarda é deixado bem atrás, e os soldados estão tão cansados que não conseguem cumprir suas tarefas. Eles caem na neve e adormecem. Vi um artilheiro que dormia a dois passos dos disparos de um canhão. Pisei em um soldado que dormia e ele não acordou. Eles precisam descansar. Vinte e quatro horas, até mesmo oito horas seria bom. Deixem a companhia de reconhecimento avançar.

"Os homens de uma de minhas companhias tinham o sono tão profundo que não acordavam nem mesmo quando os alemães os furavam com suas baionetas. O comandante da companhia estava acordado e, com sua submetralhadora, conseguiu afastar os alemães. É por isso que está claro, não se deve exigir demais dos homens, isso não faz bem algum.

"Deve-se avaliar com absoluta clareza e bom senso o que se fez com o inimigo: se ele foi derrotado ou simplesmente afastado. Não anuncie que você derrotou o inimigo. Ele pode recuar um pouco e depois atingi-lo com força bem na cara.

"Eu conseguia ver que o inimigo era forte, escalões da retaguarda eram deixados para trás e [o comando da frente de batalha] me dizia: 'Avante! Avante!' Assim é a ruína. Foi o que aconteceu com Popov."[5]

"Nós realmente não sabemos [o suficiente sobre] o inimigo, e às vezes o reconhecimento nos desorienta.[6] Onde o inimigo está, o que ele está fazendo, onde estão suas reservas, onde ele está indo. Temos de lutar cegos, sem todas essas informações.

"O principal conflito com comandantes mais altos ocorre porque eles sempre acham que o inimigo é mais fraco do que realmente é. Mas eu, eu sei a força que o inimigo realmente possui. Lá estava eu, com 15 metralhadoras me encarando, e gritavam para mim: 'Avante!' E eu sabia que havia 15 metralhadoras que eu precisava eliminar. Mas também acontece de um comandante gritar: 'Estou diante de trinta tanques', quando na verdade só há um tanque. Por isso existe desconfiança.

"Há jovens comandantes que não haviam visto nada além da ofensiva,[7] e assim, quando tiveram de organizar posições defensivas, não souberam como cavar trincheiras ou mesmo por que deveriam cavá-las, como acender fogo etc. Temos também outro tipo de comandante — aqueles que estiveram sempre na defensiva e agora têm receio de avançar.

---

[5] O "Grupo Móvel do Front", do general M. M. Popov, recebeu ordem do general Vatutin para continuar avançando em direção a Stalino e Mariupol, embora tivesse perdido a maior parte de seus tanques e estivesse com pouco combustível. Enquanto isso, o 25º Corpo de Tanques, sem combustível, estava a 80 quilômetros de Zaporozhe em 19 de fevereiro, justamente quando Hitler deixava o posto de comando de Manstein lá. Foi durante esse encontro que foi concebido o plano básico para a Operação Cidadela, o ataque ao bolsão de Kursk.
[6] O Exército Vermelho usava o termo "reconhecimento" tanto para a idéia militar ocidental de reconhecimento quanto para a inteligência militar como um todo.
[7] Belov se refere ao período a partir de 19 de novembro de 1942, quando a Operação Uranus passou a atacar os alemães.

"Uma coisa ruim nas batalhas defensivas é que as pessoas perdem a confiança em sua força e ficam deprimidas. Na defesa, a fé na vitória fica mais fraca, bem como a fé na sua força. Na defesa, os soldados precisam de mais força moral, enquanto no avanço é preciso mais esforço físico, e os ânimos estão elevados [...].

"Quando estávamos entrincheirados, os homens ficaram acostumados aos tanques alemães [que os atacavam]. Você sabe, quando eu estava na trincheira, sentia que poderia fugir, mas não havia para onde fugir. Três ou quatro homens ficam em uma trincheira em determinado momento, o resto está em *zemlyankas*, nas 'barracas de Lenin'.[8] Se o inimigo se mexe só um pouco, dou um sinal e todo mundo pula para fora."

A necessidade de resistir ao medo dos tanques era vital no Front do Leste. Os alemães tinham até mesmo um nome especial para o fenômeno — *Panzerschreck*. Antes de suas tropas siberianas atravessarem o Volga para defender o distrito industrial de Stalingrado, o general Gurtiev as fez cavar trincheiras de teste na margem oeste e em seguida ordenou que alguns tanques passassem por cima das trincheiras com os homens dentro delas. A passagem de um tanque sobre uma trincheira era algo conhecido como "passar a ferro". A principal lição era cavar fundo, de modo que a trincheira não desabasse e os soldados dentro dela pudesse controlar seus nervos. Havia muitas histórias sobre esses incidentes.

Um tanque inimigo havia esmagado a trincheira do atirador de metralhadora Turiev, mas ele começou a atirar pelas fendas, e depois na fila da infantaria inimiga, que caiu sob seu fogo. Quando os homens do tanque viram isso, voltaram e passaram com o tanque sobre a trincheira de Turiev. Então esse bravo soldado pegou sua metralhadora, arrastou-se por baixo do tanque, instalou-se perto de um monte de feno e

---

[8] *Zemlyanka* é um *bunker* cavado, geralmente reforçado com paus e terra acima dele. Era também o nome de umas das canções favoritas da guerra, sobre um soldado em um *zemlyanka* cercado de neve e pensando em sua namorada.

começou a atirar indiscriminadamente nos alemães. Dessa maneira o herói Turiev continuou a lutar até morrer, esmagado pelo tanque.

Grossman também falou com um dos comandantes subordinados a Belov, Martinyuk.

"Certa vez, quase atirei nele [Zorkin] quando seu regimento começou a fugir e ele perdeu o controle, perdeu a cabeça e não tomou as medidas. Zorkin mudou em dezembro. Agora o chamam de 'professor'; ele se debruça sobre mapas, pensando, enquanto tanques alemães estão avançando. Agora, depois das batalhas de avanço, os comandantes de nível médio são na maioria aqueles [soldados e sargentos] que foram promovidos.

"Comandantes estão sendo afastados do trabalho político, enquanto subcomandantes [isto é, comissários] estão totalmente ocupados com este trabalho."

Esta foi uma observação bastante eufemística sobre a situação que se seguiu ao Decreto nº 307 de Stalin, de 9 de outubro de 1942, que restabeleceu o comando único e rebaixou comissários a um papel consultivo e "educacional". Comissários ficaram abalados ao descobrir em muitos casos o quanto oficiais do Exército Vermelho os detestavam e os desprezavam. O departamento político do Front de Stalingrado, por exemplo, reclamou duramente com Aleksandr Shcherbakov, chefe do braço político do Exército Vermelho, GLAVPURRKA, da "atitude absolutamente incorreta" que surgira.

"Há uma falta de afeição e cuidado com relação aos soldados do Exército Vermelho; por outro lado, nossos comandantes não são [suficientemente] exigentes. Isto decorre da falta de cultura. Por que os soldados do Exército Vermelho adoravam o tenente Kuznetsov? Porque ele se importava com eles; vivia com eles. Eles o procuravam com cartas de casa tanto boas como ruins, ele promovia os homens, escrevia sobre seus soldados para um jornal. Mas punia soldados negligentes. Nunca fazia vista grossa ao menor sinal de negligência: um botão perdido, alguém tossindo em uma missão de reconhecimento. Tomava conta [também significando checar]: você tem cartuchos? Você tem bandagens secas nos pés? É comum acontecer de, por darem ao nosso trabalho atenção insuficiente, perdermos pessoas e não cumprirmos nossa missão.

"Soldados que foram promovidos a oficiais cumprem suas tarefas bem e são muito atentos a seus homens. No que diz respeito à vida diária, oficiais combatentes geralmente são pessoas de bom caráter. Em unidades de retaguarda, cabos, assistentes de comandantes de regimentos, intendentes de regimentos e batalhões, estes são os mais suscetíveis à degeneração moral no dia-a-dia.

"A maneira como se dá uma ordem — 'Se você não avançar agora, filho-da-puta, vou atirar em você' — vem da falta de vontade. Isso não convence ninguém, é fraqueza. Estamos tentando reduzir esses casos, e cada vez menos eles acontecem. Entretanto, seria muito, muito útil levantar esse problema.

"A questão da nacionalidade está bem resolvida. Há casos individuais, mas estes são exceções."

Esta é uma visão otimista da questão da nacionalidade, para dizer o mínimo. A atitude às vezes arrogante com relação às minorias étnicas dentro do Exército Vermelho, particularmente as da Ásia Central, fez as noções da "fraternidade soviética" soarem muito falsas. Embora não haja dados disponíveis, o índice de deserção e de ferimentos auto-infligidos parece ter sido muito maior entre soldados da Ásia Central. A única solução do departamento político foi: "Doutrinar soldados e oficiais de nacionalidade não-russa nos mais nobres objetivos dos povos da URSS, na explicação de seu juramento militar e da lei para punição de qualquer traição à Pátria."

"Muitas pessoas dos territórios ocupados nos procuram; elas acreditam na força do Exército Vermelho e são testemunhas sérias e úteis para nós, do regime de ocupação."

Quando os alemães começaram a recuar, muitos retardatários e civis de territórios ocupados foram incorporados ao Exército Vermelho. Eles foram, de fato, úteis aos oficiais políticos em suas sessões de propaganda que clamavam por vingança contra os violadores da pátria, mas muitos foram presos pela NKVD ou pela SMERSh como desertores ou potenciais traidores.

Encontro com franco-atiradores no posto de comando.

Solodkikh: "Na verdade, sou de Voroshilovgrad, mas me tornei franco-atirador em vez de fazendeiro coletivo."

Belugin: "Sou do território ocupado. Eu não era nada, mas agora, na defesa, não somos [desperdício de suprimentos]. Eu estava sentado, observando. Strizhik me disse: 'Nenhuma besteira, está certo?' O comandante do regimento, um sujeito inteligente, disse: 'Pegue um língua. Não é muito bom se reportar ao posto de comando da divisão sem um língua.' Mesmo que houvesse cem alemães contra mim, e eu estivesse sozinho, lutaria da mesma forma, vou ser morto de qualquer jeito. Eu estava morrendo em uma prisão durante dez meses, pulei do trem que estava a toda a velocidade para voltar para o nosso povo. Meu menino foi morto porque se chamava Vladimir Ilich."[9]

Khalikov: "Matei 17 pessoas. Cheguei à frente de batalha sem falar uma palavra em russo. Meu amigo Burov me ensinou russo. Eu ensinei usbeque a ele. Certa vez, ninguém

---

[9] Vladimir Ilich reunia, é claro, o primeiro nome de Lenin e um sobrenome patronímico. Os primeiros nomes eram até mesmo abreviaturas inventadas, tal como Lemar, que juntava Lenin e Marx. Dar a um filho um nome ostensivamente político era sinal de devoção comunista, e portanto alvo para o fervor antibolchevique dos nazistas.

queria eliminar uma casamata de metralhadoras. Eu disse, vou derrubá-la. [Descobri que] havia 12 homens por perto, todos eles alemães de puro sangue. Eu me camuflei bem e meu coração estava funcionando bem. Derrubei todos os 12 alemães. Nunca tenho pressa. Se meu coração está batendo rápido, como uma hélice, nunca atiro. Quando controlo meu coração, atiro. Se atirasse mal, isso me mataria. Eu tirei os binóculos do pescoço de um oficial [alemão] e me reportei ao *politruk*, 'Eu cumpri sua ordem e lhe trouxe um presente'."

Bulatov: "Eu adoro caçar galinhas selvagens. Costumava sonhar com elas febrilmente dia e noite." (O comandante do corpo presenteou Bulatov com seu fuzil de precisão. Bulatov começou a suar e praguejou.)

Ivanov, Dmitry Yakovlevich, de Yaroslavl: "Fiquei isolado durante 18 dias em um cerco do inimigo. Durante aproximadamente cinco dias, tivemos de viver sem comida, e durante mais ou menos três dias não tivemos nenhuma água. Nadamos no Don, encontramos nossa gente e nos enviaram para uma missão de reconhecimento." (Ele pisca para o comandante do corpo e ri.)

Romanov (pequeno, com uma boca grande): "Eu matei 135. Por favor, ponha nossos escores na mesa e eu lhe contarei tudo."

50ª Divisão de Fuzileiros dos Guardas.[10] Conversa com soldados sobre defesa. "[Comandantes nos disseram:] 'Aprontem-se, vamos avançar!' E nós queríamos plantar um pouco de tabaco aqui."

---

[10] A 50ª Divisão de Fuzileiros dos Guardas estivera com o 5º Exército de Tanques na Operação Uranus, o cerco do 6º Exército em Stalingrado. De dezembro de 1942 até abril de 1943, foi parte do recém-formado 3º Exército dos Guardas.

Soldado do Exército Vermelho Ostapenko, Dmitry Yakovlevich. Ele fora capturado no Cáucaso, depois escapou e caminhou de volta até a vila de seu pai, perto de Voroshilovgrad. De repente leu no jornal que fora considerado Herói da União Soviética, postumamente, por lutar contra tanques alemães. Não ficou particularmente animado com a notícia. E seu pai, imediatamente depois de ver o jornal, procurou o comandante do regimento. "Vocês sabem, camaradas levaram minha cevada por acidente." Pertukhov lhe disse: "Ah, merda, por favor, não fale a ninguém que levamos sua cevada. Vou lhe dar dez carroças de cevada."

Encontro de soldados do Exército Vermelho no regimento. Tema: "O Exército Vermelho — um exército de vingadores." Quando o soldado do Exército Vermelho Prokhin falou sobre meninas que eram enviadas à Alemanha contra a vontade delas próprias, de uma estação em Millerovo, e sobre como elas haviam gritado nos vagões trancados: "Mamãe, mamãe, salve-me!", soldados começaram a chorar. "Temos que varrer os homens de Hitler da face da Terra."[11]

Grossman visitou Krasnodon, uma grande cidade mineira do vale do Donets na parte mais ocidental da Ucrânia.

Condições de trabalho dos mineiros sob a ocupação alemã. Aqueles que trabalhavam no subterrâneo ganhavam 600 gramas de pão como compensação, e os que estavam na superfície, 300 gramas. Faltar um dia ao trabalho significava campo de concentração. "Sob a ocupação alemã, havia uma cantina. Podia-se ver Berlim no fundo de um prato de sopa." (Não havia um único brilho de gordura na sopa.) Eles eram chicoteados enquanto trabalhavam.

---

[11] Meninas desafortunadas como essas não foram, porém, tratadas com qualquer simpatia pelos soldados do Exército Vermelho quando as forças soviéticas chegaram à Alemanha. Muitas delas foram estupradas, como o próprio Grossman descobriu em 1945.

Um dos mineiros que ele entrevistou disse: "Quando os alemães entraram na cidade, estávamos saindo da mina. Eu corri para casa, peguei um pedaço de pão, abandonei minha família e fugi." E quem se preocuparia com a família deles? "O que nos preocupa realmente é a mina. Se a mina estiver bem, estaremos bem também."

Uma mulher lhe disse: "Um alemão se alojou na minha casa. Ele recebeu uma carta e chorou. Sua mulher e filhos haviam sido mortos por uma bomba. Outro levou uma gaita e começou a tocar: 'Volga, Volga, minha própria mãe.'

"Eu estive com oito homens, soldados. 'Tire suas roupas! Lave-se!' Cada um deles me deu suas cuecas. Eles me disseram: 'Procuramos você como se procurássemos nossa mãe ou nosso pai.'"

Ele continuou até Voroshilovgrad, hoje chamada Lugansk, pouco mais de 100 quilômetros a noroeste.

O comandante de pelotão Vasilenko foi morto. A comissão do Partido estava tornando as pessoas membros do Partido durante a aproximação da marcha para o combate. Vasilenko se tornou membro do Partido na bateria, durante uma batalha na neve, perto de Stolskoe.

Grossman foi atingido pela mudança de ânimo durante os últimos meses, depois da vitória de Stalingrado.

Um oficial da artilharia contou sua experiência. "O inimigo nos atacava duas a três vezes por dia com grupos de dez a 15 tanques. Nós nos defendíamos por todos os lados. Tínhamos vinte canhões de campanha. Nós nos sentíamos calmos e estávamos animados." (Imagine como teria sido em 1941.)

"As baterias estão na neve o tempo todo. Não há floresta, e não há tempo para cavar bunkers. Geada, vento, passamos por muita coisa. Só tem uma coisa que meus homens querem: avançar."

Pessoas mortas. O operador de telefone Tupitsin está morto. Ele costumava correr com um cabo para o grupo de observação avançada que se locomovia com a infantaria. Carregava uma bobina em uma mão e uma granada na outra. Costumava dizer: "Embora eu seja velho, meus pés hão de me levar para Voroshilovgrad." Mas ele nunca chegou lá.

Avanço no meio da lama. Suas vantagens e desvantagens. Alemães escreveram: "Os russos não começaram a atacar porque o tempo estava bom."[12] Isto não é verdade! Os dois lados têm dificuldades para se locomover na lama.

Entretanto, alemães não estão tão bem preparados para dificuldades físicas quando um homem "nu" está enfrentando a natureza. Um homem russo está acostumado às privações e suas vitórias são conquistadas com dificuldade. Por outro lado, os alemães estão preparados para vitórias fáceis baseadas na superioridade tecnológica, e cedem às dificuldades causadas pela natureza. O general Lama e o general Frio estão ajudando o lado russo. (Mas é verdade que apenas aqueles que são fortes podem fazer a natureza trabalhar para eles, enquanto os fracos ficam à mercê da natureza.)

Grossman estava frustrado com a falta de ação no Donbass e por seu editor não lhe dar tempo para escrever. Ele reclamou em uma carta a seu pai em 20 de março.

Eles continuam prometendo me dar uma licença para eu escrever um romance, mas até agora é só conversa. Isto já vem acontecendo há três meses. Minha saúde está boa. É verdade que tenho tido problemas com meu coração, mas agora está tudo bem.

---

[12] Os soldados alemães da linha de frente estavam de fato convencidos de que o Exército Vermelho sempre esperava as piores condições climáticas para atacar. Como mencionado acima, eles se referiam a isso como "tempo para russos".

Vejo Mamãe em meus sonhos. Ela estava bem diante de meus olhos, e tão vívida, a noite toda, enquanto eu viajava. Depois disso eu me senti muito estranho durante todo o dia seguinte. Não, não acredito que ela ainda esteja viva. Viajo o tempo todo em áreas que foram libertadas e vejo o que esses monstros malditos fizeram com pessoas idosas e crianças. E Mamãe era judia. Um desejo de trocar minha caneta por um fuzil está cada vez mais forte dentro de mim.

Ele escreveu novamente para Ortenberg.

Camarada Editor [...]. Nessas circunstâncias, considero minha contínua permanência no setor de Bukovskoi sem utilidade e inadequada. Portanto, gostaria de lhe pedir para me chamar de volta.

O pedido de Grossman não lhe fez bem algum. Ele foi enviado para outra missão em abril, o que o exasperou, como ele contou a seu pai.

Exatamente como eu pensei, minha viagem foi inútil. Houve uma calma completa [na luta], e com o derretimento na primavera, o rio inundou a área, e por isso era impossível viajar para qualquer lugar. Ainda não consegui ter capacidade de raciocínio para escrever para o jornal novamente. Para mim, é difícil escrever sobre assuntos do dia-a-dia depois de Stalingrado [...]. Leve sua carta ao capitão Tikhomirov no *Krasnaya Zvezda* e peça a ele para enviá-la por meio de alguém que vá viajar na minha direção, ou, melhor ainda, pelo correio secreto.

20.
A BATALHA DE KURSK

Em 1º de maio de 1943, Grossman voltou com grande expectativa para ver mais uma vez aqueles que conhecera tão bem no exército de Chuikov, agora na reserva, fazendo parte do Front da Estepe, atrás do bolsão de Kursk. A reunião, porém, seria um choque para ele.

> Cheguei ao 62º Exército de Stalingrado. Ele está agora estacionado entre jardins que estão começando a florescer — um lugar maravilhoso com violetas e grama verde brilhante. Está tranqüilo. Cotovias estão cantando. Estou animado no caminho aqui, queria tanto ver as pessoas das quais tenho tantas lembranças.
>
> Encontro e jantar com Chuikov na varanda de uma *dacha*. Jardim. Chuikov, Krylov, Vassiliev, dois coronéis — membros do conselho militar.
>
> O encontro foi frio, mas estavam todos fervendo. Insatisfação, ambição, prêmios insuficientes, ódio de todos os que receberam prêmios maiores, ódio da imprensa. Eles falaram do filme *Stalingrado* e praguejaram.[1] Grandes pessoas produ-

---

[1] Esse filme, baseado em registros cinematográficos de reconstituições logo depois dos acontecimentos, foi visto avidamente por platéias na União Soviética, mas poucos perceberam como ele foi feito. Arquivos de filmes contêm numerosos exemplos de trechos descartados em que soldados se levantam depois de serem baleados e vão para a ação novamente.

zindo uma impressão pesada, ruim. Nem uma única palavra sobre os homens que caíram, sobre memoriais, sobre imortalizar a memória daqueles que nunca voltaram. Todos estão falando apenas de si próprios e de suas realizações.

Manhã com Gurtiev. O mesmo quadro.

Não há modéstia alguma. "Eu fiz isso, eu, eu, eu, eu, eu..." Eles falam de outros comandantes sem nenhum respeito, contando algumas fofocas ridículas: "Soube que Rodimtsev disse o seguinte: [...]." A principal idéia é, na verdade: "Todo o crédito é nosso, do 62º Exército. E no 62º Exército só existe eu. Nenhum dos outros tem importância." A vaidade das vaidades.

De certo modo, Grossman deveria estar preparado para isso. Em Stalingrado, ele já se encontrara com altos-comandantes, principalmente Yeremenko, que estavam preparados para menosprezar seus subordinados em conversas com ele, um jornalista. Yeremenko fizera observações como: "A divisão de Rodimtsev poderia ter lutado melhor"; "Eu costumava repreender Gurtiev"; "Transferi Chuikov para o túnel [de Tsaritsa]"; "Tive uma boa impressão dos soldados do Exército Vermelho, diferentemente dos oficiais. Há uma falta de força de vontade neles que vem da ignorância."

Presumivelmente, um dos motivos pelos quais Chuikov era tão amargo e pelos quais ele odiava tanto o marechal Zhukov — um ressentimento que aflorou novamente pouco antes da Batalha de Berlim — foi o fato de ele só ter sido informado sobre os planos da Operação Uranus na última hora. Deve ter-lhe parecido que ele e seu 62º Exército, em vez de serem os principais heróis de Stalingrado, haviam se tornado pouco mais que a cabra amarrada enquanto os exércitos do Front do Don, do general Rokossovsky, haviam sido os caçadores cercando o tigre.[2]

---

[2] Marechal Konstantin Konstantinovich Rokossovsky (1896-1968), filho de um oficial da cavalaria polonesa, sempre foi alvo de suspeita de Stalin. Foi preso em 1937, durante o expurgo do Exército Vermelho, e torturado pela NKVD. Foi libertado depois da guerra soviético-finlandesa e comandou o 9º Corpo Mecanizado durante a invasão alemã, em 1941. Teve um papel importante na Batalha de Moscou, quando comandou o 16º Exército. Em 1942, comandou o Front do Don na fase crucial da campanha de Stalingrado. Foi o principal comandante da Batalha de Kursk, em 1943, e mais tarde comandou o 1º Front Bielo-russo na Operação Bagration e o avanço para Varsóvia. No fim de 1944, Stalin o pôs no comando do 2º Front Bielo-russo, porque não queria que um polonês tivesse a glória de tomar Berlim. Essa honra foi dada ao marechal Zhukov, seu amigo e rival. Depois da guerra, tornou-se ministro da Defesa da Polônia.

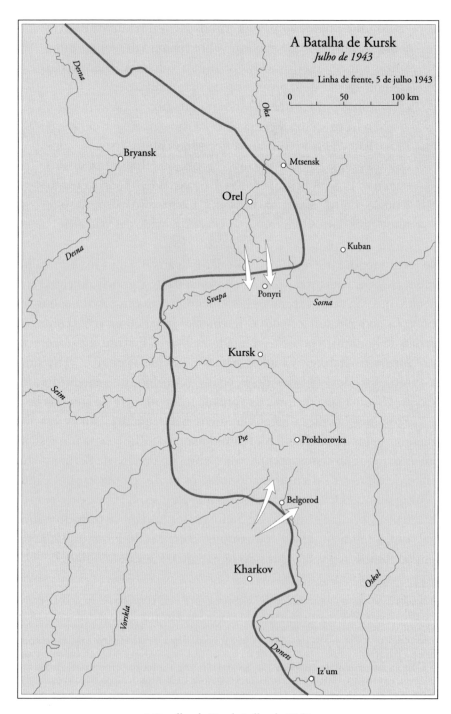

A Batalha de Kursk, julho de 1943.

Cidadãs de Stalingrado voltam para a cidade arruinada.

Grossman não tinha como saber que seu incômodo com a falta de atividade em abril e maio de 1943 refletia uma discussão no topo do comando. Stalin queria forçar outras ofensivas. Ele não conseguia aceitar completamente a idéia de que a guerra ainda tinha de passar por várias fases e de que não era possível encerrá-la com um único ataque dramático. O marechal Zhukov, o marechal Vasilevsky e o general A. I. Antonov, chefe de operações do Stavka, tiveram muita dificuldade para convencê-lo de que o Exército Vermelho deveria permanecer na defensiva, pronto para lidar com o ataque alemão que estava sendo preparado. Enquanto esperavam, eles preparariam uma enorme reserva estratégica para sua própria ofensiva de verão imediatamente depois, algo que o Exército Vermelho ainda não tentara fazer. Com grande relutância, Stalin aceitara seus argumentos em um encontro crucial no Kremlin, em 12 de abril.

A grande ofensiva alemã de verão, a Operação Zitadelle, como foi chamada, provavelmente foi recebida com menos surpresa que qualquer outra ofensiva em toda a guerra. O plano de ataque alemão só poderia, logicamente, assumir uma forma com pontas-de-lança blindadas se dirigindo à base do bolsão de Kursk, uma delas vindo do norte e outra do sul. Hitler mobilizou 50 divisões, das quais 19 eram blindadas, com 2.700 tanques e canhões de assalto. Toda a operação foi apoiada por mais de 2.600 aviões.

Detalhes sobre os preparativos alemães e sobre os atrasos cada vez maiores que afetaram a operação foram passados para a União Soviética em uma versão secreta obtida com interceptações da Ultra.[3] Informações vinham de muitas outras fontes, incluindo o reconhecimento aéreo e redes de inteligência de *partisans* dentro do território ocupado. Como resultado, o Stavka foi capaz de concentrar mais de 1 milhão de homens para a defesa da região (o que lhe deu uma superioridade de mais do que dois para um) e de investir nas mais eficientes linhas de defesa já formadas no Front Oriental. Além disso, uma forte reserva de meio milhão, que ficaria conhecida como "Front da Estepe", foi reunida e deslocada na retaguarda, pronta para contra-atacar.

Por outro lado, Hitler estava convencido de que os recém-aprimorados tanques Mark VI Tiger provariam ser invencíveis. A Batalha de Kursk se tornaria famosa como o maior confronto de forças blindadas da história mundial, mas isso tende a desviar a atenção da importância que outros exércitos tiveram. Sapadores soviéticos estabeleceram vastos campos minados e a artilharia do Exército Vermelho — especialmente as centenas de baterias de canhões antitanque — desempenhou um papel importante, assim como os aviões de ataque terrestre Shturmovik, concentrando seus canhões e suas sub-bombas perfurantes nos tanques alemães.

Grossman, que chegou à linha de frente um pouco antes do início da batalha, começou a entrevistar oficiais de inteligência no posto de comando do Front Central, comandado pelo marechal Rokossovsky. As anotações que fez depois refletiam sobre a obstinação dos alemães em atacar setores tão maciçamente bem defendidos, como o lado norte do bolsão de Kursk. O Exército Vermelho se referia a essa linha de ataque ao sul de Orel — o menor dos dois ataques — como o "Eixo de Orel".

---

[3] Sistema de inteligência dos Aliados que fazia escutas eletrônicas de comunicações de alto nível entre as forças alemãs, bem como entre as forças japonesas, e que contribuiu para a vitória dos Aliados. (N. do T.)

Knorring e Grossman em seu jipe, pouco antes da Batalha de Kursk, julho de 1943.

Um enorme fardo prendeu os alemães ao Eixo de Orel, embora os pilotos tenham continuado a falar de como era forte nossa defesa. (Não há qualquer liberdade de escolha. A massa predomina sobre o cérebro.)

Subestimar o inimigo, a força do inimigo. Isto é típico dos alemães. Isto se deve aos sucessos deles nos últimos anos.

Perigo de idéias preconcebidas, devido às características controversas dos fatos. A concentração de grupos inimigos da Luftwaffe tem um papel importante na decifração.[4] Relatos sobre a chegada de generais e marechais-de-campo.

---

[4] Não está completamente claro o que Grossman quer dizer com isso. Considerando a mania de segredo do Exército Vermelho, parece surpreendente que mesmo um correspondente do *Krasnaya Zvezda* tivesse sido informado sobre qualquer coisa relacionada à decifração, e sua observação parece refletir ainda a experiência britânica de interceptação de sinais, que a atitude negligente da Luftwaffe na radioperação de segurança ajudou enormemente para a descoberta de seus códigos.

Um sapador [alemão] foi capturado durante a noite de 4 de julho. Ele revelou que o ataque estava começando e que a ordem emitida era para limpar minas. Graças a isso fomos capazes de preparar em resposta um bombardeio de artilharia de duas horas, ao amanhecer de 5 de julho.

Geralmente, equipes de operação são de alguma forma convencidas e desprezam os homens de reconhecimento [inteligência].

Entramos na vila de Kuban[5] envoltos em poeira e fumaça, em meio ao fluxo de milhares de veículos. Como é possível alguém achar seus amigos nessa bagunça terrível? De repente vi um carro com luxuosos pneus novos parado a uma sombra. Eu disse profeticamente: "Este carro com pneus incríveis pertence ou ao comandante do Front, Rokossovsky, ou ao correspondente da TASS,[6] major Lipavsky." Entramos na casa. Um soldado estava comendo *borscht* à mesa. "Quem está alojado nesta casa?" O soldado respondeu: "O major Lipavsky, correspondente da TASS." Todos me olharam. Tive aquela sensação que provavelmente Newton teve quando descobriu a lei da gravidade.

Grossman foi a Ponyri entrevistar canhoneiros antitanque que haviam feito o possível e o impossível para romper a retaguarda do ataque alemão. A estação de Ponyri ficava cerca de 200 quilômetros ao norte de Kursk. Foi ali, em 6 de julho, segundo dia da batalha, que Rokossovsky lançou o primeiro contra-ataque desesperado com o 2º Exército de Tanques. Em menos de uma semana, seu Front Central havia enfrentado o impulso do Novo Exército alemão, paralisando-o.

---

[5] Pouco menos de 100 quilômetros a sudeste de Orel e cerca de 130 quilômetros a norte-nordeste de Kursk.
[6] Agência de notícias soviética. (N. do T.)

Visita a Ponyri. Regimento de Shevernozhuk. Histórias sobre canhões de 45mm atirando em tanques [Tiger].[7] Ogivas os atingem, mas ricocheteiam como ervilhas. Houve casos em que artilheiros ficaram loucos depois de verem isso.

Depois de sua visita ao setor norte, ele foi para o setor sul, mais importante, onde o ataque também em 5 de julho foi armado pelo 4º Exército Panzer, do general Hoth. Essa formação se uniu à elite das forças nazistas, inclusive a Divisão *Panzergrenadier Grossdeutschland* e o II Grupamento Panzer SS, com três divisões da SS: *Leibstandarte Adolf Hitler, Totenkopf* e *Das Reich*. Usando os Tigers como aríete, as forças de Hoth avançaram contra a terceira linha de defesa, mas em seguida foram atingidas pelo contra-ataque do 1º Exército de Tanques, de Katukov. O momento crucial aconteceu depois de uma semana de luta, quando uma grande força de tanques do 2º Grupamento Panzer SS avançou pela interseção de caminhos de Prokhorovka. O general Vatutin, comandante do Front de Voronezh, que guarnecia aquele setor, imediatamente entrou em contato com o marechal Zhukov. Zhukov concordou com uma imediata contra-ofensiva com cinco exércitos, dois dos quais vindos da reserva do Front da Estepe. O ataque em 12 de julho foi liderado pelo 5º Exército de Tanques dos Guardas, que desempenhara o papel principal no cerco ao 6º Exército alemão em Stalingrado, no mês de novembro anterior.

O canhão de 88mm do Tiger, mais poderoso, forçou a tripulação dos tanques soviéticos a ações quase suicidas em campo aberto, com o objetivo de atingir o inimigo antes que eles mesmos fossem destruídos. Alguns até acabaram esmagando seus adversários alemães. Em Prokhorovka, uma batalha que envolveu mais de 1.200 tanques, forças blindadas soviéticas tiveram um índice de baixas de 50%, mas foi o suficiente para esmagar o último grande esforço do Exército Panzer da Wehrmacht.

---

[7] Grossman, assim como a maioria dos homens do Exército Vermelho, fala com freqüência de tanques "T-6", no estilo soviético de designar veículos blindados, quando na verdade está se referindo ao Mark VI Tiger. Para simplificar, "Tiger" aparece entre parênteses cada vez que o texto original se referir ao T-6. Em algumas de suas entrevistas foi utilizado também o nome "Tiger", e este permanece inalterado.

O campo de batalha ficou coberto por tanques em chamas em todas as direções. Observadores compararam a visão a um cemitério de elefantes. Seis dias depois, as forças alemãs sobreviventes tiveram de bater em retirada. A invasão anglo-americana na Sicília levou Hitler a retirar formações-chave da batalha e levá-las para oeste, para fazer uma nova ameaça ao Sul da Europa. Com essa fase, Hitler poderia também estar querendo uma desculpa para se retirar de uma batalha desastrosa, em que a Wehrmacht fora decisivamente vencida. O Exército Vermelho provara mais uma vez a grande melhoria no profissionalismo de seus comandantes, o moral de seus soldados e uma eficiente aplicação de força.[8]

Grossman estivera com uma brigada de canhões antitanque que protegia o setor-chave da batalha. Como Ortenberg escreveu mais tarde: "A brigada teve de confrontar os alemães que estavam tentando avançar em direção a Belgorod, ao longo da estrada Belgorod-Kursk, do sul para o norte. Vassili Grossman viu o campo de batalha com seus próprios olhos. Viu os equipamentos do inimigo destruídos e nossos tanques e canhões danificados ou em chamas. Ele tinha visto nossas tropas recuando e avançando."

> Eixo de Belgorod. Brigada antitanque. O comandante [era] Nikifor Dmitrievich Chevola. "Não gosto de trabalhar no centro de comando", [disse ele]. "Estou rezando para que me poupem disso. Vou correr para lutar se houver uma batalha." Os quatro irmãos de Chevola: Aleksandr, um artilheiro, morto; Mikhail, comandante de um regimento de artilharia pesada; Vassili, que era professor de filosofia e agora faz trabalho político; e Pavel, comandante de um batalhão de metralhadoras. Sua irmã Matryona era professora antes da guerra. Juntou-se ao exército e foi dispensada depois de se ferir gravemente. Sua sobrinha está aprendendo a pilotar.
>
> "A Luftwaffe estava nos bombardeando. Estávamos lá em meio a disparos e fumaça; meus homens ficaram loucos. Eles

---

[8] Alguns historiadores têm até sido tentados a citar Kursk como o ponto de virada da guerra, mas, como tem sido indicado, a defesa de Moscou foi o ponto de virada geopolítico e Stalingrado, o ponto de virada psicológico.

continuaram atirando, sem prestar atenção a tudo aquilo. Eu mesmo fui ferido sete vezes. Tanques [alemães] avançavam e a artilharia se movimentava.

"Estrondos constantes, o chão tremia, havia disparos em toda parte, nós gritávamos. Gritaram pelo rádio: 'Aqui é Nekrasov, aqui é Nekrasov.' Gritei de volta: 'Porcaria nenhuma! Você não é ele, cai fora.' Eles sufocaram nossas vozes com gritos. Messers voavam sobre nossas cabeças. O primeiro sargento Urbisupov derrubou um Messer com sua submetralhadora enquanto ele mergulhava em sua direção. Os Messers bombardeiam trincheiras, primeiro ao longo delas e depois cruzando-as, de modo a cobrir todo o contorno.

"Ficamos cinco noites sem dormir. Quanto mais quieto fica, mais tenso é. Nós nos sentimos melhor quando há combate do que quando começamos a sentir sono. Comíamos quando podíamos e nunca tínhamos muito tempo para isso. A comida ficava preta imediatamente por causa da poeira, principalmente a banha. Quando nos retiraram do combate para termos um descanso, fomos para um celeiro e adormecemos imediatamente."

Nikolai Efimovich Plysyuk, comandante do 1º Regimento: "Não há qualquer infantaria em frente à nossa artilharia. Só existimos nós e a Morte. Só restava um [jipe] Willys no último dia de combate. Eu lhe daria a Estrela de Ouro, porque sozinho ele salvou o regimento inteiro. E os homens arrastaram um canhão por 6 quilômetros com as mãos. Estavam todos feridos, todos com bandagens."

Trofim Karpovich Teplenko, canhoneiro: "[Foi] minha primeira batalha. Anoitecia. Carregamos com projéteis traçantes, eu o atingi com o primeiro deles. Um tanque não representa ameaça para a artilharia. São os atiradores de submetralhadora e a infantaria que interferem em nosso trabalho e nos

Galin, Bukovsky e Grossman em Kursk.

causam problemas. É claro que é divertido quando se atinge um [Tiger]. Meu primeiro tiro o atingiu de frente, sob a torre [...] e o tanque parou imediatamente. Depois disso, eu o atingi com mais três tiros, um depois do outro. A infantaria à minha frente gritava '*Urra!*' e atirava seus capacetes e *pilotkas*, pulando para fora de suas trincheiras.

"Aquela foi uma batalha cara a cara. Foi como um duelo, um canhão antitanque contra um tanque. A cabeça e a perna do sargento Smirnov foram arrancadas. Trouxemos a cabeça de volta, e também a perna, e as pusemos em uma pequena trincheira, cobrindo-as. Depois da batalha, o comandante do corpo estava parado na estrada em meio à poeira. Ele apertou a mão dos homens dos antitanques e lhes deu cigarros [...]. Um canhão antitanque depois de uma batalha é como um ser humano que está vivo mas que sofreu. A borracha está rasgada nas rodas e suas partes foram danificadas por fragmentos de balas."

O relato de Teplenko sobre o canhão antitanque de 45mm usado contra os Tigers alemães parece de certa maneira otimista quando se lêem extratos que Grossman copiou do diário de guerra da brigada.

> Um canhoneiro disparou de perto contra um Tiger com um canhão [antitanque] de 45mm. As balas não acertaram. O canhoneiro perdeu a cabeça e se jogou contra o Tiger.
>
> Um tenente, ferido na perna e com uma mão rasgada, comandava a bateria atacada por tanques. Depois de o ataque inimigo ser contido, ele atirou em si próprio, porque não queria viver com uma deficiência física.[9]

Grossman estava com a brigada antitanque de Chevola perto da estação de Ponyri durante pelo menos parte da épica batalha.

> Essa batalha durou três dias e três noites [...]. Fumaça preta pairava no ar, os rostos das pessoas eram completamente pretos. A voz de todo mundo se tornou rouca, porque no meio da barulheira só se conseguia ouvir alguma coisa quando se gritava. As pessoas conseguiam alguns momentos para comer, e pedaços de banha de porco branca se tornavam imediatamente pretos de poeira e fumaça. Ninguém pensava em dormir, mas se alguém conseguia um minuto para descansar, isto acontecia normalmente durante o dia, quando os estrondos da batalha eram particularmente altos e o chão tremia, como se houvesse um terremoto. À noite, o silêncio era assustador, os nervos estavam tensos e o silêncio afugentava o sono. E

---

[9] Para os soldados soviéticos, a perspectiva de ser mutilado ou se tornar aleijado representava um medo muito maior que ser morto. Havia, é claro, a crença inabalável de que uma mulher nunca mais iria querer olhar para eles. Isto podia ser um pesadelo masculino equivocado, mas a terrível verdade do destino deles só se tornou aparente depois da guerra, quando soldados do Exército Vermelho mutilados e aleijados foram tratados com uma inacreditável frieza por autoridades soviéticas. Aqueles que foram reduzidos ao tronco eram conhecidos como "samovares". Depois da guerra eles foram reunidos e enviados para cidades no Círculo Ártico, de modo que a capital não se tornasse feia com a presença de veteranos sem membros.

durante o dia os homens se sentiam melhor no meio do caos, que se tornara habitual.

A "cruel verdade da guerra" de Grossman não necessariamente tornou as coisas mais fáceis para seu editor no *Krasnaya Zvezda*, mas Ortenberg certamente o respeitava, como mostram seus comentários. "Grossman permaneceu fiel a si mesmo. Em Stalingrado, Vassili Semyonovich costumava passar dia e noite com os principais personagens de seus artigos, em pleno calor da luta. Ele fez o mesmo aqui no bolsão de Kursk. As linhas seguintes são uma prova disso: 'Aconteceu de eu visitar as unidades que recebiam os piores golpes do inimigo [...].' 'Estamos deitados em uma trincheira ouvindo os tiros de nossos canhões e as explosões dos obuses alemães [...].' Ele vira os soldados soviéticos feridos e mortos. Achou que seria vergonhoso nada dizer sobre eles. Com grande dificuldade, conseguiu escrever as seguintes linhas confiáveis de seu ensaio publicado: 'O comandante da bateria, Ketselman, foi ferido. Estava morrendo em uma poça de sangue preto [...]'" A censura soviética queria suprimir essas imagens cruéis, mas, neste caso pelo menos, Ortenberg conseguiu convencê-los a não tocar no trabalho de Grossman. Este era o texto em questão:

> Não havia qualquer pessoa no mundo inteiro naquele momento que merecesse mais descansar do que esses soldados do Exército Vermelho dormindo entre poças de água de chuva. Para eles, essa trincheira, onde o chão e as folhas tremiam com os tiros e explosões, era como se fosse a área mais remota da retaguarda, como Sverdlovsk ou Alma-Ata. O céu, que estava coberto de faíscas e nuvens brancas do fogo de canhões antiaéreos, o céu em que 26 bombardeiros de mergulho alemães se inclinavam e mergulhavam para atacar uma estação de trem, era um céu sem nuvens e tranqüilo. Ali estão eles, dormindo sobre a grama molhada, entre flores e folhas de bardana macias e aveludadas [...].
>
> Um oficial, cujo flanco a brigada cobria, havia recuado, permitindo que a brigada se retirasse. Mas o comandante da

Grossman e Baklanov (no centro). Celebração com a 13ª Divisão de Fuzileiros dos Guardas.

brigada, que podia ver claramente as conseqüências da retirada, respondeu: "Não vamos recuar, vamos ficar aqui e morrer!" E ele teve permissão para fazer isso.

Ao amanhecer, tanques alemães começaram a atacar. Aviões [inimigos] atacaram ao mesmo tempo e incendiaram a vila [...].

O comandante da bateria, Ketselman, foi ferido. Estava morrendo em uma poça de sangue preto; a primeira peça de artilharia foi quebrada. Um impacto direto havia arrancado um braço e a cabeça de um canhoneiro. O primeiro cabo Melekhin, comandante do canhão, o alegre e rápido prodígio desse conflito de morte no qual décimos de segundos às vezes determinam o resultado de um duelo, estava estendido sobre o chão em violento estado de choque causado por um obus, olhando para o canhão, seu olhar pesado e sombrio.

O canhão era um prolongamento de um homem áspero e sofrido. Tiras de borracha pendiam das rodas, rasgadas pelas explosões [...].

Apenas o portador de munição, Davydov, ainda estava de pé. E os alemães já haviam chegado muito perto. Estavam "colhendo os barris", como dizem os artilheiros. Então o comandante do canhão vizinho, Mikhail Vasiliev, assumiu o controle. Estas foram suas palavras: "Homens, não é vergonha morrer. Mesmo mentes mais inteligentes que as nossas morrem." E ele ordenou que eles abrissem fogo contra a infantaria alemã com metralhas. Em seguida, sem balas antipessoais, eles começaram a atirar de perto nos atiradores de submetralhadora alemães, com projéteis antiblindagem. Foi uma visão terrível.

Grossman também se juntou à 13ª Divisão de Fuzileiros de Guarda, que fora comandada em Stalingrado pelo general Rodimtsev. Ele aproveitou a oportunidade para entrevistar o novo comandante sobre o combate.

Um encontro com a 13ª Divisão de Fuzileiros dos Guardas, de Rodimtsev, no bolsão de Kursk. Ela agora é comandada pelo general Baklanov, um jovem que começou na guerra como capitão. Ele foi atleta em Moscou.

"O *Sovinformburo* tem escrito sempre, desde que a guerra começou, que 'casamatas alemãs foram destruídas', mas eu nunca vi uma única casamata alemã. Eles têm apenas trincheiras. Os homens agora estão lutando de maneira inteligente, sem frenesi. Lutam como se estivessem trabalhando.

"Nossas fraquezas aparecem na ofensiva. Unidades de reforço são movidas para novos locais. Elas não têm tempo de se acostumar com a situação. Alguns comandantes não sabem qual é o calibre nem o alcance de seu fogo de artilharia. Eles não sabem a quantidade estabelecida de minas por quilôme-

Grossman junto a um dos tanques Tiger alemães destruídos em Kursk.

tro, a quantidade estabelecida de fios por quilômetro, a proporção de fogo para suprimir as defesas do inimigo. 'Precisamos abrir fogo ali!', e ele faz acenos.

"Às vezes os comandantes dos regimentos fornecem relatórios falsos durante batalhas. Saio geralmente duas horas antes de um ataque para verificar as comunicações, ainda que um comandante de regimento vá a seu posto de comando dez minutos antes do ataque e então me relate: 'Tudo está pronto, estou informado de tudo.' O perigo da arrogância, da vaidade, é grande.

"Muitos comandantes não se importam com a comida e o dia-a-dia de seus soldados, não tentam estudar a alma do soldado. Às vezes os comandantes são muito duros, mas durante os intervalos [da luta] não vão até seus homens conversar com eles e fazer perguntas. Freqüentemente isso acontece porque os comandantes são jovens demais. Às vezes acontece de um [segundo oficial] ter soldados que têm filhos mais velhos que ele.

"[O grito de] 'Avante! Avante!' ou é resultado de estupidez ou de medo de uma autoridade. Por isso tanto sangue está sendo derramado."

Grossman descobriu mais uma vez, mesmo depois de todas as melhorias feitas durante o ano anterior, que unidades continuavam a sofrer com a incapacidade de refletir dos comandantes do Exército Vermelho e dos oficiais das equipes.

Coronel Vavilov, subcomandante de Divisão para Trabalho Político. "Puseram-nos em alerta à meia-noite de [8 para 9 de] julho. A ordem era ter os regimentos em forma ao amanhecer. Começamos a nos locomover no dia 9, durante o dia. Estava terrivelmente quente. Setenta homens caíram de insolação em um regimento. Carregávamos metralhadoras, morteiros, munição. Durante a noite do dia 9, tivemos três horas de descanso. Chegamos à área de Oboyan, começamos a organizar posições de defesa e a nos entrincheirar. E então veio uma ordem para prosseguirmos por mais 25 quilômetros. Ao amanhecer do dia 12, chegamos ao ponto de partida e imediatamente entramos em combate, com dois regimentos. E não é que o general Zhukov diz: 'É melhor permitir um recuo de 5 a 6 quilômetros do que enviar homens cansados, sem munição, para a batalha!'"

Por outro lado, Grossman foi o primeiro a reconhecer que algumas coisas definitivamente haviam melhorado.

Do ponto de vista da artilharia, a operação em Kursk é mais sofisticada que a de Stalingrado. Em Stalingrado, o monstro foi derrotado em seu covil. Em Kursk, o escudo da artilharia resistiu ao ataque do inimigo e a espada da artilharia começou a esmagá-los durante o [contra-ataque].[10]

---

[10] Grossman na verdade escreveu "o avanço", mas o Exército Vermelho com freqüência usava esse termo quando exércitos ocidentais se referiam ao ataque ou à ofensiva, ou, como neste caso, "o avanço" era o grande contra-ataque.

Grossman também entrevistou alguns pilotos de um regimento de caça-bombardeiros Shturmovik engajado em operações de ataques terrestres, principalmente contra tanques.[11] Regimentos de Shturmovik disseram ter virtualmente aniquilado a 3ª, a 9ª e a 17ª Divisões Panzer durante a batalha. Os Shturmovik com freqüência voavam a menos de 20 metros do chão, como seus pilotos gostavam de se gabar, mas suas baixas foram muito pesadas.

> Shalygin, Nikolai Vladimirovich, [de] Saratov, major do regimento de Shturmovik: "Aleksukhin estava voando muito baixo, atacando veículos, na verdade tão baixo que voltou com a ponta de sua hélice entortada. Dei um mergulho e vi tanques sobre a cevada. O formato de suas torres os denuncia.
>
> "O piloto Yuryev voltou com sangue escorrendo em seu rosto. 'Posso relatar?' Ele relatou e caiu inconsciente. O artilheiro e radioperador havia saltado antes, todo coberto de sangue.
>
> "Essa excitação de caçador, eu me sinto como se fosse um falcão e não um homem. E não se pensa em humanidade. Não, não há esses pensamentos. Abrimos caminho. É bom quando o caminho está aberto e está tudo pegando fogo."

O caminho estava prestes a se tornar ainda mais claro para a ofensiva geral soviética. Isso aconteceu fora do contra-ataque em Prokhorovka, em 12 de julho. A Operação Kutuzov, lançada no mesmo dia no lado norte, foi direcionada contra o território alemão ocupado entre o bolsão de Kursk e a cidade de Orel. Os alemães não esperavam essa reação rápida. Para Grossman, aquele foi um momento de grande alegria. Ele tinha uma lembrança amarga da tomada da cidade pelos alemães no outono de 1941.

Lembrando-se do que Grossman atravessara na época, Ortenberg assegurou que ele fosse o correspondente que cobriria a libertação de Orel. "Devo dizer que nunca esqueci esse episódio. E nos dias de julho,

---

[11] O Ilyushin-2M "Shturmovik", um robusto caça-bombardeiro, bem blindado contra fogo terrestre, foi um dos poucos aviões soviéticos eficientes na Segunda Guerra Mundial. Era armado com dois canhões de 23mm e foguetes ou bombas antitanque. A tripulação consistia em um piloto e um atirador na parte de trás, que era também o radioperador.

em que não tivemos dúvida alguma de que Orel seria libertada, eu disse a Grossman: 'Vassili Semyonovich! Orel é nosso trauma. Eu gostaria que você estivesse lá no dia da libertação. Assim você pode lembrar o dia que a deixou.' Grossman estava em Orel no dia da libertação, e escreveu um ensaio sobre as horas e os dias assustadores e trágicos [de sua queda nas mãos dos alemães em 1941] [...]. Quando li esse ensaio, compreendi o que Grossman atravessara durante aqueles dias de outubro de

Grossman no Eixo de Belgorod, depois da Batalha de Kursk.

Oleg Knorring, Ilya Ehrenburg e Grossman.

1941. Eu o encontrei um ano depois da Batalha de Kursk, quando eu já estava na frente de batalha.[12] Durante nossa conversa, lembrei a ele o episódio infeliz e o fiz entender que me sentia culpado por aquilo. Ele sorriu e disse com sinceridade: 'Eu não estava zangado com você.' E acrescentou: 'Não havia tempo para isso.'"

> Chegamos a Orel na tarde de 5 de agosto, pela auto-estrada de Moscou. Havíamos passado de carro pela alegre e organizada Tula, depois de Plavsk, Chern, e quanto mais avançávamos, mais recentes pareciam ser os ferimentos que os alemães haviam causado em nossa terra.
> Em Mtsensk, o mato crescia nas ruínas das casas. O céu azul atravessava as molduras vazias das janelas e os telhados destruídos. Quase todas as vilas entre Mtsenk e Orel haviam

---

[12] Ortenberg deixou o *Krasnaya Zvezda* para se tornar "membro do Conselho Militar", ou comissário chefe, de um exército. Há indicações de que Ortenberg, também judeu, foi afastado desse cargo influente na época do crescimento do anti-semitismo dentro da hierarquia stalinista.

sido incendiadas. As ruínas das *izbas* ainda estavam enfumaçadas. Idosos e crianças vasculhavam pilhas de tijolos em busca de objetos domésticos: potes de ferro, frigideiras, camas de metal desfiguradas pelo fogo, máquinas de costura. Como era amarga e familiar essa visão!

Havia uma placa de madeira branca recém-talhada com a palavra "Orel" pregada no cruzamento da ferrovia [...]. O cheiro de queimado pairava no ar, a fumaça leitosa azul-clara subia de incêndios que diminuíam [...].

Uma unidade de alto-falante tocava "A Internacional" na praça. Cartazes e apelos eram colados nas paredes, folhetos eram entregues à população. Meninas de bochechas vermelhas, controladoras de tráfego, permaneciam em pé em todos os cruzamentos de ruas, agitando com esperteza suas pequenas bandeiras vermelhas e verdes. Um dia ou dois se passariam e Orel voltaria à vida, ao trabalho e aos estudos [...].

Lembrei-me da Orel que eu vira exatamente 22 meses antes, naquele dia de outubro de 1941, quando tanques alemães avançaram sobre a cidade, vindo da auto-estrada de Kromsk. Lembrei-me de minha última noite em Orel, a noite ruim, terrível, o rugido de veículos fugindo, o choro das mulheres que corriam atrás de soldados que recuavam, os rostos tristes das pessoas e as perguntas que elas me faziam, cheias de ansiedade e sofrimento. Lembrei-me da Orel da última manhã, quando parecia que toda a cidade chorava e corria para lá e para cá, tomada por um pânico terrível. A cidade estava ainda na época em sua plena beleza, sem uma única janela quebrada, mas dava a impressão de que estava amaldiçoada, de que fora condenada à morte [...].

E ouvindo o discurso de um coronel de tanques, que estava em pé sobre um tanque empoeirado diante dos corpos de soldados e oficiais mortos na Batalha de Orel, ouvindo suas palavras de adeus simples e abruptas ecoando nas casas incendiadas, eu compreendi. Este encontro hoje e aquela amarga partida na manhã de outubro de 1941 estão inseparavelmente ligados um ao outro.

Uma operação semelhante no lado sul do bolsão de Kursk levou à retomada de Belgorod, e finalmente da Carcóvia, em 28 de agosto. Os alemães se referem a esse combate prolongado como a Quarta Batalha da Carcóvia. Como se poderia imaginar, pouca coisa da cidade estava de pé. Durante esse combate, em um ou outro lado do bolsão de Kursk, Grossman escreveu para seu pai, em 28 de julho.

> Querido papai, tenho percorrido muitas estradas há três semanas, como um cigano. É muito mais agradável viajar no verão que no inverno. Não é preciso se preocupar em achar um lugar para passar a noite, o céu está claro, as chuvas são quentes, os campos estão florindo mais do que nunca. Mas em geral esses campos não cheiram a flores; eles têm um outro cheiro, assustador.

Grossman começou a perceber que havia também um outro cheiro assustador na União Soviética — um anti-semitismo que renascia. Ilya Ehrenburg, com seu faro político apurado, percebera isso bem antes do idealista Grossman. No início da guerra, Ehrenburg observara a reação do Kremlin a Henry Shapiro, chefe do escritório da Reuters em Moscou. Ehrenburg conhecia Shapiro desde antes da guerra, tendo conversado com ele durante horas nos hotéis Metropol e Moskva sobre a paixão em comum que os dois tinham por Paris. Shapiro comentou com Ehrenburg que Stalin nunca o recebia, embora sempre se dispusesse a falar com Henry Cassidy, da Associated Press. "Com esse seu nome", disse Ehrenburg, "você nunca terá uma resposta".

Em novembro de 1941, Ehrenburg ouvira observações anti-semitas de Mikhail Sholokhov, autor de *E o Don flui silencioso*.[13] "Você está lutando", disse Sholokhov a ele, "mas Abraão está fazendo negócios em Tashkent." Ehrenburg explodiu, chamando-o de "comerciante de mas-

---

[13] Sholokhov, Mikhail Aleksandrovich (1905-1984), vencedor do Prêmio Stalin em 1941 e do Prêmio Nobel em 1965. Foi acusado por Soljenitsin e outros de plagiar o trabalho do cossaco antibolchevique Fiodor Krukov, mas estudos posteriores tendem a confirmar que a prosa de Sholokhov era autêntica.

sacre". Sabendo disso, Grossman escreveu a Ehrenburg para lhe contar sobre soldados judeus que encontrara na frente de batalha.

> Penso na blasfêmia anti-semita de Sholokhov com dor e desprezo. Aqui no Front do Sudoeste há milhares, dezenas de milhares de judeus. Eles estão caminhando com metralhadoras em tempestades de neve, invadindo cidades tomadas pelos alemães, caindo em combate. Vi tudo isso. Vi o ilustre comandante da 1ª Divisão de Guarda, Kogan, oficiais de tanques e homens de reconhecimento. Se Sholokhov está em Kuibyshev, certifique-se de que ele saiba que os camaradas na frente de batalha sabem o que ele está dizendo. Deixe-o envergonhado.

Mas Grossman claramente considerava Sholokhov uma aberração àquela altura.

No início de 1943, Ehrenburg descobriu que suas referências ao sofrimento judeu estavam sendo censuradas. Ele reclamou com Aleksandr Shcherbakov, chefe do Departamento Político do Exército Vermelho, mas Shcherbakov rebateu: "Os soldados querem ouvir sobre Suvorov, mas você cita Heine."

Ehrenburg e Grossman, que no passado haviam discordado furiosamente um do outro em assuntos literários, tornaram-se agora muito próximos. "Vassili Semyonovich Grossman veio para Moscou para uma curta permanência", escreveu Ehrenburg, "e ficamos sentados juntos até as três da manhã. Ele me contou sobre a frente de batalha e fizemos suposições sobre como seria a vida depois da vitória. Grossman disse: 'Tenho muitas dúvida agora. Mas não duvido da vitória. Esta provavelmente é a coisa mais importante.'"

Incentivado por Ehrenburg, Grossman se uniu ao Comitê Antifascista Judaico. Um de seus principais membros era o ator Solomon Mikhoels.[14] No fim de 1942, Albert Einstein e outros membros do Comitê

---

[14] Mikhoels, Solomon (nascido Solomon Vovsi, 1890-1948), fundador do Teatro Judaico do Estado de Moscou, presidente do Comitê Antifascista Judaico, assassinado pela KGB em Minsk.

Americano de Escritores, Artistas e Cientistas Judeus entraram em contato com o Comitê Antifascista Judaico na União Soviética para sugerir que se fizesse uma lista de crimes nazistas. Mikhoels ficou entusiasmado, e quando foi obtida a permissão soviética, Ehrenburg começou a organizar um grupo de escritores. No outono de 1943, ele recrutou Grossman. Grossman, que viu mais que qualquer outra pessoa nos territórios que haviam acabado de ser libertados dos nazistas, provaria ser um dos mais importantes contribuintes. No fim de 1944, Ehrenburg percebeu corretamente que as autoridades stalinistas impediram o trabalho deles e desapareceu. Saiu do Comitê Antifascista Judaico. Grossman, que testemunhou em primeira mão Majdanek e Treblinka, recusou-se a ser ameaçado e assumiu grande parte do trabalho.

PARTE QUATRO

Do Dnepr ao Vístula — 1944

21.
O CAMPO DA MORTE DE BERDICHEV

Depois da vitória em Kursk, Stalin e seus marechais lançaram uma ofensiva geral no fim do verão de 1943. A intenção era empurrar os alemães de volta para a linha do rio Dnepr. Hitler desta vez reconheceu a necessidade de retirada e concordou que o Dnepr, com sua margem oeste alta, representava a melhor linha de defesa. Deixando um terrível rastro de destruição, unidades alemãs correram de volta à frente do exausto e exageradamente extenso Exército Vermelho. Smolensk foi retomada no fim de setembro e Kiev, em 6 de novembro. Ao longo do caminho, Grossman se uniu ao centro de comando do general Gorishny, cuja 95ª Divisão de Fuzileiros ele encontrara em Stalingrado.[1]

Chegou um relato de que uma menina do batalhão médico, Galya Chabannaya, foi morta. Tanto Gorishny quanto seu vice, o coronel Vlasenko, gritaram.[2] "Oh, Deus," disse Gorishny. "Quando deixamos Stalingrado, depois da vitória, saltamos dos vagões nas estações e jogávamos uns aos outros na neve. E me lembro de como a rolamos na neve, e ela riu tão

---

[1] A 95ª Divisão de Fuzileiros havia se tornado a 75ª Divisão de Fuzileiros dos Guardas.
[2] Major-general (mais tarde tenente-general) Vassili A. Gorishny e coronel (mais tarde major--general) Aleksei M. Vlasenko.

alto que todo o trem podia ouvi-la. Não havia outra pessoa em nossa divisão que risse mais alto e mais alegremente."

O subcomandante do batalhão, o tenente Surkov, veio para o posto de comando. Ele não dorme a seis noites. Seu rosto tem uma barba crescida demais. Não se vê cansaço algum neste homem, ele ainda está tomado pela terrível excitação da luta. Talvez ele caia no sono daqui a uma hora e meia, bolsa de campanha sob a cabeça, e então será inútil tentar acordá-lo. Mas agora seus olhos estão brilhando e sua voz soa firme e animada. Este homem, que era professor de história antes da guerra, parece estar carregando com ele o brilho da Batalha do Dnepr. Ele me conta sobre os contra-ataques alemães, sobre nossos ataques, sobre o mensageiro que teve que desenterrar da trincheira três vezes, e vem da mesma área que ele e foi seu aluno na escola. Surkov havia lhe ensinado história. Agora os dois estão participando de acontecimentos sobre os quais professores de história vão contar a seus alunos cem anos depois.

Quando chegaram à margem do Dnepr, os soldados não quiseram esperar pelo pontão e por outro transporte para atravessar o rio. Cruzaram o rio largo e de fluxo rápido em jangadas, barcos pesqueiros, em pontões improvisados com barris e cobertos de tábuas. Atravessaram sob pesado fogo de artilharia e morteiros inimigos, sob ataque de bombardeiros e caças alemães. Houve casos em que soldados transportaram canhões de regimentos sobre portões, e um grupo de soldados do Exército Vermelho atravessou o Dnepr sobre lonas de chão recheadas de feno.

A libertação da Ucrânia foi um processo comovente, principalmente para aqueles que, como Grossman, lembravam-se amargamente do fim do verão de 1941.

Homens idosos, quando ouvem palavras em russo, correm para se encontrar com os soldados e choram silenciosamente, sem conseguir dizer uma palavra. Camponesas idosas dizem com serena surpresa: "Achávamos que iríamos cantar e rir quando víssemos nosso exército, mas há tanta tristeza em nossos corações, que as lágrimas estão caindo."

Quando nossas tropas entram em uma vila e o fogo da artilharia estremece o ar, gansos saem voando e, batendo suas asas, voam firmes sobre os telhados. Pessoas surgem da floresta, de arbustos, de pântanos cheios de juncos altos.

Cada soldado, cada oficial e cada general do Exército Vermelho que já viu a Ucrânia sangrando e ardendo, que ouviu a verdadeira história sobre o que aconteceu lá durante os dois anos de domínio alemão, compreende no fundo de sua alma que só nos restaram duas palavras. Uma dela é "amor" e a outra, "vingança".

Nessas vilas, os alemães costumavam fazer suas necessidades fisiológicas em corredores e soleiras de portas, em jardins na frente das casas, em frente a janelas. Não tinham vergonha de meninas e de mulheres idosas. Quando comiam, perturbavam a paz, rindo alto. Punham as mãos nos pratos que dividiam com seus camaradas e cortavam a carne cozida com seus dedos. Caminhavam nus pelas casas, sem vergonha diante de camponeses, e brigavam e lutavam por coisas pequenas. Sua gulodice, sua capacidade de comer vinte ovos de uma vez, ou um quilo de mel, uma enorme tigela de *smetana*,[3] provocavam o desprezo dos camponeses [...].

Os alemães que haviam se retirado para vilas mais atrás procuravam comida dia e noite. Eles comiam, bebiam álcool e jogavam cartas. De acordo com o que prisioneiros disseram, e com cartas encontradas com soldados alemães mortos, os alemães se consideravam representantes de uma raça superior obrigados a viver em vilas selvagens. Achavam que nas estepes selvagens do leste podia-se deixar a cultura de lado. Ouvi dezenas de pessoas dizerem: "Ah, isto é a verdadeira cultura. E costumavam dizer que os alemães eram pessoas cultas."

---

[3] Creme de leite azedo. (N. do T.)

Em uma manhã nublada e com vento, encontramos um menino no limite da vila de Tarasevichi, perto do Dnepr. Ele parecia ter 13 ou 14 anos. Estava extremamente magro, sua pele amarelada era esticada abaixo dos olhos, seus ossos pareciam saltar para fora. Seus lábios eram sujos, pálidos, como os de um homem morto que caiu de cara no chão. Tinha um olhar cansado, não havia qualquer alegria nem qualquer tristeza neles. São tão assustados, esses olhos velhos de criança, cansados, sem vida.

— Onde está seu pai?

— Morto — ele respondeu.

— E a mãe?

— Ela morreu.

— Você tem irmãos ou irmãs?

— Uma irmã. Eles a levaram para a Alemanha.

— Você tem algum parente?

— Não, estão todos enterrados em uma vila aliada.

E ele caminhou por uma plantação de batatas, seus pés descalços e pretos de lama, puxando o pano de sua camisa rasgada.

Mas logo Grossman ouviria horrores muito piores ocorridos durante a ocupação alemã.

Pessoas que vieram de Kiev me contaram que soldados alemães cercaram uma enorme cova coletiva na qual estavam enterrados os corpos de 50 mil judeus mortos em Kiev no outono de 1941. Eles desenterraram apressadamente os corpos, puseram-nos em caminhões e os levaram para o oeste. Tentaram incendiar alguns corpos no local.

Como diz Grossman, mesmo antes da queda de Kiev já haviam começado a surgir detalhes sobre o grande massacre de judeus — uma *GrossAktion* da unidade *SS Sonderkommando 4ª* da *Einsatzgruppe C* e de dois batalhões policiais. Isto havia acontecido em Babi Yar no fim de setembro de 1941. A caça aos judeus em Kiev fora organizada para a SS por oficiais do centro de comando do 6º Exército alemão, na época comandado pelo marechal-de-campo nazista Von Reichenau.

O planejamento dessa *Gross-Aktion* começara em 27 de setembro de 1941. O comandante do exército local divulgou cartazes ordenando que os judeus de Kiev se preparassem para uma "evacuação". Era uma tentativa deliberada de esconder o destino deles. "Vocês devem trazer seus documentos de identidade, dinheiro e objetos de valor, bem como roupa de frio", disseram a eles. Os judeus soviéticos, que nada haviam ouvido falar sobre anti-semitismo nazista, em parte devido ao pacto nazi-soviético, apareceram como fora ordenado, com pouca noção sobre o destino que os aguardava. O *SS Sonderkommando*, que havia esperado algo entre 5 mil e 6 mil, ficou impressionado quando 33.771 judeus apareceram, um pouco mais da metade da população judia de Kiev. A multidão era tão grande que mais tropas do 6º Exército foram convocadas para ajudar a transportar os judeus para a ravina de Babi Yar, onde esquadrões da morte os esperavam.

Primeiramente os judeus foram forçados a entregar seus objetos de valor e depois receberam ordem para ficarem nus antes de serem mortos a tiros. As execuções duraram dois dias. O lugar mais tarde foi usado

O Exército Vermelho chega ao Dnepr, em Kiev.

para outros massacres de judeus, ciganos, *partisans* e membros do Partido Comunista. Ao todo, aproximadamente 100 mil pessoas morreram ali. Civis soviéticos, que se infiltraram em outubro de 1943, relataram que os alemães haviam cercado o lugar para, em uma tentativa de eliminar vestígios dos massacres, exumar os corpos e queimá-los.

Grossman estava junto ao posto de comando do Front Ucraniano, do general Vatutin, e ouviu esses relatos. Seus temores em relação ao destino dos judeus na Ucrânia provaram ter sido subestimados. A proporção do massacre era impressionante. No outono de 1943, ele havia escrito um artigo intitulado "Ucrânia sem judeus". Aparentemente foi recusado pelo *Krasnaya Zvezda* e apareceu na *Einikeit*, revista do Comitê Antifascista Judaico.

> Não há judeu algum na Ucrânia. Em nenhum lugar — Poltava, Carcóvia, Kremenchug, Borispol, Yagotin —, em nenhuma dessas cidades, centenas de cidades, ou milhares de vilas, você verá os olhos negros e cheios de lágrimas das meninas pequenas; você ouvirá a voz aflita de uma velha senhora; você verá o rosto triste de um bebê faminto. Tudo é silêncio. Tudo está quieto. Um povo inteiro foi brutalmente assassinado.

Logo ficou claro para Grossman que seus relatos sobre o que seria mais tarde conhecido como Holocausto não eram bem recebidos pelas autoridades soviéticas. A linha stalinista se recusou a aceitar qualquer categoria especial de sofrimento. Foi preciso definir todas as vítimas do nazismo no solo soviético como "cidadãos da União Soviética", sem qualificação. Relatos oficiais sobre atrocidades, mesmo aqueles que descreviam corpos vestindo a estrela amarela, evitavam qualquer menção à palavra "judeu". No fim de 1943, Grossman se uniu a Ilya Ehrenburg em uma comissão para reunir detalhes sobre os crimes nazistas para o Comitê Antifascista Judaico, uma organização que mais tarde atrairia suspeitas de autoridades stalinistas. Ehrenburg e Grossman planejaram que todo o material coletado deveria ser publicado num "Livro Negro", mas isto foi impedido depois da guerra, em parte devido à posição stalinista sobre o sofrimento soviético — "Não divida a morte" — e em parte porque o envolvimento de ucranianos nas perseguições anti-semitas era embaraçoso para as autoridades. O assunto da colaboração durante a Grande Guerra Patriótica foi quase completamente suprimido até um período posterior à queda do comunismo.

Grossman estava determinado a enfatizar a tragédia pessoal tanto quanto o vasto crime coletivo. Ele percebia instintivamente que o horror naquela proporção nunca deveria ser reduzido a estatísticas que desumanizassem as vítimas. Por isso sempre buscou os nomes ou algum tipo de detalhe pessoal para devolver às vítimas sua individualidade.

Não restou ninguém em Kazary para reclamar, ninguém para contar, ninguém para chorar. O silêncio e a calma pairam sobre os corpos enterrados sob lareiras destruídas, agora cobertas de ervas daninhas. A quietude é muito mais assustadora que lágrimas e maldições.

Homens e mulheres idosos estão mortos, assim como artesãos e outros profissionais: alfaiates, sapateiros, funileiros, pintores de parede, ferreiros, encadernadores, operários, freteiros, carpinteiros, fabricantes de fogão, palhaços, marceneiros, transportadores de água, moleiros, padeiros e cozinheiros; também estão mortos médicos, protéticos, cirurgiões, ginecologistas, cientistas — bacteriologistas, bioquímicos, diretores de clínicas universitárias —, professores de história, álgebra, engenheiros e arquitetos. Estão mortos professores, palestrantes e doutores em ciências, engenharia e arquitetura. Estão mortos agrônomos, agricultores, contadores, caixas, atendentes de lojas, fornecedores, secretários, vigias noturnos, estão mortas *babuchkas* que podiam tricotar meias, fazer bolos saborosos, sopas, *strudel* com maçãs e nozes, estão mortas mulheres que haviam sido fiéis a seus maridos e estão mortas também mulheres levianas, meninas bonitas e estudantes aplicadas e escolares alegres, estão mortas meninas feias e bobas, mulheres corcundas, estão mortos cantores, estão mortos cegos e surdos-mudos, estão mortos violinistas e pianistas, estão mortas crianças de 2 anos, de 3 anos, estão mortos homens e mulheres de 80 anos e com cataratas em seus olhos nebulosos, com dedos frios e transparentes,

Soldados do Exército Vermelho conversam com cidadãos soviéticos libertados graças a seu avanço.

e cabelos que farfalham silenciosamente como papel branco, estão mortos bebês recém-nascidos que mamavam gulosamente o leite de suas mães até o último minuto.

Isto foi diferente da morte de pessoas na guerra, com armas em suas mãos, a morte de pessoas que deixaram para trás suas casas, famílias, plantações, canções, tradições e histórias. Isto foi o assassinato de uma grande e antiga experiência profissional, passada de uma geração a outra em milhares de famílias de artesãos e membros da elite. Isto foi o assassinato de tradições do dia-a-dia que avós haviam passado a seus netos, isto foi o assassinato de lembranças, de uma canção triste, de poesia popular, de vidas, alegres e amargas, isto foi a morte da nação que vivia lado a lado com ucranianos há centenas de anos [...].

Khristya Chunyak, uma camponesa de 40 anos, da vila de Krasilovka, no distrito de Brovarsky do *oblast*[4] de Kiev, contou-me como os alemães em Brovary levaram um médico

---
[4] Divisão administrativa regional. (N. do T.)

judeu, Feldman, para ser executado. Esse médico, um velho solteirão, adotara dois camponeses órfãos. Os moradores o admiravam. Uma multidão de camponesas correu até o comandante alemão, chorando e implorando para que a vida de Feldman fosse poupada. O comandante se viu obrigado a ceder aos apelos das mulheres. Isto aconteceu no outono de 1941. Feldman continuou a morar em Brovary e a tratar dos camponeses locais. Foi executado na primavera deste ano. Khristya Chunyak choramingou e finalmente explodiu em lágrimas ao descrever para mim como o velho homem foi forçado a cavar seu próprio túmulo. Ele teve que morrer sozinho. Não havia nenhum outro judeu vivo na primavera de 1943.

Depois de estabelecer cabeças-de-ponte ao longo do Dnepr, os exércitos do general Vatutin aproveitaram seu sucesso ao sul de Kiev em direção à cidade natal de Grossman, Berdichev. O marechal-de-campo Von Manstein contra-atacou repetidamente durante o mês de dezembro, tentando virar o flanco direito de Vatutin, mas na véspera do Natal foi surpreendido por uma bem disfarçada ofensiva soviética lançada perto de Brusilov.

No início de 1944, comandantes da Wehrmacht enfrentaram a dolorosa verdade de que, apesar de todas as baixas que haviam causado, o Exército Vermelho se tornara uma máquina de luta formidável durante apenas um ano. Divisões alemãs estavam severamente reduzidas e as novas formações de soldados, insuficientemente treinadas. Suas divisões panzer não haviam se recuperado da Batalha de Kursk, enquanto as forças blindadas soviéticas eram constantemente reabastecidas de tanques que saíam de vastas linhas de produção em Chelyabinsk, um pouco além dos montes Urais. As formações do Exército Vermelho também haviam adquirido uma mobilidade bastante superior, graças ao constante envio de Dodges e Studebakers fornecidos pelos Estados Unidos. É uma ironia reconhecida por historiadores russos o fato de o Exército Vermelho ter conseguido avançar tão rapidamente quanto avançara para ocupar a Europa Central graças, em grande parte, à ajuda americana.

Durante a ofensiva de inverno, que teve início no fim de dezembro de 1943, o Exército Vermelho avançou no norte para obrigar os alemães a recuar de Leningrado. No sul, os quatro Fronts Ucranianos lançaram ataques coordenados de Kiev para o mar Negro. A operação de Vatutin com o 1º Front Ucraniano, que começou em 24 de dezembro na cabeça-de-ponte um pouco ao sul de Kiev, tomou Zitomir na véspera do Ano-Novo. Kazatin, 70 quilômetros ao sul, também foi ocupada, e a cidade de Berdichev, entre as duas, finalmente foi libertada em 5 de janeiro de 1944, depois de pesados combates do 18º Exército e do 1º Exército de Tanques.

Grossman tinha suas próprias razões pessoais para querer estar na Ucrânia. Estava determinado a descobrir o que acontecera em Berdichev, onde temia que sua mãe e outros parentes tivessem perecido. Ele escreveu à sua mulher logo que se viu perto de Berdichev.

> Minha queridíssima Lyusenka, cheguei ao meu destino hoje. Ontem eu estava em Kiev. É difícil expressar o que senti e o que sofri nas poucas horas em que visitei o endereço de parentes e conhecidos. Só há túmulos e morte. Estou indo hoje para Berdichev. Meus camaradas já estão lá. Eles disseram que a cidade está completamente devastada e que sobreviveram apenas algumas pessoas, talvez uma dúzia entre muitos milhares, dezenas de milhares de judeus que viviam lá. Não tenho esperança alguma de encontrar Mamãe viva. A única coisa que espero é descobrir como foram seus últimos dias e sua morte [...]. Compreendi aqui o quanto os poucos sobreviventes querem bem uns aos outros.

Ele também escreveu a seu pai, no mesmo dia de janeiro, contando a ele sobre a morte de um amigo em Kiev.

> Estou indo hoje para Berdichev. As pessoas dizem que a população judia lá foi morta e que a cidade está quase completamente destruída e vazia. Um abraço, meu querido. Tenho um sentimento forte em minha alma. Seu, Vasya.

Grossman visitou os locais de execução perto do campo da pista de pouso e o gueto de Yatki, onde os judeus de Berdichev haviam sido reunidos. Incansavelmente, entrevistou testemunhas, tanto os poucos judeus sobreviventes quanto ucranianos locais. Para ele, o maior choque foi descobrir o papel importante que ucranianos locais tiveram no horror. Muitos haviam sido recrutados como policiais auxiliares por autoridades alemãs, que lhes deram fuzis, chapéus pontudos e tarjas brancas para os braços. Estes os incentivaram a atormentar os judeus e depois a ajudar a reuni-los e executá-los.

Grossman, que quando jovem tivera uma tendência a evitar o judaísmo em Berdichev, sentia-se agora duplamente consumido pela culpa. Da população de 60 mil pessoas de Berdichev, pouco mais de 30 mil eram judeus. Entre 20 mil e 30 mil haviam sido assassinadas na cidade no primeiro grande massacre na Ucrânia. Grossman reconheceu que muitos ucranianos estavam se vingando da repressão stalinista e da fome nos anos 1920 e 1930, usando judeus como bodes expiatórios. Eles também não tiveram vergonha de saquear os bens da população judia da cidade. Mas Grossman observou que a maioria dos sobreviventes judeus que entrevistou havia sido na verdade salva ou ajudada por russos e ucranianos étnicos. Suas anotações sobre essas entrevistas foram incluídas em seu trabalho para *O Livro Negro*.

Cerca de 30 mil judeus foram mortos em Berdichev. Os irmãos Pekilis, Mikhel e Wulf, sobreviveram. Muitos na cidade conheciam a família Pekilis. Eles eram muito conhecidos, o pai e cinco filhos, por suas construções de pedra. Construíram casas em Berdichev, fábricas em Kiev e até participaram da construção do metrô de Moscou. Quando os alemães chegaram, Mikhel e Wulf escaparam. Estavam construindo belos fogões para camponeses e viviam embaixo dos fogões. Então cavaram um buraco embaixo de um estabelecimento alemão na [rua] Sverdlovskaya, onde ficaram 145 dias. Um engenheiro russo, Evgeny Osipovich, alimentava-os. Então fugiram desse caixão e encontraram aliados. Mikhel e Wulf Pekilis participaram da libertação de Berdichev.

Um menino de Berdichev: "Eles me chamavam de Mitya Ostapchuk, mas meu nome é Khaim Roitman. Sou de Berdichev. Tenho 13 anos agora. Os alemães mataram meu pai e minha mãe também. Eu tinha um irmão pequeno, Borya. Um alemão o matou com uma submetralhadora, matou-o na minha frente [...]. Foi tão estranho, a terra estava se movendo! Eu estava em pé à beira de um buraco, esperando. Agora vão atirar em mim, [eu pensei]. Um alemão se aproximou de mim e me olhou. E eu apontei: 'Olhe, há um relógio!' Havia um pedaço de vidro brilhando lá. O alemão foi pegá-lo e eu corri o mais rápido que podia. Ele correu atrás de mim e então tropeçou e caiu. Não me lembro do que aconteceu em seguida. Um velho, Gerasim Prokofievich Ostapchuk, pegou-me. Ele disse: 'Agora você é Mitya, meu filho.' Ele tinha sete filhos, eu me tornei o oitavo.

"Uma vez os alemães vieram, estavam todos bêbados. Começaram a gritar, haviam notado que eu era moreno. Perguntaram a Gerasim Prokofievich: 'De quem é esse garoto?' E ele respondeu: 'Meu.' Eles brigaram com ele, disseram que estava mentindo, porque eu era moreno. E ele respondeu, muito calmamente: 'Ele é meu filho com a minha primeira mulher. Ela era cigana.'

"Quando Berdichev foi libertada, fui para a cidade. Encontrei meu irmão maior, Yasha. Ele sobreviveu também. Yasha é grande, tem 16 anos. Está lutando. Quando os alemães estavam partindo, Yasha encontrou o porco que matou nossa mãe e o matou a tiros."

O artigo de Grossman, "O assassinato de judeus em Berdichev", foi censurado pelas autoridades soviéticas com o duplo propósito de reduzir a ênfase nos judeus como vítimas e camuflar o grau de colaboração dos ucranianos com as atrocidades.

A tomada de Berdichev pelos alemães foi repentina. Unidades de tanque alemãs avançaram para a cidade. Só um terço da população conseguiu escapar a tempo. Os alemães entraram na cidade na segunda-feira, 7 de julho, às sete da noite. Os soldados gritavam "*Jude kaputt!*" de seus caminhões e brandiam suas armas. Sabiam que quase todos os judeus ainda estavam na cidade.

O carpinteiro Girsh Giterman, que escapou de Berdichev no sexto dia de ocupação, contou-me sobre os primeiros crimes cometidos pelos alemães contra os judeus. Soldados alemães haviam obrigado um grupo de pessoas a deixar seus apartamentos nas ruas Bolshaya Zhitomirskaya, Malaya Zhitomirskaya e Shteinovskaya. Todas essas ruas foram fechadas para a fábrica de couro. As pessoas foram então levadas para a unidade de queima de couro e forçadas a pular em poços enormes cheios de *catechu*[5] adstringente. Aqueles que resistiram foram baleados e seus corpos também jogados nos poços. Os alemães acharam a execução divertida: estavam queimando a pele de judeus.

Uma execução grotesca semelhante foi realizada na cidade velha: os alemães ordenaram que os homens idosos pusessem seus *tallit* e *tefillin* e fizessem uma cerimônia na velha sinagoga, rezando a Deus para que perdoasse seus pecados contra os alemães.[6] A porta da sinagoga foi trancada e o templo foi incendiado. Uma terceira execução absurda foi realizada perto de um moinho de água. Eles apanharam várias dezenas de mulheres, ordenaram que elas tirassem as roupas e anunciaram que poupariam a vida daquelas que conseguissem chegar à outra margem. O rio era muito largo perto do moinho, porque havia sido represado. A maioria das mulheres se afogou antes de chegar à margem oposta. Aquelas que conseguiram chegar à margem oeste foram forçadas a nadar de volta imediatamente.

Outro exemplo de "piada" alemã é a história da morte de um homem idoso, Aron Mazor, açougueiro *kosher* por profis-

---

[5] *Catechu* é um tanino obtido a partir da árvore *Acacia catechu*.
[6] *Tallit* é um xale de reza e *tefillin* são caixas de couro preto ritualísticas contendo passagens da Escritura presas à cabeça e à mão.

são. Um oficial alemão saqueou o apartamento de Mazor e ordenou a soldados que levassem os objetos que havia selecionado. Ele ficou para trás, com dois soldados, para se divertir um pouco. Encontrara uma faca grande e descobrira a profissão de Mazor. "Gostaria de ver o seu trabalho", disse, ordenando aos soldados que trouxessem os três filhos pequenos do vizinho.

As mentes desses milhares de pessoas foram incapazes de compreender uma verdade simples e terrível: de que o próprio Estado incentivava e aprovava essas execuções "não-oficiais", de que os judeus eram considerados criminosos, de que eram os objetos mais naturais para tortura, violência e assassinato. Entretanto, nenhum daqueles que foi levado para o gueto imaginava que a mudança era apenas o primeiro passo para um bem preparado assassinato[7] de todos os 20 mil judeus.

Um contador de Berdichev que visitara a família de um amigo, o engenheiro Nuzhny, no gueto, contou-me que a mulher de Nuzhny havia chorado muito e estava muito preocupada com que seu filho de 10 anos, Garik, não conseguisse voltar para a escola russa no outono.

Médicos idosos de Berdichev viviam com a esperança de que o Exército Vermelho voltasse. Houve um momento em que eles confortaram uns aos outros com a notícia — que alguém dissera ter ouvido no rádio — de que o governo alemão recebera uma nota exigindo que eles parassem com a afronta aos judeus. Mas nessa época, prisioneiros de guerra [soviéticos] trazidos pelos alemães de Lysaya Gora já haviam começado a cavar cinco trincheiras profundas no campo próximo à pista de pouso, onde termina a [rua] Gorodskaya e começa uma estrada pavimentada para a vila de Romanovka.

Em 4 de setembro, uma semana depois de o gueto ser estabelecido, 1.500 jovens receberam ordem para se preparar

---

[7] Os 30 mil citados antes foram calculados mais tarde, quando a dimensão completa dos massacres se tornou aparente.

para o trabalho agrícola. Os jovens fizeram pequenas trouxas com alimentos, despediram-se de seus pais e partiram. No mesmo dia, todos os 1.500 meninos foram mortos a tiros entre Lysaya Gora e a vila de Khazhina. Os executores haviam enganado tão espertamente as vítimas que até o último minuto nenhum dos condenados suspeitara do assassinato que viria. Havia sido sugerido até que depois de terminarem o trabalho teriam permissão para levar algumas batatas para os idosos do gueto. E durante os últimos dias que lhes restaram, aqueles que haviam permanecido no gueto nunca souberam o que acontecera com os jovens. Esta execução retirou do gueto quase todos os homens jovens que eram capazes de resistir.

Os preparativos para as operações foram concluídos. Poços foram cavados no fim da rua Brodskaya. Unidades de um regimento da SS chegaram a Berdichev em 14 de setembro e a polícia da cidade foi posta de prontidão. Toda a área do gueto foi cercada durante a noite de 14 de setembro. Às quatro da manhã [em 15 de setembro] foi dado o sinal. A SS e a polícia começaram a retirá-los, levando-os para a praça do mercado. A maneira como se comportavam mostrava às pessoas que o fim de seus dias chegara. Os executores mataram nas casas aqueles que não conseguiam caminhar, idosos e deficientes físicos. Toda a cidade acordou com gritos terríveis de mulheres e o choro de crianças. Logo a praça do mercado estava coberta de muitos milhares de pessoas.

Quatrocentas pessoas haviam sido selecionadas, inclusive os médicos idosos Tsugovar, Baraban, Liberman, a médica Blank, o eletricista Epelfeld, o fotógrafo Nuzhny, o sapateiro Milmeister, o velho construtor Pekilis e seus filhos Mikhel e Wulf, e alfaiates, sapateiros, metalúrgicos e vários cabeleireiros. Esses profissionais tiveram permissão para levar suas famílias com eles.

Muitos deles não conseguiram encontrar suas mulheres e seus filhos, dos quais haviam se perdido na multidão. As testemunhas falam de cenas chocantes que viram ali: pessoas gritaram os nomes de suas mulheres e de seus filhos tentando soar mais alto que a multidão enlouquecida, enquanto centenas de mães condenadas tentavam lhes dar seus filhos e filhas, implorando para que dissessem que eram seus, para salvá-los da morte. "De qualquer modo, você não vai encontrar os seus nessa multidão."

Soaram as primeiras explosões de tiros de submetralhadoras. Não sei se os alemães fizeram isso de propósito ou se simplesmente não perceberam que o local da execução ficava a apenas 50 a 60 metros da estrada ao longo da qual as pessoas condenadas eram levadas. A fila passava pelo "cadafalso" e milhares de pares de olhos viram os mortos caindo [...]. Então as pessoas foram levadas para abrigos no campo de pouso, onde esperaram sua vez, e caminharam de volta novamente, desta vez para o lugar onde seriam mortas.

Esse massacre de inocentes e indefesos durou o dia todo. Seu sangue escorreu pelo chão de barro amarelo. As covas ficaram cheias de sangue, o chão de barro não conseguiu absorvê-lo, o sangue transbordou nas covas e havia poças enormes no chão. Riachos de sangue se formaram, acumulando-se em depressões [...]. As botas dos executores ficaram ensopadas de sangue.

Grossman nunca escreveu sobre o destino de sua mãe em nenhum de seus artigos para *O Livro Negro*. Isto finalmente aconteceu em seu romance *Vida e destino*, no qual ela recebe a identidade de Anna Shtrum. Sua mãe havia sido uma entre as milhares de vítimas executadas perto do campo de pouso. Seu sentimento de culpa e horror pode ser avaliado em duas cartas que ele escreveu para ela depois da guerra. A primeira foi em 1950.

Querida Mamãe,

Soube de sua morte no inverno de 1944. Cheguei a Berdichev, entrei na casa onde você morava e que tia Anyuta, tio David e Natasha haviam deixado, e senti que você havia morrido. Mas lá longe, em setembro de 1941, meu coração já sentia que você já não estava mais aqui. Uma noite, na frente de batalha, eu tive um sonho. Entrei em seu quarto. Eu sabia com certeza que aquele era o seu quarto, e vi a poltrona vazia, e sabia que você havia dormido nela. Um xale com o qual você cobria suas pernas estava pendurado na poltrona. Olhei para ele por um longo tempo e, quando acordei, sabia que você não estava mais entre os vivos. Mas não sabia então que terrível morte você tivera. Só soube disso quando fui a Berdichev e conversei com as pessoas que sabiam da execução em massa que aconteceu em 15 de setembro de 1941. Tentei dezenas de vezes, talvez centenas, imaginar como você morreu, como você caminhou para encontrar sua morte. Tentei imaginar a pessoa que a matou. Foi a última pessoa a vê-la. Sei que você estava pensando muito em mim o tempo todo.

Agora faz nove anos que parei de escrever cartas a você, contando sobre minha vida e meu trabalho. E acumulei tanta coisa em minha alma nesses nove anos que decidi escrever a você, para contar a você e, é claro, para queixar-me a você, já que ninguém mais está particularmente interessado em minhas tristezas. Você era a única que se interessava por elas.

Posso sentir você hoje, tão viva para mim quanto era no dia em que a vi pela última vez, e tão viva quanto na época em que você lia para mim quando eu era um menino pequeno. E minha dor ainda é a mesma do dia em que seu vizinho na rua Uchilishchnaya me contou que você havia morrido. E acho que meu amor por você e essa terrível tristeza não mudarão até o dia em que eu morrer.

Ele escreveu novamente em 1961, no aniversário de vinte anos de sua morte.

Minha querida, vinte anos se passaram desde o dia de sua morte. Eu a amo, lembro-me de você a cada dia de minha vida, e minha tristeza nunca me deixou nesses vinte anos.

A última vez que escrevi a você foi há dez anos, e em meu coração você ainda é a mesma de vinte anos atrás [...]. Eu sou você, meu próprio ser. Enquanto eu estiver vivo, você estará viva também. E quando eu morrer, você viverá no livro que dediquei a você e cujo destino é como o seu.[8] E me parece agora que meu amor por você está se tornando maior e mais responsável porque restam agora muito poucos corações nos quais você ainda vive. Tenho pensado em você todo o tempo durante esses últimos dez anos, quando eu estava trabalhando [...].

Estive relendo hoje, como faço há muitos anos, as poucas cartas que sobreviveram entre as centenas que você escreveu para mim. Também li suas cartas para Papai. E chorei hoje mais uma vez lendo-as. Chorei quando li: "Zema, eu também acho que não vou viver muito tempo.[9] Estou esperando o tempo todo que uma doença me leve. Tenho medo de ficar doente por muito tempo. O que o pobre menino vai fazer comigo então? Seria muito problema para ele."

Chorei quando você — você, tão solitária, cujo único sonho na vida era viver sob o mesmo teto que eu — escreveu para o Papai: "A mim parece sensato que você vá viver com Vasya se ele tiver um quarto. Estou dizendo isto a você novamente porque agora estou bem. E você não precisa se preocupar com a minha vida espiritual: eu sei como proteger meu mundo interior de coisas que estão ao meu redor." Chorei sobre suas cartas porque você está nelas: com sua bondade, sua pureza, sua amarga, amarga vida, sua fé, sua generosidade, seu amor por mim, sua atenção com as pessoas, sua mente maravilhosa. Nada temo porque seu amor está comigo e porque meu amor está sempre com você.

---

[8] Ele está, é claro, referindo-se a *Vida e destino*. Há indicações de que esta carta é uma resposta à última carta escrita por Anna Shtrum a seu filho no romance, a carta que Grossman sentiu que sua mãe nunca tivera tempo para escrever para ele.
[9] Zema era seu diminutivo para o pai de Vassili Grossman, Semyon Osipovich Grossman (1870-1956).

22.
CRUZANDO A UCRÂNIA ATÉ ODESSA

No início de março, Grossman se uniu ao posto de comando do 3º Front Ucraniano. Os alemães haviam se mantido na costa do mar Negro, apesar de terem sido flanqueados no norte pelo impulso do 1º Front Ucraniano.

Na primeira semana de março, o marechal Zhukhov havia assumido o comando no lugar de Vatutin, ferido mortalmente em 29 de fevereiro, quando sofreu uma emboscada de ucranianos partidários do UPA.[1] Zhukhov dirigiu a nova ofensiva em direção a Ternopol. Também na primeira semana de março, o 2º Front Ucraniano, do marechal Konev, atacou na direção de Uman, que eles ocuparam com grande quantidade de provisões militares apenas cinco dias depois, em 10 de março. Duzentos tanques alemães, seiscentos canhões e muitos milhares de veículos, imobilizados na lama profunda e abandonados por seus tripulantes, foram apanhados ao longo do caminho.

Soldados do Exército Vermelho reclamaram da lama primaveril da *rasputitsa*, mas os alemães sofreram muito mais. As colunas blindadas

---

[1] UPA era o *Ukrainska povstanska armiia*, ou Exército Insurgente Ucraniano, uma organização nacionalista e anticomunista extremista que havia colaborado com os alemães, mas que também os combateu quando a Ucrânia foi tratada tão cruelmente pelos nazistas quanto outras áreas de territórios ocupados.

de Konev avançaram progressivamente para tomar cabeças-de-ponte nas cercanias do sul de Bug. Estavam a menos de 100 quilômetros da fronteira da Moldávia e do rio Dnestr, cruzado pela primeira vez em 17 de março, 12 dias depois do início da ofensiva. Divisões alemãs, reduzidas a uma fração de sua força habitual, tiveram de lutar para sair de cercos e recuar rapidamente, infiltrando-se entre exércitos soviéticos. Em muitos casos, suprimentos lançados de pára-quedas pela Luftwaffe mantiveram-nos seguindo em frente. Mas o desejo de escapar era grande. Nenhum alemão queria ter o destino que o 6º Exército, de Paulus, teve em Stalingrado.

Enquanto isso, em outra ofensiva coordenada, o 3º Front Ucraniano, de Malinovsky, avançara a partir do Ingulets, cruzando mais dois rios e tentando isolar sete divisões alemãs. O avanço, entretanto, estava à mercê das intempéries.

Antes do ataque, o Conselho Militar do Front pensara acima de tudo no clima. Eles continuaram olhando o barômetro. Um professor de meteorologia fora convocado, bem como um homem idoso, especialista em clima local, que poderia prevê-lo a partir de indicações que ninguém mais conhecia. Oficiais participaram de palestras sobre meteorologia.

Em 6 de março, o 3º Front Ucraniano, do general Rodion I. Malinovsky, lançou uma ofensiva ao longo da costa do mar Negro para tomar Odessa. O inimigo consistia no 6º Exército Alemão, uma recriação do exército original de Stalingrado — o que aconteceu sob ordens de Hitler, como se isto fosse impedir a derrota —, a cavalaria do tenente-general I. A. Pliev, o 4º Corpo de Cavalaria dos Guardas e o 4º Corpo Mecanizado. A cavalaria era de grande utilidade na lama pesada.

A sede do Front ficava na vila de Novaya Odessa, a cerca de 90 quilômetros de Odessa. Lama terrível. Se Rudnyi não tivesse ajudado, eu não teria conseguido arrastar minha mala do campo de pouso até o posto de comando.

Avançar na lama requer um enorme esforço físico. Uma quantidade de combustível que em outra situação seria suficiente para avançar centenas de quilômetros é queimada ao longo de algumas centenas de metros. Grupos móveis estão cortando as comunicações, os suprimentos e as ligações alemãs. Às vezes os alemães recuam caoticamente.

Toda a estepe está cheia de roncos de veículos e tratores que se movem na lama. As "estradas" têm centenas de metros de largura.

Grossman descreveu o avanço com muitos detalhes em um artigo para o *Krasnaya Zvezda*.

Na Ucrânia, primavera de 1944: soldados tentam desatolar um caminhão carregado de ogivas de artilharia.

Finalmente, o sol está ficando cada vez mais quente, e nuvens leves de poeira já surgiram voando por trás dos caminhões. Um capitão magro e moreno, com um casaco cuja lapela está coberta de escamas de barro marrom e vermelho, respirava essa poeira com prazer: "Ah, imagine como a lama tem sido terrível. A poeira, esse castigo da guerra, parece agora melhor do que todas as flores da primavera. Para nós, a poeira cheira bem hoje."

Vários dias atrás, um ronco estridente de caminhões de 1,5 tonelada, de 3 toneladas, YAZ de 5 toneladas, tratores, tratores transportadores, Dodges e Studebakers pairava constantemente sobre esta estepe.[2] Motores roncavam alto em um esforço enorme para fugir das garras da lama e encontrar a insone infantaria. Suas rodas firmes, mas sem força, apenas espirravam pedaços grudentos de lama, girando sobre sulcos escorregadios. E milhares de pessoas nervosas, magras, suando, empurravam por trás [dos veículos atolados], trincando os dentes, dia e noite, sob a eterna chuva e a eterna neve que derrete, encharcada, três vezes amaldiçoada [...].

Quem vai contar os grande feitos do nosso povo? Quem vai recriar a epopéia dessa ofensiva sem precedentes, o avanço incansável dia e noite? Soldados da infantaria marchavam, carregados com uma cota e meia de munição[3] e com seus casacos molhados e pesados como chumbo. Um severo vento norte batia neles, seus casacos congelaram e se tornaram duros como ferro laminado. Grandes crostas de lama, pesando um *pood* cada uma, grudavam-se nas botas. Às vezes, as pessoas conseguiam percorrer apenas um quilômetro em uma hora, de tão difícil que era a estrada. Soldados tinham de se sentar na lama para ter algum descanso ou tirar suas botas

---

[2] O YAZ 210G era o caminhão "burro de carga" do Exército Vermelho, com 5 toneladas e seis rodas. Motoristas soviéticos preferiam os veículos do Lend-Lease americano. Por outro lado, motoristas de tanques do Exército Vermelho odiavam o Grant americano, que, movido a gasolina, pegava fogo com mais facilidade quando atingido que o T-34, de motor a diesel.

[3] A cota-padrão de munição aumentou 50% durante o avanço porque o reabastecimento se tornou mais imprevisível do que quando as tropas estavam estacionadas, em defesa.

para amarrar novamente os panos em seus pés. Atiradores de morteiros se moviam à frente dos fuzileiros, e cada um deles carregava meia dúzia de bombas penduradas em laços de cordas sobre suas costas e sobre o peito.

"Está tudo bem", disseram. "Está mais difícil ainda para os alemães. Agora é morte para os alemães [...]."

Nenhum trabalho foi mais terrível que construir uma ponte sobre o Bug no sul. Os sapadores tinham apenas uma minúscula cabeça-de-ponte na margem oeste, o inimigo estava pressionando muito e os sapadores construíram a ponte não apenas sob fogo alemão, mas bem no meio do próprio fogo. O pântano parecia sem fundo: uma estaca de teste afundou 11 metros, como se estivesse em uma massa de bolo.[4]

Como os exércitos de Malinovsky haviam tomado a cidade de Nikolayev na foz do Bug, o caminho para Odessa se estendia aberto diante deles. O marechal Konev recebeu ordem para desviar algumas de suas formações para o sul, para capturar o 6º e o 8º Exércitos alemães, bem como o desafortunado 3º Exército Romeno, entre suas forças e os exércitos de Malinovsky.

As autoridades militares alemãs enviaram o comandante da 16ª Divisão Motorizada[5] para julgamento em corte marcial. Sua explicação: "Sem os seus veículos, meus homens estão mais fracos que uma divisão de infantaria."

O inimigo teme ser cercado. Eles não acreditam que suas linhas de defesa sejam fortes, porque seus comandantes os enganam o tempo todo.

Características de nossos oficiais durante esta nova fase: (1) Vontade; (2) Confiança; (3) Desprezo pelo inimigo; (4) Capacidade

---

[4] Em 11 de março de 1944, destacamentos do 2º Exército de Tanques, de Bogdanov, e do 6º Exército de Tanques, de Kravchenko, haviam ocupado cabeças-de-ponte no sul do Bug.
[5] Esta era a 16ª Divisão *Panzergranadier*, comandada pelo major-general Günther von Manteuffel e reconstituída mais tarde como 116ª Divisão Panzer.

de lutar usando a força dos tanques e da artilharia, sendo a infantaria em menor número; (5) Capacidade de salvar, de administrar o uso de cada cartucho e obus — uma grande guerra com reservas pobres; (6) Eles aprenderam a ter pressa, mas isto não é o seu lema, apenas está no sangue de todos. Eles têm pressa de cruzar os rios, porque é muito mais fácil usar um galho do que esperar dias a fio por pontões. A velocidade de perseguição é compatível com a velocidade de recuo do inimigo.

Odessa finalmente foi ocupada em 10 de abril. Fora guarnecida principalmente pelo 3º Exército Romeno. A ocupação romena do sudoeste da Ucrânia foi quase suave, em comparação ao tratamento alemão dado à população. Grossman entrou com os libertadores e deu uma olhada em Peresyp, distrito de Odessa.

> O dia da tomada de Odessa. O porto [está] vazio. Baforadas de fumaça. Barulho de veículos e equipamentos militares chegando à cidade. Multidões. Corpos carbonizados carregados para fora do prédio da Gestapo. O corpo carbonizado de uma menina, com seu belo cabelo louro intacto.

> Placas de sinalização nas cantinas romenas: "Proibida a entrada de alemães."

> O primeiro encontro do OBKOM de Odessa. O secretário do OBKOM me convidou para participar. É a primeira vez que eu, que não sou membro do Partido, participo de um encontro como esse.

> Há muita comida — açúcar, bolos, farinha. Os moradores estão amaldiçoando os romenos com relutância, como se por educação.

A perspectiva do fim da guerra precipitou o otimismo de muitos civis, bem como de soldados do Exército Vermelho. Com a derrota do fascismo, disseram para si mesmos, Stalin poderia dispensar a polícia secreta NKVD e os campos de *gulag*. Grossman já ouvira essa conversa nas trincheiras de Stalingrado, e aparentemente compartilhava essa esperança. Mas agora parece que percebia que o stalinismo não mudaria seus planos.

Homens idosos de Odessa na alameda. Sua conversa fantástica sobre uma completa reorganização do governo soviético depois da guerra.

Um poeta que publicara, sob o domínio dos romenos, um livro de poesia [intitulado] *Eu canto hoje*. Nossa conversa. Ele é uma pessoa extremamente desagradável. De repente vejo sua mãe em pé embaixo da janela, do lado de fora. Em seus olhos há um medo terrível por seu filho.

Aisenshtadt Simon, o filho de um famoso rabino da pequena cidade de Ostrovets.[6] Uma menina russa salvara sua vida. Ela o escondeu em seu quarto durante mais de um ano. A história dele. Gueto de Varsóvia. A rebelião. Os polacos haviam trazido as armas. Judeus poloneses tiveram de usar uma tarja branca no braço. Judeus belgas e franceses, uma tarja amarela. Treblinka perto de Varsóvia. O campo de extermínio de judeus. Havia uma câmara com facas que se moviam, em um porão, embaixo de uma *banya*. Os corpos eram cortados em pedaços e depois queimados. Havia montanhas de cinzas, com 20 a 25 metros de altura. Em um lugar, judeus haviam sido perseguidos até caírem em um poço cheio de ácido. Seus gritos eram tão terríveis que camponeses locais abandonaram suas casas. Cinqüenta e oito mil judeus de Odessa foram queimados vivos em Berezovka.[7] Alguns foram queimados em vagões de trem. Outros foram levados para uma clareira onde alemães derramaram gasolina sobre eles e atearam fogo.

---

[6] Uma cidade cerca de 270 quilômetros ao norte de Odessa.
[7] Berezovka (ou Berozovka) fica cerca de 80 quilômetros ao norte de Odessa, junto à ferrovia para Cherkassy e Nikolayev.

O relato do secretário do OBKOM Ryasentsev. Domanevka era o lugar onde os judeus haviam sido executados.[8] As execuções foram realizadas pela polícia ucraniana. O chefe da polícia de Domanevka matara ele próprio 12 mil pessoas.

Em novembro de 1942, Antonescu instituiu uma lei dando direitos aos judeus.[9] As execuções em massa, que haviam acontecido durante o ano de 1942, foram interrompidas. O chefe da polícia de Domanevka e oito de seus assistentes mais próximos foram presos por romenos, enviados para Tiraspol[10] e levados a julgamento. O tribunal os condenou a três meses de trabalho forçado por suas ações ilegais contra judeus.

Causou revolta o procurador público [de Domanevka], um advogado russo de Odessa que matava oito ou nove pessoas por dia por diversão. Dizia-se que estava "indo atirar". Costumava matar pessoas em locais separados. Crianças eram jogadas vivas em fossos secos com palha queimando no fundo.

Na época em que a ordem de Antonescu foi publicada, restavam 380 judeus de Odessa em Domanevka e quarenta crianças em uma creche. Eles ainda estão vivos, completamente nus e sem sapatos. O número de judeus de Odessa executados em Domanevka era de cerca de 90 mil. Aqueles que sobreviveram receberam ajuda do Comitê Judaico na Romênia. Judeus romenos foram executados também, junto com judeus de Odessa. Eles haviam sido enganados ao irem para Domanevka. Foi assim que um dos maiores milionários romenos foi executado. Ele foi levado para Domanevka sob o pretexto de organizar a escavação e a exploração do barro

---

[8] Domanevka fica 40 quilômetros a norte-nordeste de Berezovka.

[9] Marechal Ion Antonescu, ditador militar anticomunista da Romênia, não compartilhou o anti-semitismo de seu aliado. As autoridades romenas receberam do governo nazista um comando militar semi-autônomo da região de Odessa.

[10] Tiraspol é uma grande cidade à beira do rio Dnestr, na Moldávia, que os romenos haviam reivindicado depois de a perderem para Stalin em 1940. Foi reintegrada à União Soviética logo que o Exército Vermelho a reocupou.

Grossman engraxa suas botas em uma rua de Odessa, abril de 1944. O engraxate foi cortado da foto por motivos políticos.

para cerâmica local. Três judeus participaram da tortura e das execuções. Foram presos.

Em Odessa, reuniram judeus e deixaram que eles fossem para casa. Então, em 10 de janeiro de 1942, levaram-nos para um gueto em Slobodka. Estava muito frio, e quando eles estavam sendo conduzidos do gueto para os trens, centenas de corpos de idosos, crianças e mulheres ficaram estendidos nas ruas.

Ao descobrir que tantas pessoas que conhecera estavam mortas, Grossman teve uma experiência contrastante naquela primavera, não muito longe de Berdichev. Ele visitou uma brigada de tanques do 1º Front Ucraniano, que estava se reequipando em Vinnitsa, onde o posto de comando de Hitler, de codinome *Wehrwolf*, estivera baseado. Jantou com o comandante da brigada, "um homem baixo, calmo e amigável", como Ortenberg o descreveu em seu relato. "Durante o jantar, quando eles conversavam sobre datas e lugares de batalhas, Grossman percebeu que aquele era exatamente o mesmo Babadzhanyan que comandara o 395º Regimento, e de quem fizera um herói em seu romance [*O povo imortal*]. 'Sim, eu estava lá', confirmou Babadzhanyan. 'Mas você me matou.' 'Eu matei você', respondeu Grossman, 'mas posso ressuscitá-lo também.'"

Com o comandante de tanques coronel Babadzhanyan, herói de Grossman que mais tarde esmagou o levante húngaro em 1956.

23.
OPERAÇÃO BAGRATION

Depois da completa libertação de Leningrado e da rápida reconquista da Ucrânia, Stalin consultou seus assessores do Stavka. Eles eram Zhukov, subcomandante supremo; Vasilevsky, chefe do Estado-Maior; seu vice, o general Antonov;[1] e o general Shtemenko,[2] chefe de operações. No fim de abril, os comandantes de Fronts tiveram permissão para consolidar suas posições e continuar com a defensiva, enquanto o plano operacional era decidido. No fim de abril, Stalin escolhera a Bielo-Rússia para sua próxima grande ação. Um sucesso ali daria a eles uma posição adequada para atacar Berlim no início do ano seguinte.

Depois de os alemães derrotados no sul serem jogados de volta à Romênia, Grossman foi transferido para o norte, para a fronteira leste da Bielo-Rússia, na última grande área do território soviético ainda sob ocupação nazista. Ele se viu perto de onde se iniciara a guerra menos de três anos antes. O leste da Bielo-Rússia seria agora a linha de partida para a mais ambiciosa operação do conflito nazi-soviético.

---

[1] O general Aleksei I. Antonov (1896-1962) foi considerado o mais competente oficial de comando produzido pelo Exército Vermelho durante a guerra e tornou-se chefe do Estado-Maior em 1945.
[2] O general Sergei M. Shtemenko (1907-1976) era chefe do diretório de operações e assumiu o cargo de Antonov quando este foi promovido, em 1945. Shtemenko não sofreu quando Stalin expulsou, afastou e ameaçou outros altos generais soviéticos nos anos imediatamente pós-guerra. Tornou-se chefe do Estado-Maior em 1948.

O Stavka acabara de ser informado pelos americanos e britânicos de que a Operação Overlord aconteceria no fim de maio. O plano de ataque ao grande bolsão de resistência bielo-russo seguiu adiante sob condições de segredo total. Além de Stalin, apenas cinco homens estavam a par do plano. Eles sabiam que tinham de enganar os alemães em relação ao eixo de ataque. Os exércitos de tanques no sul foram mantidos ali e agrupados para sugerir a preparação de outro ataque maciço ao sul dos pântanos de Pripet. O silêncio no rádio também foi imposto aos três Fronts Ucranianos para sugerir um ataque iminente e espalharam-se rumores sobre um desembarque naval na costa romena, no mar Negro. Os alemães gostavam de diversão. Eles reforçaram os setores do sul, principalmente em torno de Lvov.

O plano soviético envolvendo 1.250.000 homens foi finalizado em 20 de maio. Enquanto isso, formações recém-reforçadas de tanques se moviam secretamente para a fronteira leste da Bielo-Rússia. O próprio Stalin escolheu o código operacional de "Bagration", em homenagem ao grande general georgiano que fora mortalmente ferido em Borodino. Rokossovsky, um polaco que fora preso antes da guerra e torturado pela NKVD de Beria, ousara se levantar contra Stalin em uma discussão furiosa sobre a primeira fase, que envolvia ataques laterais via Vitebsk e Bobruisk, nos dois flancos da "Varanda Bielo-russa", para cercar Minsk. Tanto Molotov como Malenkov tentaram convencer Rokossovsky a não discordar do *vozhd*, o chefe. "Você sabe com quem está discutindo?", disseram. Mas Stalin respeitou a coragem de Rokossovsky e aceitou sua opinião.

Os Aliados ocidentais desembarcaram na Normandia em 6 de junho, enquanto o Exército Vermelho esperava a chegada de novos equipamentos e reforços em um sistema de ferrovias seriamente sobrecarregado. Grossman observou a reação aos acontecimentos na Normandia.

Sobre o assunto do Segundo Front. Grande entusiasmo no primeiro dia. Encontros espontâneos, tiros, saudações, e em seguida uma redução aguda de interesse.

Um traço de caráter: um homem disse quando estava no trem e soube do ataque dos Aliados: "Bem, provavelmente eles não vão nem nos desembarcar agora."

Poucos soldados, ou mesmo oficiais, tiveram ao menos uma chance de descobrir alguma coisa sobre a vida além de sua própria unidade, portanto alguém de fora como Grossman foi bombardeado por perguntas.

> As perguntas mais freqüentes de oficiais e soldados são sobre assuntos internacionais, e estes são muito numerosos. Incluem o Segundo Front, o Japão, a Turquia, o Irã e centenas de outros assuntos. Perguntas sobre assuntos internos são menos numerosas. Ao fazerem suas perguntas, as pessoas aparentemente querem descobrir a duração e o curso da guerra.

Grossman se uniu ao 65º Exército, do general Batov — parte do 1º Front Bielo-russo, do marechal Rokossovsky —, a tempo para a grande ofensiva. Depois de vários atrasos, esta finalmente começou em 22 de junho, no terceiro aniversário da invasão nazista. Dois dias depois, três dos exércitos de Rokossovsky — o 3º Exército, de Gorbatov; o 48º, de Romanenko; e o 65º, de Batov — emergiram das florestas pantanosas no limite norte dos pântanos de Pripet para atacar o Novo Exército alemão perto de Bobruisk, no rio Beresina. Em 27 de junho, os defensores alemães — cerca de 50 mil homens da 383ª Divisão de Infantaria — conseguiram impedir a primeira tentativa de invadir a cidade. Então descobriram que estavam cercados. Liderados por seu comandante, o general Hamann,[3] tentaram abrir caminho pelo lado norte da cidade, mas foram isolados pelo 3º Exército, de Gorbatov. Ao descrever as cenas com as quais se deparou em Bobruisk, Grossman destoou da maioria dos jornalistas soviéticos, que se dedicaram a enaltecer a força coletiva do Exército Vermelho. Ele sempre estava interessado no individual, mesmo em meio à carnificina desumana do campo de batalha.

> Às vezes você fica tão abalado com o que viu, o sangue corre apressado em seu coração e você sabe que a terrível visão que seus olhos acabaram de ter vai assombrá-lo e repousar pesa-

---

[3] O tenente-general Hamann foi capturado. Mais tarde foi executado, em 1945, por crimes de guerra.

damente em sua alma por toda a sua vida. É estranho que quando você se senta para escrever sobre isso, não encontra espaço suficiente no papel. Você escreve sobre um corpo de tanques, sobre artilharia pesada, mas de repente se lembra de como as abelhas estavam formando enxames em uma vila em chamas, e um velho bielo-russo descalço saiu de uma pequena trincheira onde se escondia de bombas e espantou o enxame com um galho, de como soldados olhavam para ele e, meu Deus, pode-se ler tanta coisa em seus olhos pensativos e melancólicos. Nessas pequenas coisas está a alma do povo e nossa guerra com seu sofrimento e suas vitórias [...].

Como [encontraríamos] nossos velhos conhecidos de Stalingrado[4] em meio à poeira e fumaça, rugido de motores, confusão de trilhas de tanques e canhões motorizados e chiado de longas colunas de carroças movendo-se para o oeste, e um fluxo de crianças e mulheres descalças com lenços brancos, movendo-se para oeste, de volta para casa? Algumas pessoas bondosas nos aconselharam a procurar uma característica bem conhecida desta divisão para evitar paradas desnecessárias e interrogações. Havia um camelo chamado Kuznechik [Gafanhoto] na unidade de suprimentos desse regimento de artilharia. Esse camelo, que veio do Cazaquistão, fez todo o percurso de Stalingrado a Beresina. Oficiais de contato geralmente procuram Kuznechik na unidade de suprimentos e não precisam fazer outras perguntas para encontrar o posto de comando que se locomove dia e noite. Ouvimos esse conselho como se fosse uma piada e continuamos em frente.

A primeira coisa que vemos quando voltamos para a poeira e o barulho da estrada principal é um camelo marrom puxando uma carroça. Ele é quase careca, tendo perdido seus pêlos. É o famoso Kuznechik. Uma multidão de alemães capturados

---

[4] Esta presumivelmente é a antiga 308ª Divisão de Fuzileiros, comandada em Stalingrado pelo general Gurtiev, que se tornou a 120ª Divisão de Fuzileiros dos Guardas em setembro de 1943. Esta formação majoritariamente siberiana defendera a fábrica Barrikady em Stalingrado. Durante a Operação Bagration, ela fez parte do 3º Exército.

está seguindo na direção oposta. O camelo vira sua cabeça feia para eles e seus lábios inferiores caem dando uma impressão de desdém. Provavelmente é a cor incomum dos uniformes dos prisioneiros ou o cheiro incomum deles que chamou a sua atenção. O condutor [da carroça] diz para os soldados que estão conduzindo os prisioneiros, com ar sério: "Dêem esses alemães para nós aqui. Kuznechik vai comê-los agora!" E ficamos conhecendo a biografia do camelo. Ele se esconde de bombas e obuses em crateras, quando há um bombardeio. Já ganhou três fitas de condecoração e a medalha "Pela Defesa de Stalingrado". O comandante do regimento de artilharia, Kapramanyan, prometeu ao condutor uma condecoração se ele chegar a Berlim com Kuznechik.[5] Seguimos a rota indicada por Kuznechik e encontramos a divisão.

Não encontrei muitos de meus velhos conhecidos na divisão de Gurtiev, de quem eu me lembrava bem por nossos breves encontros. O próprio Gurtiev foi morto em uma luta por Orel, quando uma ogiva explodiu no posto de observação. Ele protegeu o general Gorbatov com seu corpo. Respingos do sangue do soldado-general foram encontrados no quepe de Gorbatov.

Quando entramos em Bobruisk, alguns prédios estavam em chamas e outros em ruínas. A estrada da vingança levou a Bobruisk! Com dificuldade, nosso carro abre caminho entre tanques queimados e deformados e canhões motorizados. Homens estão andando sobre corpos de alemães. Corpos, centenas e milhares deles, pavimentam a estrada, estão estendidos em trincheiras, embaixo de pinheiros, na grama verde. Em alguns lugares, veículos têm de passar sobre os corpos, tão densamente eles ocupam o chão. Pessoas estão ocupadas o tempo todo enterrando-os, mas são tantos que o trabalho não pode ser feito em apenas um dia. E o dia está exaustivamente quente, ainda, e pessoas caminham e passam de carro

---

[5] Kuznechik, o camelo, tornou-se ainda mais famoso menos de um ano depois, quando chegou realmente a Berlim e atravessou a cidade, guiado por seu condutor, para cuspir no Reichstag.

tapando o nariz com um lenço. Um caldeirão de morte está fervendo aqui, onde a vingança foi feita — uma vingança cruel e terrível contra aqueles que não entregaram suas armas e tentaram avançar para o oeste.

Um soldado alemão ferido nas pernas está sentado sobre um banco de areia do Beresina, perto da rota para Bobruisk, destruída e queimada. Ele levanta a cabeça e olha para as colunas de tanques que atravessam a ponte, para a artilharia. Um soldado do Exército Vermelho se aproxima dele, pega um pouco de água do rio em uma lata e lhe dá para beber. Eu não consegui deixar de pensar no que esse alemão teria feito durante o verão de 1941, quando colunas de Panzers de suas tropas se moviam para o leste através desta ponte, se tivesse visto um de nossos soldados com as pernas feridas sentado no banco de areia.

Grossman teve permissão para entrevistar generais alemães capturados. O tenente-general Von Lützov, comandante do 35º Corpo do Exército, era um prussiano de 52 anos que fora capturado perto de Bobruisk, em outro dos cercos.[6] De acordo com a maior parte dos relatos, ele tivera um colapso ocasionado pela tensão, ao defender uma posição impossível, enquanto Hitler recusava pedidos de retirada.

O tenete-general [*sic*] Lützov não elogia particularmente muito nosso exército. Os soldados são desprovidos de iniciativa. Quando não têm líder algum no campo de batalha, não sabem o que fazer. A artilharia é forte. A força aérea [soviética] joga bombas sem qualquer objetivo.

Lützov reclamava da total falta de liberdade de ação. Por exemplo, ele precisava de permissão do posto de comando do Exército para deixar uma posição, o Exército precisava de permissão do posto de comando do grupamento do Exército, e o

---

[6] O general-tenente Kurt-Jürgen Freiherr Henning von Lützov, nascido em 1892 perto de Marienwerder, foi condenado em Moscou, em 29 de junho de 1950, a 25 anos de prisão por crimes de guerra (uma sentença dada a muitos generais alemães quando a Guerra Fria se intensificou). Foi libertado e repatriado em janeiro de 1956.

grupamento do Exército precisava de permissão do posto de comando do Estado-Maior.[7] Lützov recebeu permissão para recuar com o 35º Corpo do Exército apenas quando o anel do cerco já havia sido fechado.

O general da SS [*sic*] Heyne segundo ele próprio: "Eu sou um *Frontschwein*."[8]

A maioria dos generais, oficiais e soldados alemães capturados durante a Operação Bagration foi forçada a marchar em Moscou em uma parada de vitória em 17 de julho. A propaganda soviética havia sido tão exagerada que muitas crianças russas esperavam ver monstros devoradores, e não soldados derrotados. De qualquer modo, isso assinalou a importância da maciça derrota alemã, em que a Wehrmacht perdeu aproximadamente 350 mil homens, uma perda ainda maior que a de Stalingrado.

Oficiais da inteligência soviética evidentemente informaram a Grossman o que haviam encontrado entre os papéis apreendidos e em outros interrogatórios de prisioneiros.

Um mapa alemão fora apreendido. Os dados marcados eram absolutamente idênticos ao do mapa feito por nosso departamento de inteligência, e não apenas as divisões, mas também as reservas, os pontos de formação etc. eram idênticos.

Um oficial alemão capturado diz que oficiais alemães estão constantemente discutindo possíveis ataques dos russos.

Poucos acreditavam que eles conseguiriam manter a posição. Mais freqüentemente, eles falam sobre a gigantesca ratoeira "bielo-russa".

---

[7] O OKH (*Oberkommando des Heeres*), alto-comando do Exército, tinha responsabilidade sobre todas as operações na frente de batalha oriental. O OKW (*Oberkommando der Wehrmacht*) era responsável por todas as operações em todos os outros territórios.

[8] Tenente-general Hans-Walter Heyne, comandante da 6ª Divisão de Infantaria, também foi capturado na área de Bobruisk. Não era membro da SS, termo que muitos relatos soviéticos usavam impulsivamente. "*Frontschwein*", "porco do Front", provavelmente foi uma piada pesada de Heyne. O termo comum era "*Fronthase*", ou "lebre do Front". Heyne, de 50 anos, de Hannover, foi condenado a 25 anos e cumpriu a maior parte de sua sentença em Vorkuta. Foi libertado e repatriado em dezembro de 1955.

[Antes do ataque soviético] Feldmarschall Bush foi até as unidades da frente de batalha para "inspirar animação e perseverança". Os alemães já retiraram algumas unidades da linha de frente e as estão levando para longe, no interior, provavelmente devido à invasão dos Aliados.

Para o avanço contra Minsk, pelo noroeste, Grossman voltou a se juntar ao 65º Exército, do general Batov. Em pouco mais de uma semana, as linhas de defesa do Centro de Grupamento do Exército foram destruídas. Os alemães haviam perdido 200 mil homens e novecentos tanques, mas as baixas soviéticas também haviam sido assustadoras em muitos setores. Mesmo generais do Exército Vermelho, acostumados com a matança, ficaram abalados. Mas a batalha apenas começara. Hitler e o alto-comando alemão ainda não haviam percebido que a estratégia soviética objetivava dois pares de pinças: um cerco interno de Minsk e um cerco externo para prender todo o Centro de Grupamento do Exército.

Em 3 de julho, tanques soviéticos entraram nos subúrbios de Minsk. Outros 100 mil soldados alemães foram capturados, e quase metade deles foi morta. As anotações de Grossman nessa fase são aleatórias, incluindo atrocidades passadas, vingança e descrições. Soldados italianos, que já haviam sofrido na Rússia em razão da causa fascista, na qual a maioria deles não acreditava, viram-se depois do armistício como prisioneiros e trabalhadores escravos dos alemães. Grossman chegou a ouvir falar que alguns foram mortos por ex-soldados do Exército Vermelho que serviam na Wehrmacht.

Italianos executados por homens de Vlasov.[9] Assassinato em massa de prisioneiros de guerra [do Exército Vermelho] em 12 e 13 de fevereiro de 1944. De manhã, toda a extensão da rua Sovyetskaya estava com pilhas de muitos milhares de corpos.

---

[9] É muito pouco provável que fossem membros do Exército de Libertação Russo (ROA), do general Vlasov, como ele afirma. Unidades do ROA haviam sido transferidas para o Front Ocidental. O termo "homens de Vlasov" era usado impropriamente pelo Exército Vermelho para se referir a qualquer "ex-cidadão soviético" com uniforme da Wehrmacht, até mesmo *Hiwis*, ou *Hilfsfreiwillige*, a forma mais relutante de recruta em campos de prisioneiros, usado para trabalho pesado.

Fogo nos distritos próximos ao rio: centenas de milhares de pessoas que perderam todos os seus bens no fogo estão sentadas sobre suas trouxas. Poltronas, quadros, cabeças de veado com chifres; meninas segurando gatinhos.

Prisioneiros [alemães] estão caminhando por conta própria; estão mal-humorados. Um deles ajeita o uniforme cada vez que vê um veículo e o saúda.

Outra versão dessa descrição sugere que o prisioneiro alemão em questão estava provavelmente em estado de choque por causa da batalha.

Assassinatos por vingança não eram surpreendentes depois da espantosa guerra anti-Aliados travada na Bielo-Rússia por alemães e seus auxiliares, aos quais o Exército Vermelho se referia genericamente como *Vlasovtsy*.

Um *partisan*, um homem pequeno, matou dois alemães com uma estaca. Havia implorado a guardas da coluna que lhe dessem os alemães. Estava convencido de que eles haviam matado sua filha Olya e seus dois meninos. Quebrou todos os ossos dos alemães, esmagou seus esqueletos e, enquanto batia neles, chorava e gritava: "Tome essa, por Olya! Tome essa, por Kolya!" Quando eles já estavam mortos, ele prendeu os corpos no tronco de uma árvore e continuou a bater neles.

Vlasovtsy estão sendo mortos. Pessoas estão matando seus compatriotas, um homem de Orel mata um homem da região de Orel, um uzbeque mata um uzbeque.

Já não resta quase nenhum campo de pouso alemão em nosso território. Nossos caças já estão voando sobre suas terras. Não vai demorar muito agora para que seu país esteja em chamas.

Gaitas. Todo mundo conseguiu uma gaita alemã. É o instrumento musical de um soldado, porque é o único que pode ser tocado, até com bastante facilidade, quando se está sacolejando em uma carroça ou em um veículo.

Há 14 nacionalidades na divisão.[10]

---

[10] Não está claro se Grossman ainda estava com a 120ª Divisão de Fuzileiros dos Guardas nesta fase. "Nacionalidades" é uma referência a diferentes identidades dentro da União Soviética — russo, ucraniano, cazaque etc. Mesmo judeus soviéticos eram classificados em muitos documentos do Exército Vermelho e em quadros estatísticos como uma nacionalidade em separado.

É tão difícil encontrar qualquer papel para fazer cigarros que há casos em que homens estão usando seus certificados de feridos e outros documentos.

O radioperador Skvortsov é pequeno, simples. Tem três noivas. Uma delas lhe mandou uma foto, mas não era uma foto dela. A segunda fez um terno para ele tamanho 48, mas ele veste 46. Ele grita com as meninas, falando com elas do departamento político: "Estamos todos na reserva, aqui. Por que você está procurando estrelas e galões nos ombros? Quando a guerra acabar, não lhe restará nada."

Um canhoneiro, o sargento de guarda Konkov, foi o único sobrevivente. Ele forçou quarenta alemães capturados — ameaçando-os com sua submetralhadora — a manobrar o obuseiro e disparou à queima-roupa.

Grossman tinha grande admiração pelo general Batov, comandante do 65º Exército, que recebera ordem de Rokossovsky para seguir a oeste para Varsóvia.

Batov não está propenso ao otimismo russo. A rotina causa danos mesmo em ações vitoriosas.

E como os melhores comandantes de Stalingrado, tal como Gurtiev, que fez seus homens cavarem trincheiras e depois os expôs a tanques, Batov acreditava em exercícios realistas.

Treinamento antes de uma ofensiva. "Se há um pântano com água até o pescoço, é preciso treinar no pântano. Se há uma trincheira, então se abaixe dentro da trincheira."

Conversa com o chefe da equipe de artilharia. Artilharia russa. Canhões russos. A obra-prima da artilharia russa é o obuseiro 152mm. É um canhão e um obuseiro ao mesmo tempo.

A artilharia combina com o espírito do povo russo. Um localizador de artilharia é um soldado da infantaria, ele leva ao canhão a riqueza e a ousadia de seu caráter. Poder de fogo. Depois de começarem com [uma ênfase na] tecnologia, no início da guerra, os alemães estão agora se voltando para a infantaria, enquanto nós, depois de começarmos com a infantaria, estamos encontrando cada vez mais apoio na tecnologia.

O reconhecimento dos alemães é pobre. Eles atiram em uma área. Eles [também] abandonam canhões facilmente. Fogem [até mesmo] antes de a infantaria fugir, enquanto nossa infantaria normalmente começa a fugir antes dos artilheiros.

Embora a carga de nitroglicerina da artilharia alemã seja mais poderosa que a nossa piroxilina, o canhão alemão é frágil e não dura muito tempo.

Em 13 de julho, outro ataque foi lançado contra os alemães. O 1º Front Ucraniano, agora comandado pelo marechal Konev, atacou Lvov, na operação que os alemães haviam esperado antes da Operação Bagration. Foi a primeira fase de uma ação que levaria os exércitos de Konev diretamente ao Vístula, onde, apenas duas semanas depois de cruzarem a linha de partida, eles tomaram a cabeça-de-ponte de Sandomierz, na margem oeste, menos de 200 quilômetros ao sul de Varsóvia. Enquanto isso, o 1º Front Bielo-russo foi para o oeste, em direção ao Vístula, ao norte e ao sul de Varsóvia.

Quando o 65º Exército invadiu o território polonês, tropas soviéticas tinham sentimentos diversos, se não profundamente confusos, com relação à população local. Isto aconteceu especialmente no caso daqueles que sabiam como a União Soviética havia se comportado com relação à Polônia em 1939, atingindo-a por trás como parte do pacto Molotov-Ribbentrop. Os poloneses eram seus tradicionais inimigos, em grande parte anticomunistas e reacionários aos olhos soviéticos, mas eram ferozmente contra os alemães e haviam resistido bravamente. Agora eles sofriam saques e estupros nas mãos de seus supostos libertadores. Grossman, sem dúvida consciente da fama de anti-semitas dos poloneses, pode ter se sentido ambivalente quando escreveu uma nota para poder se lembrar mais tarde. "Sobre poloneses. Crença em Deus. Pelotões de fiéis. Pelotões de não-fiéis. Padres católicos. Hierarquia."

Ele escreveu um artigo celebrando a libertação da Polônia. Grossman não tinha a menor idéia da maneira terrível com que o povo do leste da Polônia havia sido tratado depois da invasão do Exército Vermelho, em 1939, quando o país foi dividido entre a Alemanha nazista e a União Soviética. Muitos dos camponeses mais pobres ansiavam pela reforma agrária prometida pelo governo comunista polonês, fantoche estabelecido em Lublin. Os mais instruídos, porém, tinham bons motivos para temer que os stalinistas novamente continuassem com sua política de erradicar todos os que pudessem tentar desafiar a hegemonia comunista.

> Partindo de florestas decíduas, de pântanos que cresceram exageradamente com mato grosso e viçoso, milhares de camponeses poloneses estão seguindo, a pé e em carroças, ao longo das superfícies profundamente arenosas das estradas do país. Estão levando de volta para suas vilas os objetos que esconderam dos alemães. Estão conduzindo vacas, bezerros e cavalos. Essas multidões de camponeses de chapéu de feltro e casaco, caminhando descalças, essas camponesas com lenço na cabeça e avental, carregadas de roupas de inverno, travesseiros, cobertores, espelhos, tapetes artesanais, caminhando em direção a nossas unidades de tanques, infantaria e cavalaria, estão, na verdade, expressando incansavelmente a amizade e a confiança que o povo polonês tem no Exército Vermelho. Essa contramarcha de camponeses poloneses levando animais das florestas e carregando seus pertences de volta a suas casas em meio ao barulho da artilharia soviética expressa a compreensão dos camponeses poloneses sobre a honra moral e política de nossas tropas.

Perguntei se as pessoas haviam ansiado pela chegada do Exército Vermelho. Várias pessoas disseram as palavras que eu ouvira antes: "Esperamos por ele como se esperássemos por Deus!"

Só há um tipo de reclamação e lamento que eu não ouvi na Polônia, apenas um tipo de lágrima que eu não vi: a dos judeus. Não há judeu algum na Polônia. Todos foram sufocados, mortos, dos mais velhos até os recém-nascidos. Seus corpos foram queimados em fornalhas. E em Lublin, a cidade polonesa com maior população de judeus, onde mais de 40 mil judeus viviam antes da guerra, não vi uma única criança, uma única mulher, um único homem idoso que pudesse falar a língua que meus avós falavam.

Mas, como Grossman logo descobriria por si próprio ao continuar a investigar a operação do Holocausto na Europa Central, os poloneses, apesar de seu anticomunismo, eram bem diferentes dos ucranianos. Muito poucos haviam colaborado com os nazistas.

24.
TREBLINKA

Em julho de 1944, Grossman, mais uma vez acompanhado de Troyanovsky, voltou a se unir ao general Chuikov e seu Exército de Stalingrado, agora rebatizado de 8º Exército dos Guardas. Troyanovsky descreveu a aproximação da cidade de Lublin, no leste da Polônia. "A estrada para Lublin está literalmente estufada de soldados. Há muita atividade aérea nos dois lados. O escritor Vassili Grossman e eu nos alternamos para vigiar o céu. Tem chovido. Há água nas trincheiras e em crateras de bombas e ogivas, mas ainda é preciso se esconder nelas dos Messerschmitts do inimigo com freqüência."

Troyanovsky também se lembrou do encontro deles com o general Chuikov. Grossman não perdeu tempo para fazer perguntas ao general, cujas duas mãos estavam enfaixadas.

— E Lublin? — perguntou Grossman.

— Lublin será libertada. É uma questão de poucas horas. Estou preocupado com outra coisa. — Nada dissemos. — Olhe, é possível quase tocar Berlim com a mão agora. E cada guerreiro soviético sonha em participar da captura de Berlim. Mas tenho medo de que a liderança [Stavka] possa mudar de idéia e mover meu exército para outro eixo. Isto aconteceu algumas vezes antes. Mas é a lógica perfeita e o senso comum. Pense nisto: *stalingradtsy* avançando sobre Berlim!

Enquanto Chuikov se preocupava com o direito de seu exército à glória de avançar sobre Berlim, seus soldados estavam prestes a descobrir o campo de Majdanek, do outro lado de Lublin.

O profundo impulso do Exército Vermelho na Polônia no verão de 1944 produziu revelações ainda mais assustadoras que as dos massacres em Babi Yar, Berdichev e Odessa. Majdanek, um campo de prisioneiros para soldados do Exército Vermelho capturados, fora transformado em campo de concentração e de extermínio. Prisioneiros do posto de comando da Gestapo em Lublin foram executados no campo enquanto os combates continuavam na cidade. Em 24 de julho, o próprio crematório foi incendiado, em uma tentativa de encobrir os crimes, pouco antes de as tropas soviéticas chegarem ao campo.

Embora Grossman não estivesse no local, seu rival Konstantin Simonov, que o substituíra em Stalingrado, foi levado lá para escrever sobre os crimes nazistas para o *Krasnaya Zvezda*. Simonov, favorito do regime, evitou qualquer ênfase na identidade judaica das vítimas em seu artigo. O Departamento Político Principal do Exército Vermelho também levou para lá jornalistas ocidentais, vindos de Moscou, e o Kremlin criou uma Comissão Especial para Investigação de Crimes Cometidos pelos Alemães no Campo de Extermínio de Majdanek. Como muitos prisioneiros poloneses não-judeus e russos também haviam sofrido em Majdanek, as autoridades soviéticas se sentiram capazes de usar o campo para sua própria propaganda.

Quase ao mesmo tempo da chegada a Majdanek, chegaram à área de Treblinka, mais ao norte, outras tropas do 1º Front Bielo-russo. Este foi o primeiro campo de extermínio da *Aktion-Reinhard* a que se chegou, mas a SS, sob ordem direta de Himmler, tentara destruir todos os vestígios de sua existência.[1] O Exército Vermelho conseguiu localizar cerca de quarenta sobreviventes do campo — alguns estavam se escondendo nas

---

[1] Treblinka fica pouco mais de 20 quilômetros a sudeste de Ostrów Mazowiecka, uma cidade a noroeste de Varsóvia na estrada para Bialystok. O campo fica a 6 quilômetros do rio Bug. Os outros dois campos da *Aktion-Reinhard* eram Sobibor e Belzec.

florestas de pinheiro próximas. Grossman, que teve permissão para ir até lá, não perdeu tempo e entrevistou esses sobreviventes e também camponeses poloneses locais. Seu relato, uma cuidadosa reconstrução, a partir dessas entrevistas, da experiência de 800 mil vítimas, é em geral considerado seu texto mais forte. Grossman parece ter sentido instintivamente o tema principal desse artigo. Como uma equipe de campo formada por aproximadamente 25 homens da SS e cerca de cem *Wachmänner* auxiliares ucranianos conseguiu matar tanta gente? Logo ele descobriu que eles conseguiram realizar seus objetivos com mentiras, seguidas de uma desorientação psicológica e, em seguida, o terror total. O artigo foi publicado em novembro no *Znamya* com o título "O inferno chamado Treblinka". Foi citado mais tarde no Tribunal Militar Internacional de Nuremberg.

Economia, eficiência e limpeza meticulosa — todas essas são boas qualidades típicas de muitos alemães. Elas se mostram efetivas quando aplicadas em agricultura e indústria. Mas Hitler pôs essas qualidades do caráter alemão a serviço de crimes contra a humanidade. Nos campos de trabalho da Polônia, a SS agiu como se tudo se tratasse de um cultivo de couve-flor e batata.

O campo foi dividido em retângulos. Alojamentos foram erguidos em linhas absolutamente retas. Bétulas foram plantadas ao longo de caminhos cobertos de areia. Ásteres e dálias cresceram no solo fertilizado. Foram feitas piscinas de concreto para aves aquáticas, havia piscinas para banho com degraus confortáveis, construções anexas para os funcionários alemães, uma padaria-modelo, um salão de barbeiro, garagem, posto de gasolina, armazéns. O campo de Lublin-Majdanek e dezenas de outros campos de trabalho onde a Gestapo planejou uma longa e séria operação foram organizados de acordo com a mesma fórmula, com pequenos jardins, fontes para beber e estradas de concreto.

O Campo nº 1 existiu da primavera de 1941 até 23 de julho de 1944. Prisioneiros sobreviventes foram aniquilados quando já podiam ouvir ao longe o rugido indistinto da artilharia soviética. No início da manhã de 23 de julho, guardas e soldados da SS beberam *schnapps* para terem coragem e

Majdanek quando Grossman ali esteve, em julho de 1944.

começaram a liquidação do campo. Ao entardecer, todos os prisioneiros do campo haviam sido mortos e enterrados.

Um carpinteiro de Varsóvia, Max Levit, sobreviveu. Ele estava ferido e deitou sob os corpos de seus camaradas até o anoitecer, e então se arrastou até a floresta. Ele nos contou como, quando já estava deitado na trincheira, ouviu um grupo de trinta meninos do campo cantar a canção "Minha Pátria é vasta" pouco antes da execução. Ele ouviu quando um dos meninos gritou: "Stalin vai nos vingar!" Ouviu quando o líder dos meninos, o favorito do campo, Leib, de cabelo ruivo, que caiu na trincheira depois da salva, ergueu-se um pouco e pediu: "Papai guarda, você errou. Por favor, poderia fazer de novo, mais uma vez?"

Agora sabemos toda a história sobre o *Ordnung* alemão nesse campo de trabalho [...]. Sabemos sobre o trabalho na pedreira, sobre aqueles que não cumpriram as regras e foram jogados de um penhasco no poço. Sabemos sobre a ração alimentar: 170 gramas de pão e meio litro de uma água suja

Recolhimento de judeus no gueto de Varsóvia.

que eles chamavam de sopa. Sabemos sobre a morte de fome, sobre as pessoas inchadas que foram levadas para o outro lado do arame farpado em carrinhos de mão e executadas. Sabemos sobre as incríveis orgias dos alemães, sobre como eles estupravam meninas e atiravam imediatamente depois em suas amantes forçadas, como um alemão bêbado arrancou um seio de uma mulher com uma faca, como eles atiraram pessoas de uma janela no último andar, a 6 metros do chão, como uma companhia bêbada levava de dez a 15 prisioneiros dos alojamentos durante a noite e praticava diferentes métodos de assassinato, sem pressa, atirando em homens condenados no coração, na parte de trás da cabeça, no olho, na boca, na têmpora [...]. Sabemos sobre o chefe do campo, o holandês-alemão Zan Eilen,[2] um assassino, amante de bons cavalos, cava-

---

[2] Grossman aqui está se referindo ainda a Treblinka I. O primeiro comandante de campo de Treblinka II foi o *Obersturmführer* Imfried Eberl, substituído em agosto de 1942 pelo *Obersturmführer* Franz Stangl. Kurt Franz era o subcomandante.

leiro veloz e lascivo. Sabemos sobre Stumpfe, que era tomado por acessos de riso involuntários cada vez que uma execução era realizada na sua presença. Ele tinha o apelido de "Morte Sorridente" [...]. Sabemos de um alemão cego de um olho, de Odessa, Svidersky, cujo apelido era "Martelo Mestre". Ele era considerado o insuperável especialista em morte "fria", e foi ele quem matou, no curso de vários minutos, 15 crianças com idades entre 8 e 13 anos, que haviam sido declaradas inaptas para o trabalho. Sabemos sobre o homem magro da SS Preie, que parecia um cigano, cujo apelido era "Homem Velho". Ele era sombrio e silencioso. Descarregava seu tédio sentando-se perto do buraco de lixo do campo e esperando por prisioneiros que vinham secretamente comer casca de batata. Ele os fazia abrir a boca e atirava dentro da boca aberta. Sabemos os nomes dos assassinos profissionais Schwarz e Ledeke. Eram eles que divertiam um ao outro atirando em prisioneiros quando estes voltavam do trabalho ao anoitecer. Matavam vinte, trinta, quarenta pessoas todos os dias. Todos esses homens nada tinham de humano neles. Seus cérebros, corações e almas distorcidos, suas palavras e ações, seus hábitos, eram como caricaturas assustadoras que pouco lembravam as características, os pensamentos, os sentimentos, os hábitos e as ações de alemães normais.

A ordem no campo, e a documentação de assassinatos, e o amor por piadas monstruosas que de alguma maneira lembrava aquelas dos soldados alemães bêbados, e o canto em coro de canções sentimentais entre poças de sangue, e os discursos que eles constantemente dirigiam a homens condenados, e suas pregações e frases religiosas impressas impecavelmente em papéis especiais — todos eles eram dragões e répteis monstruosos desenvolvidos a partir do embrião dos tradicionais chauvinismo, arrogância, egoísmo, autoconfiança e meticuloso cuidado dos alemães com seu próprio pequeno ninho, e da indiferença fria como ferro com relação ao destino de tudo o que vive na Terra, a partir da crença feroz de que a música, a poesia, a língua, as leis, as casas de banho, o céu e os prédios alemães são os maiores do Universo [...].

Mas aqueles que viviam no Campo nº 1 sabiam bem que havia algo cem vezes mais terrível que seu campo. Em maio de 1942, os alemães começaram a construir outro campo, um bloco para executores.

A construção foi rápida. Mais de mil trabalhadores estavam envolvidos. De acordo com o plano de Himmler, a construção desse campo tinha de ser mantida em segredo, e nem uma única alma teria a chance de deixá-lo viva [...]. Guardas abriam fogo sem advertência se alguém passava por acaso a um quilômetro de distância do campo [...]. As vítimas que eram trazidas de trem em uma ferrovia especial não sabiam até o último momento qual seria seu destino. Até mesmo os guardas que as acompanhavam nos trens eram proibidos de entrar na área interna à segunda cerca do campo [...].

Quando os vagões estavam completamente decarregados, o *Kommandantur* do campo telefonava para pedir um novo trem, e o trem vazio ia mais além pela ferrovia até a pedreira, onde os vagões eram carregados de areia [para a viagem de volta]. A vantagem da localização de Treblinka se tornou clara: trens cheios de vítimas vinham de todas as direções, do oeste, do leste, do norte e do sul.

Os trens foram enviados por um período de 13 meses. Cada trem tinha sessenta vagões, e havia um número escrito em cada vagão: 150, 180 ou 200. Era o número de pessoas no vagão. Pessoas que trabalhavam na ferrovia e camponeses contavam em segredo esses trens. Camponeses da vila de Wulka (a mais próxima do campo) [...] me disseram que havia dias em que seis trens passavam somente na linha de Sedletz, e que não havia quase nenhum dia em que pelo menos um trem não passasse. E a linha de Sedletz era apenas um das que supriam Treblinka.

O campo em si, com seu perímetro, depósitos para os objetos das pessoas executadas, a plataforma e outras condições de apoio, cobre uma área muito pequena, de apenas 80 por 600 metros. E se alguém tinha dúvida sobre o destino dos milhões[3] de pessoas que foram trazidas para cá, poderia refletir que, se essas pessoas não eram assassinadas por alemães logo depois de chegarem, então onde estariam vivendo? Essas pessoas poderiam formar uma população inteira de um pequeno país ou de uma pequena capital européia. A área do campo é tão pequena, que se as pessoas que eram trazidas para cá tivessem continuado a viver até mesmo por poucos dias depois de chegarem, não haveria espaço suficiente atrás do arame farpado para a maré de pessoas que fluía de toda a Europa, da Polônia e da Bielo-Rússia. Durante 13 meses, 396 dias, os trens partiram lotados de areia ou vazios, e nem um único homem de todos aqueles que chegaram ao Campo nº 2 retornou [...]. Onde estão eles, aqueles que vocês trouxeram para cá?

O verão de 1942, período dos maiores sucessos militares dos fascistas, foi declarado uma época boa para executar a segunda fase do esquema de aniquilação física [...]. Em julho, os primeiros trens começaram a chegar a Treblinka, vindos de Varsóvia e Chenstohova. As pessoas eram informadas de que estavam sendo levadas para a Ucrânia para trabalhar em agricultura. Tinham permissão para levar 20 quilos de bagagem e comida. Em muitos casos, os alemães forçavam suas vítimas a comprar passagens de trem para a estação de Ober-Maidan, o nome fantasia que as autoridades alemãs haviam dado a Treblinka. O motivo de dar a Treblinka esse nome era que rumores sobre o terrível lugar logo haviam começado a circular por toda a Polônia, e os homens da SS pararam de usar a palavra

---

[3] Grossman, baseando sua estimativa no número de trens de que ouviu falar e no tamanho deles, fez o cálculo de que cerca de 3 milhões de pessoas haviam sido mortas ali. Pesquisas posteriores mostraram um número entre 750 mil e 880 mil. O motivo pelo qual a estimativa de Grossman foi excessiva provavelmente é muito simples. Ele considerava sessenta vagões por trem, mas parece que não descobriu que, como a plataforma da estação perto do campo de extermínio era pequena, os trens costumavam parar um pouco fora do campo, e apenas uma seção de cada vez era ligada à plataforma. Portanto, não eram cinco trens com sessenta vagões por dia, mas geralmente um único trem dividido em cinco seções.

"Treblinka" quando punham as pessoas nos trens. Entretanto, o modo como as pessoas eram tratadas nos trens não deixava dúvida alguma sobre o destino dos passageiros. Pelo menos 150 pessoas — mas geralmente 180 a duzentas — eram comprimidas em um único vagão. Durante a viagem, que durava às vezes dois ou três dias, os prisioneiros não recebiam água. As pessoas sofriam tanto com a sede que bebiam sua própria urina. Guardas cobravam cem *zlotys* por uma quantidade de água suficiente para encher uma boca, e geralmente pegavam o dinheiro sem dar água alguma em troca. As pessoas eram comprimidas umas contra as outras e às vezes tinham de ficar em pé durante todo o percurso. Muitos idosos com problemas cardíacos geralmente morriam antes do fim da viagem, particularmente em dias quentes de verão. Como as portas eram mantidas trancadas o tempo todo até o fim da viagem, os corpos começavam a se decompor, envenenando o ar no vagão [...]. Se algum dos passageiros acendia um fósforo durante a noite, guardas começavam a atirar na lateral do vagão de carga [...].

Trens de outros países europeus chegavam a Treblinka de uma maneira muito diferente.[4] As pessoas que estavam dentro deles nunca haviam ouvido falar de Treblinka e acreditavam até o último minuto que estavam indo até lá para trabalhar [...]. Esses trens vindos de países europeus chegavam sem nenhum guarda, e com os funcionários usuais. Neles havia carros-dormitórios e carros-restaurantes. Os passageiros tinham grandes baús e malas, bem como suprimentos substanciais de comida. Os filhos dos passageiros corriam para fora nas estações pelas quais passavam e perguntavam se ainda estava longe de Ober-Maidan [...].

É difícil dizer se é menos terrível seguir para a própria morte em um estado de sofrimento terrível, sabendo que se

---

[4] O Centro Simon Wiesenthal estima que cerca de 876 mil pessoas foram assassinadas em Treblinka II. Esse número inclui 738 mil judeus do *Generalgouvernement*, começando pelo gueto de Varsóvia; 107 mil de Bialystok; 29 mil judeus de outros lugares na Europa; e 2 mil ciganos.

está chegando cada vez mais perto da morte, ou estar completamente inconsciente, olhando pela janela de um confortável vagão de passageiros no momento em que pessoas na estação de Treblinka estão telefonando para o campo para informar detalhes sobre o trem que acabou de chegar e o número de pessoas nele.

Aparentemente, para conseguir enganar até o fim as pessoas que chegavam da Europa, o desvio sem saída da ferrovia era mantido de modo que parecesse uma estação de passageiros. Na plataforma onde outros vinte vagões seriam descarregados, ficava um prédio de estação com guichê de passagens, sala para guardar bagagens e um salão de restaurante. Havia placas em toda parte, indicando "Para Bialystok", "Para Baranovichi", "Para Volokovysk" etc. Quando o trem chegava, havia uma banda tocando no prédio da estação, e todos os músicos eram bem vestidos. Um funcionário uniformizado apanhava os bilhetes dos passageiros e os deixava seguir para a praça.

Três ou 4 mil pessoas carregadas de sacos e malas iam para essa praça apoiando os idosos e doentes. Mães seguravam bebês nos braços, crianças maiores se mantinham perto de seus pais olhando intrigadas para a praça. Havia algo de sinistro e horrível nessa praça, cuja terra vinha sendo pisada por milhões de pés. Os olhares tensos das pessoas rapidamente captavam pequenas coisas alarmantes. Havia alguns objetos abandonados no chão, que fora rapidamente varrido, aparentemente poucos minutos antes — uma muda de roupas, uma mala aberta, um aparelho de barbear, panelas esmaltadas. Como isto chegou aqui? E por que, exatamente onde a plataforma termina, não há mais ferrovia, mas apenas mato amarelado crescendo atrás de uma cerca de arame farpado de 3 metros de altura? Onde é a ferrovia que leva a Bialystok, Sedlez, Varsóvia, Volokovysk? E os novos guardas riem ao observar homens ajustando suas gravatas, velhas senhoras impecáveis, meninos com camisas estilo marinheiro, meninas magras que haviam conseguido manter suas roupas arrumadas durante a viagem, jovens mães ajustando carinhosamente os cobertores em que seus bebês estão embrulhados, os bebês que estão enrugando seus rostos [...]. O que existe ali, atrás daquele enorme muro de 6 metros de altura, densamente coberto de galhos de pinheiro amarelados e roupas de cama? Aquelas colchas também são alarmantes: são todas de cores diferentes, acolchoadas, de seda ou de cetim. Lembram os edredons que eles, os recém-chegados, trouxeram com eles. Como essas roupas de cama chegaram aqui? Quem as trouxe? E onde estão os seus donos? Por que eles já não precisam delas? E quem são essas pessoas com tarja azul-clara no braço? As pessoas se lembram de cada pensamento que veio à cabeça recentemente, de todos os temores, de todos os rumores que foram ditos em sussurro. Não, não, isto não pode ser verdade. E afastam os terríveis pensamentos. As pessoas têm alguns poucos momentos para lidar com seus temores na praça, até que todos os recém-chegados sejam reunidos ali. Sempre há atrasos. Em cada transporte há deficientes físicos, pessoas que andam com dificuldade, idosos, enfermos, que mal conseguem mover seus pés. Mas finalmente todos estão na praça.

Um *Unteroffizier* da SS indica com uma voz alta e clara que os recém-chegados devem deixar sua bagagem na praça e seguir para a casa de banho apenas com seus documentos pessoais, objetos de valor e as bolsas menores, com o que precisam para se lavar. Dezenas de perguntas surgem imediatamente na cabeça das pessoas que estão na praça: se devem levar roupas de baixo limpas com elas, se podem abrir suas malas, se a bagagem empilhada de pessoas diferentes na praça pode ser confundida ou perdida. Mas uma força estranha as faz caminhar, apressada e silenciosamente, sem fazer nenhuma pergunta, sem olhar para trás, para o portão em um muro de arame de 6 metros de altura camuflado com galhos.

Elas passam por obstáculos antitanque, pela cerca de arame farpado três vezes mais alta que um homem, por um canal antitanques de três metros de largura, mais arame, desta vez fino, jogado no chão em rolos, nos quais os pés de um corredor ficariam agarrados como as pernas de um inseto em uma teia de aranha, e por outra cerca de arame farpado, com muitos metros de altura. E um terrível sentimento de condenação, de estar completamente sem ajuda, toma conta deles: é impossível fugir, voltar ou lutar. Os canos de metralhadoras de grosso calibre estão olhando para eles em torres baixas de madeira. Pedir ajuda? Mas há homens da SS e guardas em toda parte, com submetralhadoras, granadas de mão e pistolas. Eles são o poder. Em suas mãos há tanques e aviões, terras, cidades, o céu, ferrovias, a lei, jornais, rádios. O mundo inteiro está em silêncio, reprimido por uma gangue marrom de bandidos que tomou o poder. Londres está em silêncio e Nova York também. E apenas em algum lugar numa margem do Volga, muitos milhares de quilômetros distante, a artilharia soviética está rugindo.

Enquanto isso, na praça, em frente à estação de trem, um grupo de trabalhadores com tarja azul-clara no braço está silenciosa e eficientemente abrindo as trouxas e as bolsas. Os pertences dos recém-chegados estão sendo selecionados e avaliados. Eles jogam no chão estojos de costura cuidadosamente arrumados, meias com agulhas, roupas de baixo de crianças, camisetas, lençóis, coletes, pequenas facas, aparelhos de barbear, maços de cartas, fotografias, dedais, frascos de perfume, espelhos, bonés, *valenki* feitas de cobertores para o tempo frio, sapatos de mulheres, meias, rendas, pijamas, pacotes de manteiga, café, jarros com chocolate, véus para rezar, castiçais, livros, biscoitos, violinos, brinquedos. É preciso habilidade para conseguir selecionar todos esses milhares de objetos em minutos e avaliá-los. Alguns são escolhidos para serem enviados à Alemanha. Outros — de segunda categoria, velhos e consertados — têm de ser queimados. Um trabalhador que cometesse um erro, como pôr uma velha mala de papelão em uma pilha de malas de couro selecionadas para serem enviadas à Alemanha, ou jogar um par de meias de Paris, com etiqueta de fábrica, em uma pilha de velhas meias remendadas, estaria com sérios problemas. Um trabalhador podia cometer apenas um erro.

Quarenta homens da SS e sessenta *Wachmänner* trabalhavam "no transporte".[5] Era assim que eles se referiam à primeira fase que eu acabo de descrever: receber o trem, desembarcar as pessoas na "estação de trem", levá-las para a praça e vigiar os trabalhadores que selecionavam e avaliavam a bagagem. Enquanto faziam esse serviço, os trabalhadores com freqüência punham secretamente na boca pedaços de pão, açúcar e doces encontrados nas bolsas de alimentos. Isso não era permitido. Era permitido, porém, lavar as mãos e o rosto com água-de-colônia e perfumes depois de terminar o trabalho, uma vez que a água era um produto escasso, e apenas alemães e guardas podiam usá-la para se lavar. E enquanto as pessoas, que ainda estavam vivas, preparavam-se para ir para a casa de banho, sua bagagem já havia sido selecionada, objetos de valor levados para o depósito, e pilhas de cartas, de fotografias de bebês recém-nascidos, de irmãos, de noivas, convites de casamento amarelados, todos esses milhares de objetos preciosos, infinitamente importantes para seus donos, mas apenas lixo para os donos de Treblinka, eram empilhados e carregados para buracos enormes, onde já estavam centenas de milhares de outras cartas, cartões-postais, cartões de visita, fotografias, folhas de papel com escritos de crianças. A praça era varrida apressadamente e já estava pronta para receber um novo grupo de pessoas condenadas à morte.

Mas as coisas nem sempre iam tão bem quanto eu acabo de descrever. Às vezes explodiam rebeliões em casos de pessoas que

---

[5] A maior parte dos relatos parece sugerir que Treblinka funcionava como base de cerca de 25 funcionários da SS e cem guardas auxiliares *Wachmänner* ucranianos, mas alguns daqueles mencionados aqui por Grossman podem ter sido guardas de trem não baseados em Treblinka. Grossman não podia revelar o fato de que os *Wachmänner* eram ucranianos. Por isso ele fala de "homens da SS" e "policiais". Os trabalhadores eram prisioneiros judeus selecionados que viveriam ainda algumas semanas antes de serem mortos.

sabiam de seu destino. Um camponês local, Shrzeminski, viu duas vezes como pessoas fugiram dos trens, derrubaram guardas e correram para a floresta. Foram todos mortos. Num desses casos, os homens carregavam quatro crianças, com idades entre 4 e 6 anos. As crianças também foram mortas. Uma camponesa, Maria Kobus, contou casos semelhantes. Certa vez, ela viu como sessenta pessoas que haviam chegado à floresta foram mortas.

Mas o novo grupo de prisioneiros chegou à segunda praça, interna às cercas do campo. Há um enorme alojamento nessa praça e mais três à direita. Dois deles são depósitos de roupas e o terceiro, de sapatos. Mais adiante, na parte oeste do campo, há alojamentos para homens da SS, para guardas, depósitos para alimentos e um curral. Carros e veículos blindados permanecem no jardim. Tudo parece um campo comum, exatamente como o Campo nº 1. No canto sudeste do curral, há um espaço cercado com galhos de árvores, com um barracão na frente, no qual está escrito "Sanatório". Aqui, todas as pessoas frágeis e doentes são separadas da multidão. Um médico com um avental branco com a faixa da Cruz Vermelha sobre sua manga esquerda sai para recebê-los. A seguir eu contarei a você com mais detalhes o que acontecia no sanatório. Ali, alemães usavam suas pistolas automáticas Walther para poupar os idosos do fardo de possíveis doenças.

A chave para a segunda fase da recepção aos recém-chegados era a supressão da vontade deles por meio de ordens curtas e rápidas que eles recebiam constantemente. Essas ordens eram dadas naquele tom de voz do qual o Exército alemão tanto se orgulha: o tom que provava que os alemães pertenciam à raça de aristocratas. O "r", ao mesmo tempo gutural e forte, soava como um chicote. O *"Achtung!"* era transmitido à multidão. No pesado silêncio, a voz do *Scharführer*[6] pronunciava as palavras que ele aprendera memorizando, repetindo várias vezes

---

[6] Posição na SS grosseiramente equivalente à de primeiro-sargento.

por dia durante muitos meses: "Homens, fiquem aqui! Mulheres e crianças, dispam-se no alojamento à esquerda!"

Geralmente era nesse ponto que cenas terríveis começavam, de acordo com testemunhas. O grande amor maternal, conjugal, filial, dizia às pessoas que elas estavam se vendo pela última vez. Apertos de mãos, beijos, bênçãos, lágrimas, breves palavras pronunciadas por vozes roucas — as pessoas punham nelas todo o seu amor, toda a dor, toda a ternura, todo o desespero. Os psiquiatras de morte da SS sabiam que tinham de cortar esses sentimentos imediatamente, eliminá-los. Os psiquiatras de morte conheciam as leis simples que se mostram verdadeiras em todos os matadouros do mundo. Este momento de separar filhas e pais, mães e filhos, netos e avós, maridos e esposas, era um dos mais cruciais. E, novamente, *"Achtung! Achtung!"* ressoava sobre a multidão. Este é simplesmente o momento certo para confundir a mente das pessoas mais uma vez, para jogar esperança sobre elas, dizendo-lhes os regulamentos de morte transmitidos como regulamentos de vida. A mesma voz proclama palavra por palavra:

"Mulheres e crianças têm de tirar os sapatos quando entrarem no alojamento. As meias devem ser postas nos sapatos. Meias de crianças em suas sandálias, botas e sapatos. Fiquem arrumados." E imediatamente a ordem seguinte: "Ao seguirem para a casa de banho, vocês precisam estar com seus documentos, dinheiro, uma toalha e sabonete. Eu repito [...]."

Dentro do alojamento de mulheres havia um cabeleireiro. O cabelo das mulheres nuas era cortado com navalha. Perucas eram retiradas da cabeça de mulheres idosas. Um terrível fenômeno psicológico: de acordo com os cabeleireiros, para as mulheres, esse corte de cabelo para a morte era a prova mais convincente de que elas estavam sendo levadas para a *banya*. Meninas tocavam seus cabelos com as mãos e às vezes perguntavam: "Você poderia cortar aqui novamente? Não está igualado." As mulheres geralmente relaxavam depois do corte de cabelo, e quase todas saíam do alojamento com um pedaço de sabão e uma toalha dobrada. Algumas jovens choravam, lamentando a perda de suas longas tranças. Para que serviam os cortes de cabelo? Para enganá-las? Não, os alemães precisavam daqueles cabelos. O cabelo era matéria-prima. Perguntei a muitas pessoas o que os alemães faziam com aquele amontoado de cabelo cortado das cabeças de mortos vivos. Todas as testemunhas me disseram que aqueles grandes montes de cabelo preto, louro, cachos e tranças eram desinfetados, comprimidos dentro de sacos e enviados para a Alemanha. Todas as testemunhas confirmaram que os cabelos eram enviados em sacos para a Alemanha. Como eles eram usados? Ninguém soube responder à pergunta. Apenas Kon afirmou em suas provas por escrito que os cabelos eram usados pela Marinha para estofar colchões ou para fazer cordas para submarinos. Acho que essa resposta requer esclarecimentos adicionais.

Homens despidos no jardim. Geralmente, os alemães selecionavam de 150 a trezentos homens fortes do primeiro lote a chegar de manhã. Eles eram usados para enterrar corpos e geralmente eram mortos no segundo dia. Os homens tinham de se despir muito rápida e ordenadamente, deixando seus sapatos e meias em ordem, dobrando suas cuecas, casacos e calças. Roupas e sapatos eram selecionados por um segundo time de trabalhadores, que usavam tarja vermelha no braço, o que os distinguia daqueles que trabalhavam "no transporte".

Roupas e sapatos considerados adequados para envio à Alemanha eram imediatamente levados para o depósito. Era preciso remover cuidadosamente todas as etiquetas de metal e tecido. O que sobrava era queimado ou enterrado no chão. O sentimento de ansiedade aumentava a cada minuto. Havia um cheiro estranho, inquietante, que às vezes era abafado pelo cheiro de cloro. Quantidades enormes de moscas incômodas pareciam estranhas também. De onde vinham todas elas, aqui, entre pinheiros e terra batida? As pessoas respiravam ofegantes, com medo, tremendo, olhando cada pequeno objeto insignificante que achavam que pudesse explicar, ajudar a entender, levantar levemente a cortina de mistério sobre o destino que as aguardava. E por que aquelas gigantescas máquinas escavadeiras fazendo tanto barulho lá, mais ao sul?

Começa então um novo procedimento. Pessoas nuas eram levadas ao escritório financeiro, onde eram solicitadas a apresentar seus documentos e objetos de valor. E, mais uma vez, uma voz assustadora, hipnotizante, gritava: *"Achtung! Achtung!"* [...]. Esconder objetos de valor era algo punido com morte [...]. *"Achtung! Achtung!"* Um *Scharführer* ficava sentado em uma pequena cabine de madeira improvisada. Homens da SS e *Wachmänner* permaneciam a seu lado. Perto da cabine havia caixas de madeira, nas quais era preciso jogar os objetos de valor: uma caixa para notas de dinheiro, uma caixa para moedas, uma caixa para relógios de pulso, anéis, brincos e broches, pulseiras. E documentos, que ninguém no mundo jamais precisaria novamente, eram jogados no chão — estes eram os documentos de pessoas nuas que estariam estendidas no chão uma hora depois. Mas ouro e outros objetos de valor passavam por uma seleção cuidadosa — dezenas de joalheiros determinavam a pureza do metal, o valor das jóias, o quilate dos diamantes. E uma coisa incrível era que os porcos utilizavam tudo, até mesmo papel e tecido — tudo o que pudesse ser útil a qualquer pessoa era importante e útil para aqueles porcos. Apenas a coisa mais preciosa no mundo, a vida humana, era pisada por suas botas.

Aqui, no escritório financeiro, acontecia a virada. O tormento das pessoas com as mentiras acabava; a tortura de não saber, a febre que os lançava em questão de minutos da esperança ao desespero, das visões de vida às visões de morte [...]. E quando chegava a hora da última fase do roubo aos mortos vivos, os alemães mudavam abruptamente seu estilo de tratar as vítimas. Arrancavam os anéis dos dedos das vítimas, arrancavam brincos e rasgavam lóbulos de orelhas. Nesta fase, o grupo dos que as conduziam à execução exigia um novo princípio para o funcionamento eficiente. Por isso a palavra *"Achtung!"*

era substituída por outra, agitada, sibilante: *"Schneller! Schneller! Schneller!"* Rápido, depressa! Corram para a não-existência!

Sabemos pela realidade cruel dos últimos anos que uma pessoa nua perde imediatamente a força de resistir, de lutar contra seu destino. Quando despida, uma pessoa perde imediatamente a força do instinto de sobreviver e aceita o destino como uma sorte. Uma pessoa que costumava ter uma sede intransigente de viver se torna passiva e indiferente. Mas para se garantirem, os homens da SS aplicavam adicionalmente nessa fase final do trabalho de condução para a execução o método da estupefação psicológica, do choque espiritual. Como eles faziam isso? Aplicando repentina e severamente uma crueldade sem sentido, ilógica. Pessoas nuas que haviam perdido tudo, mas que ainda eram mil vezes mais humanas que os monstros de uniforme alemão, ainda respiravam, observavam, pensavam, seus corações ainda batiam. Os guardas retiravam os pedaços de sabão e as toalhas de suas mãos e as enfileiravam, cinco pessoas de cada vez. *"Hände hoch! Marsch! Schneller! Schneller! Schneller!"*

Elas seguiam por um beco reto, com flores e abetos plantados ao longo do caminho. Tinha 120 metros de comprimento e 2 metros de largura e levava ao local da execução. Havia arame farpado dos dois lados do beco, e guardas de uniforme preto e homens da SS de uniforme cinza permaneciam ali ombro a ombro. A estrada era coberta de areia branca, e aqueles que caminhavam na frente, com suas mãos para cima, podiam ver marcas frescas de pés descalços na areia espalhada: pés de mulheres pequenas, de crianças muito pequenas, de pessoas idosas. Essas pegadas efêmeras na areia eram tudo o que restava das pessoas que haviam caminhado ali recentemente, exatamente como as 4 mil que caminhavam agora, como os outros milhares que caminhariam ali duas horas depois, que estavam agora esperando sua vez na estação de trem na floresta. As pessoas que haviam deixado suas pegadas haviam caminhado ali exatamente como aquelas que caminharam ontem, e dez dias atrás, e cem dias atrás, assim como caminhariam amanhã e cinco dias depois, como as pessoas fizeram ao longo dos 13 meses infernais da existência de Treblinka.

Os alemães chamavam esse beco de "Estrada sem Volta". Um homem pequeno, que fazia caretas o tempo todo e cujo nome de família era Sukhomil, gritava fazendo caretas, em um alemão deliberadamente ruim: "Crianças, crianças! *Schneller, schneller!* A água está ficando fria na casa de banho. *Schneller, Kinder, schneller!*" E explodia em uma gargalhada, agachava-se, dançava. As pessoas, com as mãos ainda levantadas, caminhavam em silêncio entre duas filas de guardas, sob golpes de varas, pontas de submetralhadoras, cassetetes de borracha. Crianças tinham de correr para se manter junto dos adultos. Ao falarem sobre essa última triste passagem, todas as testemunhas mencionaram as atrocidades de uma criatura de forma humana, um homem da SS chamado Zepf. Ele era especializado em matar crianças. Esse monstro, que tinha uma grande força física, arrancava subitamente uma criança da multidão e, ou batia a cabeça da criança contra o chão, agitando-a como se fosse um bastão, ou cortava a criança em duas partes.

O trabalho de Zepf era importante. Acrescentava choque psicológico às pessoas condenadas e mostrava como a crueldade ideológica era capaz de esmagar a vontade e a consciência das pessoas. Ele era uma peça útil na grande máquina fascista.

E nós deveríamos estar todos aterrorizados, mas não com a natureza que gera esses pervertidos. Há muitas monstruosidades no mundo natural — ciclopes, criaturas com duas cabeças, bem como as terríveis monstruosidades e perversidades espirituais correspondentes. E uma outra coisa que é terrível: essas criaturas que tiveram de ser isoladas e estudadas como fenômenos psiquiátricos estavam vivendo em um certo país como cidadãos ativos e úteis.

A jornada do "escritório financeiro" até o lugar da execução levava de sessenta a setenta segundos. As pessoas, apressadas pelos golpes e ensurdecidas pelos gritos de "*Schneller!*

Schneller!", chegavam à terceira praça e paravam por um momento, assustadas. Em frente a elas havia um belo prédio de pedra decorado com madeira, que parecia um templo antigo. Cinco largos degraus de pedra levavam a uma porta baixa, mas muito larga, maciça, belamente decorada. Flores cresciam perto da entrada, e havia vasos de flores ali. Mas em todo o redor havia o caos, podiam-se ver pilhas de terra recém-cavada em toda parte. Uma grande máquina escavadeira retirava toneladas de terra arenosa amarelada, esfregando suas mandíbulas de aço, e a poeira que ela levantava pairava entre a terra e o sol. O barulho das pancadas da máquina cavando desde a manhã até o anoitecer os enormes túmulos misturava-se com o latido louco de dezenas de pastores alemães de guarda.

Havia estreitas linhas de trem dos dois lados do prédio da morte, ao longo das quais homens de macacões largos chegavam com caminhões basculantes. A porta larga da casa da morte era aberta lentamente e dois assistentes do chefe, cujo nome era Schmidt, apareciam na entrada. Eles eram sádicos e maníacos, um deles alto, com cerca de 30 anos, ombros largos, rosto excitado de pele escura e cabelo preto; o outro mais jovem, baixo, de cabelo castanho e um rosto amarelado que parecia de cera. Sabemos os nomes e sobrenomes desses traidores da espécie humana. O mais alto segurava na mão um enorme tubo de gás, de um metro de comprimento; o outro estava armado com um sabre.

Nesse momento, os homens da SS soltavam os cães treinados, que se atiravam na multidão e rasgavam os corpos nus com seus dentes. Os homens da SS batiam nas pessoas com a ponta de suas submetralhadoras, apressando mulheres petrificadas e gritando loucamente: *"Schneller! Schneller!"* Os assistentes de Schmidt na entrada do prédio dirigiam as pessoas pela porta aberta até as câmaras de gás.

A essa altura, um dos comandantes de Treblinka, Kurt Franz, aparecia no prédio com seu cachorro, Barry, preso a uma correia. Ele treinara seu cão especialmente para pular sobre os condenados e rasgar seus órgãos genitais. Kurt Franz fizera uma boa carreira no campo. Depois de começar como segundo *Unteroffizier* da SS, foi promovido à posição relativamente alta de *Untersturmführer*.[7]

Histórias dos mortos vivos de Treblinka — que até o último minuto mantinham não apenas a imagem de humanos, mas também a alma humana — mexem o fundo do coração e tornam impossível dormir. As histórias de mulheres tentando salvar seus filhos e realizando feitos magníficos, condenados ao fracasso, de jovens mães que esconderam seus bebês em pilhas de cobertores. Ouvi histórias de meninas de 10 anos que confortaram seus pais chorosos com uma sabedoria celestial, de um menino que gritou quando entrava na câmara de gás: "A Rússia vai se vingar! Não chore, mamãe!"

Contaram-me que dezenas de condenados iniciaram uma luta. Contaram-me de um jovem que esfaqueou um oficial da SS, de um jovem que fora trazido de um gueto rebelde de Varsóvia. Milagrosamente ele conseguira esconder uma granada e a atirou contra a multidão de executores quando já estava nu. Soubemos de uma batalha entre um grupo de rebeldes e os guardas e a SS que durou toda a noite. Tiros e explosões de granadas ressoaram até o amanhecer, e, quando o sol nasceu, toda a praça estava coberta de corpos de rebeldes [...]. Soubemos de uma menina alta que arrancou uma carabina das mãos de um *Waschmann* na "Estrada sem Volta" e resistiu. As torturas e a execução a que ela foi submetida foram terríveis. Não se sabe seu nome, e ninguém pode honrar sua memória como ela merece.

Habitantes da vila de Wulka, a mais próxima de Treblinka, contam que às vezes os gritos das mulheres que estavam sendo mortas eram tão terríveis que toda a vila perdia a cabeça e corria para a floresta, para escapar daqueles gritos estridentes que atravessavam os troncos das árvores, o céu e a terra. Então os gritos paravam repentinamente e havia um silêncio antes de uma nova

---

[7] *Untersturmführer* na SS era o equivalente a tenente no Exército. Kurt Franz na verdade era o vice de Stangl.

série de gritos, tão terríveis quanto os anteriores, estridentes, de perfurar os ossos, perfurar o crânio e a alma daqueles que os ouviam. Isso acontecia três ou quatro vezes por dia.

Perguntei a um dos açougueiros capturados, Sh., sobre esses gritos. Ele explicou que as mulheres começavam a gritar no momento em que os cachorros eram soltos e todo o grupo era forçado a entrar apressadamente na casa da morte. "Elas podiam ver que sua morte estava chegando, e, além disso, havia muitas pessoas lá. Elas eram espancadas terrivelmente e os cachorros rasgavam seus corpos."

Um silêncio repentino reinava quando as portas das câmaras de gás eram fechadas e os gritos começavam novamente quando um novo grupo de prisioneiros era levado para o prédio. Isso acontecia duas, três, quatro, às vezes cinco vezes por dia. Era um esquema especial de condução ao bloco dos executores.

Levou algum tempo para que Treblinka chegasse a ser o complexo industrial que descrevi aqui. O campo cresceu gradualmente, desenvolvendo novas oficinas. De início, foram construídas três pequenas câmaras de gás. Quando elas ainda estavam sendo construídas, vários trens chegaram e foi preciso matar os prisioneiros trazidos com aço frio — machados, martelos e porretes —, enquanto as câmaras ainda não estavam prontas e os homens da SS não queriam começar a atirar, porque o barulho revelaria o objetivo de Treblinka. As três primeiras câmaras de concreto tinham 25 metros quadrados e 190 centímetros de altura. Cada uma delas tinha duas portas: uma para as pessoas entrarem e outra para puxar seus corpos. A segunda porta era muito larga, com aproximadamente 2,5 metros. As três câmaras foram construídas lado a lado sobre a mesma fundação.

As três câmaras não tinham, porém, capacidade para satisfazer Berlim. Imediatamente depois de começarem a funcionar, teve início a construção do prédio que descrevi acima. Os líderes de Treblinka estavam muito satisfeitos e orgulhosos por terem ultrapassado tanto a capacidade da fábrica de morte da Gestapo. Setecentos prisioneiros trabalharam durante cinco semanas para construir a nova fábrica de morte. Quando a construção estava a todo vapor, um especialista chegou de Berlim com sua equipe para instalar as câmaras. As dez novas câmaras ficavam localizadas simetricamente nos dois lados do amplo corredor de concreto [...]. Cada uma delas tinha duas portas [...]. As portas para os corpos se abriam para plataformas especiais construídas dos dois lados do prédio. Linhas de trem estreitas levavam às plataformas. Os corpos eram empilhados nas plataformas e imediatamente colocados em vagões e levados para enormes valas coletivas, onde máquinas escavadeiras colossais cavavam dia e noite. O chão das câmaras se inclinava do corredor para as plataformas. Isto tornava o trabalho de descarregar as câmaras consideravelmente mais rápido (nas câmaras antigas, os corpos eram descarregados à maneira primitiva: carregados em macas ou puxados por correias). As novas câmaras tinham 7 por 8 metros. A área total das novas câmaras era agora de 460 metros quadrados, e a área total de todas as câmaras de gás de Treblinka chegava a 635 metros quadrados.

Nessa fase, Grossman calculou o número de pessoas mortas em cada grupo, e extrapolou seus números ao estimar que 3 milhões de pessoas haviam sido mortas em dez meses.

Seremos capazes de encontrar em nós mesmos coragem suficiente para refletir sobre o que nossas pessoas estavam sentindo, o que elas viveram durante os últimos momentos naquelas câmaras? Sabemos que elas estavam em silêncio [...]. Na terrível multidão em que estavam, capaz de esmagar os ossos, seus peitos não conseguiam respirar, elas ficavam comprimidas umas às outras, com o último suor pegajoso da morte escorrendo, elas estavam ali como um só corpo.

Que imagens passaram por aqueles olhos petrificados que morriam? Imagens da infância, dos felizes dias de paz ou da última dura jornada? O rosto risonho do soldado da SS na primeira praça em frente à estação de trem? "Então era por isso que ele estava rindo." A consciência está diminuindo, o minuto do último sentimento terrível chegou [...]. Não, é impossível imaginar [...]. Os corpos ficavam ali, esfriando gradualmente. Testemunhas disseram que crianças conseguiam respirar por mais tempo que os adultos. Os assistentes de Schmidt olhavam por um orifício 20 a 25 minutos depois. Chegava a hora de abrir a porta da câmara que dava para a plataforma. Prisioneiros de macacão começavam a descarregar. Como o chão se inclinava para a plataforma, os corpos caíam para fora sozinhos. As pessoas que descarregavam as câmaras me disseram que os rostos dos mortos ficavam muito amarelados, e que um pouco de sangue escorria do nariz e da boca de cerca de 70% deles. Fisiologistas podem explicar isso.

Os corpos eram examinados por homens da SS. Se eles descobrissem que alguém ainda estava vivo, gemendo ou se mexendo, essa pessoa era executada com um tiro de pistola. Então as equipes armadas com alicates de dentista trabalhavam arrancando dentes de platina e de ouro das bocas dos mortos. Os dentes eram então selecionados de acordo com seu valor, colocados em caixas e enviados para a Alemanha. Aparentemente, era mais fácil arrancar os dentes de mortos do que dos que ainda estavam vivos.

Os corpos eram colocados nos vagões e levados para enormes valas. Ali, eram postos em filas, juntos, lado a lado. A vala era deixada aberta, à espera [...]. E, enquanto isso, quando os trabalhadores começavam a descarregar a câmara de gás, o *Scharführer* de "transporte" recebia uma ordem curta pelo telefone. O *Scharführer* soprava então um apito, um sinal para o motorista da máquina, e outros vinte vagões eram lentamente puxados para a plataforma que simulava uma estação de trem chamada "Ober-Maidan" [...]. As máquinas escava-

Vítimas de Himmler.

deiras trabalhavam, rugindo, cavando dia e noite novas valas, com centenas de metros de extensão. E as valas permaneciam ali, abertas. Não por muito tempo.

Himmler visitou Treblinka no início de 1943, no fim do inverno. Ele inspecionou o campo e uma das pessoas que o viu ali disse que ele foi até um enorme poço e olhou para dentro dele durante um longo tempo sem falar. O Reichs-führer da SS foi embora no mesmo dia em seu avião particular. Pouco antes de partir, deu aos comandantes do campo uma ordem que confundiu todos: o *Hauptsturmführer* Barão Von Perein; seu vice, Korol; e o capitão Franz começariam imediatamente a queimar os corpos enterrados, e queimar todos eles, até o último corpo, para tirar as cinzas do campo e espalhá-las nos campos e estradas. Àquela altura já havia milhões de corpos enterrados, e a tarefa parecia extremamente difícil e complicada. Foi dada também uma ordem para não mais enterrarem corpos, mas queimá-los imediatamente. Por que Himmler voou até lá para essa inspeção e deu pessoalmente essa ordem categórica? Só poderia haver uma explicação possível para isso: a vitória do Exército Vermelho em Stalingrado.

De início, a incineração não funcionou muito bem. Os corpos não queimavam por completo. Observou-se, porém, que os corpos das mulheres queimavam melhor que os dos homens, e os trabalhadores tentaram usá-los para fazer os corpos dos homens queimarem melhor. Grandes quantidades de gasolina e óleo foram usadas para queimar os corpos, mas isso era caro e não funcionou muito bem. Tudo parecia um beco sem saída. Mas logo uma solução foi encontrada. Um homem robusto de cerca de 50 anos chegou, um especialista.

A construção de fornalhas começou sob sua orientação. Eram fornalhas de um tipo especial. Uma máquina escavadeira cavou uma trincheira de 250 a 300 metros de comprimento, 20 a 25 metros de largura e 5 metros de profundidade. Colunas de ferro e concreto foram instaladas no fundo da vala, em três filas, com a mesma distância umas das outras. Elas representavam a base de vigas de aço colocadas ao longo do poço retangular. Grades foram colocadas sobre essas vigas a uma distância de 5 a 7 centímetros umas das outras. Esta era a estrutura das gigantescas barras das fornalhas colossais. Logo foi construída outra fornalha, e em seguida uma terceira do mesmo tamanho. Em cada grelha da fornalha eram colocados simultaneamente 3.500 a 4 mil corpos.[8]

Pessoas que participaram da queima de corpos dizem que as fornalhas lembravam vulcões gigantes. Um calor terrível queimava o rosto dos trabalhadores, chamas alcançavam 8 a 10 metros de altura, colunas de fumaça grossa e engordurada subiam e pairavam no ar em uma nuvem pesada e imóvel. À noite, pessoas de vilas próximas viam essas chamas de qualquer lugar a mais de 40 quilômetros de distância. As chamas subiam mais alto que a floresta de pinheiros ao redor do campo. O cheiro de carne humana queimada se espalhava por toda a área ao redor, e as pessoas ficavam sufocadas com o terrível mau cheiro. Cerca de oitocentos prisioneiros eram mantidos ocupados queimando os corpos. Essa oficina monstruosa funcionou dia e noite durante oito meses e não conseguiu dar conta dos milhões de corpos humanos enterrados, já que outros condenados continuavam chegando o tempo todo.

Trens chegaram da Bulgária, e a SS e os *Wachmänner* ficaram felizes com isso, já que as pessoas enviadas — que não tinham a menor idéia de seu destino — trouxeram muitos objetos de valor e muitas coisas saborosas, inclusive pão branco. Depois, começaram a chegar trens de Grodno e Bialystok, e em seguida do gueto rebelde de Varsóvia. Um grupo de ciganos veio da Bessarábia, com cerca de duzentos homens e oitocentas mulheres e crianças. Os ciganos vieram a pé, acompanhados de filas de carroças puxadas a cavalo. Eles também haviam sido enganados. Chegaram acompanhados apenas de dois guardas, que também não tinham a menor idéia de que conduziam as pessoas para a morte. Testemunhas dizem que as ciganas bateram palmas quando viram o belo prédio das câmaras de gás e nunca suspeitaram de qual seria seu destino. Os alemães acharam isso particularmente divertido.

---

[8] Os corpos tinham o apelido de "assados".

Tormentos terríveis esperavam por aqueles que chegavam do gueto de Varsóvia. Mulheres e crianças eram separadas da multidão e levadas para lugares onde corpos eram queimados, e não para câmaras de gás. Mães que ficaram loucas com o terror foram forçadas a conduzir seus filhos por entre as barras da fornalha sobre as quais milhares de corpos se deformavam entre chamas e fumaça, onde corpos se contorciam e sacudiam ao calor, como se estivessem se tornando vivos novamente, onde estômagos de mulheres grávidas mortas se rompiam ao calor, e fetos queimavam sobre o ventre aberto das mães. A visão podia tornar insana até mesmo a pessoa mais forte.

É infinitamente difícil até mesmo ler isso. O leitor precisa acreditar em mim, é difícil escrever isso. Alguém poderia perguntar: "Por que escrever sobre isso, por que lembrar tudo isso?" É dever do escritor contar essa terrível verdade, e é um dever civil do leitor aprender isso. Todos os que virarem as costas, que fecharem seus olhos e seguirem adiante estarão insultando a memória dos mortos. Todos os que não sabem a verdade sobre isso nunca serão capazes de compreender o tipo de inimigo, o tipo de monstro que nosso Exército Vermelho começou a enfrentar em seu próprio combate mortal.

Os homens da SS começaram a ficar entediados em Treblinka. A procissão de condenados para as câmaras de gás deixara de excitá-los. Tornou-se rotina. Quando a queima de corpos começou, os homens da SS passavam horas perto das fornalhas, a nova visão os distraía. O especialista que viera da Alemanha caminhava entre as fornalhas desde a manhã até a noite, sempre animado e falante. Pessoas dizem que ninguém jamais o viu franzindo a testa ou mesmo sério, o sorriso nunca deixava seu rosto. Quando os corpos caíam entre as barras da fornalha, ele costumava dizer, referindo-se a eles: "Inocente, inocente." Era sua máxima favorita.

Às vezes os homens da SS organizavam uma espécie de piquenique perto das fornalhas: eles se sentavam a sotavento, bebiam vinho, comiam e observavam as chamas. As instalações para os doentes também foram reequipadas. Uma trincheira redonda foi cavada e no fundo dela foram instaladas barras de fornalha, sobre as quais os corpos eram queimados. Foram feitos pequenos bancos de madeira que ficavam ao redor da trincheira, como se fosse um estádio. Eles ficavam tão perto da beira que aqueles que se sentassem ali ficavam bem em cima da trincheira. Pessoas doentes e frágeis idosos eram levados para ali, e então "médicos assistentes" faziam com que se sentassem nos bancos, de frente para a fogueira de corpos. Quando eles já haviam olhado o suficiente, os canibais atiravam contra suas cabeças grisalhas e suas costas curvadas. Os mortos e feridos caíam na fogueira.

Nunca tivemos muita consideração pelo humor grosso dos alemães, mas dificilmente alguém neste planeta poderia imaginar como era o humor em Treblinka, o que distraía os homens da SS e as piadas que faziam. Eles organizavam jogos de futebol para homens condenados, organizavam corais de condenados, danças de condenados [...]. Havia até um hino especial, "Treblinka", escrito por eles, que incluía as seguintes palavras:

> *"Für uns gibt heute nur Treblinka*
> *Die unser Shiksal ist [...]"*[9]

Pessoas com sangue escorrendo de suas feridas eram forçadas a aprender canções alemãs sentimentais e idiotas poucos minutos antes de morrer:

> *"Ich bruch das Blumelein*
> *und schenkte es dem schönste*
> *geliebste Madelein [...]"*[10]

---

[9] "Para nós agora só existe Treblinka, que é o nosso destino [...]"
[10] "Eu colho a pequena flor / e a dou à mais amada / à mais adorada jovem [...]"

O comandante-em-chefe do campo selecionava várias crianças de um dos grupos transportados, matava seus pais, vestia as crianças com suas melhores roupas, dava-lhes muitos doces, brincava com elas e ordenava que fossem mortas poucos dias depois, quando se cansava do jogo. Uma das maiores diversões eram os estupros e torturas noturnos de meninas e mulheres jovens, que eram selecionadas a cada chegada de prisioneiros. De manhã, os próprios estupradores as levavam para a câmara de gás.

Todas as testemunhas se lembram de uma característica que os homens da SS em Treblinka tinham em comum: eles adoravam filosofar, fazer construções teóricas. Todos gostavam de fazer discursos em frente aos prisioneiros. Eles se gabavam e explicavam a grande importância para o futuro do que estava sendo feito em Treblinka. Estavam todos profunda e sinceramente convencidos da importância de seu trabalho e de que ele era correto.

Eles faziam ginástica — preocupavam-se intensamente com sua saúde e com a comodidade de sua vida diária. Fizeram grandes jardins e canteiros de flores em torno dos alojamentos. Iam de férias para a Alemanha várias vezes por ano, porque seus chefes achavam que seu trabalho era muito ruim para a saúde e queriam protegê-los. De volta ao lar, caminhavam com suas cabeças erguidas, orgulhosamente.

O verão de 1943 foi quente de maneira incomum neste lugar. Não houve chuva alguma e nenhum vento durante muitas semanas. O trabalho de queimar corpos transcorreu a toda a velocidade. As fornalhas estavam ardendo há seis meses, dia e noite, mas só um pouco mais da metade dos corpos havia sido queimada. Prisioneiros que tinham de queimar os corpos não conseguiam agüentar o terrível tormento moral, e 15 ou vinte deles cometiam suicídio todos os dias. Muitos procuravam mortos, violando deliberadamente o regulamento.

"Era um luxo ser baleado", disse Kosezky, médico que escapou do campo. Pessoas me disseram que era muito mais terrível viver em Treblinka do que morrer lá. As cinzas e o carvão dos corpos queimados eram colocados em vagões na ferrovia e levados para além da cerca do campo. Camponeses da vila de Wulka, que os alemães haviam recrutado, punham o carvão e as cinzas em carroças e os espalhavam ao longo da estrada que começava depois do campo da morte e ia até o campo de punição polonês. Crianças prisioneiras espalhavam igualitariamente as cinzas na estrada com pás. Às vezes encontravam nas cinzas moedas de ouro e dentes de ouro derretidos. As crianças eram chamadas de "crianças da estrada preta". A estrada ficava preta de cinzas, como uma faixa de crepe. As rodas dos veículos faziam um barulho especial, farfalhante, sobre ela, e quando fui levado a essa estrada, ouvi esse ruído fúnebre, suave como uma queixa tímida.

Na canção "Treblinka", que os alemães forçavam os oitocentos homens que trabalhavam queimando os corpos a cantar, havia palavras de apelo aos prisioneiros para que fossem obedientes, e prometendo a eles em troca uma "pequena, pequena alegria, na qual poderão dar uma olhada só por um minuto".

Houve um dia alegre no inferno de Treblinka [...]. Os prisioneiros planejaram uma rebelião. Nada tinham a perder. Todos haviam sido condenados à morte. Cada dia de sua existência era um dia de sofrimento e tortura. Os alemães não tinham nenhuma piedade deles, testemunhas de crimes terríveis que acabariam em uma das câmaras de gás e seriam substituídas por outros homens. Só umas poucas dúzias de homens sobreviveram em Treblinka durante semanas ou meses, em vez de dias. Eram especialistas qualificados — carpinteiros, construtores, alfaiates, cabeleireiros. Não queriam escapar antes de destruírem Treblinka.

Houve uma onda de calor sufocante no fim de julho. Quando os túmulos eram abertos, o vapor começava a subir como se eles fossem caldeiras gigantes. O mau cheiro monstruoso e o calor estavam matando pessoas — os homens magros que carregavam os corpos às vezes caíam mortos nas barras da fornalha. Bilhões de moscas fortes, que tinham muita coisa para comer, andavam pelo chão e zuniam pelo ar.

Tomou-se a decisão de iniciar a rebelião em 2 de agosto. O sinal seria um tiro de revólver.[11] Novas chamas surgiram no céu, desta vez não as chamas pesadas e gordurentas de corpos sendo queimados, mas as chamas brilhantes, quentes e violentas de um incêndio. Os prédios do campo estavam queimando [...]. Ouviu-se um estrondo de tiros, metralhadoras começaram a ser disparadas de torres capturadas pelos rebeldes. O ar estremeceu com explosões e tiros, o zunido das balas se tornou mais alto que o zunido das moscas dos cadáveres. Machados sujos de sangue vermelho começaram a ser movimentados no ar. Em 2 de agosto, o sangue diabólico dos homens da SS escorreu pelo solo da infernal Treblinka [...]. Todos eles ficaram confusos, esqueceram o sistema de defesa de Treblinka, que fora preparado tão diabolicamente bem, esqueceram o incêndio mortal que fora organizado antecipadamente, esqueceram suas armas.

Enquanto Treblinka ardia e os rebeldes rompiam as cercas, dizendo adeus às cinzas de sua gente, unidades da SS e da polícia seguiam em todas as direções para caçá-los. Aviões alemães foram enviados. Batalhas aconteceram na floresta e nos pântanos. Muito poucos rebeldes sobreviveram, mas que diferença isso faz? Eles morreram lutando, com armas nas mãos.[12]

Treblinka deixou de existir depois de 2 de agosto. Os alemães terminaram de queimar os corpos que restavam, destruíram

---

[11] A revolta foi organizada principalmente por Zelo Bloch, um tenente judeu do Exército cazaque. A rebelião começou cedo, porque um guarda da SS suspeitou do movimento. Ele foi morto com um tiro, o que desencadeou a ação geral antes que a maior parte das armas fosse retirada do arsenal. Os rebeldes haviam conseguido uma chave duplicata do arsenal.

[12] Estima-se que cerca de 750 prisioneiros conseguiram escapar pela cerca de arame farpado, mas apenas setenta viveram para ver a libertação um ano depois.

prédios de pedra, removeram o arame farpado, queimaram os alojamentos de madeira que não haviam sido queimados pelos rebeldes. As instalações da fábrica de morte foram explodidas ou colocadas em vagões e levadas. Máquinas escavadeiras foram explodidas ou levadas, os incontáveis fossos foram cobertos de terra, a estação de trem foi destruída até o último tijolo, a linha de trem foi desativada e os dormentes, removidos. Tremoços foram semeados no território do campo e Streben, um colono, construiu uma pequena casa ali. Agora, nem mesmo essa casa existe, foi queimada.[13]

O que os alemães pretendiam com tudo isso? Esconder os assassinatos? Mas onde no mundo isto seria possível? Himmler já não tem poder algum sobre seus cúmplices: eles abaixam a cabeça, seus dedos trêmulos brincam com a ponta de seus casacos e eles contam com vozes abafadas, monótonas, a história de seus crimes, que soam insanas e delirantes, inacreditáveis. Um oficial soviético, com a fita verde da medalha de Stalingrado, está redigindo as provas dos assassinos, página por página. Um guarda está diante da porta, seus lábios comprimindo-se. Ele também tem a medalha de Stalingrado no peito, e seu rosto escuro e magro está sério.

Entramos no campo e caminhamos sobre o chão de Treblinka. Pequenos tremoços se rompem ao menor toque, ou se abrem sozinhos com um leve tilintar; milhões de pequenas sementes caem no chão. O som das sementes que caem e o tilintar que elas fazem ao brotar se misturam em uma única melodia, triste e serena. Parece o soar de pequenos sinos de um funeral chegando a nós diretamente das profundezas da terra, ouvidos com dificuldade, pesarosos, amplos, calmos.

A terra está jogando para fora ossos esmagados, dentes, roupas, papéis. Não quer guardar segredos. E os objetos vêm da terra, de suas feridas não curadas. Aqui estão, parcialmente arruinadas pela decomposição, camisas de pessoas assassina-

---

[13] A família levada para fazer o lugar parecer uma fazenda era ucraniana.

das, suas calças, sapatos, caixas de cigarros onde o verde cresceu, pequenos aros de relógios de pulso, canivetes, pincéis de barbear, castiçais, sapatos infantis com pompons vermelhos, toalhas com bordados ucranianos, roupas íntimas rendadas, tesouras, dedais, coletes, ataduras. E, um pouco mais adiante — é como se a mão de alguém as estivesse empurrando para a luz, vindo da terra sem fundo que se projeta —, emergem as coisas que os alemães haviam tentado enterrar. Passaportes soviéticos, agendas com anotações em búlgaro, fotografias de crianças de Varsóvia e de Viena, cartas escritas por crianças, um livro de poesia, uma prece copiada em um pedaço de papel amarelado, cupons para ração de alimentos da Alemanha [...]. E em toda parte há centenas de pequenos frascos de perfume, verdes, rosa, azuis [...]. Um cheiro terrível de putrefação paira sobre tudo, o cheiro que nem o fogo, ou sol, ou as chuvas, ou a neve, ou os ventos podem afastar. E centenas de pequenas moscas da floresta estão andando sobre coisas que apodrecem, papéis e fotografias.

Continuamos caminhando pela terra sem fundo e instável de Treblinka e de repente paramos. Um pouco de cabelo louro, ondulado, fino e leve, brilhando como metal, está preso à terra, e cachos louros perto dele, e então grandes tranças pretas sobre a areia clara, e então mais e mais. Aparentemente, este é o conteúdo de um — apenas um — saco de cabelos que não foi levado embora. É tudo verdade. A última lunática esperança de que tudo fosse apenas um pesadelo está arruinada. E os tremoços estão tilintando, tilintando, pequenas sementes estão caindo, como se o soar de incontáveis pequenos sinos estivesse vindo da terra. E a sensação é de que o coração pode parar neste momento, tomado por tanta tristeza, tanto pesar, que um ser humano simplesmente não consegue agüentar.

Não é de surpreender que o próprio Grossman tenha tido muita dificuldade de se manter de pé. Ele teve um colapso causado por exaustão nervosa, estresse e náusea ao voltar para Moscou em agosto. Ehrenburg chamou o jornalista francês Jean Cathala, que estava por perto, para lhe passar detalhes sobre o que surgiu com a libertação de Majdanek e Treblinka. Grossman aparentemente estava doente demais para deixar sua cama e se unir a eles.

PARTE CINCO

Em Meio às Ruínas do Mundo Nazista — 1945

25.
VARSÓVIA E LODZ

Depois das operações maciças do verão de 1944, que haviam força-do a Wehrmacht a voltar do Beresina para o Vístula, o Exército Vermelho precisava de tempo para se recuperar e se reequipar. Mas, no fim de julho, quando o 1º Front Bielo-russo, de Rokossovsky, chegou aos subúrbios do leste de Varsóvia, estações de rádio soviéticas haviam convocado os poloneses a iniciar uma revolta atrás das linhas alemãs. Mas Stalin não tinha intenção alguma de socorrê-los, ou mesmo de dei-xar os Aliados ocidentais ajudá-los com aviões que jogariam equipamen-tos para eles. Isso porque a revolta era planejada e liderada pelo Armia Krajowa — o Exército de Casa —, que devia obediência ao governo refugiado em Londres, e não ao Comitê de Libertação Nacional, a orga-nização comunista fantoche instalada em Lublin. O heroísmo trágico e condenado da revolta de Varsóvia durou de 1º de agosto a 2 de outubro. Não há menção alguma a isso nos diários de Grossman, o que pode refletir bem a completa supressão de notícias imposta por autoridades soviéticas. Depois de esmagarem a revolta, os alemães destruíram siste-maticamente grande parte da cidade, como Grossman veria.

As preparações para o avanço seguinte começaram em outubro de 1944. O plano do Stavka era uma série de três ataques simultâneos com 4 milhões de homens. Em janeiro de 1945, dois Fronts soviéticos atacariam o leste da Prússia pelo sul e pelo leste, enquanto o marechal Zhukov, que agora assumira o 1º Front Bielo-russo, e o marechal Konev, com seu 1º Front Ucraniano, atacariam o oeste da Polônia e da Silésia pelas cabeças-de-ponte ao longo do Vístula, ao sul de Varsóvia. As dificuldades de levar munição e suprimentos para uma operação tão ampla haviam aumentado com a política alemã de terra arrasada, inclusive a destruição deliberada de sistemas ferroviários soviéticos enquanto eles se retiravam. Parece que Grossman deixou Moscou em meados de janeiro de 1945 para voltar a se unir ao 1º Front Bielo-russo. Seu veículo parou em Kaluga, cerca de 250 quilômetros a sudoeste de Moscou.

> Um homem velho em Kaluga, sábio e dado a filosofar como todos os observadores, disse quando estava fechando o portão do posto de gasolina atrás de nosso [jipe]: "Aí estão vocês, seguindo para Varsóvia. Agora a guerra está acontecendo lá, e houve época em um inverno em que eu tive que abrir os tanques e deixar o combustível escorrer para os canais. Isso foi antes de os alemães chegarem a Kaluga. Vão se passar dez anos e os meninos que aprenderem isso na escola vão me perguntar: 'É verdade, Dedka, que os alemães chegaram a Kaluga?'"

A Operação Bagration, no verão anterior, tinha sido extraordinariamente bem-sucedida, mas a nova ofensiva logo provaria ser o mais rápido avanço já lançado pelo Exército Vermelho. Zhukov e Konev, pressionados por Stalin, priorizaram a velocidade de avanço, depois de abrirem caminho, o que desorientaria totalmente o Exército alemão. Foram muito ajudados pela insistência de Hitler de que cada ordem deveria ser checada antes com ele, impedindo assim qualquer liberdade de ação aos comandantes da área. E no momento em que eles obtinham uma decisão de Berlim, a situação poderia ter mudado a ponto de não ser reconhecida.

Sem jamais esquecer as terríveis humilhações de 1941, Grossman teve uma grande alegria com a supremacia do Exército Vermelho. Assim como ficara fascinado com os franco-atiradores em Stalingrado, ele agora era atraído por novos heróis, as tropas de tanques que exploraram o rompimento da retaguarda alemã e nunca permitiram ao inimigo a chance de se reagrupar.

> Tropas de tanques. Alguns tanquistas vieram da cavalaria, mas tanquistas são ao mesmo tempo artilheiros e também mecânicos. Herdaram a bravura da cavalaria e a cultura da artilharia. Mecânicos são ainda mais habilidosos que artilheiros. Se você quer encontrar um comandante de Front que seja especialista tanto em tanques como em artilharia, deve procurar um ex-tanquista que tenha sido promovido a comandante de todas as armas.

O principal problema, sobretudo em um avanço precipitado em que faltam suprimentos e unidades de manutenção, era fazer consertos para manter os tanques em movimento e encontrar peças de reposição. Com freqüência era preciso retirar peças de um veículo para pôr em outro.

O ataque do 1º Front Bielo-russo começou em 14 de janeiro de 1945, pelas cabeças-de-ponte de Magnuszew e Pulawy. A linha alemã foi rompida e aberta pelo 5º Exército de Choque e pelo 8º Exército dos Guardas, o antigo 62º Exército, de Stalingrado, comandado pelo general Chuikov. O principal objetivo era cruzar o rio Pilica, afluente do Vístula, e permitir que o 1º e o 2º Exércitos de Tanques dos Guardas rompessem e esmagassem a retaguarda alemã. O coronel Gusakovsky, Herói da União Soviética duas vezes, e que Grossman veio a conhecer bem, não esperou pelos equipamentos para a travessia. Mais tarde ele contou a Grossman como ordenou que seus tanques destruíssem o gelo com tiros de canhão para em seguida atravessarem o leito do rio. Foi assustador para os motoristas.

> "Cruzando o Pilica. Explodimos o gelo e atravessamos o leito do rio, poupando assim duas ou três horas. Todo o gelo se ergueu em uma montanha gigante em frente aos tanques e desabou, fazendo um barulho terrível. Quando os tanques estão em atividade cruzando um terreno difícil, a infantaria armada

com *Panzerfaust*[1] é o maior de todos os perigos [...]. Estávamos nos locomovendo com extrema rapidez; havia dias em que avançávamos 115 a 120 quilômetros em 24 horas. Nossos tanques andavam mais rápido que os trens para Berlim."

À direita, a 47ª Brigada de Tanques dos Guardas, reforçada por tropas de outras armas, correu para a frente para capturar um campo de pouso ao sul de Sochaczew, uma cidade-chave a oeste de Varsóvia. Regimentos de caça soviéticos começaram a operar a partir desta nova base em 24 horas.

> Novas características de nosso avanço. Nossos tanquistas capturam campos de pouso alemães. Isto dá à nossa aviação uma oportunidade de apoiar grupos móveis. Um novo acontecimento na interação da infantaria com a artilharia motorizada. A infantaria desenvolveu uma paixão por armas motorizadas, já não se sente nua.

Logo que o 1º Front Bielo-russo atacou a partir das cabeças-de-ponte, o 47º Exército, em sua ala direita, avançou para cercar Varsóvia, enquanto o 1º Exército Polonês, sob controle soviético, avançava pelos subúrbios. O comandante alemão, que tinha apenas quatro batalhões com tropas muito mal guarnecidas, decidiu evacuar a capital polonesa. Hitler se enfureceu e ordenou que a Gestapo interrogasse os oficiais envolvidos, inclusive o general Guderian, chefe do Estado-Maior do OKH que dirigia todas as operações do Front do Leste.

Tropas soviéticas entraram em uma cidade que estava quase inteiramente destruída e sem população. Da população pré-guerra de 1.310.000 pessoas, restavam apenas 162 mil. Um oficial descreveu a cidade como pouco mais do que "ruínas e cinzas cobertas de neve". Grossman estava entre os primeiros jornalistas que entraram. Não é de

---

[1] *Panzerfaust* é uma granada com propulsão de foguete lançada do ombro, produzida em enorme quantidade pela indústria bélica nazista, no fim da guerra, como uma arma antitanque de baixo custo.

surpreender que um dos primeiros lugares que ele quis visitar tenha sido o gueto de Varsóvia.

Em 15 de outubro de 1941, os nazistas haviam isolado o gueto, usando-o como campo de concentração para judeus poloneses e estrangeiros. Mais de 380 mil judeus haviam sido mantidos ali de uma vez, antes de serem enviados para a morte. A maioria fora despachada da *Umschlagplatz* — a ferrovia secundária no limite nordeste do gueto — para Treblinka. Em 19 de abril de 1943, quando restavam apenas 40 mil judeus no gueto, uma minoria significativa, com algumas armas fornecidas pelo submundo polonês do lado de fora, ergueu-se em revolta. Foram esmagados sem piedade. A parte mais impressionante da história é que eles conseguiram manter a luta contra unidades da SS por quase dois meses.

Para Grossman, entrar em Varsóvia foi claramente um momento de emoção, que ele registrou em seu bloco de anotações e depois desenvolveu em um artigo para o *Krasnaya Zvezda*.

> Varsóvia! A primeira frase que ouvi em Varsóvia, quando subi em uma ponte destruída, foi de um soldado que virava seu bolso do avesso: "Aqui", disse ele, "eu tenho um pedaço de pão seco".

Ortenberg descreveu a chegada de Grossman a Varsóvia de maneira ligeiramente diferente. O Vístula não congelara completamente. Havia partes de gelo e de água. Grossman deixou seu veículo em Praga, um subúrbio de Varsóvia na margem leste do Vístula, e começou a caminhar no meio de duas grandes áreas de água entre duas pilastras da ponte Poniatowsky que haviam permanecido de pé. Finalmente ele alcançou uma base de concreto. Do píer de 8 metros de altura, 2 soldados de meia-idade abaixaram uma escada de incêndio leve para Grossman. Ficou ainda a 2 metros do gelo. Então os soldados amarraram uma corda à escada e a abaixaram. Grossman começou a subir no perigoso aparelho, que balançava com o vento. Agradeceu então aos soldados pela ajuda e caminhou para a cidade.

"É a primeira vez em minha vida que uso uma escada de incêndio para entrar em uma cidade", disse ele. A mudança de Grossman e de outros correspondentes que eram civis antes da guerra foi comentada por Ilya Ehrenburg. "É impressionante como as pessoas mudaram na frente de batalha! Em tempo de paz ninguém poderia confundir Grossman com um militar, mas na frente de batalha ele dava a impressão de ser um comandante comum de um regimento de infantaria."

Passando pela estrutura de aço enrugada e retorcida pela explosão, em uma ponte destruída, chegamos a um píer de pedra alto na margem esquerda do Vístula. A sentinela, um velho soldado do Exército Vermelho, estava em pé junto a uma fogueira que fizera sobre o cais. Ele disse cordialmente para o atirador de submetralhadora que estava em pé perto dele: "Veja, irmão, que bom pedaço de pão seco eu achei no meu bolso." Estas foram as primeiras palavras que ouvi em Varsóvia. E mais tarde eu soube que este homem de casaco cinza amarrotado era um dos que haviam salvado Moscou naquele ano terrível [de 1941] e marchado 12 mil quilômetros para aquela grande missão, a guerra da libertação.

Quando chegamos, a Varsóvia libertada parecia majestosa e triste, até mesmo trágica. Ruas da cidade estavam cobertas de pilhas de tijolos quebrados. As amplas praças e as ruas estreitas na área central estavam cobertas de uma rede de pequenos caminhos intrincados e tortuosos que me lembraram aqueles feitos pelos caçadores em densas florestas e montanhas. Seus habitantes, que agora voltavam para a cidade, tiveram de subir em pilhas de tijolos; veículos e carroças só conseguiam passar em algumas poucas ruas.

Um grupo de homens velhos e jovens, com chapéus amassados, boinas, casacos de outono ou impermeáveis, caminhava, e diante deles empurrava pequenos carrinhos de mão com grossos pneus, carregados de trouxas, bolsas e malas. Meninas e jovens mulheres caminhavam soprando seus dedos gelados e olhando as ruínas com olhos cheios de tristeza. Já havia centenas, milhares delas.

Vladislava e Sofia Kobus, duas meninas polonesas que estavam vivendo em um porão com judeus — judeus que haviam surgido do subsolo, que haviam passado anos no sistema de esgoto de Varsóvia e em porões. Yakov Menzhitsky, um operário de uma fábrica de meias em Lodz, e seu irmão Aron. Isai Davidovich Ragozhek, um contador de Varsóvia. Abram Klinker, maltrapilho, com um machucado, sapateiro de Lodz que trabalhou no incinerador da [base de comando da] Gestapo em Varsóvia. Passei por essas pessoas nas ruas desertas. Suas faces de papel. Uma figura chocante — um pequeno fabricante de meias carregando do gueto até seu buraco no chão um cesto de criança cheio de cinzas de judeus. Ele recolhera essas cinzas no jardim do Judenrat,[2] no gueto. Partirá para Lodz amanhã, a pé, com essas cinzas.

O gueto de Varsóvia. Um muro uma vez e meia mais alto que um homem, feito de tijolos vermelhos, com a grossura de dois tijolos, com vidro quebrado no alto. Os tijolos são dispostos muito organizadamente. De quem são as mãos que construíram esse muro?

O gueto: ondas de pedras, tijolos esmagados, um mar de tijolos. Não há uma única parede intacta — raramente se vê um tijolo que não esteja quebrado. A ira do monstro foi terrível.

Nosso encontro. Pessoas do porão [da] Zhelyaznaya 95z. Pessoas que se tornaram ratos e macacos. História sobre o encontro de dois judeus de Lodz, na escuridão de uma sala de caldeira, em um prédio destruído de Varsóvia, onde ratos e judeus iam à noite para beber água. Klinker gritou quando ouviu um barulho: "Eu sou judeu. Se vocês são rebeldes, por favor, levem-me com vocês." Uma voz respondeu na escuridão: "Eu sou judeu também." Os dois eram de Lodz. Encontraram um ao outro no escuro e se abraçaram chorando.

---

[2] Conselho formado por judeus e incumbido de implementar determinações nazistas em sua comunidade. (N. do T.)

Seu esconderijo ficava entre a Gendarmerie e a Gestapo, no quarto andar de um prédio semidestruído. Uma menina polonesa, de cabelo cacheado, deu-lhes abrigo. O pai polonês de sua salvadora havia exigido um *zloty* para conseguir álcool. "Do contrário vou denunciar vocês." O maltrapilho Abram Klinker queria me dar seu único tesouro — uma caneta-tinteiro.

Grossman contou em seu artigo no *Krasnaya Zvezda* a história do esconderijo no "*bunker*" do quarto andar de um prédio em ruínas.

Visitamos o "*bunker*" — um refúgio secreto onde seis poloneses e quatro judeus se esconderam durante muitos longos meses. A mente mais fantasiosa não poderia imaginar esse buraco de pedra no quarto andar de um prédio destruído. Para chegar ali, é preciso escalar as paredes verticais de uma escada desabada, passar em cima de um abismo, por uma viga que era parte do chão, e se espremer por uma estreita fenda negra feita em um depósito escuro. Fomos guiados por uma menina polonesa que havia morado no esconderijo. Ela caminhava com muita calma sobre o abismo. E eu tenho de confessar que, embora tivesse passado três anos e meio na frente de batalha, meu coração por vezes congelou durante esse percurso, o suor escorreu na minha testa e tudo ficou preto diante de meus olhos. E as pessoas do "*bunker*" faziam esse percurso somente no escuro, em noites sem lua.

O gueto. Pode-se imaginar como os prédios eram altos quando se olha as enormes ondas de tijolos nas quais esses prédios se transformaram. Em meio ao mar de tijolos, duas igrejas [católicas romanas polonesas] estão de pé.[3] Uma cabeça de mulher [esculpida em] pedra está entre pedaços de tijolos vermelhos. O prédio do Judenrat, sombrio, cinza. [Em] seus

---

[3] Grossman pode estar se referindo à Igreja do Sangue da Virgem, na rua Leshno 34, o centro dos católicos de descendência judaica.

jardins internos — [há] grades, vermelhas de cinzas, sobre as quais os corpos de rebeldes do gueto de Varsóvia foram queimados. Um monte de cinzas em um canto do jardim — cinzas de judeus.[4] Jarros, pedaços de vestidos, um sapato de mulher, um livro do Talmude rasgado.

A resistência no gueto de Varsóvia começou em 19 de abril e terminou em 24 de maio. O presidente da comunidade, Chernyakov, cometeu suicídio em 23 de julho de 1942. Membros do Conselho Judaico do Gueto — Gustav Tselikovsky, Sherishevsky, Alfred Stegman, Maximilian Lichtenbaum — foram mortos a tiros no início de maio.

Durante a rebelião no gueto de Varsóvia, Shmul Zigelbaum (Camarada Arthur), que na época vivia em Londres, cometeu suicídio para atrair a atenção do mundo para a tragédia da nação judaica.[5]

De Varsóvia, Grossman continuou no rastro do vitorioso Exército Vermelho, indo até a cidade de Lodz, onde os nazistas também haviam usado o gueto como campo de prisão. Lodz foi tomada pelo 8º Exército dos Guardas, de Chuikov, em 18 de janeiro, apenas quatro dias após o início da ofensiva. A rapidez do avanço soviético não dera às autoridades alemãs tempo para destruir a cidade.

Lodz. Quinhentas fábricas e indústrias. Diretores e proprietários fugiram. No momento, elas são gerenciadas por operários. A estação de energia elétrica, os bondes e a ferrovia estão funcionando a pleno vapor. Um homem idoso, maquinista, disse: "Conduzo trens há cinqüenta anos. Serei o primeiro a conduzir um trem até Berlim."

Gestapo [posto de comando]: o prédio está intacto, tudo está no lugar. Retratos luxuosos dos líderes do Partido Nacional-Socialista dos Trabalhadores Alemães estão estendidos no

---

[4] Nem toda a cinza era de judeus. Os nazistas também usaram as ruínas do gueto como local de execução de poloneses católicos.
[5] Ele era membro do Conselho Nacional do Governo Polonês em Exílio.

chão. Crianças com botas de feltro rasgadas estão dançando sobre as faces de Goering e Hitler.

Fábricas de munição: havia três delas. Duas foram destruídas pela força aérea inglesa, a terceira nós examinamos hoje em Lodz— uma instalação gigantesca para a fabricação de torpedos. Eles a construíam desde 1944, mas ela nunca iniciou sua produção total. Há trincheiras estreitas no jardim, esticando-se paralelamente até as oficinas. Mesas na cantina da fábrica. Placas sobre algumas mesas: "Apenas para alemães." Um trabalhador polonês diz: "No tempo que eu levava para fabricar oito [torpedos], um alemão fazia 45." Um dia de trabalho de doze horas. Duas cozinhas na cantina para trabalhadores — alemães e poloneses. Enormes slogans em alemão nas oficinas: "Você não é nada, sua nação é tudo."

Punições: quando um trabalhador estava atrasado, ou largava sua ferramenta, ou parecia preguiçoso aos olhos de seu superior, eles o esbofeteavam e o colocavam em uma cela de punição (no porão das oficinas).

Lodz, ou Litzmannstadt, rebatizada para homenagear um general alemão.[6] Nós, os quatro judeus, representamos a Rússia no meio da família de um general russo, Shepetovsky (falecido). A filha do general, Irena, não entende russo, fala apenas alemão e polonês. Gekhtman canta canções do Volga para ela, fazendo sons guturais com muita expressividade.

No gueto de Lodz. A canção do gueto [era]: "Não se deve sentir tristeza e chorar. Tudo será melhor amanhã. O sol brilhará para nós também."

O gueto foi estabelecido em 1º de maio de 1940. Toda semana havia três dias sangrentos ali — quarta-feira, quinta-

---

[6] O tenente-general Karl Litzmann foi um comandante alemão que morreu em 1915, quando tentava capturar Lodz na Primeira Guerra Mundial. Foi premiado com o Pour le Mérite, o "Blue Max".

feira e sexta-feira. Nesses dias, alemães (*Volksdeutsche*)[7] matavam judeus em suas casas.

De início, havia no gueto 165 mil judeus de Lodz; 18 mil de Luxemburgo, Áustria, Alemanha e Tchecoslováquia; 15 mil de assentamentos judeus poloneses — Kamish e outros —, 15 mil de Chenstohova. O maior número de judeus que o gueto chegou a ter foi 250 mil. Um período de fome teve início. Cento e cinqüenta pessoas morriam diariamente. Os alemães não estavam satisfeitos com uma taxa de mortalidade tão baixa.[8]

Na primeira *Aktion*, em dezembro de 1942, 25 mil homens e mulheres saudáveis foram levados embora, segundo diziam, para trabalhar, e foram mortos. A primeira *Kinder-Aktion* acontecera em setembro daquele mesmo ano. Todas as crianças, desde bebês até a idade de 14 anos, bem como todas as pessoas idosas e doentes, foram mortas (um total de 17 mil pessoas). Caminhões que levavam as crianças voltavam duas horas depois para um novo carregamento. Levavam sistematicamente de oitocentas a mil pessoas "para trabalhar" e as matavam. Em 1º de janeiro de 1944, restavam 74 mil pessoas no gueto. Um comerciante de chá, Hans Biebow, era o chefe do gueto.

Antes da aniquilação do gueto,[9] os *Oberbürgermeister* Bratvich e Hans Biebow fizeram discursos e anunciaram que para salvar os judeus de Lodz que haviam trabalhado para o Estado durante quatro anos, os líderes haviam decidido removê-los para a retaguarda. Nem um único judeu apareceu na estação

---

[7] *Volksdeutsche* eram alemães étnicos que viviam fora do Reich. Estes ou eram membros da minoria alemã local ou, mais provavelmente, membros de outras minorias alemãs levadas por autoridades nazistas para estabelecer seu novo *Gau*, ou distrito nazista, o Warthegau, uma área do noroeste da Polônia que sofreu limpeza étnica de poloneses e foi anexada como parte do Reich. Comandantes alemães, como o general Guderian, receberam grandes propriedades de um governo agradecido.

[8] Em uma população de quase 5 milhões em 1939, o Warthegau continha 380 mil judeus e 325 mil alemães étnicos.

[9] Himmler deu ordem para acabar com o gueto em 10 de junho de 1944, poucos dias depois do Dia D.

de trem. Biebow convocou um encontro novamente e prendeu muitos judeus, mas depois os deixou voltar, dizendo que confiava na consciência deles. Depois disso, eles começaram a levar à força 2 a 3 mil a cada dia. Notas encontradas em vagões vazios revelaram que eles haviam sido levados para Maslovitsy[10] e Oswencim [Auschwitz].

Depois da aniquilação final do gueto de Lodz, 850 pessoas haviam sido deixadas lá. O avanço de nossos tanques salvou suas vidas.

Organização do gueto de Lodz. Ele tinha suas próprias notas de dinheiro, moedas, carimbo e selos postais. Escolas. Teatros. Trabalho de impressão. Quarenta fábricas têxteis. Muitas fábricas pequenas. Sanatório. Uma biblioteca de fotografias. Um departamento de história. Hospitais e ajuda médica de emergência. Fazendas, campos, hortas. Cem cavalos. Insígnias e medalhas por trabalho haviam sido introduzidas. Chaim Rumkowsky, o diretor do gueto, um judeu instruído, [era] especialista em estatísticas.[11]

Rumkowsky se autoproclamara rabino chefe. Vestindo túnicas religiosas luxuosas, fazia celebrações na sinagoga, dava licenças para casamento e divórcio e punia os que tinham amantes. Casou-se com uma jovem advogada[12] quando tinha 70 anos e teve amantes que eram colegiais.[13] Foram compostos hinos em sua homenagem. Ele se autoproclamou líder e salvador dos judeus. Era o principal apoio da Gestapo.

---

[10] Maslovitsy foi também o local onde o major Sharapovich descobriu o esconderijo alemão de livros valiosos que eles haviam tomado da Biblioteca Turgenev, em Paris. Estes foram levados para Moscou, para a Livraria Lenin.

[11] Mordechai Chaim Rumkowsky era um personagem controverso, para dizer o mínimo. Homem de negócios falido nomeado *Judenälteste*, ou judeu idoso, pelos alemães, ele obteve poder total no gueto, por meio do controle do suprimento de comida. À maneira autocrática, ele não apenas dirigia o gueto como também era seu senhor feudal particular e decidia quem morreria e quem sobreviveria, selecionando aqueles que seriam transportados para Chelmno e mais tarde para Auschwitz. O relato de Grossman sobre o gueto parece bastante otimista. Em um ano, quase 20% da população estava morrendo de doenças e de fome.

[12] Seu nome era Regine Weinberger.

[13] As "amantes" de Rumkowsky eram jovens ameaçadas e forçadas a se tornar suas concubinas.

Em explosões de fúria, ele costumava bater em pessoas com varas e esbofeteá-las. Havia sido um comerciante malsucedido e arruinado antes da guerra. A história de sua morte: quando seu irmão também foi posto no trem, ele, confiando em seu poder, declarou à Gestapo que, se não libertassem seu irmão, entraria no trem junto com ele. Rumkowsky embarcou no trem e foi enviado para [Auschwitz]. Sua jovem esposa viajou para a morte com ele. Rumkowsky tinha muito orgulho do seguinte incidente: certa vez, uma carta foi enviada de Berlim para Chaim Rumkowsky, a cidade não havia sido indicada e a carta chegou a ele, em Lodz.

Lodz — a Manchester polonesa. Quinze mil alfaiates ficaram ali costurando roupas para o Exército alemão. Eles recebiam 400 gramas de pão todo dia e 900 gramas de açúcar por mês. Naquela época, as pessoas do gueto de Varsóvia recebiam 80 gramas de pão por dia.

Genicksschus — bala na parte de trás da cabeça.[14]

A crença religiosa no gueto havia diminuído dramaticamente; na verdade, trabalhadores judeus em geral não são religiosos. Biebow costumava enviar muitas vitaminas para o gueto. O assistente de Rumkowsky, o judeu Gertler, era ligado à Gestapo, mas praticava muito o bem. Era um homem gentil, e as pessoas gostavam muito dele.

Quando Gertler chegou ao poder e os alemães começaram a mostrar bastante respeito por ele, Rumkowsky começou a odiá-lo terrivelmente.

O hospital do gueto impunha respeito em médicos da Europa. Um professor disse uma vez: "Nunca vi uma clínica como essa nem em Berlim."

Morte heróica do doutor Weisskopf no gueto de Lodz — ele tentara morder a garganta de Bibach.

---

[14] Literalmente "tiro no pescoço" em alemão. Na prática, na base do crânio.

A rebelião no gueto de Lodz foi chefiada por Kloppfisch, um engenheiro de Lodz.

Lodz e Poznan eram as duas maiores cidades do Warthegau, a anexação nazista do oeste da Polônia, assim batizada devido ao rio Warthe. Hitler nomeou *gauleiter* Arthur Greiser. Mais de 700 mil poloneses foram mortos durante o processo de limpeza étnica para abrir caminho para os colonos alemães étnicos. Outras centenas de milhares foram para campos de concentração e de trabalho. Depois dos judeus, os poloneses foram os que perderam a maior proporção de sua população durante a Segunda Guerra Mundial, mais ainda que a União Soviética.

Os alemães forçaram todos os camponeses poloneses a sair de suas casas, tomaram suas terras, seus animais, utensílios domésticos, fizeram-nos viver em cabanas e os forçaram a trabalhar em fazendas. A maioria dos alemães era local, mas alguns deles (160 mil) tinham vindo da Ucrânia. Os filhos dos camponeses poloneses não iam à escola. Crianças tinham de trabalhar desde os 12 anos. Igrejas foram fechadas. De vinte restou somente uma. As outras foram transformadas em depósitos. Trabalhadores agrícolas recebiam vinte marcos por dia e comida. As crianças recebiam seis marcos por mês. Um camponês alemão tinha o direito de guardar com ele um resultado de produção suficiente para alimentar sua família.

Um camponês polonês foi enviado a Dachau porque dissera a seu vizinho alemão antes mesmo de os alemães chegarem [em setembro de 1939]: "Por que você fala alemão? Você não está em Berlim." Antes da guerra, os nazistas costumavam se reunir em encontros do Partido [nazista] sob o pretexto de rezar.

Os [colonos] alemães vieram em duas levas — uma delas em 1941 e a outra em 1944. Os alemães vendiam pão para os poloneses ilicitamente, a cinco marcos o quilo, farinha de trigo a 25 marcos o quilo, e um quilo de banha de porco custava duzentos marcos. Milhares de professores, médicos, advogados e padres católicos poloneses foram levados para Dachau e mortos.

"Os alemães chamavam nossa região de Warthegau. Proibiam os trabalhadores agrícolas de ir a qualquer lugar. Eles eram escravos."

Os poloneses eram proibidos de entrar em lojas, parques e jardins. Não podiam andar de bonde aos domingos e de veículo motor a semana toda.

O *Bauerführer*[15] Schwandt tinha três trabalhadores agrícolas homens e outros três mulheres. Era um homem enorme e gordo, e nada pagava a seus agricultores. Antes da guerra, tinha um bar e uma mercearia. Tinha quatro *Morgens* [acres] antes da guerra e agora tem cinqüenta.

Havia uma comissão que checava o fornecimento obrigatório de suprimentos pelos [fazendeiros] alemães. Os poloneses não recebiam vodca, mas os alemães tinham permissão para bebê-la em feriados. Os poloneses eram condenados a três meses de prisão por usarem um acendedor abastecido com gasolina.

Alguns alemães não acreditavam que os russos viriam, e faziam piada daqueles que construíam grandes carroças para levar seus pertences. Eles não acreditaram nisso até o último dia.

A infantaria [do Exército Vermelho] está viajando em caminhões, trens e conversíveis reluzentes. Os rapazes estão fumando *makhorka*, comendo e bebendo, jogando cartas. Vagões de trem suplementares são decorados com tapetes, condutores sentam-se em camas de penas. Soldados já não comem comida do exército. Há porco, peru, galinha. Agora há alguns rostos redondos com bochechas rosadas na infantaria, isto nunca aconteceu antes.[16]

---

[15] *Bauerführer* era o líder local do Partido Nazista e organizador dos camponeses e fazendeiros.
[16] Soldados do Exército Vermelho estavam saqueando tanto fazendeiros poloneses como colonos alemães.

Civis alemães apanhados por nossos tanques estão agora voltando. Eles foram espancados [no caminho]. Pessoas tiram os arreios de seus cavalos. Poloneses estão roubando delas. "Aonde você está indo?", perguntei. Eles responderam em russo: "Para a Rússia." Aqui há cinco tipos de alemão: do mar Negro, dos Bálcãs, dos países bálticos, *Volkdeutsche* e *Reichdeutsche*.[17]

Grossman logo descobriu que o comportamento das tropas do Exército Vermelho mudou em solo estrangeiro. Ele ainda tentou idealizar as tropas de linhas de frente, enquanto punha toda a culpa nas unidades da retaguarda, tais como de suprimento e transporte. Na verdade, nas tropas de tanques que ele tanto idealizava estavam freqüentemente os piores saqueadores e estupradores.

Os soldados da linha de frente avançam dia e noite em fogo, sagrado e puro. Os soldados da retaguarda que os seguem estupram, bebem, saqueiam e roubam. Duzentos e cinqüenta de nossas meninas estavam trabalhando na fábrica Focke-Wulf. Alemães as trouxeram de Voroshilovgrad, Carcóvia e Kiev. De acordo com o chefe do departamento político do exército, essas meninas não têm roupa alguma, estão infestadas de piolhos e inchadas de fome. E, de acordo com o que um homem do jornal do exército disse, essas meninas eram limpas e bem vestidas até nossos soldados chegarem e roubarem tudo delas e passarem a vigiá-las. Meninas soviéticas libertadas com freqüência reclamam de terem sido estupradas por nossos soldados. Uma menina me disse, chorando: "Era um homem velho, mais velho que meu pai."

---

[17] Neste caso, com *Volksdeutsche* ele quer dizer alemães étnicos da Polônia. *Reichsdeutsche* são, é claro, aqueles do território alemão pré-1939.

26.
NO COVIL DA BESTA FASCISTA

Durante essa parte do avanço, Grossman permaneceu junto ao centro de comando do 8º Exército dos Guardas, do general Chuikov. Chuikov ficou furioso quando o marechal Zhukov — que ele detestava por ter reivindicado grande parte da glória em Stalingrado — ordenou que seu exército tomasse a cidade-fortaleza de Poznan, enquanto os outros exércitos avançavam para o rio Oder. A luta em Poznan era a mais dura batalha nas ruas que o Exército Vermelho enfrentava desde Stalingrado.

O comandante de regimento reclama: "Bem, invadimos uma rua e civis correram para nós gritando: 'Nossos libertadores! Nossos salvadores!' Nesse momento, os alemães contra-atacaram e nos empurraram para trás. Seu canhão motorizado apareceu. E eu vi os mesmos civis correrem e começarem a abraçar os alemães. Bem, dei ordem para que atirassem neles com fogo de artilharia."

A luta nas ruas continua. As ruas mais calmas estão cheias de gente. Senhoras com chapéus na moda, carregando reluzentes bolsas de mão e cortando pedaços de carne de cavalos mortos estendidos no calçamento.

Chuikov está organizando a luta nas ruas de Poznan. Depois de Stalingrado, ele passou a ser considerado o principal especialista em luta nas ruas. Teoria: a essência da Batalha de Stalingrado está no fato de que nossa infantaria criou uma abertura entre o poder da força mecânica alemã e a fraqueza da infantaria alemã. E agora as circunstâncias levam o acadêmico[1] Chuikov a uma situação que ele não pode evitar, a mesma situação de Stalingrado — mas aqui em Poznan atua ao contrário. Ele está atacando furiosamente os alemães nas ruas de Poznan com uma enorme força mecanizada e uma pequena infantaria. E a infantaria alemã, mais numerosa, está lutando obstinadamente em sua batalha sem esperança.

Chuikov está sentado em uma sala fria e bem iluminada no primeiro andar de um prédio de dois andares. Um telefone está tocando em sua mesa. Comandantes de unidades relatam a luta nas ruas de Poznan. Nos intervalos entre os telefonemas e os relatos, Chuikov me conta sobre o rompimento das defesas alemãs na área de Varsóvia.

"Vínhamos estudando o esquema diário dos alemães há um mês. Durante o dia, eles deixavam a primeira linha de trincheiras e à noite voltavam para ela. Antes de começarmos a avançar, ficamos mandando mensagens pelo rádio a noite toda, transmitíamos música e dança, e nos aproveitamos da confusão para enviar todas as nossas forças para posições de linha de frente.

"Às oito e meia, hora em que eles geralmente deixavam a primeira linha, disparamos uma salva com 250 canhões. No primeiro dia, rompemos a primeira linha. Ouvimos no rádio como o comandante do Novo Exército chamava suas divisões, sem receber qualquer maldita resposta. Ao mesmo tempo, destruímos duas divisões panzer que eles haviam puxado da retaguarda. De modo geral, fizemos da seguinte ma-

---

[1] Ele se refere a Chuikov como "acadêmico" fazendo uma velha piada. Chuikov dizia ter fundado a "Academia Stalingrado de Briga de Rua".

neira: um ataque aéreo, uma barragem de tiros, e em seguida avançamos. Havia uma neblina densa naquela manhã. Nós os barramos na bigorna da primeira linha e os atingimos com o martelo de nossa artilharia. Se tivéssemos agido uma hora depois, teríamos atacado um lugar vazio. E os alemães acharam que estrategicamente estávamos exaustos. Havia *Landwehr* e *Volksturm* ali."[2]

Chuikov ouve o telefone, estende-se para ver o mapa e diz: "Só um minuto, vou pôr os meus óculos." Ele lê o relato, ri alegremente e bate de leve no nariz de seu assistente com um lápis. Ele diz: "O flanco direito de Marchenko já pode sentir o fogo de Glebov. Há uma superposição de fogo, logo haverá também comunicações ao vivo." Ele grita no telefone: "Se eles tentarem avançar para o oeste, deixe-os na abertura e então esmague-os como a um inseto, acabe com eles."

Chuikov continuou então sua conversa com Grossman:

"Os soldados estão cansados de ficar na defensiva. Estão loucos para acabar com a guerra. Eles se aqueceram durante dois ou três dias e em seguida começaram a avançar 30 a 40 quilômetros todo dia.

"Há uma certa quantidade de saques acontecendo: um tanque está se movendo e há um porquinho na parte de trás. Paramos de alimentar nossos homens. Nossa comida já não é saborosa o suficiente para eles. Motoristas do transporte estão dirigindo por aí, tocando acordeom, como no exército de Makhno.[3]

"A fortaleza de Poznan [...]. Nossos homens estavam caminhando no alto dela, e os alemães atiraram neles [de den-

---

[2] Não havia quaisquer *Landwehr*, já que estes eram reservas da Primeira Guerra Mundial. Os *Volkssturm* eram seus equivalentes nazistas. Oficiais se referiam a essa força de homens mais velhos e jovens como "cozido", já que era uma mistura de carne dura com vegetais verdes.
[3] Nestor Makhno liderou uma enorme força de guerrilha de anarquistas na Ucrânia, durante a guerra civil, combatendo tanto os Brancos como os Vermelhos. Eles se locomoviam rapidamente em carroças puxadas por cavalos, algumas das quais com canhões montados sobre elas.

tro]. Então, sapadores derramaram um barril e meio de querosene e atearam fogo, e os alemães correram como ratos. E, você sabe, a coisa mais surpreendente, com toda a nossa experiência de guerra e nosso maravilhoso reconhecimento, é que não demos muita importância. Não sabíamos que Poznan era uma fortaleza de primeira classe, uma das mais fortes da Europa. Achamos que era apenas mais uma cidade e queríamos tirá-la da marcha, e aqui estamos nós."

Poznan só caiu finalmente depois que Chuikov deu ordem para invadir a fortaleza, em 18 de fevereiro, após nove dias de pesados bombardeios. Àquela altura, a guarnição cercada estava a mais de 200 quilômetros de suas próprias linhas. Buracos nas paredes foram atingidos à queima-roupa com obuseiros de 203mm, e lançadores de chamas e granadas foram usados para entrar em cada um dos quartos. Na noite de 22 de fevereiro, o major-general Ernst Gomell, comandante alemão, estendeu uma bandeira com a suástica em seu quarto e atirou em si próprio. A guarnição se rendeu.

Grossman não esperou pelo fim do cerco. Parece que ele acompanhou unidades avançadas do 8º Exército dos Guardas que estavam seguindo em sua rota para o Reich alemão. Apesar de sua vontade de idealizar o soldado comum do Exército Vermelho, ele foi forçado a admitir os horrores resultantes da compulsão que eles tinham por ficar bêbados.

> A morte absurda de um Herói da União Soviética, o coronel Gorelov, comandante de uma Brigada de Tanques dos Guardas. No início de fevereiro, ele estava resolvendo uma paralisação de tráfego na estrada a poucos quilômetros da fronteira alemã e foi morto por soldados do Exército Vermelho bêbados. Katukov[4] tinha muita admiração por Gorelov; quando dava ordens a ele e a Babadzhanyan, chamava-os por seus pri-

---

[4] Coronel-general M. I. Katukov, comandante do 1º Exército de Tanques dos Guardas, que lutou com o 8º Exército dos Guardas mais ou menos desde o Vístula até o ataque final a Berlim.

meiros nomes: Volodya e Arno. Este não foi o único caso de ultraje envolvendo sangue e bebedeira.

Todos os cidadãos soviéticos — tanto soldados como civis — foram afetados pela mudança no momento em que cruzaram a fronteira alemã. Muitos se espantaram com a perfeita ordem e prosperidade do lugar e imaginaram por que qualquer dos habitantes teria querido sair para invadir a Rússia.

> Crepúsculo. Está nublado e chuvoso. Um cheiro de húmus de floresta. Poças na estrada. Bosques de pinheiro escuros, campos, fazendas, celeiros, casas com telhados pontudos. Um enorme cartaz: "Soldado, aqui está! O covil da besta fascista."
> Há um grande charme nessa paisagem. Seus bosques pequenos mas muito densos são bonitos, assim como o asfalto cinza-azulado e as estradas cobertas de resíduos de carvão que levam a eles. E nossa artilharia, nossos canhões motorizados e nossos pobres caminhões cheios de coisas saqueadas estão seguindo em frente, vindos de Poznan.

> Uma menina [russa] libertada, Galya, contando-me sobre as características de galanteio de diferentes representantes dos estrangeiros capturados: "Há regras diferentes para os franceses."

De Poznan, pela fronteira alemã pré-1939, a estrada para Küstrin e Berlim os levou à cidade de Schwerin. Quando Grossman chegou, encontrou o 8º Exército dos Guardas, que tanto havia admirado em Stalingrado, saqueando e estuprando. Depois da guerra, Grossman admitiu à sua filha que o Exército Vermelho "mudou para pior logo que cruzou a fronteira [soviética]".

> Tudo está pegando fogo. Os saques estão a todo vapor. Gekhman e eu recebemos uma casa que sobreviveu. Tudo está intocado, o forno ainda está quente, há uma chaleira com água quente, os donos devem ter fugido há muito pouco tempo. Os armá-

rios estão cheios de coisas. Proibi categoricamente [aqueles que estão comigo] de tocar nelas. O comandante [da cidade] aparece pedindo minha permissão para alojar um coronel do Estado-Maior que acabou de chegar. É claro que eu concordo. O coronel é esplêndido. Uma boa face russa. Durante toda a noite, ouvimos barulhos vindo do quarto onde está o coronel cansado. Ele parte de manhã sem se despedir. Vamos ao seu quarto: caos, o coronel esvaziou os armários como um verdadeiro saqueador.

Uma mulher idosa se atirou de uma janela de um prédio em chamas.

Entramos em uma casa, há uma poça de sangue no chão e nela um homem idoso, baleado por saqueadores. Há gaiolas com coelhos e pombos nos jardins vazios. Abrimos suas

Grossman em Schwerin, quando esta foi saqueada pelo 8º Exército dos Guardas.

portas para salvá-los do fogo. Dois papagaios mortos em suas gaiolas.

Horror nos olhos de mulheres e meninas.

No escritório do comandante [da cidade]. Um grupo de prisioneiros de guerra franceses reclama que alguns soldados do Exército Vermelho tomaram seus relógios, dando-lhes um rublo por eles.

Uma alemã vestida de preto, com lábios lívidos, está falando com uma voz rouca que é difícil de ouvir. Trouxe com ela uma adolescente com contusões negras, aveludadas, no pescoço e no rosto, um olho inchado e terríveis contusões nas mãos. Essa menina foi estuprada por um soldado da companhia de radioperação do posto de comando do Exército. Ele também está aqui, com o rosto rosado, gordo, sonolento. O comandante o está interrogando sem muito entusiasmo.

Coisas horríveis estão acontecendo com as mulheres alemãs. Um alemão educado, cuja mulher recebeu "novos visitantes" — soldados do Exército Vermelho —, está explicando com gestos expressivos e palavras russas mal pronunciadas que ela já foi estuprada hoje por dez homens. A senhora está presente.

Gritos de mulheres são ouvidos de janelas abertas. Um oficial judeu, cuja família inteira foi morta por alemães, está alojado no apartamento de um homem da Gestapo que escapou. As mulheres e as meninas [deixadas para trás] estão a salvo enquanto ele está lá. Quando ele sai, todas elas choram e imploram para que ele fique.

Meninas soviéticas libertadas dos campos estão sofrendo muito agora. Hoje à noite, algumas delas estão se escondendo em nossa sala de correspondentes. Durante a noite, somos acordados por gritos: um dos correspondentes não conseguiu resistir à tentação. Segue-se uma discussão barulhenta e então a ordem é restabelecida.

Uma história sobre uma mãe lactante e que estava sendo estuprada em um celeiro. Seus parentes chegaram ao celeiro e pediram aos atacantes que lhe dessem um intervalo, porque o bebê faminto estava chorando o tempo todo.

Está claro durante a noite, tudo está em chamas.

Quando o coronel Mamaev entrou em uma casa alemã, crianças de 4 e 5 anos se levantaram em silêncio e ergueram suas mãos.

A libertação do território alemão produziu dramáticas mudanças de sorte. Os prisioneiros e trabalhadores escravos agora saqueavam seus ex-mestres. Muitas jovens enviadas de volta à Alemanha, vindas de territórios ocupados da União Soviética, haviam trabalhado em fazendas e em serviços domésticos, bem como em fábricas. Soldados do Exército Vermelho haviam sofrido muito mais em campos de prisioneiros do que até mesmo trabalhadores escravos.

Enormes multidões nas estradas. Prisioneiros de guerra de todas as nacionalidades: franceses, belgas, holandeses, todos carregados de coisas saqueadas. Só os americanos caminham leves, sem sequer chapéus. Eles não precisam de nada, a não ser álcool. Alguns nos cumprimentam agitando garrafas. A Internacional Civil da Europa está se locomovendo em outras estradas. Mulheres usando calças, todas elas empurrando milhares de carrinhos de bebê cheios de coisas saqueadas. É um caos louco, cheio de alegria. Onde está o leste, onde está o oeste?

Aleijados libertados — ex-soldados do Exército Vermelho. Um deles, moribundo, morrendo, diz: "Nunca vou conseguir voltar para casa." Quando os alemães quiseram matá-los, os mutilados cortaram o arame, pegaram uma submetralhadora e um fuzil e decidiram lutar.

Uma menina russa que deixou de ser escravizada por alemães diz: "Que se dane a Frau.[5] Eu sinto apenas ter que abandonar seu menino de seis anos."

Depois de Schwerin, Grossman chegou a Landsberg, mais abaixo do
rio Warthe, que fluía para o Oder, em Küstrin. Em uma medida para
satisfazer Stalin, cada grande formação soviética tinha junto a ela uma
comissão para confiscar objetos de valor alemães como compensação
pelos danos causados à União Soviética na guerra. Os membros eram
contadores civis vestidos de maneira não convincente como coronéis
do Exército Vermelho. Os alemães abriram obedientemente seus cofres
a eles. O verdadeiro problema eram os soldados do Exército Vermelho
que tentavam abrir os cofres por conta própria. Eles usavam foguetes
Panzerfaust apreendidos, que destruíam os cofres e tudo o que havia
dentro deles.

Um cofre em Landsberg. Nossa comissão está abrindo cofres.
Há ouro, jóias e muitas fotografias de crianças, mulheres e
idosos. Um membro da comissão de remoção me diz: "Por
que diabos eles guardavam essas fotos aqui?"

O comandante de divisão diz a seu vice que veio obter instruções mais exatas sobre o uso de sinalizadores: "Estou cagando
para seus sinalizadores. Sente-se e jante comigo."

Em uma papelaria pertencente a um nazista gordo, no dia de
sua ruína. Uma menina miúda veio de manhã e pediu a ele
que lhe mostrasse cartões-postais. O homem velho, gordo,
sombrio e de respiração pesada pôs uma dúzia de cartões-postais sobre a mesa em frente a ela. A menina ficou escolhendo,
seriamente, durante um longo tempo e se decidiu por um
cartão em que uma menina com um bonito vestido está perto
de um ovo quebrado, e um pintinho está saindo do ovo. O

---

[5] "Senhora" ou "dona" em alemão. (N. do T.)

velho recebeu dela 25 *pfennig*,[6] que pôs na caixa registradora. No entardecer daquele dia, o velho estava morto, estendido em sua cama. Ele se envenenara. A loja estava fechada, mas homens alegres e barulhentos carregavam caixas de mercadoria e trouxas de pertences de seu apartamento.

Logo que Grossman se encontrou com velhos amigos e conhecidos, extraiu deles histórias. Babadzhanyan, que agora comandava o 11º Corpo de Tanques dos Guardas do 1º Exército de Tanques dos Guardas, de Katukov, era o bravo comandante que ele achara que havia sido morto em 1941.

História de Babadzhanyan: "Começamos no Vístula, no entardecer de 15 de janeiro, entrando em uma brecha do setor de Chuikov. Chegamos ao Oder em 28 de janeiro. Um capitão alemão estava indo a Poznan para apanhar cigarros e nós o capturamos bem na fronteira. Houve um dia em que percorremos 120 quilômetros. Todas as principais operações eram feitas durante a noite. Tanques são seguros à noite. Nossos tanques são uma força aterrorizante à noite. Eles avançavam 60 quilômetros, embora não tivéssemos guias locais (que são muito importantes), como tínhamos na Polônia. Embora uma noite um homem velho, alemão, tenha seguido nossos tanques muito bem.

"Um general alemão pacificamente tirava suas calças e ia para a cama, depois de marcar no mapa que o inimigo estava a 60 quilômetros de distância. E nós atacávamos esse general à meia-noite."

Grossman também esteve novamente com Gusakovsky, um oficial que claramente não era limitado pela modéstia.

A brigada de Gusakovsky teve um sucesso impressionante. Entre todas aquelas pontes destruídas e armadilhas para

---

[6] Menor unidade monetária alemã, abolida com a introdução do euro (2002). (N. do T.)

tanques, havia uma estrada absolutamente intacta, que [os alemães] planejavam usar para um poderoso contra-ataque. Gusakovsky apressou-se por essa estrada e cercou todas as defesas do inimigo. [Sua brigada] ficou rodeando a retaguarda do inimigo por conta própria durante dois dias, enquanto outras brigadas avançavam por uma rota sinuosa ou atacavam o inimigo de frente.

Coronel Gusakovsky, duas vezes Herói da União Soviética, comandante de uma brigada de tanques: "A cidade [presumivelmente Landsberg] foi capturada por um coronel, mas a ordem do comandante-em-chefe [marechal Zhukov] menciona dez generais."

Quando o Exército Vermelho se aproximava de Berlim, oficiais e soldados sonharam em capturar Hitler vivo. Estavam certos de que ganhariam a Estrela de Ouro de Herói da União Soviética e ficariam famosos até o fim de seus dias. Enquanto isso, oficiais de inteligência em postos de comando se debruçaram sobre documentos apreendidos que poderiam ser provenientes da Chancelaria do Reich, na esperança de descobrir mais sobre o líder nazista. "No departamento de inteligência. Mostraram-me uma ordem com a assinatura de Hitler, indicando embaixo: 'Idêntico ao original, capitão Sirkis.'"

No início de fevereiro, Grossman chegou ao Oder, o último rio antes de Berlim. O Exército Vermelho havia contado cada rio em seu avanço pelo oeste, a partir do Volga, em Stalingrado, e Grossman fizera o mesmo.

Chegamos ao Oder em uma manhã ensolarada, no lugar onde ele corria mais próximo de Berlim. Parecia tão estranho que essa estrada lamacenta do interior, esses arbustos espinhosos baixos, as pequenas árvores, poucas e distantes umas das outras, os morros baixos se inclinando sobre o rio, as pequenas casas espalhadas aqui e lá, entre os campos cobertos de verduras viçosas da colheita de inverno — tudo isso, tão comum aos meus olhos, visto tantas vezes, estivesse a apenas 80 quilômetros de Berlim.

E de repente, nessa manhã de primavera junto ao Oder, eu me lembrei de como naquele duro inverno de 1942, em uma severa tempestade de neve em janeiro, em uma noite avermelhada pelas chamas de uma vila que os alemães haviam incendiado, um condutor de cavalo enfiado em um casaco de pele de carneiro gritou de repente: "Ei, camaradas, onde é a estrada para Berlim?" Motoristas de veículos e carroças responderam com uma sonora gargalhada. Imagino se esse piadista, que perguntara sobre o caminho para Berlim perto de Balakleya, ainda está vivo. E aqueles que riram com sua pergunta três anos atrás? E eu queria gritar, chamar todos os nossos irmãos, nossos soldados, que estão estendidos sob os solos russo, ucraniano, bielo-russo e polonês, que dormem para sempre nos campos de nossas batalhas: "Camaradas, vocês conseguem nos ouvir? Conseguimos!"

No segundo dia depois de o Exército Vermelho invadir a Alemanha, vimos oitocentas crianças soviéticas caminhando para leste pela estrada, a coluna se esticando por muitos quilômetros. Alguns soldados e oficiais estavam parados na estrada, examinando suas faces intensa e silenciosamente. Eram pais procurando seus filhos que haviam sido levados para a Alemanha. Um coronel estava em pé ali há várias horas, ereto, firme, com um rosto triste, sombrio. Voltou para o seu carro ao anoitecer: não encontrara seu filho.

Examinei os cadernos dos alunos na escola. Desde o primeiro ano primário, quase todos os exercícios, as composições e as apresentações, escritos em inseguras caligrafias infantis, eram sobre temas da guerra e assuntos nazistas. Retratos, cartazes, slogans nas paredes das salas de aula, tudo aquilo tinha apenas um objetivo: glorificar Hitler e o nazismo [...].

Civis alemães estão tentando negar qualquer culpa pela enorme destruição e sofrimento que os alemães fascistas e suas tropas trouxeram para a União Soviética.

27.
A BATALHA POR BERLIM

No início de fevereiro, logo depois de os exércitos de Zhukov chegarem ao Oder, a menos de 100 quilômetros de Berlim, uma briga explodiu. Chuikov, comandante do 8º Exército dos Guardas, criticou Zhukov por não conseguir avançar imediatamente para Berlim. Na verdade, Stalin havia proibido um avanço rápido, quando tanques precisavam ser reequipados e rearmados e a infantaria estava exausta. O Stavka ordenou que Zhukov e Rokossovsky abrissem seu flanco direito, a costa báltica da Pomerânia. Essa operação, e o redeslocamento de exércitos mais tarde, significava que a operação Berlim final estava adiada até meados de abril.

Nesse meio-tempo, Grossman voltou a Moscou, mas estava determinado a estar em Berlim para a matança. Felizmente, seus companheiros correspondentes, inclusive seu velho companheiro Troyanovsky, pediram que ele estivesse lá e o *Krasnaya Zvezda* o enviou a tempo. Troyanovsky depois recordou: "Em 14 de abril, correspondentes do *Krasnaya Zvezda* foram convocados pelo general K. F. Telegin, membro do Conselho Militar do Front. 'Eu recomendaria a vocês cruzar o Oder', disse ele. 'Vocês podem escolher qualquer exército. A única coisa que eu pediria a vocês, por favor, é para não irem todos com Chuikov.' Talvez o marechal Zhukov não quisesse que seu principal crítico tivesse toda a publicidade."

A operação foi lançada em 16 de abril, com o 1º Front Bielo-russo, de Zhukov, atacando pelo oeste, a partir do Oder do outro lado de Berlim, enquanto o 1º Front Ucraniano, do marechal Konev, atacou mais ao sul, a partir da linha do rio Neisse. Stalin deu a Konev permissão para avançar para o norte, em direção a Berlim. Desde que os americanos haviam tomado a ponte em Remagen, em 7 de março, Stalin temia que eles chegassem a Berlim primeiro.

As forças de Zhukov tiveram uma experiência mais difícil do que ele esperava ao invadirem as colinas de Seelow, acima da planície pluvial do Oder, e sofreram muitas baixas quando seus comandantes as obrigaram a seguir em frente. Sua artilharia só chegou a alcançar Berlim no entardecer de 20 de abril. Mas a verdadeira luta pela cidade só começou quatro dias depois. O 8º Exército dos Guardas, de Chuikov, e o 1º Exército de Tanques dos Guardas, de Katukov, lutaram pelo sudoeste; o 2º Exército de Tanques dos Guardas e o 3º Exército de Choque, pelo norte; e o 5º Exército de Choque, pelo leste. As tropas de Konev, o 3º Exército de Tanques dos Guardas e o 28º Exército também haviam chegado ao sul da cidade e formações vizinhas começaram a bombardear umas às outras. Grossman, enquanto isso, fazia o caminho de volta a Berlim, vindo de Moscou. Deixara a capital soviética para sua jornada final como correspondente de guerra em 20 de abril, o dia do último aniversário de Hitler. Mais tarde ele descreveu em um artigo o que viu e pensou a caminho de Berlim.

> Uma vila que foi incendiada pelos alemães. Tudo o que resta dela são pequenos morros arenosos de tijolos artesanais derrubados, um poço abandonado e umas poucas construções de metal enferrujado. Subia fumaça de uma depressão não muito longe, onde ex-habitantes da vila estavam vivendo em *bunkers* cavados na terra por soldados do Exército Vermelho durante o combate. Uma mulher de cabelo branco, mãe cujos filhos morreram na guerra, trouxe-nos água em uma lata e disse com uma voz melancólica: "Haverá uma ressurreição para nós?" E ela indicou a vila incendiada com um movimento da cabeça.

E mais adiante, ao longo de todas as grandes estradas que levam ao Neva, e ao Volkhov, e ao Terek, a todas as florestas de Carélia, às estepes e às montanhas do Cáucaso, há morros e montes onde foram enterrados soldados.

Nossas crianças mortas, os soldados do Exército Vermelho, sargentos, tenentes, nossos bons meninos estão dormindo para sempre ali. Em toda parte ao longo das estradas de nosso avanço há esses *kurgans*,[1] morros e montes, túmulos de nossos filhos mortos marcados com tábuas presas em varas, inclinadas para um lado, com inscrições apagadas. A chuva apagou os nomes dos soldados quando chorava sobre seus túmulos, e os uniu sob o nome único de filho morto.

O veículo quebrou perto da fronteira polonesa e tivemos de passar muitas horas em um campo. Enquanto [o jipe] estava sendo consertado, visitei um pequeno vilarejo. Era domingo e o principal morador e seus filhos haviam ido à igreja. Só uma mulher idosa e um viajante — um soldado afastado do exército em virtude de seus ferimentos — estavam em casa. Ele disse que agora não tinha de andar até muito longe: estava indo para a área de Orel. Começamos a conversar. O viajante, cujo nome era Alexei Ivanovich, tinha mais de 40 anos. Servira na frente de batalha desde os primeiros dias da guerra e fora ferido três vezes. Estava em uma unidade de morteiros. Seu casaco estava rasgado por estilhaços e coberto de manchas pretas. Ele usava um chapéu *ushanka* de inverno, bandagens nos pés e botas pesadas. Essas roupas eram algo que ele podia levar para casa. Estava vivendo no vilarejo há aproximadamente duas semanas, ajudando a mulher a semear. Em troca ela lhe dava três *poods* de centeio. Ele ganharia uma carona até a estação ao amanhecer, com os cavalos dela. Ali pretendia embarcar em um trem vazio que voltasse da frente de batalha e o levasse mais perto de casa. Alexei Ivanovich estava muito

---

[1] Espécie de túmulo comum nas estepes do sul da Rússia na Antiguidade. (N. do T.)

feliz por ganhar aqueles grãos. Ele até me levou ao corredor e sorriu, observando-me bater no saco cheio e compacto.

Ele me disse então como os alemães haviam incendiado sua vila e que sua família estava vivendo em um *bunker* de terra. "É bom que eu não esteja voltando de mãos vazias", disse ele. "Vou levar alguns grãos para eles ao voltar da guerra, porque vi como ficou difícil para eles quando voltei de licença depois que me feri pela segunda vez. Que tipo de vida é essa embaixo da terra? É escuro e úmido, e há insetos. Não é tão ruim no verão, mas no inverno é difícil."

Grossman também fez anotações sobre aquela última jornada até a frente de batalha.

Em um [jipe] Willys vindo de Moscou. Incêndios. Longe, em Minsk, vimos pessoas pondo fogo no mato, as altas ervas daninhas que cresceram nos campos durante a guerra.

O céu de chumbo é assustador, chuva fria durante três dias. Uma dura primavera após duros anos de guerra. Uma paz difícil está vindo depois de uma guerra difícil: campos estão sendo construídos em toda parte, arames esticados, torres erguidas para os guardas e prisioneiros [alemães] levados por seus acompanhantes. Depois que a guerra acabar, eles consertarão as estradas quebradas pelo movimento de tropas.

A estrada para Brest e Varsóvia também está muito danificada. Mas quanto mais [se avança] para o oeste, mais seca a estrada e mais claro o céu. As árvores ao longo da estrada — maçã e cereja — estão todas florindo. As *datchas* de berlinenses. Tudo está se derramando em flores — tulipas, lilases, flores rosa decorativas, maçã, cereja e damasco florescem. Os pássaros estão cantando. A natureza não chora os últimos dias do fascismo.

Na cidade de Landsberg, perto de Berlim. Crianças estão brincando de guerra no telhado plano de uma casa. Nossas tropas estão liquidando com o imperialismo alemão neste minuto, mas aqui os meninos com espadas e lanças de madeira, de pernas compridas, cabelo cortado curto na parte de trás da cabeça, franjas louras, estão gritando com vozes estridentes, apunhalando uns aos outros, pulando, saltando loucamente. Aqui está nascendo uma nova guerra. Isto é eterno, não morre.

O anel da auto-estrada de Berlim. É claro que as histórias exageraram muito a sua largura.

A auto-estrada que leva a Berlim. Multidões de pessoas libertadas. Centenas de camponeses russos barbados estão caminhando. Com eles estão mulheres e muitas crianças. Rostos de tios com barbas castanho-claras e rostos de idosos expressam um triste desespero. São *starostas*[2] e policiais [auxiliares] que haviam fugido para tão longe quanto Berlim e agora eram forçados a deixar seus empregos. Pessoas dizem que Vlasov participou das últimas batalhas em Berlim com seus homens.[3]

Quanto mais perto chegamos de Berlim, mais as cercanias se parecem com a área dos arredores de Moscou.

Uma viajante idosa está caminhando para fora de Berlim, com um xale na cabeça. É exatamente como se ela estivesse indo para uma peregrinação — uma peregrina no meio do território da Rússia. Ela está segurando uma sombrinha sobre seu ombro. Uma enorme panela de alumínio está pendurada pela alça no cabo da sombrinha.

---

[2] Os *starostas*, os idosos ou prefeitos das vilas, nomeados pelos alemães, temiam com razão a reação da NKVD e haviam fugido para a Alemanha diante do avanço do Exército Vermelho.
[3] Este rumor é equivocado. O general Vlasov e a maior parte de suas tropas estavam na Tchecoslováquia, onde, no último minuto, participaram da rebelião tcheca em Praga contra os alemães, mas isto de nada serviu para melhorar seu destino nas mãos de uma NKVD vingativa. Vlasov foi capturado por uma unidade de tanques soviética e levado de volta a Moscou, onde dizem que foi torturado até a morte.

28 de abril de 1945. Conversando com alemães cujas casas foram destruídas.

Weissense — um subúrbio da cidade. Eu paro o carro. Alguns jovens da cidade, ousados e insolentes, mendigam, pedindo chocolate enquanto olham o mapa à minha frente.

Contradizendo a idéia de que Berlim era um quartel do exército, há muitos jardins em flor. O céu é coberto por um grandioso trovão de artilharia. Nos intervalos, podem-se ouvir pássaros.

Grossman estava junto ao mais popular de todos os comandantes de Zhukov, o coronel-general Berzarin.[4] O marechal Zhukov, revivendo a velha tradição czarista, nomeara Berzarin (comandante do 5º Exército de Choque) comandante de Berlim, porque suas tropas haviam sido as primeiras a entrar na cidade. Na verdade, foi uma escolha inspirada. Berzarin nem sequer esperou que a luta acabasse. Fez todos os esforços

---

[4] Coronel-general Nikolai Erastovich Berzarin (1904-1945).

para que todos os serviços essenciais fossem restaurados logo que possível — uma tarefa enorme depois da destruição —, para assegurar que a população não morresse de fome. Muitos berlinenses o veneraram, e quando ele morreu, poucas semanas depois, em um acidente de motocicleta, espalharam-se rumores de que a NKVD o assassinara.

O comandante [general Berzarin] está tendo uma conversa com o *Bürgermeister*. O *Bürgermeister* pergunta quanto eles vão ter de pagar às pessoas mobilizadas pelo trabalho com objetivos militares. Na verdade, eles têm uma noção precisa de seus direitos aqui.

O coronel-general Berzarin — o comandante de Berlim — é gordo, de olhos castanhos, astuto, de cabelo branco, embora seja jovem. É inteligente, muito calmo e talentoso.

Schloss Treskow. Entardecer. Parque. Salas meio escuras. Um relógio está batendo. Porcelana. O coronel Petrov tem uma terrível dor de dente. Lareira. Através das janelas se ouve fogo de artilharia e o barulho de Katyushas. De repente, há um trovão no céu. O céu está amarelo e nublado. Está quente, chuvoso, há um cheiro de lilás. Há um velho lago no parque. As silhuetas das estátuas são indefinidas. Estou sentado em uma poltrona perto da lareira. O relógio está batendo, infinitamente triste e melódico, como a própria poesia.

Estou segurando um velho livro em minhas mãos. Páginas delicadas. Escritas por uma mão trêmula, aparentemente de um homem velho, é "Von Treskow". Ele deve ter sido o dono.[5]

---

[5] Os Tresckow (com "c") eram uma velha família prussiana, cujo membro mais conhecido era o major-general Henning von Tresckow (1901-1944), que pôs clandestinamente uma bomba a bordo do avião de Hitler em 13 de março de 1943, mas esta não explodiu. Tresckow cometeu suicídio com uma granada em 21 de julho de 1944. O Schloβ Treskow em que Grossman estava alojado era provavelmente Schloβ Friedrichsfelde, no lado leste de Berlim, que pertencia a um ramo ilegítimo da família, e muito mais rico, escrito sem o "c". Eles fizeram muito dinheiro vendendo veículos para cavalaria em toda a Europa. Münthe von Treskow, cujo livro Grossman examinava, foi derrubado de seu cavalo por tropas soviéticas e, segundo a família, morreu de fome.

Um alemão, de 60 anos. Sua esposa, de 35, uma bela mulher. Ele é negociante de cavalos. [Eles têm uma cadela] buldogue [chamada] Dina, "*Sie ist ein Fraunlein*". Uma história sobre soldados levando suas coisas. Ela chora e imediatamente depois nos conta calmamente que sua mãe e suas três irmãs foram mortas em Hannover por bombas americanas. Ela conta, com transparente prazer, fofocas sobre a vida íntima de Goering, Himmler e Goebbels.

Manhã. Viagem com Berzarin e seu principal assessor, o tenente-general Bokov, ao centro de Berlim. Foi ali que vimos o trabalho [bombardeios] feito por americanos e ingleses. Inferno!

Cruzamos o Spree. Milhares de encontros inesperados. Milhares de berlinenses nas ruas. Uma judia com seu marido. Um homem velho, judeu, que explodiu em lágrimas quando soube o destino daqueles que foram para Lublin.

Uma senhora [alemã] com um casaco de astracã, que gosta muito de mim, diz: "Mas certamente você não é um comissário judeu."

Em um corpo de fuzileiros [posto de comando].[6] O comandante é o general Rosly. Estão lutando no centro de Berlim. Rosly tem dois *dachshunds* (companheiros divertidos), um papagaio, um pavão e uma galinha-da-guiné. Estão todos viajando com ele. Uma alegre excitação no posto de comando de Rosly. Ele diz: "Agora tememos os nossos vizinhos, não o inimigo." Rindo, ele continua: "Recebi ordens para pôr tanques incendiados no caminho para o Reichstag e a Chancelaria do Reich, bem como para bloquear nossos vizinhos. O maior desapontamento em Berlim é quando você toma conhecimento do sucesso de seu vizinho."

---

[6] Este é o 9º Corpo de Fuzileiros que, comandado pelo tenente-general I. P. Rosly, era parte do 5º Exército de Choque, comandado pelo coronel-general Berzarin.

Grossman estava fascinado com o comportamento do inimigo derrotado — como eles estavam prontos para obedecer às ordens de uma nova autoridade e como havia pouca resistência partidária, diferentemente da União Soviética. Sua descrição abaixo, do velho comunista alemão, era repetida com freqüência. Esses membros do Partido surgiram esperando que fossem saudados como camaradas pelo Exército Vermelho, mas em vez disso foram tratados com desdém, se não desprezo e até mesmo suspeita total. Sem terem tido qualquer orientação de seus próprios líderes políticos, cidadãos soviéticos não conseguiam entender por que a classe trabalhadora na Alemanha fizera tão pouco para combater os nazistas. Oficiais da SMERSh e da NKVD chegaram a prender alguns comunistas alemães como espiões. No entendimento stalinista, o fato de eles não terem lutado contra os nazistas como *partisans* era motivo de profundas suspeitas.

Um dia no escritório de Berzarin. A Criação do Mundo. Alemães, alemães, alemães — *Bürgermeisters*, diretores de suprimento de eletricidade de Berlim, de água de Berlim, esgotos,

O coronel-general Berzarin, comandante de Berlim, recebe alemães influentes.

metrô, bondes, gás, donos de fábricas [e outros] personagens. Eles conseguem novos cargos nesse escritório. Vice-diretores se tornam diretores, chefes de empresas regionais se tornam chefes em escala nacional. Barulho de movimento de pés, cumprimentos, cochichos.

Um homem velho, pintor de paredes, produz sua carteira de identidade do Partido [Comunista]. Ele é membro desde 1920. Isto não causa uma impressão forte. Ele é convidado a se sentar.

Oh, como é fraca a natureza humana! Todos esses grandes oficiais trazidos por Hitler, bem-sucedidos e polidos, como eles abandonaram e amaldiçoaram rápida e intensamente seu regime, seus líderes, seu Partido. Todos eles estão dizendo a mesma coisa: "*Sieg!*"[7] — este é o slogan deles hoje.

2 de maio. O dia da capitulação de Berlim. É difícil descrevê-lo. Uma monstruosa concentração de impressões. Fogo e incêndios, fumaça, fumaça, fumaça. Multidões enormes de prisioneiros [alemães]. Seus rostos estão cheios de drama. Em muitos rostos há tristeza, não apenas sofrimento pessoal, mas também o sofrimento de um cidadão. Este dia nublado, frio e chuvoso é sem dúvida o dia da ruína da Alemanha. Na fumaça, entre as ruínas, em chamas, entre centenas de corpos nas ruas.

Corpos esmagados por tanques, amassados como tubos. Quase todos estão segurando granadas e submetralhadoras em suas mãos. Foram mortos lutando. A maioria dos homens mortos veste camisas marrons. Eram ativistas do Partido que defendiam os métodos do Reichstag e da Chancelaria do Reich.

Prisioneiros — policiais, oficiais, homens velhos e, ao lado deles, escolares, quase crianças. Muitos [dos prisioneiros] estão caminhando com suas esposas, belas jovens. Algumas das

---

[7] Vitória, em alemão. (N. do T.)

mulheres estão rindo, tentando animar seus maridos. Um jovem soldado com dois filhos, um menino e uma menina. Outro soldado cai e se levanta, está chorando. Civis são cordiais com eles, há tristeza em seus rostos. Estão dando água e pão nas mãos deles.

Uma mulher idosa morta está sentada em um colchão junto a uma porta da frente, com a cabeça encostada na parede. Há uma expressão de calma e tristeza em seu rosto, ela morreu com essa tristeza. As pernas pequenas de uma criança, com sapatos e meias, estão estendidas na lama. Foi um obus, aparentemente, ou então um tanque que passou sobre ela. (Era uma menina.)

Nas ruas, que estão em paz, as ruínas têm sido arrumadas. Mulheres [alemãs] estão varrendo calçadas com vassouras como aquelas que usamos para varrer a sala.

O [inimigo] ofereceu sua rendição durante a noite, pelo rádio. O general, comandante da guarnição, deu a ordem. "Soldados! Hitler, a quem vocês deram seu juramento, cometeu suicídio."[8]

Testemunhei os últimos disparos em Berlim. Grupos da SS em um prédio às margens do Spree, não muito longe do Reichstag, recusaram-se a se render. Dele, enormes canhões estavam disparando fogo contra outro prédio, e tudo estava cheio de poeira de pedra e fumaça preta.

Reichstag. Alto, poderoso. Soldados estão fazendo fogueiras no saguão. Fazem barulho ao mexer suas latas e abrem latas de leite condensado com suas baionetas.

---

[8] O general Helmuth Weidling, comandante do 56º Corpo Panzer, fora nomeado comandante de Berlim em 23 de abril por Hitler, logo depois de o Führer, devido a um mal-entendido, ordenar sua prisão por covardia. Weidling, depois de se render no posto de comando do general Chuikov, preparou esse anúncio para encorajar seus homens a abaixar as armas e interromper o derramamento de sangue.

Uma conversa aparentemente vazia restou em minha memória. Era com um condutor de cavalos, de meia-idade, que tinha um bigode e um rosto escuro e enrugado. Ele estava em pé, perto de seus pôneis na esquina da Leipzigerstrasse. Perguntei a ele sobre Berlim e se ele gosta da cidade.

"Ah, sim", disse ele, "havia tanta confusão ontem nessa Berlim. Uma batalha estava acontecendo, nesta mesma rua. Obuses alemães explodiam o tempo todo. Eu estava perto dos cavalos e as bandagens de meus pés tinham afrouxado. Eu me inclinei para ajeitá-las e então um obus explodiu! Um cavalo se assustou e correu. Este aqui. Ele é jovem, mas um pouco desobediente. E eu estava pensando, o que devo fazer agora, arrumar minhas bandagens ou correr atrás do cavalo? Bem, eu corri atrás dele, as bandagens fazendo um rastro atrás de mim, obuses explodindo em toda parte, meu cavalo correndo e eu correndo atrás dele. Bem, eu dei uma olhada nessa Berlim! Eu corri durante duas horas só em uma rua, ela não acabava! Eu corria e pensava, bem, esta é Berlim. Está certo, é Berlim, mas apanhei o meu cavalo!"

A oeste do Reichstag, Grossman caminhou em torno do Tiergarten, o parque central de Berlim, onde todas as árvores haviam sido destruídas em pedaços durante a batalha e o chão fora revirado por obuses e bombas. A grande coluna da vitória, a Siegessäule, era conhecida por soldados soviéticos durante a batalha como a "senhora alta", por causa da figura da vitória alada no alto, que os berlinenses chamavam de "Elsa Dourada". A "fortaleza" a que ele se refere abaixo é o enorme *bunker* no zoológico, ou torre de artilharia antiaérea, uma ampla construção de concreto com baterias antiaéreas no alto e, no seu interior, proteção para vários milhares de pessoas. Havia sido o posto de comando de Goebbels quando ele exercia a função de comissário de Defesa do Reich, mas ele não morreu ali. Goebbels e sua mulher, Magda, mataram-se a tiros um ao outro no jardim da Chancelaria do Reich depois de Magda matar seus seis filhos com veneno.

Homenagens à vitória. A Siegessäule, prédios colossais e fortalezas de concreto, locais da defesa antiaérea de Berlim. Aqui ficava o QG de defesa da residência de Goebbels. Pessoas dizem que ele deu ordens para envenenar sua família e se matou. Ontem, ele se matou com um tiro. Seu corpo pequeno, queimado, está estendido aqui também: a perna artificial, gravata branca.

A enormidade da vitória. Perto do enorme obelisco, está acontecendo uma celebração espontânea. A blindagem dos tanques desapareceu sob amontoados de flores e bandeiras vermelhas. Canos de armas estão florindo como troncos de árvores na primavera. Todos estão dançando, rindo, cantando. Centenas de foguetes coloridos são disparados no ar, todos estão saudando com tiros de submetralhadora, fuzis e pistolas. (Soube depois que muitos desses homens que celebravam eram mortos vivos, que haviam bebido no Tiergarten um terrível veneno, de barris que continham um produto químico. O veneno começou a agir no terceiro dia depois que eles o tomaram, e matou pessoas sem piedade.)

O Portão de Brandemburgo está bloqueado com um muro de troncos de árvore e areia, com dois a três metros de altura. No espaço [do arco], como em uma moldura, pode-se ver o impressionante panorama de Berlim em chamas. Até mesmo eu nunca vi uma imagem dessas, embora eu tenha visto milhares de incêndios.

Estrangeiros. [Trabalhadores forçados e prisioneiros de guerra]. Seu sofrimento, suas viagens, seus gritos, suas ameaças aos soldados alemães. Chapéus altos, bigodes. Um jovem francês me disse: "*Monsieur*, eu adoro o seu exército e por isso é tão doloroso para mim ver a atitude dele com meninas e mulheres. Isto vai ser muito prejudicial para a sua propaganda."

Grossman em uma rua de Berlim em 2 de maio de 1945, dia da rendição.

Saques: barris, pilhas de tecidos, botas, couro, vinho, champanhe, vestidos — tudo isso está sendo carregado em carroças e veículos ou nos ombros.

Alemães: alguns deles são excepcionalmente comunicativos e amáveis, outros viram a cara, chateados. Há muitas jovens chorando. Aparentemente, nossos soldados as fizeram sofrer.

Foi na Alemanha, particularmente aqui em Berlim, que nossos soldados realmente começaram a se perguntar por que os alemães nos atacaram tão repentinamente. Por que os alemães precisavam dessa guerra terrível e injusta? Milhões dos nossos homens viram agora as ricas fazendas do leste da Prússia, a agricultura altamente organizada, os galpões de concreto para animais, salas espaçosas, tapetes, armários cheios de roupa.

Milhões dos nossos soldados viram as estradas bem construídas ligando uma vila à outra e as auto-estradas alemãs [...]. Nossos soldados viram nos subúrbios as casas de dois andares, com eletricidade, gás, banheiros e jardins belamente cultivados. Nossa gente viu os palacetes da rica burguesia de Berlim, o luxo inacreditável de castelos, propriedades e mansões. E milhares de soldados repetem essas perguntas com raiva quando olham ao seu redor na Alemanha: "Mas por que vieram atrás de nós? O que eles queriam?"

A maioria dos soldados afluiu para o Reichstag neste dia de vitória. Apenas alguns poucos, principalmente oficiais, parecem ter encontrado a Chancelaria do Reich. Eles tiveram permissão para percorrer o andar térreo, mas operários do SMERSh, sob comando do general Vadis, haviam trancado os porões e o *bunker*. Estavam procurando desesperadamente o corpo de Hitler. Grossman, que estava com Efim Gekhman, recolheu suvenires e lembranças dos nazistas. De acordo com Ortenberg, Grossman obteve os últimos suvenires de sua coleção em 2 de maio de 1945, em Berlim.

Grossman no Portão de Brandemburgo.

Grossman e Gekhman entraram no escritório de Hitler de manhã. Grossman abriu uma gaveta de uma escrivaninha e dentro havia selos dizendo: "O Führer confirmou", "O Führer concordou" etc. Ele apanhou vários desses selos, e agora eles estão no mesmo arquivo de seus papéis.

> A nova Chancelaria do Reich. Isto é um monstruoso colapso de regime, ideologia, planos, tudo, tudo. Hitler *kaputt* [...].
>
> O escritório de Hitler. O saguão da recepção. Um enorme vestíbulo, onde um jovem cazaque, de pele escura e rosto largo, está aprendendo a andar de bicicleta, caindo dela de vez em quando. A poltrona e a mesa de Hitler. Um enorme globo de metal, amassado e deformado, gesso, pranchas de madeira, tapetes. Tudo está misturado. É o caos. Suvenires, livros com inscrições de dedicatória ao Führer, selos etc.

No canto sudoeste do Tiergarten, Grossman também visitou o zoológico de Berlim.

> Tigres e leões famintos [...] tentavam caçar pardais e camundongos que corriam em suas jaulas.
>
> O Jardim Zoológico. Houve luta aqui. Jaulas quebradas. Corpos de macacos, pássaros tropicais, ursos, a ilha dos hamadríades,[9] seus bebês estão segurando a barriga de suas mães com mãos minúsculas.
>
> Conversa com um homem idoso. Ele está à procura de macacos há 37 horas. Havia um corpo de um gorila em uma jaula.
>
> — Era um animal feroz? — perguntei.
>
> — Não. Apenas gritava um bocado. Pessoas são mais irritadas — respondeu ele.
>
> Em um banco, um soldado alemão ferido está abraçando uma menina, uma enfermeira. Eles não vêem ninguém. Quando passo por eles novamente, uma hora depois, eles

---

[9] Babuínos considerados sagrados pelos antigos egípcios. (N. do T.)

ainda estão sentados na mesma posição. O mundo não existe para eles, eles estão felizes.

Grossman voltou para Moscou e no início de junho escapou para uma *datcha*. De início, não conseguiu escrever. Teve um colapso por exaustão nervosa, uma reação que fora adiada, assim como o foi para muitos que voltaram da guerra. Mas em seguida, com descanso, ar fresco, pescarias e longas caminhadas, sentiu-se pronto para iniciar uma tarefa que impunha a si mesmo — honrar em seus escritos o heroísmo do Exército Vermelho e a memória das incontáveis vítimas da invasão nazista.

Epílogo
AS MENTIRAS DA VITÓRIA

A crença de Vassili Grossman em uma "cruel verdade da guerra" foi brutalmente desprezada pelas autoridades soviéticas, principalmente quando elas tentavam suprimir informações sobre o Holocausto. De início, ele se recusou a acreditar que pudesse haver anti-semitismo dentro do sistema soviético. Havia suposto que o comentário de Sholokhov, que havia revoltado tanto Ehrenburg quanto ele mesmo, era um exemplo isolado de sentimentos reacionários, remanescentes do passado pré-revolucionário. Mas descobriria logo depois da guerra que o próprio sistema stalinista podia ser profundamente anti-semita. Muito mais tarde, quando escrevia *Vida e destino*, ele fez parecer que isso era visível durante a guerra, mas era prematuro. Havia advertências, mas o anti-semitismo dentro do regime só emergiu completamente em 1948. Tornou-se então virulento em 1952, com a campanha "anticosmopolita" de Stalin e a teoria conspiratória de que médicos judeus estavam tentando matar líderes soviéticos. Mas o anti-semitismo de Stalin não era exatamente o mesmo dos nazistas. Era baseado mais em uma suspeição xenofóbica que em ódio racial.

O Comitê Antifascista Judaico, formado em abril de 1942, depois do apelo, um ano antes, aos "irmãos judeus" em todo o mundo para que ajudassem na luta, iria se tornar objeto de desconfiança de Stalin. O menor indício de contato com estrangeiros era suficiente para condenar incontáveis vítimas do Grande Terror em 1937 e 1938. Só durante os primeiros meses da guerra, quando o país teve de enfrentar uma ameaça mortal, Stalin pôde contemplar a idéia de judeus da União Soviética fazendo contato direto com judeus americanos e britânicos. Mas a sugestão de que um tipo de Brigada Internacional de judeus estrangeiros, principalmente americanos, poderia ser recrutada para lutar como uma unidade em separado dentro do Exército Vermelho foi firmemente vetada. Talvez seja significativo que quase imediatamente depois de Moscou ser salva, em dezembro de 1941, dois dos proponentes originais do esquema — os judeus poloneses Henryk Erlich e Viktor Alter — tenham sido presos. Mais tarde, Erlich cometeu suicídio na prisão e Alter foi executado.

As autoridades soviéticas toleravam o Comitê Antifascista Judaico como uma frente de propaganda em um tempo em que a ajuda do Lend-Lease americano era vital para a sobrevivência do país. Mas a energia e a determinação do comitê em expandir suas ações para expor o Holocausto o colocaria em uma rota de colisão com a política stalinista. O fato de que a idéia havia sido originada parcialmente nos Estados Unidos, com Albert Einstein e proeminentes judeus americanos, tornou mais tarde *O Livro Negro* ainda mais inaceitável para a mente stalinista, muito embora o Bureau de Informação Soviético tivesse dado seu consentimento ao projeto no verão de 1943. Grossman, o patriota russo, e o francófilo Ehrenburg eram ambos judeus incorporados a outra cultura e nunca haviam se importado com o ritual ortodoxo. Agora eles se identificavam com o destino de todos os judeus da Europa. Também durante o verão de 1943, quando a maré da guerra havia se voltado decisivamente contra os nazistas, Ehrenburg e Grossman descobriram que grandes publicações rejeitavam a maioria de seus artigos sobre o assunto. Só podiam contar com pequenas revistas judaicas que os aceitavam, e portanto concentraram seus esforços no projeto de *O Livro Negro*, envolvendo mais de vinte escritores só na União Soviética.[1] Mais tarde,

---

[1] Para detalhes sobre o progresso tumultuado de *O Livro Negro*, veja Garrard & Garrard, pp. 199-221, Rubenstein, pp. 212-217, e, em maior profundidade, Rubenstein & Naumov. Uma edição inglesa de *O Livro Negro* foi publicada por Vad Yashem em 1981.

Com Ilya Ehrenburg, durante a guerra.

Grossman pediu diretamente a Konstantin Simonov que contribuísse com um artigo sobre Majdanek, mas ele se recusou, alegando que estava ocupado demais. Evidentemente, Simonov não estava preparado para se arriscar a se opor às autoridades.

Foi no fim de 1944 que Ehrenburg brigou com outros membros do comitê de conhecimento de literatura e escrita do JAC[2] e Grossman assumiu a responsabilidade editorial. Mas, em fevereiro de 1945, o Sovinformburo criticou a ênfase na atividade de traidores no território ocupado que colaboraram com a aniquilação dos judeus pelos alemães.

---
[2] Comitê Antifascista Judaico na sigla em inglês. (N. do T).

Este foi um ponto no qual Grossman havia firmemente discordado de Ehrenburg, bem mais cauteloso. Para as autoridades, o único objetivo útil de *O Livro Negro* era um testemunho para um processo contra a Alemanha fascista.

Depois da guerra, o JAC viu que era impossível obter uma decisão das autoridades sobre *O Livro Negro*. Em novembro de 1946, Ehrenburg, Grossman e Solomon Mikhoels, o presidente do JAC, encaminharam uma petição a Andrei Zhdanov, secretário do Comitê Central.[3] Novamente não houve qualquer resposta. Finalmente, 11 meses depois, em outubro de 1947, o comitê foi informado de que o livro continha "graves erros políticos" e estava proibido. A Guerra Fria havia começado no início de setembro, e o Comitê Antifascista Judaico tornou-se ainda mais suspeito depois de seus contatos com os Estados Unidos. Foi fechado dois meses depois. Os originais de *O Livro Negro* foram destruídos. Em janeiro de 1948, Solomon Mikhoels morreu esmagado por um caminhão em Minsk. Mais tarde provou-se que tinha havido uma operação da KGB para eliminá-lo. Grossman, que acompanhara Mikhoels até a estação para sua excursão fatal, pode ter suspeitado de alguma coisa quando recebeu a notícia chocante, mas o método de assassinato usado foi brutal demais para se acreditar que fosse verdade.

Em 1945 e 1946, a carreira de Grossman havia continuado a prosperar, apesar de seu trabalho em *O Livro Negro*. Alguns de seus artigos para o *Krasnaya Zvezda* foram reeditados em um pequeno volume chamado *Gody Voiny*, ou *Os anos da guerra*, que circulou em seguida em várias traduções estrangeiras. Uma nova edição de *O povo imortal* foi publicada e até mesmo adaptada para o teatro. Mas esse sucesso não durou muito mais que um ano. Em agosto de 1946, um período de

---

[3] Zhdanov, Andrei Aleksandrovich (1896-1948), nascido em Mariupol, juntou-se aos bolcheviques em 1915 e se tornou um seguidor leal a Stalin. Depois do assassinato de Sergei Kirov, em 1934, Zhdanov tornou-se governador de Leningrado. Ele teve um papel importante nos expurgos e passou a ser encarregado da defesa da cidade em 1941. Mudou então para o papel de policial cultural de Stalin, supervisionando o Sovinformburo e depois o Cominform em 1947. Sua doutrina, conhecida como "zhdanovismo", era baseada na idéia de *partiynost*, ou "espírito partidário", como o espírito que orientava artistas e escritores. Mais tarde, autoridades stalinistas alegaram que sua morte, em 1948, foi parte do "Golpe dos Médicos", mas Stalin, temendo o crescente poder do feudo de Zhdanov em Leningrado, pode ter tido participação na morte de Zhdanov, se esta não foi de causa natural.

repressão ideológica e cultural foi lançado por Andrei Zhdanov, e seria chamado de *zhdanovschina*, como um eco do grande terror conhecido como *yezhovschina*. Mesmo sem seu trabalho em *O Livro Negro*, um escritor honesto como Grossman enfrentaria um período difícil no "terror menor" do pós-guerra. Em setembro, sua peça *Se acreditarmos em pitagóricos* foi violentamente atacada no *Pravda*. Em seguida, houve um ataque indireto a seus escritos do tempo da guerra, mas o principal alvo de descontentamento oficial continuava sendo *O Livro Negro*.

Ataques posteriores a Grossman também foram parte da campanha "anticosmopolita" stalinista, que teve início em novembro de 1948, com o desmantelamento do Comitê Antifascista Judaico. (Na lógica bizarra do stalinismo, isso coincidiu mais ou menos com o reconhecimento imediato do Estado de Israel, uma mudança política que teve puramente a intenção de embaraçar a Grã-Bretanha.) Três meses depois, em janeiro de 1949, a imprensa soviética iniciou o ataque "anticosmopolita" total, sob ordens do Kremlin. Quinze membros do comitê foram presos, interrogados, torturados e finalmente levados a julgamento em maio de 1952. Todos os procedimentos aconteceram em sessões fechadas. Treze dos réus foram executados em agosto. Em janeiro de 1953, um grupo de médicos, na maioria judeus, foi acusado na imprensa de planejar matar líderes soviéticos. Essa campanha explicitamente anti-semita só foi interrompida devido à morte de Stalin, em março.

Viktor Komarev, vice-chefe da unidade investigativa da MGB[4] que interrogava os membros do Comitê Antifascista Judaico, vangloriou-se em uma carta a Stalin: "Como eu odeio nossos inimigos." Ele se gabou de sua crueldade e do terror que inspirou em suas vítimas.

"Eu odiava especialmente os judeus nacionalistas, e não tinha piedade deles, que eu via como os mais perigosos e cruéis inimigos. Por causa de meu ódio a eles fui considerado anti-semita não apenas pelos réus, mas por ex-funcionários da MGB que eram de nacionalidade judaica." Um dos réus, Boris Shimeliovich, foi tão terrivelmente torturado que teve de ser levado a outras sessões em uma maca.

---

[4] Polícia secreta soviética, anterior à KGB. (N. do T.)

Vassili Grossman e Ilya Ehrenburg tiveram uma sorte extrema por não estarem entre os associados do JAC presos na primeira leva. Eles foram alvo de investigação em março de 1952, quando os procedimentos para o julgamento avançavam, mas acabaram sendo deixados em paz. O primeiro romance de Grossman sobre Stalingrado, *Por uma causa justa*, foi publicado em série naquele ano, depois de ele ser forçado a fazer muitas mudanças para tornar o texto politicamente aceitável. O romance foi indicado para o Prêmio Stalin, mas logo depois Grossman foi furiosamente denunciado. Membros do Partido ficaram horrorizados por ele ter escrito sobre a Batalha de Stalingrado sem mencionar Stalin. A lista de críticas se estendia muito além. Ele havia deliberadamente reduzido as conquistas e o papel do Partido Comunista na vitória. Forçado a escrever uma carta de arrependimento, Grossman só foi salvo do *gulag* por causa da morte de Stalin, em março de 1953.

Por mais que Grossman tenha chegado a odiar o stalinismo com suas mentiras constantes e suas traições forçadas, ele nunca perdeu a fé no simples soldado russo e nos enormes sacrifícios da Grande Guerra Patriótica. Sua filha descreveu em uma biografia como, por insistência dele, a família cantava canções da guerra privadamente.

> Uma grande sala vazia. Crepúsculo — porque a noite está vindo, ou talvez a chuva. Somos três na sala. Papai, meu irmão adotivo Fedya e eu [...]. Estamos cantando algumas canções da guerra. Papai começa com uma voz austera, de trovão. Seu ouvido nada musical não chegou a ser um grande problema. A melodia simples era muito familiar a nós:
>
> *O avião está dando voltas,*
> *Está rugindo, voando para o seio da Terra [...]*[5]
>
> Mas agora meu pai se levanta. Fedka e eu nos levantamos também. Meu pai fica em pé, curvado, suas mãos a seu lado

---

[5] Grossman escreveu essa música sobre um heróico piloto soviético quando visitava o regimento de aviação de Vassili Stalin, filho do ditador, perto de Stalingrado, no começo do outono de 1942.

como se estivesse em uma parada. Seu rosto está solene e
rígido.

> *Ergue-se o enorme país.*
> *Ergue-se para a batalha moral.*
> *Contra a sombria força fascista,*
> *Contra a horda amaldiçoada.*

Meu pai considerava essa canção um trabalho de gênio: dizia
isso com muita freqüência e com muita convicção [...]. Ele
sempre se levantava quando a cantava.

Grossman também continuou interessado em toda a questão da coragem e da covardia. Sua filha lembrou uma conversa em casa com alguns visitantes que se voltou para o assunto do comportamento em batalha. Um deles disse que quando uma pessoa está vivendo fortes emoções, tais como patriotismo e raiva, o medo desaparece. "Grossman respondeu que isto não era verdade. 'Assim como há dois tipos de coragem, você deve distinguir entre tipos de medo diferentes — um medo físico, que é um medo da morte, e o medo moral, que é o medo de desonra diante dos outros. Tvardovsky, por exemplo, possuía coragem moral em alto grau. Outras pessoas, Simonov por exemplo, não possuíam coragem em seu comportamento na vida civil, embora Kostya Simonov fosse extraordinariamente corajoso durante a guerra.'"

Grossman não foi totalmente excluído da política, e, mesmo durante os tempos mais difíceis, teve apoio de alguns generais de Stalingrado. Rodimtsev, que ele sempre reverenciou, saiu em sua defesa quando *Por uma causa justa* foi atacado. Foi um ato de coragem considerável. E em 1955, depois da morte de Stalin, quando as coisas não pareciam tão ruins para Grossman, ele teve um encontro com um velho amigo de Stalin, o marechal Voroshilov, que tentou convencê-lo a voltar para o Partido de vez. Grossman persistiu em sua recusa. "Bem, está claro para mim que você é um bolchevique não partidário", reagiu Voroshilov, de maneira cordial.

Em 1954, *Por uma causa justa* havia sido republicado, desta vez em forma de livro, e novamente foi elogiado. Durante o restante dos anos

1950, Grossman trabalhou em uma seqüência que viria a ser sua obra-prima, *Vida e destino*. Este deliberado tributo a *Guerra e paz*, de Tolstoi, tem a mesma qualidade épica, mas tendo a Batalha de Stalingrado como eixo. Uma das grandes diferenças entre os dois romances, entretanto, é o modo como Grossman baseia sua história e seus personagens nele próprio e em pessoas próximas a ele. O fato de que muita coisa do livro é tirada da vida real não diminui de maneira alguma seu efeito como romance. Pelo contrário, forma a base de seu extraordinário poder.

Grossman estava convencido de que sob o poder de Nikita Kruschev — comissário chefe em Stalingrado e aquele que denunciou Stalin no XX Congresso do Partido, em fevereiro de 1956 — finalmente estava aberto o caminho para que a verdade fosse dita. Mas a falta de avaliação política de Grossman foi ruim para ele. Ele não conseguiu ver que os paralelos implícitos entre o nazismo e o stalinismo em seu romance constituíam uma realidade muito dura. Os mitos de heroísmo da Grande Guerra Patriótica tinham criado raízes muito profundas. Ele também deveria ter percebido o significado total do destino do levante húngaro em 1956, brutalmente esmagado pelo general Babadzhanyan, seu herói em *O povo imortal*.

Grossman terminou *Vida e destino* em 1960 e apresentou o manuscrito. Parecia que seu romance estava sendo associado à incompetência e indolência, mas na verdade seus editores estavam em um estado de medo e consternação. A decisão foi levada a um nível mais alto. Em fevereiro de 1961, três altos oficiais da KGB chegaram para apreender cada cópia do manuscrito. Eles saquearam os apartamentos tanto de Grossman como de seu datilógrafo, levando papéis e até mesmo o papel carbono e a fita da máquina de escrever. O manuscrito foi levado ao ideólogo chefe do Partido Comunista, Mikhail Suslov, que era o imensamente poderoso chefe da Seção Cultural do Comitê Central.[6] O veredicto de Suslov foi de que ele não poderia ser publicado durante duzentos anos. Essa observação foi um evidente reconhecimento da importância do romance.

---

[6] Suslov, Mikhail (1902-1982), ideólogo do Comitê Central Soviético que havia supervisionado os expurgos de 1937-1938 na Ucrânia e nos Urais, e depois, em 1944-1945, dirigiu uma campanha brutal de execuções e deportações contra minorias nacionais que haviam estado sob ocupação alemã.

A devastação parecia completa. Os livros anteriores de Grossman foram retirados de circulação. Reduzido à penúria e com apenas alguns amigos preparados para se arriscarem a ser associados a ele, Grossman logo teve um câncer no estômago. Morreu no verão de 1964, acreditando que seu grande trabalho fora proibido para sempre. Ehrenburg se ofereceu para presidir um comitê para o trabalho de Grossman, mas o Sindicato dos Escritores recusou. Aos olhos das autoridades soviéticas, Vassili Grossman virtualmente não existia como pessoa em termos políticos.

Grossman havia, no entanto, deixado uma cópia do manuscrito com um amigo. E esse amigo a pusera em uma bolsa de lona, deixando-a pendurada em um cabide embaixo de alguns casacos, em sua *datcha*. Finalmente o manuscrito foi descoberto e copiado em microfilme, segundo conta Andrei Sakharov, grande físico e dissidente. Vladimir Voinovich, romancista satírico e criador do Soldado Chonkin (equivalente no Exército Vermelho a *O bom soldado Schwejk*), levou então o microfilme clandestinamente para a Suíça.[7] *Vida e destino* foi publicado ali e em muitos outros países. Apareceu na Rússia somente depois do colapso do comunismo. A promessa não manifestada de Grossman à sua mãe foi finalmente cumprida. Ela viveu novamente através do romance como Anna Shtrum. Grossman pode ter sido sufocado pelo século da perseguição, mas sua humanidade e sua coragem sobreviveram em seus escritos.

---

[7] Voinovich, Vladimir Nikolayevich (1932-???), começou a escrever poesia quando fazia parte do exército soviético entre 1950 e 1955. Mudou para a prosa e mais tarde virou dissidente. Seu livro mais famoso, *A vida e as incríveis aventuras do soldado Ivan Chonkin*, contribuiu para que ele fosse expulso do Sindicato dos Escritores em 1974. Ele emigrou em 1980 e teve sua cidadania retirada por Brejnev.

AGRADECIMENTOS

Este livro nunca teria sido possível sem o consentimento e a assistência da filha do autor, Ekaterina Vasilievna Korotkova-Grossman, e do filho adotivo, Fiodor Guber. Somos muito gratos a eles por sua ajuda com manuscritos e fotografias.

Mais uma vez, o professor Anatoly Chernobayev nos ajudou enormemente com excelente orientação e apresentações. A equipe do RGALI (o Arquivo do Estado Russo para Literatura e Artes) tem sido uma ajuda permanente. Angelica von Hase checou outros detalhes na Alemanha, retirados de anotações, e Olga Romanov e Simon Marks nos assessoraram em particularidades. Também gostaríamos de agradecer àqueles que leram os manuscritos para nós: Sir Rodric Braithwaite, professor Geoffrey Hosking e Dra. Catherine Merridale. É desnecessário dizer que quaisquer erros que permaneçam são inteiramente de nossa responsabilidade.

Os redatores e editores são gratos a Ekaterina Vasilievna Korotkova-Grossman e ao Arquivo do Estado Russo de Documentos de Filme e Foto por permitirem a reprodução de fotografias.

Este livro também deve sua existência ao entusiasmo de nosso agente Andrew Nurnberg, a Geoff Mulligan e Stuart Williams em Harvill Secker, e particularmente a Christopher MacLehose, o primeiro a publicar Grossman na Inglaterra, que incentivou o projeto desde o início e melhorou o livro incomensuravelmente com sua edição impecável.

BIBLIOGRAFIA

Adair, Paul. *Hitler's Greatest Defeat — The Collapse of Army Group Centre, June 1944*. Londres, 1994.

Addison, Paul e Calder, Angus (orgs.). *Time to Kill, The Soldier's Experience of War 1939-1945*. Londres, 1997.

Beevor, Antony. *Berlin — The Downfall, 1945*. Londres, 2002.

_____. *Stalingrad*. Londres, 1998.

Bocharov, Anatoly. *Vassili Grossman, zhizn, tvorchestvo, sudba* (*Vassili Grossman, vida, trabalho criativo, destino*). Moscou, 1990.

Chuikov, Vassily I. *The End of the Third Reich*. Londres, 1967.

_____. *The Beginning of the Road*. Londres, 1963.

Davies, Norman. *Rising'44*. Londres, 2003.

Ehrenburg, Ilya. *Lyudi. Gody. Zhizn* (*Pessoas. Anos. Vida*), vol. 2. Moscou, 1990.

Ellis, Frank. *Vasily Grossman, The Genesis and Evolution of a Russian Heretic*. Oxford, 2004.

Erickson, John. *The Road to Berlin*. Londres, 1999.

_____. *The Road to Stalingrad*. Londres, 1975.

Garrard, John e Garrard, Carol. *The Bones of Berdichev, The Life and Fate of Vasily Grossman*. Nova York, 1996.

Glantz, David M. e House, Jonathan. *When Titans Clashed, How the Red Army Stopped Hitler*. Kansas, 1995.

Grossman, Vassili. *Gody voiny* (*The War Years*). Moscou, 1989.

_____. *Zhizu I sudba* (*Vida e destino*). Genebra, 1981 e 1985.

_____. "Tovarishchi" ("Camaradas"), em *Zhurnalisty na voine*, vol. II. Moscou, 1974.

_____. *Vsyo techyot* (*Fluindo para sempre*). Nova York, 1972.

_____. *Narod bessmerten* (*O povo imortal*). Moscou, 1942 e 1962.

_____. *Za pravoye delo* (*Por uma causa justa*). Moscou, 1952.

_____. *Esli verit' pifagoreitsam* (*Se acreditarmos nos pitagóricos*). Moscou, 1946.

_____. *Stepan Kolchugin*. Moscou, 1937-1940.

_____. *V gorode Berdicheve* (*Na cidade de Berdichev*). Moscou, 1934.

_____. *Gliukauf!* (*Gluck auf! Boa sorte!*). Moscou, 1934.

Guber, Fiodor (org.). "Pamyat I pisma", *Daugava*, n. II, 1990.

Hilberg, Raul. *The Destruction of the European Jews*. Nova York, 1985.

Markish, Simon. *Le cas Grossman*. Paris, 1983.

Merridale, Catherine. *Night of Stone*. Londres, 2000.

Ortenberg, D. I. *Sorok trety (1943)*. Moscou, 1991.

_____. *Iyun-Dekabr Sorok pergovo (Junho-Dezembro 1941)*. Moscou, 1984.

_____. *God 1942* (*O ano de 1942*). Moscou, 1982.

_____. *Vremya ne vlastno* (*O tempo não tem autoridade alguma*). Moscou, 1979.

Overy, Richard. *Russia's War*. Londres, 1998.

Rayfield, Donald. *Stalin and his Hangmen*. Londres, 2004.

Rubenstein, Joshua. *Tangled Loyalties — the Life and Times of Ilya Ehrenburg*. Nova York, 1996.

Rubenstein, Joshua e Naumov, Vladimir P. (orgs.). *Stalin's Secret Pogrom, The Postwar Inquisition of the Jewish Anti-Fascist Committee*. New Haven, 2001.

Sebag Montefiore, Simon. *Stalin: the Court of the Red Tsar*. Londres, 2004.

Simonov, Konstantin. *Days and Nights*. Nova York, 1945.

Todorov, Tsvetan. *Mémoires du Mal, Tentations du Bien*. Paris, 2000.

Troyanovsky, P. I. *Na vosmi frontakh* (*Em oito Fronts*). Moscou, 1982.

Volkogonov, Dmitri. *Stalin: Triumph and Tragedy*. Londres, 1991.

Yeremenko, A. I. *Stalingrad — Zapiski komandujuscego frontom*. Moscou, 1961.

Zaitsev, V. I. *Za Volgoi Zemli dlya nas ne bylo (Para nós não havia terra alguma além do Volga)*. Los Angeles, 1973.

Zhurnalisty na voine (Jornalistas na Guerra). Moscou, 1966.

NOTAS DE REFERÊNCIA

Abreviaturas

EVK-G Papéis de Ekaterina Vasilievna Korotkova-Grossman

RGALI Rossiisky Gosudarstvenny Arkhiv Literatury I Iskusstva (Arquivo do Estado Russo para Literatura e Artes), Moscou

RGASPI Rossiisky Gosudarstvenny Arkhiv Sotsialno-Politeskoi Istorii (Arquivo do Estado Russo para História Sociopolítica), Moscou

TsAMO Tsentralny Arkhiv Ministerstva Oborony (Arquivo Central do Ministério da Defesa), Podolsk

Introdução

p. 7   Nomes da família Grossman em russo, Garrard e Garrard, p. 53.

p. 8   Sobre os 150 mil judeus assassinados na guerra civil, S. Yelisavetsky, *Berdichevskaya tragedia*, Kiev, 1991, p. 13, citado em Garrard e Garrard, p. 61.

p. 8   "À primeira vista, meu pai [...]", entrevista com Ekaterina Korotkova-Grossman, 24 de dezembro de 2004.

p. 9   "O século da perseguição", Mandelstam, *Sobranie Sochinenii*, vol. I (Munique, 1967), p. 162.

p. 9   Para estimativas sobre vítimas da fome, veja Donald Rayfield, p. 185.

p. 11   "Ele era um amigo extremamente gentil [...]", Ehrenburg, p. 35.

p. 11   Sobre a prisão de Olga Mikhailovna, para o mais detalhado relato, veja Garrand e Garrand, pp. 121-5.

p. 13   "Vou lhe contar sobre mim", Guber, p. 100.

p. 13   "Durante toda a guerra [...]", RGALI 1710/3/50.

p. 14   "conversas com soldados que se retiravam [...]", RGALI 1710/3/50.

p. 15   "o mau pressentimento penetrante e agudo [...]", Grossman, 1974, p. 37.

p. 16   "Sei que o fato [...]", Ortenberg, 1991, p. 27.

p. 16   "o cheiro habitual da linha de frente [...]", Grossman, 1985, p. 740.

p. 17   "Desde que chegara a Stalingrado [...]", Grossman, 1985, pp. 236-7.

p. 17   Para o telefonema de Stalin para Ehrenburg, veja Rubenstein, p. 187.

p. 19   "Acho que aqueles que [...]", em "Soldados da infantaria", Grossman, 1989.

p. 19   "A cruel verdade da guerra", citado em Ortenberg, 1982, p. 293.

Capítulo 1. Batismo de Fogo

Todas as entradas são de RGALI 1710/3/43, com as seguintes exceções:

p. 29   "Lembro-me da primeira vez que Grossman [...]", Ortenberg, 1991, pp. 358-9.

p. 30   "Seu casaco estava todo amassado [...]", Ortenberg, citado em Bocharov, p. 127.

p. 31   "Estamos partindo para o Front Central. [...]", *Voprosy litera-tury*, n. 5, 1968, RGALI 1710/1/100.

p. 38   "Quando a guerra explodiu [...]", RGALI 1710/1/100.

p. 38   "Meu querido [pai], cheguei ao meu destino [...]", 8 de agosto de 1941, EVK-GP.

p. 40   "Bogaryov viu uma família de *Boletus*. [...]", Grossman, 1962, p. 316.

p. 42   "Nossos, nossos?", passagem de *O povo imortal*, de Grossman, publicado no *Krasnaya Zvezda*, 19 de julho de 1942.

Capítulo 2. O Terrível Recuo

Todas as entradas são de RGALI 1710/3/43, com as seguintes exceções:

p. 51   "Quem pode descrever a austeridade [...]", *Krasnaya Zvezda*, 24 de julho de 1942.

p. 51   "No dia seguinte [21 de setembro], conseguimos [...]", Ortenberg, 1984, p. 162.

p. 52   "Se você se lembrar, em *Viagem para Arzrum*. [...]", Grossman, 1962, p. 380.

p. 53   "Estávamos seguindo, seguindo [...]", Troyanovsky, p. 23.

Capítulo 3. No Front de Bryansk

Todas as entradas são de RGALI 1710/3/49, com as seguintes exceções:

p. 57   "Passeio à frente de batalha [...]", RGALI 1710/3/43.

p. 60   "Minha saúde é boa [...]", 9 de setembro de 1941 (Selo: Checado pela Censura Militar), EVK-GP.

p. 60   "Querida Lyusenka [...]", 16 de setembro de 1941, Guber, 1990.

p. 61   "Trincheiras alemãs [...]", *Krasnaya Zvezda*, 14 de setembro de 1941.

Capítulo 4. Com o 50º Exército

Todas as entradas são de RGALI 1710/3/49, com as seguintes exceções:

p. 66   "Shlyapin é inteligente, forte [...]", Grossman, 1989, p. 263.

p. 67   "Meu querido [pai], recebi [...]", 1º de outubro de 1941, EVK-GP.

Capítulo 5. De Volta à Ucrânia

Todas as entradas são de RGALI 1710/3/49, com as seguintes exceções:

p. 71   "Grossman decidiu escrever [...]", Ortenberg, 1979, pp. 313-28.

p. 72   "A primeira vez que nós, correspondentes militares [...]", novembro de 1945, RGALI 1710/3/21, "Um oficial soviético".

Capítulo 6. A Captura Alemã de Orel

Todas as entradas são de RGALI 1710/3/49.

Capítulo 7. A Retirada diante de Moscou

Todas as entradas são de RGALI 1710/3/49, com as seguintes exceções:

p. 92   "Tula, tomada por aquela febre mortal [...]", Grossman, 1989, p. 288.

p. 94   "As pessoas dizem que [Ortenberg] é um bom editor. [...]", Grossman, 1989, p. 289.

p. 94   "Os relatos da manhã e da noite vindos do Sovinformburo [...]", Ortenberg, 1984, p. 191.

p. 98   "É um fato, camarada comissário", Grossman, 1962, p. 96.

p. 99   "Meu querido e bom [pai], fiquei completamente perturbado [...]", 17 de novembro de 1941, EVK-GP.

p. 100   "Deram-nos um apartamento [...]", Ehrenburg, 1990, p. 349.

p. 101   "Vassili Grossman voltou [...]", Ortenberg, 1984, p. 327.

p. 102   "Ainda é muito cedo para ficar pensando [...]", Grossman para M. M. Shkapskaya, citado, Guber, 1990.

p. 102   "Há pessoas muito boas à minha volta. [...]", Grossman para Olga Mikhailovna, 20 de dezembro de 1941, citado, Guber, 1990.

p. 103   "Quando marchavam para capitais européias [...]", *Krasnaya Zvezda*, 26 de dezembro de 1941.

Capítulo 8. No Sul

Todas as entradas são de RGALI 1710/3/49, com as seguintes exceções:

p. 107   "Vassili Grossman convenceu-me [...]", Ortenberg, 1982, p. 70.

p. 108   "O comandante da divisão Lazko [...]", RGALI 1710/3/44.

p. 115 Sobre os 422.700 homens que morreram em unidades de punição, John Erickson, "Red Army Battlefield Performance", em Addison e Calder, p. 236.

Capítulo 9. A Guerra Aérea no Sul

Todas as entradas são de RGALI 1710/3/49, com as seguintes exceções:

p. 123 "Queridíssima Lyusenka, bem, celebramos [...]", 1º de janeiro de 1942, citado em Guber, 1990.

p. 123 "Meus artigos são publicados [...]", 2 de janeiro de 1942, citado em Guber, 1990.

p. 124 "Ainda está um frio agudo aqui. [...]", 1º de fevereiro de 1942, EVK-GP.

Capítulo 10. No Donets com a Divisão Negra

Todas as entradas são de RGALI 1710/3/49.

Capítulo 11. Com a Brigada de Tanques de Khasin

Todas as entradas são de RGALI 1710/3/49.

Capítulo 12. "A Cruel Verdade da Guerra"

p. 161 "Às vezes a sensação é de que passei [...]", 6 de março de 1942, EVK-GP.

p. 161 "O inverno voltou ao lugar [...]", 7 de março de 1942, EVK-GP.

p. 162 "Vassili Grossman veio me ver [...]", Ortenberg, 1982, p. 263.

p. 162 "Recebi uma licença [...]", 8 de abril de 1942, EVK-GP.

p. 163 "Começou a ação na linha de frente [...]", 15 de maio de 1942, EVK-GP.

p. 164 "Estou trabalhando muito aqui [...]", 31 de maio de 1942, EVK-GP.

p. 165 "As coisas parecem estar indo bem [...]", 12 de junho de 1942, EVK-GP.

p. 165 "Agora sou uma pessoa importante no escritório [...]", citado em Guber, 1990.

p. 166 "[Depois de] precisamente dois meses [...]", Ortenberg, 1982, p. 263.

p. 166 "O *Krasnaya Zvezda* começou hoje a publicar em série [...]", 14 de julho de 1942, EVK-GP.

p. 166 "Hoje publicamos o último [...]", Ortenberg, 1982, p. 293.

p. 167 "Ontem Kostya Budkovsky [...]", 22 de julho de 1942, Guber, 1990.

p. 167 "Estou partindo para a frente de batalha [...]", 19 de agosto de 1942, EVK-GP.

Capítulo 13. A Estrada para Stalingrado

Todas as entradas são de RGALI 1710/3/50, com as seguintes exceções:

p. 169 "Quando foi dada a famosa ordem [...]", entrevista com Ekaterina Korotkova-Grossman, 24 de dezembro de 2004.

p. 170 "Estávamos recuando em uma batalha [...]", RGALI 1710/3/46.

p. 174 Para o debate sobre Zoya Kosmodemyanskaya, veja *Pravda*, 26 de novembro de 2002.

p. 177 "Qual é o problema deles?", citado em Volkogonov, p. 461.

p. 177 Comitê de Defesa de Stalingrado, numerosos exemplos podem ser encontrados em RGASPI 17/43/1774.

p. 185 "Aqueles foram dias difíceis e assustadores [...]", RGALI 1710/1/102.

Capítulo 14. As Batalhas de Setembro

Todas as entradas são de RGALI 1710/3/50, com as seguintes exceções:

p. 194 "Chegamos a Stalingrado logo depois de um ataque aéreo", *Krasnaya Zvezda*, 6 de setembro de 1942, RGALI 1710/1/102.

p. 197 "Ele já não era um estranho [...]", Ortenberg, 1982, p. 382.

p. 198 "Durante uma marcha, o ombro [...]", *Krasnaya Zvezda*, 20 de setembro de 1942, RGALI 1710/1/102.

p. 199   "de três a cinco destacamentos [...]", 16 de agosto de 1942, TsAMO 48/486/28.

p. 200   Execução na 45ª Divisão de Fuzileiros, TsAMO 48/486/25.

p. 204   "'Camarada Chuikov', disse Kruschev", Chuikov, 1963, p. 84.

p. 208   "A estrada virou para o sudoeste [...]", "A Batalha de Stalingrado", RGALI 1710/1/102.

p. 213   "Minha boa mulher. [...]", Guber, 1990.

p. 214   "Você já sabe sobre [...]", 5 de outubro de 1942, Guber, 1990.

Capítulo 15. A Academia Stalingrado

Todas as estradas são de RGALI 1710/3/50, com as seguintes exceções:

p. 215   "Às vezes, as trincheiras cavadas [...]", "Exército de Stalingrado", RGALI 618/2/107.

p. 220   "Às vezes é muito silencioso [...]", "With Tchekhov's Eyes", RGALI 1710/1/101.

p. 221   "Foi provavelmente por ter se aproximado [...]", 14 de novembro de 1942, Ortenberg, 1982, p. 415.

p. 221   Zaitsev como franco-atirador, Zaitsev, p. 59.

p. 223   "dura 'dias' no romance", Grossman, 1985, p. 236.

p. 233   "A terra em volta do local de desembarque [...]", *Krasnaya Zvezda*, 4 de novembro de 1942.

Capítulo 16. As Batalhas de Outubro

Todas as entradas são de RGALI 1710/3/50, com as seguintes exceções:

p. 240   "Você sabe, sou um homem supersticioso. [...]", Ortenberg, 1979, pp. 313-28.

p. 247   "Todos os correspondentes [...]", 12 de janeiro de 1943, Ortenberg, 1991, p. 25.

p. 248   "Quando ele escrevia [...]" e "Eu me lembro de como ele [...]", Ortenberg, 1982, p. 392.

p. 248   "Escrevi uma carta furiosa ao editor [...]", Guber, 1990.

p. 248 "Só aqui as pessoas sabem [...]", *Krasnaya Zvezda*, 26 de novembro de 1942, RGALI 1710/1/101.

p. 256 "À luz dos foguetes [...]", "A Batalha de Stalingrado", RGALI 1710/1/102.

p. 258 "Certa vez, em meados de outubro, ele disse a oficiais [...]", Ortenberg, 1979, pp. 313-28.

Capítulo 17. A Maré Virou

Todas as entradas são de RGALI 1710/3/50, com as seguintes exceções:

p. 260 "Eu trabalho muito, o trabalho é estressante [...]", 13 de novembro de 1942, EVK-Gp.

p. 261 "assistiu ao começo do avanço [...]", 1º de dezembro de 1942, Ortenberg, 1982, p. 429.

p. 263 "Nós perambulamos por uma casa vazia [...]", entrevista com Ekaterina Vasilievna Korotkova-Grossman, 24 de dezembro de 2004.

p. 263 "Lenços e brincos de mulheres idosas [...]", RGALI 1710/1/101.

p. 263 "Uma *babuchka* nos contou como [...]", RGALI 1710/3/50.

p. 264 "Está descendo gelo pelo Volga. [...]", "Nas estradas do avanço", RGALI 618/2/107.

p. 269 "Quando se entra em um *bunker* [...]", "Conselho Militar", *Krasnaya Zvezda*, 29 de dezembro de 1942, RGALI 618/2/107.

p. 269 "Eu trabalho muito. [...]", Guber, 1990.

p. 270 "Todos aqueles que, durante cem dias [...]", "O novo dia", RGALI 618/2/107.

p. 271 "Estamos caminhando em uma terra devastada [...]", "Exército de Stalingrado", RGALI 618/2/107.

p. 272 "Acho que estarei em Moscou em janeiro. [...]", 11 de dezembro de 1942, EVK-GP.

p. 272 "Soldados do Exército Vermelho deram corda no gramofone. [...]", RGALI 618/2/107.

Capítulo 18. Depois da Batalha

Todas as entradas são de RGALI 1710/3/50, com as seguintes exceções:

p. 277 "Minha queridíssima Lyusenka, acabo de chegar da cidade [...]", Guber, 1990.

p. 278 "Não há ninguém para chorar por ele [...]", 31 de dezembro de 1942, EVK-GP.

p. 279 "O sol de inverno está brilhando sobre túmulos coletivos [...]", "Hoje em Stalingrado", *Krasnaya Zvezda*, 1º de janeiro de 1943.

p. 280 "Por que o general Ortenberg ordenou que Grossman [...]", Ehrenburg, 1990, p. 350.

p. 280 "Bem, meu [querido pai] [...]", 2 de janeiro de 1943, EVK-GP.

p. 285 "A velha professora [...]", RGALI 618/2/107.

p. 287 "Estou esperando pelo avião [...]", Grossman para Olga Mikhailovna, 17 de fevereiro de 1943, Guber, 1990.

p. 288 "Fiquei muito perturbado e ofendido [...]", Guber, 1990.

p. 288 "As pessoas dizem que alguns nascem [...]", Ehrenburg, 1990, p. 350.

p. 288 "recebeu 'uma nota de Vassili Grossman.' [...]." 25 de maio de 1943, Ortenberg, 1991, p. 246.

Capítulo 19. Recuperando a Pátria

Todas as entradas são de RGALI 1710/3/51, com as seguintes exceções:

p. 290 "Meses de guerra se passaram, um após o outro [...]", Ortenberg, 1982, p. 459.

p. 296 "atitude absolutamente incorreta", TsAMO 48/486/25.

p. 297 "Fraternidade soviética" e "Doutrinar soldados e oficiais [...]", TsAMO 48/486/24.

p. 302 "Eles continuam prometendo me dar uma licença [...]", 20 de março de 1943, EVK-GP.

p. 303 "Exatamente como eu pensei, minha viagem foi inútil. [...]", 4 de abril de 1943, EVK-GP.

Capítulo 20. A Batalha de Kursk

Todas as entradas são de RGALI 1710/3/51, com as seguintes exceções:

p. 304   "Cheguei ao 62º Exército de Stalingrado. [...]", RGALI 1710/3/50.

p. 305   "A divisão de Rodimtsev poderia ter lutado melhor"; [...]", RGALI 1710/3/50.

p. 312   "A brigada teve de confrontar [...]", Ortenberg, 1991, pp. 355-6.

p. 315   "Essa batalha durou três dias e três noites [...]", texto datilografado para a seção editorial da revista *Oktyabr*, RGALI 619/1/953.

p. 316   "Grossman permaneceu fiel [...]", Ortenberg, 1991, pp. 355-6.

p. 316   "Não havia qualquer pessoa no mundo inteiro [...]", *Krasnaya Zvezda*, julho de 1943, RGALI 1710/1/101.

p. 320   "Do ponto de vista da artilharia [...]", RGALI 1710/3/50.

p. 322   "Devo dizer que nunca esqueci [...]", Ortenberg, 1991, pp. 379-80.

p. 323   "Chegamos a Orel na tarde [...]", "Retorno", *Krasnaya Zvezda*, agosto de 1943, RGALI 1710/1/101.

p. 325   "Querido papai, tenho percorrido [...]", 28 de junho de 1943, EVK-GP.

p. 325   "'Com esse seu nome' [...]", citou Rubenstein, p. 198.

p. 326   "'Você está lutando' [...]", citou Rubenstein, p. 205.

p. 326   "Os soldados querem ouvir [...]", citou Rubenstein, p. 207.

p. 326   "Vassili Semyonovich Grossman veio para Moscou [...]", Ehrenburg, 1990, p. 347.

p. 327   Sobre o Comitê Antifascista Judaico, veja Rubenstein, pp. 214-16, e Rubenstein e Naumov.

Capítulo 21. O Campo da Morte de Berdichev

Todas as entradas são de RGALI 619/1/953, com as seguintes exceções:

p. 331   "Chegou um relato de que uma menina [...]", "No avanço", 15 de outubro de 1943, RGALI 1710/1/101.

p. 336 "Não há judeu algum na Ucrânia. [...]", citado em Garrand e Garrand, p. 170.

p. 337 "Não restou ninguém em Kazary [...]", "Assassinato do povo", setembro de 1943, texto datilografado, RGALI 1710/1/101.

p. 340 "Minha queridíssima Lyusenka, cheguei ao meu destino hoje. [...]", Guber, 1990.

p. 340 "Estou indo hoje para Berdichev. [...]", s.d., EVK-GP.

p. 341 "Cerca de 30 mil judeus foram mortos em Berdichev. [...]", RGALI 1710/1/104.

p. 342 "Eles me chamavam de Mitya Ostapchuk [...]", RGALI 1710/1/123.

p. 342 "A tomada de Berdichev pelos alemães [...]", RGALI 1710/1/123.

p. 347 "Minha querida, vinte anos [...]", Guber, 1990.

Capítulo 22. Cruzando a Ucrânia até Odessa

Todas as entradas são de RGALI 1710/1/100, com as seguintes exceções:

p. 352 "Finalmente, o sol está ficando cada vez mais quente [...]", "Pensamentos sobre o avanço", RGALI 1710/1/101.

p. 357 "um homem baixo, calmo e amigável", Ortenberg, 1979, pp. 313-28.

Capítulo 23. Operação Bagration

Todas as entradas são de RGALI 1710/3/50, com as seguintes exceções:

p. 361 "Às vezes você fica tão abalado com o que viu [...]", Grossman, 1989.

p. 364 "Tenente-general [*sic*] Lützov não elogia [...]", RGALI 1710/1/100.

p. 365 "Um mapa alemão fora apreendido. [...]", RGALI 1710/1/100.

p. 366 "Italianos executados por homens de Vlasov. [...]", RGALI 1710/3/47.

p. 367 "Um *partisan*, um homem pequeno [...]", RGALI, 1710/3/47.

p. 367   "O radioperador Skvortsov é pequeno [...]", RGALI 1710/3/47.

p. 368   "Treinamento antes de uma ofensiva.", RGALI 1710/3/47.

p. 368   "Partindo de florestas decíduas, de pântanos [...]", "Nas cidades e vilas da Polônia", RGALI 1710/3/21.

Capítulo 24. Treblinka

Todas as entradas são de RGALI 1710/1/123, com as seguintes exceções:

p. 370   "A estrada para Lublin [...]", Troyanovsky, p. 182.

p. 372   "'E Lublin?' [...]", Troyanovsky, p. 183.

p. 405   Sobre a exaustão nervosa de Grossman, veja Rubenstein p. 425, n. 64, e Jean Cathala, *Sans fleur ni fusil* (Paris, 1981).

Capítulo 25. Varsóvia e Lodz

Todas as entradas são de RGALI 1710/3/51, com as seguintes exceções:

p. 410   "Um homem velho em Kaluga, sábio e [...]", "A estrada para Berlim", *Krasnaya Zvezda*, 9 de fevereiro de 1945, RGALI 1710/3/21.

p. 413   "É a primeira vez em minha vida [...]", Ortenberg, 1991, p. 359.

p. 414   "Passando pela estrutura de aço enrugada [...]", "A estrada para Berlim", *Krasnaya Zvezda*, 9 de fevereiro de 1945, RGALI 1710/3/21.

p. 414   "Quando chegamos, a Varsóvia libertada [...]", "A estrada para Berlim", *Krasnaya Zvezda*, 9 de fevereiro de 1945, RGALI 1710/3/21.

p. 416   "Visitamos o '*bunker*' [...]", "A estrada para Berlim", *Krasnaya Zvezda*, 9 de fevereiro de 1945, RGALI 1710/3/21.

Capítulo 26. No Covil da Besta Fascista

Todas as entradas são de RGALI 1710/3/51, com as seguintes exceções:

p. 429   "mudou para pior [...]", entrevista com Ekaterina Korotkova-Grossman, 24 de dezembro de 2004.

p. 434 "Chegamos ao Oder em uma manhã ensolarada [...]", "A Estrada para Berlim", Krasnaya Zvezda 28 de fevereiro de 1945, RGALI 1710/3/21.

Capítulo 27. A Batalha por Berlim

Todas as entradas são de RGALI 1710/3/51, com as seguintes exceções:

p. 437 "Em 14 de abril, correspondentes [...]", Troyanovsky, "Enquanto Berlim era tomada", *Zhurnalisty na voine*, p. 180.

p. 438 "Uma vila que foi incendiada pelos alemães. [...]", "Na linha divisória entre guerra e paz", RGALI 618/11/52.

p. 450 "Foi na Alemanha, particularmente aqui em Berlim [...]", "Na linha divisória entre guerra e paz", RGALI 618/11/52.

Epílogo. As Mentiras da Vitória

p. 457 "graves erros políticos", Rubenstein, p. 217.

p. 458 "Como eu odeio nossos inimigos", Rubenstein e Naumov, pp. xii-xiii.

p. 459 "Uma grande sala vazia. [...]", *Songs from the War*, memória de Ekaterina Korotkova-Grossman, 24 de dezembro de 2004.

p. 460 "Grossman respondeu que [...]", entrevista com Ekaterina Korotkova-Grossman, 24 de dezembro de 2004.

p. 460 "Bem, está claro para mim [...]", entrevista com Ekaterina Korotkova-Grossman, 24 de dezembro de 2004.

ÍNDICE REMISSIVO

Abashidze (comandante de batalhão) 146
Abganerovo 265
aviões, soviéticos 124-29, 176-77, 190n,
  226-27, 309, 321n; *veja também* pilotos,
  soviéticos
Akselrod, Sholom 212
Alborov (soldado) 243
Albrecht, Karl: *Der verratene Sozialismus*
  283 *e n*
álcool, consumo de (no Exército Vermelho)
  116-17, 200, 230
Almaz, Nadezhda 10
Alter, Viktor 455
americanos *veja* Estados Unidos
Andrevna, Sofya 92
Andryushenko, Vanya 179-80
Anokhin (soldado) 116
Antonescu, marechal Ion 262n, 356, 356n
Antonov, general Aleksei I. 307, 359
Arkanova, Tonya 251
armamento 246n, 255n, 256n
Armia Krajowa 409
Associated Press 325
Avakov, comandante 119
Babadzhanyan, general Arno: morte
  presumida por Grossman 71-73, 166;

encontra-se com Grossman 358, *358*; e
  Katukov 428; comanda o 11º Corpo de
  Tanques dos Guardas 434; esmaga rebelião
  húngara (1956) 461

Babi Yar, massacre de 18, 108, 334-35
Baklanov, general *317*, 318
Baklan, capitão 97-98
Balashov (piloto) 128
Baraban (médico) 345
Baranov (piloto) 127
Barkovksy (soldado) 245
Baru (jornalista) 89
Batov, general Pavel 361, 366, 368
Batrakov, oficial de contato 246, 249
Baturin 53
Batyuk, general Nikolai 217, 221 *e n*, 223,
  225
Bazhan, Mykola Platonovich 291 *e n*
Belev 82, 85-87
Belgorod 325
Belgorod, Eixo de 312, *322*
Bielo-Rússia 359-61
Belousov, segundo-tenente 149-50
Belov, general P. A. 292-96
Belugin (franco-atirador) 298

Belyavtsev, Semyon 119

Belzec, campo da morte 373*n*

Benash, Yura 167, 214, 277-78

Berdichev 7, 8, 9, 10, 18, 28-29, 339-41; massacre de judeus 18, 68-70, 340-48

Beresina, rio 361, 362, 364, 409

Berezovka, massacre de judeus 355

Beria, Lavrenty 11*n*, 18, 88, 189*n*, 206, 263, 282, 360

Berlim *134*, 435, 441-53

Berzarin, coronel-general Nikolai Erastovich 442, 443, 444, 445, *445*

Bezdidko (soldado de morteiro) 223-24

Biebow, Hans 419, 420, 421

Blank (médico) 345

Bloch, Zelo 403*n*

Bobruisk, 361-64

Bobryshev, Vasya 123

Bock, general Fedor von 57

Bogdanov, general 353*n*

Boginava, tenente 117

Bokov, tenente-general 444

Bolvinov, coronel 235

Borodina, Katya 251

Borodino 99, 360

Borzna 53

Bratvich, *Oberbürgermeister* 419

Brigada de Tanques Khasin 143-48, 154, *157*

Brovary 338-39

Bryansk 31, 32

Bryansk, floresta 81-82, 144

Brysin, sargento Ilya Mironovich 254-56

Budenny, marechal Semyon Mikhailovich 68

Bug, rio 353

Bugaev, sargento 209, 257

Bukovksy, Kostya (jornalista) 108, 139, 155, 167, *314*

Bulatov (franco-atirador) 299

Bulgakov, Mikhail 10 *e n*

Burak (soldado) 114

Busch, Feldmarschall Ernest 366

cachorros, exército 39 *e n*

Cassidy, Henry 325

Cathala, Jean 406

Chabannaya, Galya 331

Chapaev, Vassili Ivanovich 131 *e n*

Chelyabinsk 339

Chermakov, tenente 209, 257

Chernigov 15, 52, 53, 81, 92

Chernovitsy 127

Chernyakov (presidente da comunidade de Varsóvia) 417

Chernyashev (*politruk*) 137

Chevola, Aleksandr 312

Chevola, Matryona 312

Chevola, Mikhail 312

Chevola, coronel Nikifor Dmitrievich 312, 315

Chevola, Pavel 312

Chiang Kai-chek 205

Chikurin, comissário 42

Chistopol, 99-100, 102, 162-63, 164-65

Chuikov, general Vassili Ivanovich 19, 203*n*; comanda o 62º Exército em Stalingrado 203-10, 212; e "Academia Stalingrado de Briga de Rua" 215-17, 223, 225-26, 426*n*; e bombardeio alemão 235-37, 240-42; espera o congelamento do Volga 268-70; amargura e ressentimento 304, 305; avanços sobre Lublin 372; e Varsóvia 411; ocupa Lodz 417; sob ordens para tomar Poznan 425-28; critica Zhukov 437; ataca Berlim 438

Chunyak, Khristya 338-39

Churelko, tenente 136

ciganos 380*n*, 398

Círculo de fogo (filme) 217

Comitê Antifascista Judaico (JAC) 11*n*, 327, 336, 454-58

concerto, de soldados 117-18, *117*, 239

Carcóvia 107, 169-70, 287, 424; Terceira Batalha da 289; Quarta Batalha da 325

Davydov (soldado) 318

Dedyulya (soldado) 74

De Gaulle, Charles 288

Deiga (soldado) 136

Demidov (piloto) 127
desertores, Exército Vermelho 58-59, 112-13, 114-15, 169, 191, 199-200, 297-98
Desna, rio 52
Dietrich, general da SS Sepp 108
Dnepr, rio 331, 332, *335*, 339
Dolenko (médica) 115
Domanevka, massacre de judeus 356
Don, rio 169, 170-71, 185-86, 260
Donbass, o 9, 16, 29, *106*, 107, 131, 290, 302
Dostoievski, Fiodor, *Humilhados e ofendidos* 192 *e n*
Dovator, major-general L. M. 240
Drozd, tenente 135
Dubovka 189, 190-91, 196
Dubovy, sargento 209, 257
Dubrova 118
Dudnikov (soldado) 254
Dugovaya 54
Duvanksy (soldado) 136
Dyatlenko (chefe do Estado-Maior) 245
Dzerzhinsky, Feliks 291

Eberl, *Obersturmführer* Imfried 376*n*
Efimov, general 174
Ehrenburg, Ilya *323*, *456*; como correspondente do *Krasnaya Zvezda* 29; sobre Grossman 11, 100, 414; sobre a antipatia de Stalin por Grossman 13, 17, 99, 287-88; admira os escritos de Grossman 197; crítica ao tratamento que recebeu de Ortenberg 280-81; ganha o Prêmio Stalin 288; e anti-semitismo 325-26; trabalha para o Comitê Antifascista Judaico 326, 327, 336, 405-6, 455-57, 459
Eichhorn, marechal-de-campo Hermann von 8 *e n*
Einikeit (revista) 336
Einstein, Albert 326, 455
"Eixo de Orel" 308-9
Elchaninov, tenente-coronel 109, 112
Elista 280-87

Elyna 101*n*
Epelfed (eletricista) 345
Eretik (secretário do Komsomol) 135
Erlich, Henryk 455
Eryomin, Boris Nikolayevich 128, 129
"esposas de campanha" 63, 66*n*, 172-73
Estados Unidos 99, 101, 312, 339, 360, 438, 455; ajuda em Lend-Lease 176, 255*n*, 352*n*, 455
Evdokimov, tenente 119
Evseev (soldado) 136
Evsteev (soldado) 116
Evtikhov (soldado) 197
Exército alemão
   Grupamentos do Exército
     Centro de Grupamento do Exército 57, 366
     Grupamento Sul do Exército 164
     Grupo A do Exército 280
   Exércitos
     1º Grupamento Panzer 68, 100
     2º Grupamento Panzer (mais tarde 2º Exército Panzer) 37*n*, 50, 52, 68, 76
     1º Exército Panzer 164, 169
     2º Exército Panzer *veja* 2º Grupamento Panzer
     4º Exército Panzer 169, 180, 188, 193, 311
     2º Exército 79
     6º Exército 28, 107-8, 130, 133, 164, 335; em Stalingrado 16, 168-70, 179, 188, 192, 206, 225*n*, 240; cercado pelo Exército Vermelho 260-61, 266-71, 277, 311; em Odessa 350, 353
     8º Exército 353
     17º Exército 169
   Corpos
     35º Corpo do Exército 364-65
     14º Grupamento Panzer 185, 188, 195
     24º Grupamento Panzer 79, 82
     56º Grupamento Panzer 447*n*
   Divisões de Infantaria

6ª 365n
71ª 207
295ª 207, 238
383ª 361
Divisões Panzer
1ª 99
3ª 52, 321
4ª 52
9ª 321
10ª 99
14ª 237
16ª 171, 182, 185, 190, 235
17ª 52, 321
20ª 66
116ª 353n
16ª *Panzergrenadier* 353 e n
  Panzergranadier Grossdeutschland
  311
Exército Vermelho 7, 13, 17-19, 21, 27, 32
Fronts
1º Bielo-russo 305n, 361, 369, 409,
  411-12, 438
2º Bielo-russo 305n
Central 31, *35*, 36, 308, 310
Ocidental 36-37, 66
Sudoeste 68, 108
1º Ucraniano 340, 349, 357, 360,
  369, 410, 438
2º Ucraniano 349, 360
3º Ucraniano 349-53, 360
Front de Bryansk 15, 57-61, 62, 79,
  82, 88, 92
"Front da Estepe" 308
Front de Voronezh 311
Exércitos
3º 243n, 361, 362n
4º 203n
5º 68, 96n
7º 140
8º 140
9º 140, 203n
11º 140
16º 305n
18º 340

21º 68, 100
26º 68
28º 438
37º 68, 130, 143
38º 108
48º 361
50º 15, 62-66, 79, 82, 92
61º 292n
62º (mais tarde 8º Exército dos
  Guardas) 13, 19, 185, 193, 200n,
  203-5, 211, 226, 228, 236, 240-42,
  250, 260, 268-73, 304-5, 411
64º 179n, 185, 193, 202
65º 237n, 361, 366, 368, 369
Exércitos dos Guardas
1º 195
3º 290, 299n
8º (anteriormente 62º Exército) 19,
  200n, 203n, 372, 411, 425-29, 437,
  438
24º 195
66º 195
Exércitos de Choque
3º 438
5º 411, 438, 442, 444n
Exércitos de Tanques
1º 311, 340
2º 310, 353n
5º 299n
6º 353n
1º dos Guardas 411, 428n, 434, 438
2º dos Guardas 411, 438
3º dos Guardas 438
5º dos Guardas 311
Corpos
2º de Cavalaria das Guardas 240n
3º de Cavalaria dos Guardas 153
4º de Cavalaria dos Guardas 261, 350
1º Mecanizado dos Guardas 101n
1º de Fuzileiros dos Guardas 95, 96
61º de Fuzileiros dos Guardas 96n
11º de Tanques dos Guardas 434
4º Mecanizado 350
9º Mecanizado 305n

9º de Fuzileiros 444 *e n*
25º de Tanques 289, 294*n*
Divisões
   1ª dos Guardas 101, 326
   5ª dos Guardas 96*n*
   6º dos Guardas 96*n*
   13ª dos Guardas 207-10, 217, 227,
      238, *317*, 318
   37ª dos Guardas 237, 258
   50ª dos Guardas 299*n*
   75ª dos Guardas 331*n*
   79ª dos Guardas 217*n*
   45ª 200
   74ª 200*n*
   87ª 207*n*
   94ª 66
   95ª 331
   100ª 101*n*
   112ª 237
   284ª 217, 221-25, 237
   308ª 243-49, 250, 258
   42ª de Aviação 32*n*
Brigadas
   124ª 199, 235, 243
   149ª 235
   47ª de Tanques dos Guardas 412
   4ª de Tanques 96 *e n*
   11ª de Tanques 96*n*
Regimentos
   103º de Caça de Aviação 41-45
   207º de Aviação 32*n*
   7º de Artilharia dos Guardas 149-50
   395º de Fuzileiros 71
Exército de Libertação Russo (ROA) 366*n*
exércitos *veja* Exército alemão; Exército
  Vermelho
Eziev, capitão 212, 229

Fatyanov, major Ivan Sidorovich 125-26
Feldman (médico) 339
fome 8-9, 68
franco-atiradores 124, 216, 217-26, 256*n*,
  298-99
Frantsevna, Klara 282-83, 286

Franz, Kurt 376*n*, 392-93, 397

Gabrilovich (jornalista) 100
Gaidar, Arkady 123 *e n*
Galin *314*
Galitsky, Yakov, "O pequeno xale azul" 66*n*,
  253 *e n*
Ganakovich (soldado) 47-48
Garan, major 59
Gastello, Nikolai 32 *e n*
Gekhman, Efim 240, 248, 429, 451-52
Gertler (no gueto de Lodz) 421
German, tenente-coronel 182, 185
Giterman, Girsh 343-44
GLAVPUR 23, 29, 31
GLAVPURRKA 296
Glukhov 55, 68-69, 71, 72, 76*n*, 81, 92
Glushakov (soldado) 254-55
Glyanko (*politruk*) 114
Goebbels, Joseph 444, 448-49
Goebbels, Magda 448
Goering, Hermann 268, 418, 444
Golfman (comandante de bateria) 183
Golyaperov (soldado) 415
Gomel 15, 31, 33-37, *35*, 41, 42, 50, 51,
  52, 68, 81, 92, 175
Gomell, major-general Ernst 428
Gorbatov, general 361, 363
Gordov, general Vassili Nikolayevich 179 *e n*
Gorelik, tenente-coronel 183, 185
Gorelov, coronel 114, 428
Gorishny, tenente-general Vassili A. 331 *e n*
Górki, Maksim 10 *e n*, 282 *e n*
Gorokhov, coronel S. F. 199, 235, 243
GPU 283, 291*n*
Grande Terror 10, 169*n*, 188*n*, 455
Greiser, Arthur 422
Gromov (soldado) 197-98
Grossman, Anna Petrovna Matsuk ("Galya")
  8, 9, 11, 29
Grossman, Olga Mikhailovna ("Lyusya") 11,
  12, 28, 99, 102, 162, 212-13; cartas de
  Grossman para 60, 123-24, 165, 166-67,

213-14, 248, 269-70, 277-78, 287-88, 340

Grossman, Semyon (pai) 8, 31, 67, 95, 99, 348 *e n*; cartas de Grossman para 13, 38, 60, 67, 99-100, 124, 161-62, 164-65, 167, 260, 272, 278, 280, 302-3, 325, 340-41

Grossman, Vassili Semyonovich: nascimento e primeiros anos 7-8; caráter e personalidade 11, 14-15, 247-48, 290, 460, 462; na Universidade de Moscou 8; casamento e nascimento da filha 8-9; trabalha como engenheiro de mineração 9; publica romance 10; sobrevive a expurgos 10; inicia relacionamento com Olga Mikhailovna Guber 11-12; e sua mãe 8, 9-10, 12, 18, 28, 60, 67, 124, 165, 303, 340, 346-48, 462; inadequado para o exército 12, 27; contratado pelo *Krasnaya Zvezda* 13, 29-30; trens para a frente de batalha 12-13, 31; viagens para Gomel 15, 31-36, 37-41; visita o Regimento de Caça da Aviação 41-45; na frente de batalha 46-50; em encontro do Partido Comunista Bielo-russo 51; e bombardeio de Gomel 51; escapa para Orel 15, *35*, 52-56; recebe ordem para voltar para a frente de batalha 15, 57; une-se ao 50º Exército 15, 62-73; na Ucrânia 68-71; e o major Babadzhanyan 71-73; evita captura 76-78; na captura de Orel 79-82; escapa de volta a Moscou 83-87, 88, 92-93; visita a propriedade de Tolstoi 91-92; enviado de volta à frente de batalha 93-96; visita pai 96; inicia *O povo imortal* 16, 96 (*veja* Trabalhos); no Front do Sudoeste 100-4, 107-9; no campo de pouso de Svatovo 124-29; com o 37º Exército 130-41, 143; com a Brigada de Tanques Khasin 143-49, 154-60, *157*; de licença para escrever romance 162, 164-66; sob ordens de ir para Stalingrado 171-72; visita túmulo de Tolstoi novamente 172; em Stalingrado 16-17, 98, 178-82, 185-87, 188-93, *194*, 215, 216-22, 223, 228, 230, 234, 238, 240, *242*, 244, 250; e morte do enteado e do sobrinho 212-14, 277-78; incomodado com a edição de seus artigos 247-48, 269; entrega presentes para o Departamento Político 258; depois de Stalingrado 259, 261-62, 263, 267-68; sofre com a tensão 272; enviado a Kalmykia 18, 280-81, 282; descobre sobre o Holocausto 19, 283-85; nome retirado da lista do Prêmio Stalin 288; na Ucrânia 289-91, 300-3; volta a se unir ao exército de Chuikov 304-5; na Batalha de Kursk 18, 308-12, *314*, 316, 318, 320; na libertação de Orel 321-24; e anti-semitismo 325, 326; participa do Comitê Antifascista Judaico 327, 336; e libertação da Ucrânia 332; ouve sobre massacres de judeus 334-39; e massacre de Berdichev 340-46; avança com o 3º Front Ucraniano 349, 350-53; desiludido com o stalinismo 354; em Odessa 354-55, *357*; encontra-se com Babadzhanyan 358, *358*; com o 65º Exército, do general Batov, 361, 366, 368-69; entrevista generais alemães 364, 365; e libertação da Polônia 369-70; volta a se unir ao general Chuikov 373; visita Treblinka 19, 384-405; sofre um colapso de exaustão nervosa 405-6; volta ao 1º Front Bielo-russo 409; entra em Varsóvia 412-13; visita gueto 413-17; entra em Lodz 417-22; sobre comportamento do Exército Vermelho 423-24; com o exército de Chuikov em Poznan 425-27, 428; avança para Berlim 19, 428, 429, 434-35; chega ao rio Oder 135-36; na rota para Berlim 437, 438-42; em Berlim 19, 442-53, *450*, *451*; sofre outro colapso 453; e anti-semitismo pós-guerra 454, 455-59; e publicação de *Vida e destino* 461 (*veja* Trabalhos); morte 462

Trabalhos

"Amaldiçoado e ridicularizado" 103

"Eixo do ataque principal" 247

Por uma causa justa 210, 459, 460

Fluindo para sempre 9

Boa sorte! 10

"O inferno chamado Treblinka" 19, 374

Se acreditarmos nos pitagóricos 458

"No *bunker* do inimigo — No Eixo Ocidental" 60

"Na cidade de Berdichev" 10

"O assassinato de judeus em Berdichev" 342-43

Vida e destino 7, 12, 16, 17, 95*n*, 214, 223, 224, 346, 348*n*, 454, 461-62

"Conselho Militar" 269

"Assassinato do povo" 337-39

"O novo dia" 270-72

"Nas estradas do avanço" 264-66

O povo imortal 40*n*, 50*n*, 66, 71, 83, 98, 100, 162, *163*, 166, 168, 288, 358, 457, 461

"A Batalha de Stalingrado" 256

"A travessia de Stalingrado" 233-34

Stepan Kolchugin 10, 29

"Hoje em Stalingrado" 279

"Ucrânia sem judeus" 336

Os anos da guerra 457

Guadalajara, Batalha de (1937) 207*n*

Guber, Boris 11-12

Guber, Fiodor 11, 12, 463

Guber, Misha 11, 12, 213-14

Guber, Olga *veja* Grossman, Olga

Guderian, general Heinz, sucessos com o 2º Grupamento Panzer 15, *35*, 37 *e nn*, 50, 52, 68, 76; 24º Grupamento Panzer 79; faz posto de comando na propriedade de Tolstoi 91; avança sobre Tula 99; interrogado pela Gestapo 412

Guerra Civil Espanhola 32*n*, 37, 64*n*, 207*n*

Gulyaev (soldado) 135

Gunt, Alvin 75

Gurov, general 204, 205, 207, 211, 228, 241, 269

Gurtiev, general Stepan 16, 247; em Stalingrado 246, 250, 258, 295, 305, 362*n*, 368; morte 363

Gusakovsky, coronel I. I. 411, 434

Hamann, tenente-general Adolf 361 *e n*

Hauser, general Paul 289

Henrichson, Zhenni Genrikhovna 95 *e n*, 162; carta de Grossman para 214

Heyne, tenente-general Hans-Walter 365 *e n*

Himmler, Heinrich 373, 378, 396-97, 404, 419*n*, 444

Hitler, Adolf, e invasão da União Soviética 27; rejeita idéia de ucranianos com uniforme da Wehrmacht 70; irritado com recuo alemão 100, 107; discursa para tropas 112, 122; e ofensiva de verão (1942) 160, 168, 169; pressiona Paulus 237, 259; rumores de que visitou soldados 268; tentativa de assassinato 443*n*; e Batalha de Kursk 289, 294*n*, 308, 311; concorda com a retirada 331; enganado pela estratégia soviética 366; e avanço soviético 410; enfurecido com a evacuação de Varsóvia 412; último aniversário 438; suicídio 447; seu escritório descrito por Grossman 452

Holocausto 19, 336, 371, 454, 455; *veja* populações de judeus: massacres; campo de extermínio de Treblinka

Hoth, general Hermann 188, 193, 311

Ignatiev (soldado) 98

Ilgachkin, capitão 225

Ilin, subcomandante de batalhão 212, 229

Ishkin (*politruk*) 212

Ivanov, Dmitry Yakovlevich (francoatirador) 299

Ivanov, general 118, 140

Ivanov, sargento júnior, 149

JAC *veja* Comitê Antifascista Judaico

Japão 117*n*, 361; ataque a Pearl Harbor 99

Kalganova, Zoya 250, 251

Kalinin 99, 101

Kalinin (vice-chefe do Estado-Maior) 245

Kalisty (soldado) 118

Kalmykia 18, 280, 282, 287

Kaluga 410

Kamenka 71

Kanaev, Ivan Semyonovich 156-60

Kanysheva, Galya 251, 252, 253

Kapitonov (soldado) 136

Kapler, Aleksei 263

Kapustyansky (jornalista) 192-93

Karpov, Vladimir 148

Katukov, coronel-general M. I. 96, 305, 428n, 434, 438

Kayukov (soldado) 254-55

Kazakov (soldado) 116

Kazary 337

Kazatin 340

Kerch 155

Ketselman (comandante de bateria) 316-17

KGB 51n, 326n, 457, 458n, 461

Khalikov (franco-atirador) 298-99

Khamitsky (comandante de radioperação) 246, 249

Khasin, coronel 142, 143, 154, 155, *157*

Khitrov, coronel Ivan 30

Khrennikov, comandante de companhia 226 *e n*, 227

Kiev 9, 15, 52, 68, 108, 331, 340, 424; massacre de judeus 18, 108, 334-35

Kirov, Sergei 457n

Kirponos, general Mikhail 68

Kleist, marechal-de-campo Paul von 68, 100, 164

Klenovkin, tenente 63

Klimenko (sapador) 209, 257

Klinker, Abram 415, 416

Klochko (motorista) 114

Kloppfisch (no gueto de Lodz) 422

Knorring, Oleg 31-32, 36, 41-42, 46, 52, 53, 55, *309, 323*

Kobus, Maria 385

Kobus, Sofia 415

Kobus, Vladislava 415

"Koenig, major" 223

Kogan, coronel 326

Kolaganov (comandante da 3ª Companhia) 211

Kolobovnikov, tenente-coronel 247

Kolomeitsev, P. I. 53, 77, *194*

Kolosov (soldado) 245, 249

Komarev, Viktor 458

Komarichi 84

Komsomol (Movimento Juventude Comunista) 23, 31, 119, 135, 146, 170, 193, 281

Konev, marechal Ivan 349, 350, 353, 369, 410, 438

Konkov, sargento de guarda 368

Konstantinov, comissário 89

Kopylova, Klava 249-50, 252

Korol, B. 41, 55-56

Korol (piloto) 128

Korol (guarda de Treblinka) 397

Koroteev *242*

Korotkova-Grossman, Ekaterina ("Katya") 8-9, 29, 60, 67, 164, 460, 463

Kosenko (soldador) 234

Kosezky (médico) 402

Kosmodemyanskaya, Zoya ("Tanya") 174 *e n*

Kostyukov, major 111

Kovalchuk (condutor de lancha) 229-30, 232

Kovalenko, comandante de companhia 114

Kozlov, comissário de brigada 37

Kozlov, capitão 143-44, 152, 154-55, 160

Kozyrev (soldado) 114

Kramer (comandante de regimento) 140

Krasilovka 338

Krasivaya Mecha 174

Krasnaya Zvezda (*Estrela Vermelha*) 7, 13, 21, *179*; Grossman escolhido para ser enviado especial 29-30, 60; Simonov como correspondente 18n, 373; artigos de Grossman 51n, 194-95, 198, 217-22, 247, 256-58, 279, 351-53, 413-17, 457-58, *veja também* Grossman, Vassili; publica em série *O povo imortal* 166; envia Grossman a Berlim 437; *veja também* Ortenberg, general David

Krasnodon 300

Krasnoye 97

Kravchenko, general 353n
Kravtsov (soldado) 113
Krebs, general Hans 203n
Krivotorov, Mikhail Pavlovich 145
Krukov, Fiodor 325n
Kruschev, Nikita Sergeyevich 68, 188-89, 202-7, 461
Krylov (chefe do Estado-Maior) 204, 211, 242, 304
Kuban 310
Kuibyshev 99, 100, 326
Kuliev, Vassily Georgevich 170
Kuptsov, Ivan 40
Kursk, anomalia magnética 153-54; bolsão de 289, 294n, 304; batalha 18, 305n, *306*, 308-20, 339
Kushnarev (soldado) 245
Kuznechik (camelo) *267*, 362-63
Kuznetsov, tenente 296

Landsberg 433, 435, 440
Lapin, Boris 30
Lazko, major-general Grigorii Semenovich 68
Lebyazhye 176
Ledeke (guarda de Treblinka) 377
Lelyushenko, major-general D. D. 95, 96
Lenin, Vladimir Ilich 10n, 17, 283, 298n
Leningrado 340, 457n
Levada, Aleksandr Stepanovich 292
levante húngaro (1956) 189n, 461
Levit, Max 375
Levkin *242*
Liberman (médico) 345
Lichtenbaum, Maximilian 417
Likhatov (soldado) 135
Lipavsky, major (correspondente da TASS) 310
Litzmann, tenente-general Karl 418n
Livro Negro, O 336, 341, 346, 455-58
Lodz 415, 417-18; gueto 418-22
Lozovsky, Solomon 33
Lublin, Polônia 370, 371, 372, 373, 409
Lukyanov (soldado) 229

Lützov, tenente-general Kurt-Jürgen Freiherr Henning von 364-65
Lvov 360, 369
Lyakhov (soldado) 196
Lysorchuk, Nina 251
Lysov (jornalista) 84, 89, 94
Lyudnikov, coronel L. 243n

Majdanek, campo da morte 19, 373, *375*, 456
Makhno, Nestor 427
Malenkov, Georgi 360
Malinovka 152
Malinovsky, general Rodion I. 350, 353
Malomed, Naum Moiseevich 119
Mamaev Kurgan (Ponto 102), Stalingrado 205, 211, 218, 239
Mamaev, coronel 432
Mandelstam, Osip 9
Manteuffel, major-general Günther von 353n
Manyuk (soldado) 114
Manzhulya (soldado) 115
Marchenko (comandante de esquadrão) 113
Markelov, coronel 244, 248
Marshall, brigadeiro-general S. L. A., *Homens contra fogo* 160n
Martinyuk (comandante) 296
Martynov, Aleksandr Vasilievich 126-27
Marusya (operadora de telefone) 145-46
Maslovitsy 420
Matrosov (soldado) 113
Matyukhin, cabo 116
Matyushko, tenente 151-52
Mazor, Aron 343-44
Melekhin, cabo 317
Meleshko, coronel 48
Menzhitsky, Aron 415
Menzhitsky, Yakov 415
Messereshvili (sapador) 209, 257
Mikhalyev (soldado) 245, 246
Mikhoels, Solomon 326-27, 457
Milmeister (sapateiro) 345
Minokhodov (soldado) 229
Minsk 38, 101n, 360, 366, 457; Orquestra Nacional de Jazz Bielo-russa 51n

Mirokhin (chefe do Estado-Maior) 245

Miroshnikov, tenente 75

Mius, rio 107-8

Molotov, Vyacheslav 27, *28*, 177*n*, 360

Mordukhovich, comissário 147-48

Morozov (canhoneiro) 109

Morozovka 159

Moscou 79, 97, 162, 326; defesa de 93, 99, 100, 101, 142, 177*n*, 305*n*, 312*n*; Teatro Judaico do Estado 326*n*

Mtsenk 96, 323

Murashev (franco-atirador) 222

Myshkovsky (soldado) 119

Nazarenko (soldado) 137

Nechivoloda, Vasilisa 118

Nekrasov, Nikolai Alekseevich 58

Nemtsevish (comandante de regimento de aviação) 43-44

Nikolaev, sargento 74

Nikolayev 353, 355*n*

NKVD 10, 11*n*, 15, 18, 23, 80, 147, 282, 298, 360, 441*n*, 445; Departamentos Especiais 23, 48, 112, 113, 147, 200; 10ª Divisão de Fuzileiros 191, 193, 205, 207

Normandia, desembarque na 360

Nosov, comissário 36

Novaya Odessa 74, 350

Novikova, Lyolya 251, 253

Novo-Belitsa 51

Novozybkov 33

Novy Mir (revista) 102*n*

Nuzhny (fotógrafo) 344

Oder, rio 425, 433-36, 437-38

Odessa 349, 350, 353-56, *357*

Ofitserov (soldado) 149

Ogloblin, Kuzma 138

OGPU 10; *veja* NKVD

OKH (*Oberkommando der Wehrmacht*) 107, 365*n*

Operação Bagration 305*n*, 359-71, 410

Operação Azul (Blau) 164, 168, 169

Operação Cidadela (Zitadelle) 294*n*, 307

Operação Fridericus 164

Operação Kutuzov 321

Operação Pequeno Saturno 101*n*, 280, 287, 292

Operação Overlord 360

Operação Tufão (Taifun) 57, 79

Operação Uranus *184*, *260*, 261, 294*n*, 299*n*, 305

Orel 15, 55-57, 78-82, 91, 92, 94-96; libertação de 308-10, 321-24, 363, 367

Ortenberg, general David, nomeia Grossman correspondente especial 29-31; envia-o para a frente de batalha 13, 31; sobre *O povo imortal*, de Grossman, 71; ordena que ele volte para a frente de batalha depois de retirada para Moscou 16, 93-94, 99; sobre método de trabalho de Grossman 101; concede licença para que ele escreva romance 161; publica *O povo imortal* em série 166; pede reportagem sobre desertores mortos a tiros 169; envia Grossman a Stalingrado 171; reivindica mérito por idéia de retrato de Gromov feito por Grossman 197; no QG de Stalingrado 202, *202*; sobre artigos de Grossman e técnica de entrevistar 247-48; sobre entrega de presentes de Grossman ao Departamento Político 258; substitui Grossman em Stalingrado por Simonov 17-18, 279-80; emprega Platonov 288; sobre adaptação de Grossman à vida militar 290; envia-o para missão inútil 303; sobre Grossman em Kursk 312, 316; envia-o para cobrir libertação de Orel 321-22; deixa o *Krasnaya Zvezda* 323*n*; descreve chegada de Grossman a Varsóvia 413

Osipovich, Evnegy 341

Oska (soldado) 113

Ostapenko, Dmitry Yakovlevich 300

Ostrovets 355

Partido Comunista 15, 135, 188*n*, 301, 409, 461; Bielo-russo 50-51; *veja também* Komsomol

Paulus, general Fridrich: comanda 6º
  Exército 130, 164; em Stalingrado 168,
  169, 171, 188, 192, 237, 259; cercado
  pelo Exército Vermelho 266
Pavlenko (jornalista) 169-70
Pavlov, general D. G. 37, 66
Pavlov (soldado) 254
Pekilis, Mikhel e Wulf 341, 345
Perein, *Hauptsturmführer* Barão von 397
Perminov (comandante militar) 212
Pesochin, coronel 110, 111, 120, 145
Peterburgsky, G., "O pequeno xale azul"
  66n, 253
Petlyura (motorista) 49, 82, 89-93
Petrishchevo 158, 174n
Petrov, major-general Mikhail P. 15, 62-66,
  79, 82
Pilica, rio 411
pilotos, soviéticos 124-29, 141, 146-47,
  190n, 201, 226-27, 263, 321, 459 *e n*
Pilyugin (soldado) 114
Pinikov (soldado) 254
Pitomnik, campo de pouso de 268
Platonov, Andrey Platonovich 288
Pliev, tenente-general I. A. 350
Plysyuk, coronel Nikolai Efimovich 313
Pochepa, major 65
Polônia, "libertação da" 370-71
politruks 111, 113, 114, 116, 119, 137, 147,
  160, 212
Polyak (chefe do Estado-Maior) 108
Ponomarenko, Panteleimon Kondratyevich
  51 *e n*
Ponyri 310-11, 315
Popov, general M. M. 294 *e n*
populações de judeus 7; e anti-semitismo
  66n, 323n, 325-27, 369, 454-58;
  massacres 8, 18, 69, 108, 284, 334,
  341-46, 355-57, 371, 413; *veja também*
  campo de extermínio de Treblinka
Poznan 422, 425-29
Pravda 458
Preie (homem da SS em Treblinka) 377
Pripet, pântanos de 360, 361

prisioneiros italianos 366
prisioneiros romenos 225, 262, 264
Prokhorovka, Batalha de 311, 321
Pushkin, Alexander: *Viagem para Arzrum*
  52n
Pustogorod 76 *e n*
Puzyrevsky, tenente-coronel 212

Ragozhek, Isai Davidovich 415
RAIKOM 23, 177
rasputitsa 88, 292, 349
Redkin (fotojornalista) 80
Reuters, escritório da 325
Richthofen, general Wolfram von 171, 240
ROA *veja* Exército de Libertação Russo
Rodimtsev, general Aleksandr Ilyich:
  comanda 13ª Divisão de Fuzileiros dos
  Guardas 207-10, 211, 217, 227-28,
  238-40, 318; e Chuikov 216-17, 223; dá
  presentes com Grossman às "mulheres mais
  corajosas" 258; sem modéstia 305; defende
  Grossman 460
Roitman, Khaim 342
Rokossovsky, marechal Konstantin
  Konstantinovich 305, 308, 310, 360, 361,
  368, 409, 437
Romanenko, general 361
Romênia 356, 359, 360
  Exércitos
    1º 225n
    3º 225n, 260, 261, 353, 354
    4º 260, 261
Romanov, cabo 196
Romanov (franco-atirador) 299
Roslavl 37 *e n*
Rosly, tenente-general I. P. 444 *e n*
Rostov-on-Don 100-1, 169
Rubinchik (violinista) 239
Rud (enfermeira) 137
Rumkowsky, Mordechai Chaim 420-21
Russiyanov, general I. N. 101 *e n*
Ryaboshtan (soldado) 114
Ryasentsev, secretário do OBKOM 354, 356
Rynok 190, 235

Ryumkin (fotógrafo) 151

Sakharov, Andrei 462

Salomatin, tenente (piloto) 125, 127, 128-29

Samotorkin (*politruk*) 212

Sarayev, coronel, 193, 205-6, 207

Sarksisyan, capitão 185

Savinov (soldado) 198-99

Schmidt (guarda de Treblinka) 391

Schwandt, *Bauerführer*, 423

Schwarz, (guarda de Treblinka) 377

Schwerin 19, 429-33, *430*

Sedov, Mikhail Stepanovich, 125, 128, 129

Serge, Victor (Viktor Kibalchich) 10 *e n*

Serova, Valentina 18

Servernyi Donets 130

Sevsk 78

Shalygin, major Nikolai Vladimirovich 321

Shapiro, Henry 325

Sharapovich, major 420*n*

Shcherbakov, Aleksandr 23, 296, 326

Shcherbina, comissário 238

Shchors 55, 81

Sherishevsky (sobre comitê de Varsóvia) 417

Shevernozhuk, coronel 311

Shimeliovich, Boris 458

Shkapskaya, M. M. 102

Shlyapin, comissário de brigada Nikolai Alekseevich 62, 63, 64, 65, 66, 82, 83, 92

Sholokhov, Mikhail Aleksandrovich 325-26, 454

Shtemenko, general Sergei M. 359 *e n*

Shturmovik, avião em ataque por terra 308, 321

Shuba, coronel 200

Shuklin (artilheiro) 223-24

Sicília, invasão anglo-americana da 312

Simon, Aisenshtadt 355

Simonov, Konstantin 17-18, 30, 202, *202*, 279, 280, 373, 456, 460
Dias e noites 18*n*
"Espere por mim" 18

Sindicato dos Escritores 11, 12, 99, 462*n*

Sivokon (soldado) 119

Skakun, primeiro-tenente 183

Skotnoi (piloto) 125, 128-29

Skvortsov, radioperador 368

Slavin, Lev 30

SMERSh 22, 48, 113, 298, 445, 451

smertniks 148-49

Smirnov, sargento 314

Smolensk, 73, 89, 101*n*, 102*n*, 228, 281

Snitser, comissário de divisão Serafim 110, 111, 112

Sobibor, campo da morte 373*n*

soldados judeus 144, 147-48

Solodkikh (franco-atirador) 298

Soljenitsin, Aleksandr 325*n*
Setor de câncer 102*n*
Um dia na vida de Ivan Denisovich 102*n*

Sorge, Richard 99

Spartakovka 235, 243

Spiller, professor Roger 160*n*

Spiridonov, cabo 229

SS *veja* Waffen SS

Stalin, Josef: gosto literário 10*n*; e Górki 10*n*; política agrícola como causa de fome (1932) 9, 68-69; examina *Krasnaya Zvezda* 13; não gosta de Grossman 16, 100; despreparado para invasão alemã 27, 37-38; recusa-se a enfrentar o cerco alemão a Kiev 52, 68; falha ao não autorizar a retirada a partir do Front de Bryansk 82, 88; ordena transporte aéreo de brigadas para Orel 96; finalmente é convencido sobre plano japonês de atacar os Estados Unidos 99; lança ofensiva geral 103, 140; reconhece Igreja Ortodoxa 115; convencido de que Hitler atacará Moscou 160, 169; como nome de Stalingrado 169, 180*n*; pânico quando alemães estão perto de Stalingrado 169; aprova Ordem nº 227 ("Ninguém Recua") 169, 199; e defesa de Stalingrado 177, 188, 195, 202, 204, 237, 268; denuncia civis russos empregados por alemães com traidores 219*n*; retira nome de Grossman de lista do

Prêmio Stalin (1942) 288; erros militares 287, 289, 307; aprova decreto reduzindo o nível de comissários 296; anti-semita 66*n*, 325, 454-55; lança ofensiva (1943) 331; planeja Operação Bagration 359, 360; e rebelião de Varsóvia 409; incentiva avanço do Exército Vermelho 410; teme que americanos cheguem antes a Berlim 438; e Zhdanov 457*n*; morte 459; denunciado por Kruschev (1956) 188*n*, 461;

Stalin, Prêmios 288, 325*n*, 459

Stalin, Svetlana 263

Stalin, Vassili 459*n*

Stalingrado, avanço alemão sobre 168-70; e ataque alemão 171, 176-83, *184*, 185-86, 188-95; Grossman relata de 16-18, 98, 107, 171; defesa russa de 195-212, 312*n*, 362*n*; e "Academia Stalingrado de Briga de Rua" de Chuikov 215-28; e travessia do Volga 228-34; e ofensiva alemã de outubro 235-58, 259, 277; e cerco ao exército alemão 260-61, 266-67, 268, 311; e congelamento do Volga 261, 264, 267*n*, 268; depois da batalha 277, 278-80

Stalingrado (filme) 304

Stalinsky sokol (jornal) 89

Stangl, *Obersturmführer* Franz 376*n*, 392*n*

Starobelsk 290-92

starostas 71 *e n*

Starukhino 96

Stavka 23, 88, 92, 96*n*, 168, 177 *e n*, 188, 221, 260, 307, 308, 359-60, 372, 409, 437

Stegman, Alfred 417

Steklenkov, Mikhail Vasilievich 155

Stumpfe (guarda de Treblinka) 377

Surkov, tenente 332

Suslov, Mikhail 461

Svatovo 108, 124, *290*

Svidersky (guarda de Treblinka) 377

Tanabrina (enfermeira) 137

Tarasevichi 334

Tarasov, coronel 150-51, 200

Tchekhov, Anatoly Ivanovich 13, 217-21, 222

Tchekhov, Anton 10, 91

Telegin, general K. F. 437

Teplenko, Trofim Karpovich 313-15

Terror Menor 179*n*

Tikhomirov, capitão 303

Tikhy (soldado) 135

Timka (cozinheiro) 63

Timoshenko, marechal Semyon Konstantinovich 68, 100, 164, 168-69

Tiraspol, Moldávia 356

Titova, Galya 253

Tolstoi, Aleksei Nikolaevich 169

Tolstoi, Leon 10, 91, 92
  Guerra e paz 13, 91*n*, 283, 461

Tolstoya, Sofya Andreevna 92

Tomilin, primeiro-sargento 149

Toporov (soldado) 115

Treblinka, campo de extermínio de 19, 327, 374-406, 413

Tresckow, major-general Henning von 443*n*

Treskow, Münthe von 443*n*

Tribunal Militar Internacional de Nuremberg 19, 374

tropas de tanques 124, 149, 154, 183 *e n*, 294-95, 308, 310-15, 340, 352*n*, 410-11, 424

Trotsky, Lev 188*n*

Troyanovsky, Pavel, com Grossman em Gomel 31-34, 36, 46, 51*n*; escapa para Orel 55-56; recebe ordem para voltar para a frente de batalha 57, 68, 76, 78, 79; um encontro sexual 84; escapa com Grossman 89; recebe ordem para voltar 94, 95; volta a se unir ao exército de Chuikov com Grossman 372; pede que Grossman seja enviado a Berlim 437

Trukhanov, tenente 183

Tselikovsky, Gustav 417

Tsugovar (médico) 345

Tula 88-89, 90-93, 96, 99, 147, 323

Tupitsin (operadora de telefone) 302

Turiev (atirador de metralhadora) 295-96

493

Turilin (soldado) 135
Tvardovsky, Aleksandr Trifonich 102, 167
  A terra de Muraviya 102*n*
  "Vassili Tyorkin" 167 *e n*

UPA (*Ukrainska povstanska armiia*) 349 *e n*
Urbisupov, primeiro-sargento 313
Usachev (*politruk*) 119
Utkin, Iosif Pavlovich 49 *e n*

Vadis, general Aleksandr A. 451
Valya ("esposa de campanha") 64, 92
Varapanovo 193
Varsóvia 368, 412; gueto de 355, *376*, 380*n*,
  399; rebelião 392, 398, 409
Vasilenko, comandante de pelotão 301
Vasilevsky, marechal Aleksandr Mikhailovich
  177, 207, 307, 359
Vasiliev, general Mikhail 318
Vasiliev, Seryozha 93
Vasilyeva, Klava 253
Vatutin, general Nikolai Fedorovich 311,
  336, 339, 340, 349
Vavilov, coronel 320
Vinnitsa 357
Vístula, rio 369, 409-11, 413-14, 434
Vitebsk 66, 360
Vladimirsky (soldado) 246
Vlasenko, major-general Aleksei M. 331 *e n*
Vlasov, general Andrei Andreyevich 366 *e n*,
  441 *e n*
Vlasov 229-31
Voinovich, Vladimir Nikolayevich 462
  *A vida e as incríveis aventuras do soldado
  Ivan Chonkin* 462*n*
Volga, rio 170 *e n*, 185, 187, 188, 189, 191;
  travessia de 176, 191-92, 205, 207-12,
  228-34; em fogo 236; congelamento de
  261, 264, 267*n*, 268
Volkov (soldado) 229
Volobuevka, Batalha de 149
Von Manstein, marechal-de-campo Erich
  280, 287, 294*n*, 339

Von Reichenau, marechal-de-campo Walther
  108, 335
Von Rundstedt, marechal-de-campo Gerd
  107
Voronezh 139
Voronin (soldado) 229
Voroshilov, marechal Kliment 183*n*, 460
Voroshilovgrad 298-302, 424
Vysokoostrovsky (jornalista) *213*, 238

Waffen SS 255 *e n*
  Divisão *Das Reich* 99, 311
    Einsatzgruppe C 334
  Divisão *Leibstandarte Adolf Hitler* 108,
    311
  Grupamento Panzer 281, 311
    Sonderkommando 4ª 108, 334-35
    Sonderkommando Astrachan 284
  Divisão Totenkopf 311
Weidling, general Helmuth 447*n*
Weinberger, Regine 420 *e n*
Weisskopf (médico) 421
Wietersheim, general Gustav von 185
Wulka 378, 392

Yagoda, Genrikh 11*n*
Yak, caças 124
Yakimenko, Galya 119
Yakovlev, tenente 41
Yampol, 136
Yasnaya Polyana 91, 100, 172
Yegorova, Antonina 253
Yeremenko, general Andrei I. 36*n*; comanda
  Front Central 37; comanda Front de
  Bryansk 79, 82; comanda Front de
  Stalingrado 179*n*, 189, 202-4, 205, 207,
  211, 226, 227, 237, 241, 280; e Kruschev
  204; menospreza subordinados 305
Yezhov, Nikolai Ivonovich 11*n*, 12

Zaitsev, Vassili 217, 221-24
Zaliman 108-10, 119, 120, 124, 141, 145
Zan Eilen (chefe de Treblinka I) 376
Zapryagalov, capitão 127

Zavolzhye 177

Zepf (guarda de Treblinka) 390

Zhdanov, Andrei Aleksandrovich 457 *e n*, 458

Zholudev, coronel 237-38, 258

Zhuchkov (soldado) 18

Zhukov (sapador) 209, 257

Zhukov, marechal Georgi Konstantinovich 177*n*, 320; prepara contra-ofensiva 99, 140; em Stalingrado 177, 207; odiado por Chuikov 305; e Batalha de Prokhorovka 311; dirige ofensiva ucraniana 349, 359; comanda Front Bielo-russo 410; ordena que Chuikov tome Poznan 425; criticado por Chuikov 437; toma Berlim 305*n*, 438; nomeia Berzarin comandante de Berlim 442-43

Zhurba (soldado) 114

Zigelbaum, Shmul 417

Zinoviev, coronel 130, 134

Zitomir 340

Znamya: "O inferno chamado Treblinka" (Grossman) 19, 374

Zorin, tenente 119

Zorkin (soldado) 296

Zyabrovsky, campo de pouso, perto de Gomel 42

1ª EDIÇÃO [2008] 1 reimpressão

ESTA OBRA FOI COMPOSTA PELA ABREU'S SYSTEM EM ADOBE GARAMOND
E IMPRESSA EM OFSETE PELA GEOGRÁFICA SOBRE PAPEL PÓLEN SOFT DA
SUZANO S.A. PARA A EDITORA SCHWARCZ EM FEVEREIRO DE 2022

A marca FSC® é a garantia de que a madeira utilizada na fabricação do papel deste livro provém de florestas que foram gerenciadas de maneira ambientalmente correta, socialmente justa e economicamente viável, além de outras fontes de origem controlada.